AF751886

EL PODER LOCAL

INSTITUTO INTERNACIONAL DE DERECHO ADMINISTRATIVO -IIDA

BIBLIOTECA INTERNACIONAL
DE DERECHO PÚBLICO

LIBARDO RODRÍGUEZ RODRÍGUEZ
(Director)

CONSEJO ACADÉMICO:

Christian PIELOW - Alemania
Juan Carlos CASSAGNE - Argentina
Ernesto JINESTA LOBO - Costa Rica
Luciano PAREJO ALFONSO - España
Jacqueline MORAND-DEVILLER - Francia
Luciano VANDELLI† - Italia
Olivo RODRÍGUEZ H. - República Dominicana
Carlos DELPIAZZO - Uruguay
Allan Randolph BREWER-CARÍAS - Venezuela

LUCIANO VANDELLI

EL PODER LOCAL

Su origen en la Francia revolucionaria y su futuro en la Europa de las regiones

Segunda edición

EDITORIAL TEMIS S. A.
Bogotá - Colombia
2020

PELIGRO
LA
FOTOCOPIA
MATA EL LIBRO

ANTES QUE EL LIBRO CIENTÍFICO MUERA

El libro científico es un organismo que se basa en un delicado equilibrio. Los elevados costos iniciales (las horas de trabajo que requieren el autor, los redactores, los correctores, los ilustradores) solo se recuperan si las ventas alcanzan determinado número de ejemplares.

La fotocopia, en un primer momento, reduce las ventas y por este motivo contribuye al aumento del precio. En un segundo momento, elimina de raíz la posibilidad económica de producir nuevos libros, sobre todo científicos.

De conformidad con la ley colombiana, la fotocopia de un libro (o de parte de este) protegido por derecho de autor (copyright) es ilícita. Por consiguiente, toda fotocopia que burle la compra de un libro, es delito.

La fotocopia no solo es ilícita, sino que amenaza la supervivencia de un modo de transmitir la ciencia.

Quien fotocopia un libro, quien pone a disposición los medios para fotocopiar, quien de cualquier modo fomenta esta práctica, no solo se alza contra la ley, sino que particularmente se encuentra en la situación de quien recoge una flor de una especie protegida, y tal vez se dispone a coger la última flor de esa especie.

© Luciano Vandelli, 2020.
© Editorial Temis S. A., 2020.
Calle 17, núm. 68D-46, Bogotá.
www.editorialtemis.com
correo elec.: gerencia@editorialtemis.com

Hecho el depósito que exige la ley.
Impreso en Editorial Nomos S. A.
Diagonal 18 Bis, núm. 41-17, Bogotá.

ISBN 978-958-35-1255-1
3056 2020014000
Queda prohibida la reproducción parcial o total de este libro, sin la autorización escrita de los titulares del copyright, por medio de cualquier proceso, comprendidos la reprografía y el tratamiento informático.

Esta edición y sus características gráficas son propiedad de Editorial Temis S. A.

PRESENTACIÓN

El Instituto Internacional de Derecho Administrativo -IIDA (www.iida-deradm.com), tiene la satisfacción de presentar a la comunidad jurídica la *Biblioteca Internacional de Derecho Público*, la cual tiene por objeto publicar monografías sobre cuestiones de derecho constitucional y administrativo de relevancia actual, conceptual o histórica.

El Instituto es una institución sin ánimo de lucro, de carácter académico y científico, que tiene como objeto el fomento y la promoción de la ciencia del derecho administrativo en los diferentes países y en el marco de la comunidad internacional, para lo cual desarrolla actividades tendientes al cumplimiento de los siguientes objetivos específicos:

a) Promover el estudio, la investigación, la profundización y el conocimiento de diversas expresiones del derecho administrativo en diferentes países y desde la perspectiva del derecho comparado.

b) Propiciar la reflexión, el debate, el diálogo y el intercambio de ideas y experiencias entre sus miembros y entre ellos y otras personas o entidades interesadas en las materias propias del derecho administrativo.

c) Fomentar y fortalecer la docencia, la investigación, la divulgación y el desarrollo del derecho administrativo en nuestros países.

d) Las demás que sean conducentes para el logro del objetivo general.

En cumplimiento de esos objetivos, el volumen III de la Biblioteca, que hoy presentamos, lleva por título *El poder local. Su origen en la Francia revolucionaria y su futuro en la Europa de las regiones*, obra de la cual es autor el reconocido profesor y administrativista italiano LUCIANO VANDELLI, miembro fundador, Vicepresidente e integrante del Consejo Directivo del IIDA y uno de sus más activos colaboradores.

El profesor VANDELLI se erigió en uno de los más importantes especialistas del derecho administrativo del mundo occidental en las últimas décadas, gracias a sus permanentes actividades académicas y de investigación, que dejaron como legado valiosas obras de gran valor y trascendencia para la ciencia del derecho.

Infortunadamente, el profesor VANDELLI falleció en el mes de julio de 2019, ocasión en la cual el Instituto y un buen número de sus miembros dejaron testimonio, además de su importante contribución intelectual, de sus altísimas cualidades personales, de la calidez de su trato y de los gratos momentos que tuvieron la oportunidad de compartir con él alrededor de la reflexión, el intercambio de ideas y la participación conjunta en diversos escenarios y certámenes académicos internacionales.

Durante su prolífica vida académica, el profesor VANDELLI contribuyó de manera muy importante a la integración de los derechos administrativos de Europa y América Latina, no solo por medio de sus escritos sino de una presencia permanente en los escenarios del derecho administrativo de ambos continentes y de una relación profunda con administrativistas de diferentes países.

Ante su lamentable desaparición, el Instituto decidió, en primer lugar, dedicar a su memoria el volumen III de la *Colección de Derecho Administrativo Comparado*, que sobre *El régimen de los contratos públicos* se dio a la publicidad hace algunos meses.

Ahora, el Instituto entrega esta obra, cuya publicación se acordó con el autor, quien precisamente fue uno de los más entusiastas impulsores de los proyectos reflejados en la *Colección de Derecho Administrativo Comparado* y en la *Biblioteca Internacional de Derecho Público*.

Se trata de una obra emblemática en la doctrina del derecho público sobre la evolución histórica, a partir de la influencia de la Revolución francesa, las perspectivas futuras y el derecho comparado, en el marco de la Unión Europea, de una de las cuestiones fundamentales de la ciencia política y del derecho público, como es el de las relaciones entre el poder estatal y los poderes seccionales y locales.

Sobre esta publicación, bien vale la pena dejar constancia histórica de otra infortunada consecuencia del fallecimiento del profesor VANDELLI: con ocasión de la decisión de publicar una nueva edición del texto original de esta obra en la *Biblioteca Internacional de Derecho Público*, que acogió con su característico entusiasmo por las actividades académicas, poco tiempo después, con especial sentimiento, informó a la Dirección de la Biblioteca su interés en aprovechar la ocasión para extender sus reflexiones al ámbito de América Latina, propuesta que la Dirección y la Editorial acogieron con beneplácito. Con esa meta comenzó a trabajar en la ampliación de su investigación e, incluso, mediante correo electrónico fechado el 12 de mayo de 2018, alcanzó a informar el nuevo título que tendría la obra: *El poder local. Orígenes en la Francia revolucionaria, perspectivas en un mundo globalizado*, propósito que demoró la iniciación del proceso editorial. Las circunstancias de salud del autor impidieron que al momento de su fallecimiento hubiera terminado las modificaciones y ampliaciones al texto, ante lo cual la Dirección y la Editorial decidieron realizar la publicación de la versión original, como había sido acordado inicialmente.

La dirección de la Biblioteca agradece a la Editorial Temis el hacer posible la publicación de este trabajo académico, que contribuye al cumplimiento de los objetivos del Instituto y a la permanencia de la *Biblioteca Internacional de Derecho Público*.

LIBARDO RODRÍGUEZ RODRÍGUEZ
Presidente del IIDA y Director de la Biblioteca
Internacional de Derecho Público

PRÓLOGO A LA EDICIÓN ESPAÑOLA

Desde que, a finales de los 70, emprendí la investigación sobre los ordenamientos locales europeos, intentando comprender los elementos de permanencia y de evolución a la luz de sus raíces históricas (especialmente, en los que se refiere al modelo administrativo revolucionario napoleónico), muchos factores han experimentado importantes transformaciones.

Y también desde que, en 1989, se publicó la edición italiana, relevantes novedades han influido en las distintas realidades: comenzando por la italiana, donde la ley núm. 142, de 8 de junio de 1990, ha querido redefinir, desde las bases, la regulación de las autonomías locales.

Se pretende, en esta edición, informar sobre estas novedades, actualizando los datos normativos y tendiendo, globalmente, a resaltar el estado de evolución del gobierno local en los países objeto de la investigación.

Sin embargo, en realidad, el dinamismo que está animando al sistema local en Europa no proviene solamente de la rápida sucesión de intervenciones reformadoras de los legisladores nacionales.

Así, si —como se ha propuesto evidenciar de manera particular en este estudio— la transformación más incisiva sobre el modelo administrativo revolucionario-napoleónico tuvo lugar en los años 70 y 80 con la consolidación de las regionalizaciones, la dinámica de los años 90 se presenta marcada por las perspectivas del proceso de integración europeo.

Que estas perspectivas estén destinadas a desarrollar, sobre el sistema local, influencias más que secundarias, parece ya evidente: la normativa comunitaria, las orientaciones de la Corte de Justicia europea así como de los jueces nacionales y, ahora, las normas sancionadas por el Tratado de Maastricht subrayan fuertemente como el gobierno local se sitúa en un contexto general de caracteres inéditos. Un contexto que parece destinado a influir de manera siempre más decisiva sobre las actividades y los propios modos de ser de las autonomías territoriales: requeridas en medida creciente, en el ejercicio de las funciones y en la prestación de servicios de su competencia, a aplicar directivas de origen comunitario; a dialogar con los órganos de Bruselas, participando —especialmente mediante el comité representativo de las colectividades regionales y locales— en los procedimientos de formación de las elecciones de dicha sede; a gestionar fondos comunitarios, poniendo en práctica los objetivos por ellas impulsados: mientras —con el reconocimiento del voto, en sede local, a los residentes que sean ciudadanos de un país europeo— la misma comunidad local de la cual el ente es exponente se aleja de la ciudadanía nacional para adecuarse a una nueva concepción de ciudadanía europea.

En este contexto, las mismas formas de contacto y de colaboración entre autonomías de diversos Estados van incrementándose; y la exigencia de conocer —en sus diferencias y en sus afinidades— las situaciones, las funciones y los problemas, contribuye a que los sistemas locales europeos tengan nuevas potencialidades y nuevas perspectivas. Y, en este sentido, espero que este trabajo pueda proporcionar informaciones útiles.

Esta obra debe mucho a prestigiosos estudiosos españoles, que —además de interesarse, y en ciertos aspectos, contribuir a su elaboración— han sugerido e impulsado su publicación en España. Entre ellos, quisiera recordar, ante todo, a los Profesores Eduardo García de Enterría, Sebastián Martín-Retortillo, Lorenzo Martín-Retortillo y Luciano Parejo.

Por otra parte, vaya también mi agradecimiento, no por obligado menos sentido, a los Profesores José Suay Rincón y Pablo Menéndez García, que con especial competencia y generosísimo esfuerzo han realizado la traducción.

LUCIANO VANDELLI

PRELIMINAR

La Asamblea Nacional Constituyente y los Decretos de 1789 repartieron el territorio francés en departamentos y definieron un nuevo orden municipal, uniforme, fragmentado, generalizado y de carácter electivo. Napoleón y la legislación del año VIII insertaron sobre dicho esquema la figura del prefecto. Vino a diseñarse, así, un sistema administrativo destinado a perdurar y a dejar una huella de especial relieve.

Asociado a la vitalidad del pensamiento revolucionario, difundido por la *Grande Armée*, reproducido en múltiples países, este sistema demostró una enorme capacidad de expansión. Por la rapidez con que el proceso se desarrolló (menos de un decenio, en el área europea), por las dimensiones que alcanzó (desde buena parte de la Europa continental hasta una amplia serie de países en América Latina y África), por la continuidad que ha mantenido desde entonces (a lo largo de dos siglos particularmente turbulentos), se trata de un fenómeno difícilmente comparable en la historia.

De este sistema administrativo, el presente volumen pretende reconstruir los caracteres fundamentales, individualizando los rasgos que lo distinguieron en sus orígenes, para determinar, de este modo, qué es lo que queda hoy del mismo en el área europea (de España y Portugal a los Países Bajos, Bélgica y Luxemburgo, pasando por Italia y por la propia Francia), la más directamente influida.

Caracterizada por la notable estabilidad de sus estructuras locales, este área ha experimentado una profunda transformación en los últimos veinte años, fundamentalmente a causa de los importantes procesos de regionalización llevados a efecto. Ha venido, así, a situarse en un marco enteramente nuevo, el marco regional, un sistema local concebido en un contexto radicalmente distinto.

Las experiencias recientemente vividas por países de tradición administrativa semejante a la italiana pueden proporcionar pautas de utilidad para reflexionar sobre la reforma de nuestro sistema municipal y provincial, dentro del sistema de autonomías diseñado por la Constitución.

La extensión temporal y espacial de la investigación, así como su complejidad, ha dado lugar a importantes problemas de método. Parece oportuno hacer aquí alguna mención a ellos y explicar las opciones adoptadas.

Al reconstruir los orígenes de la Administración municipal y provincial en la Revolución francesa y en la inmediatamente posterior época napoleónica, se ha procurado ante todo mostrar sus fundamentos, exponiendo las diversas tendencias que emergieron en las distintas fases, y encuadrando todo ello en el marco de la crisis del *Ancien Régime*.

Se examinan a continuación los elementos que más profundamente caracterizaron el sistema. Ha intentado descubrirse el significado de fondo de cada uno de estos elementos —definidos en primera instancia por los decretos de 1789 y por la legislación de 1800—, sobre la base de los testimonios de sus protagonistas. No siempre, sin embargo, ha podido acudirse a fuentes totalmente fiables, como, por ejemplo, ocurre con los debates celebrados en el seno de la Asamblea Nacional constituyente. No existen testimonios directos de ellos, por lo que se toman como referencia los *Archives Parlementaires*, que, para este período, son el producto de una reelaboración realizada en la segunda mitad del siglo XIX, así como los extractos recogidos en el *Moniteur Universal*.

Esta parte del estudio, en absoluto, tiene la ambición de abordar las grandes cuestiones de la historia del pensamiento que están en el trasfondo. Por el contrario, pretende, más modestamente, llamar la atención sobre los objetivos perseguidos en relación con los ideales revolucionarios y con los problemas que el desarrollo de los acontecimientos evidenciaba y, en alguna ocasión, incluso de manera dramática.

El análisis comparado presentaba, en especial, el problema de delimitar el área a considerar; cuestión nada fácil y, en todo caso, arbitraria, teniendo en cuenta que el sistema administrativo examinado ha extendido su influencia en una serie extraordinariamente amplia de países, y de forma, además, muy desigual. Así las cosas, se ha optado por un criterio bastante restrictivo, circunscribiendo el estudio al área que, directa e inmediatamente, ha recibido la impronta revolucionario-napoleónica, y que presenta hoy una serie de valores esenciales, un sistema político y un régimen administrativo bastante cercanos. Se ha evitado seguir todas las ramificaciones que tales influencias han ejercido en contextos muy distantes (como ocurre, por ejemplo, con los países africanos), o que están condicionados por la existencia de una organización territorial muy distinta (éste es el caso, por ejemplo, de una parte de los cantones suizos, así como de los *Länder* alemanes, donde la presencia de rasgos de derivación francesa tiene un significado especial, que habrá ocasión de poner de manifiesto en la parte del trabajo destinada a formular conclusiones). Limitarse a contemplar situaciones próximas ha permitido tratar los aspectos concretos de una forma bastante pormenorizada.

Los estudios de carácter comparado plantean siempre dudas importantes.

Opiniones autorizadas afirman, en síntesis, que la superficialidad es connatural a la utilización del método comparado ("en cierto sentido —escribe F. H. LAWSON, en una frase tomada de A. WATSON, *Legal Trasplants. An approach to Comparative Law*, Edinburgh, 1974— un comparativista debe ser superficial; si no, se perdería pronto en las claves de la materia"). Hay, en efecto, un riesgo innegable al profundizar en los aspectos específicos de los distintos ordenamientos, dejando de lado la comprensión y reconstrucción del sentido global de las instituciones. Pero, por otro lado, no menos cierto es que el análisis puntual y pormenorizado de los elementos más significativos permite encontrar las conexiones y divergencias existentes entre los diversos sistemas, así como las tendencias evolutivas generales, todo lo cual hace posible una visión suficientemente detallada, no demasiado impresionista y poco habitual, en ciertos aspectos. El análisis comparado de los distintos rasgos que componen el sistema de derivación revolucionario-napoleónica pretende, en definitiva, mostrar las líneas de fondo de los planteamientos administrativos que, en diversa forma y medida, han influido, e influyen todavía en las soluciones de las diversas cuestiones planteadas en la realidad local. Frente a las posiciones dominantes en los estudios comparados, encaminados a subrayar el papel e influencia del sistema político sobre las Administraciones locales, el planteamiento que aquí se ha adoptado se mueve en una dirección, en cierto modo, contraria. La atención se centra en las instituciones administrativas y en sus caracteres intrínsecos intentando mostrar ejemplos de la influencia que la Administración, con sus modelos, tradiciones, inercia y rigidez, ejerce sobre el sistema político.

En este sentido, preguntarse qué queda, en los ordenamientos vigentes, de aquellos caracteres peculiares diseñados hace dos siglos, no es tarea ociosa o puramente académica. Los fundamentos administrativos comunes han contribuido a determinar una problemática similar en los distintos casos, lo mismo que la constante circulación de las ideas ha hecho que las situaciones sean afrontadas frecuentemente conforme a un análisis y a unos planteamientos igualmente repetidos. Si se recorre el debate que ha tenido lugar en cada uno de los países, particularmente en los últimos años, es fácil encontrar los mismos temas, análogas argumentaciones, paralelas contraposiciones y alusiones a una u otra experiencia extranjera.

Se ha tratado, después, de reconstruir la situación actual y las tendencias existentes en relación a cada uno de los elementos considerados significativos del sistema, haciendo referencia, sobre todo, a la normativa, aunque también, cuando ello ha sido posible, al funcionamiento efectivo de las instituciones y al papel global que estas desarrollan en el marco de sus respectivos ordenamientos.

Método distinto, finalmente, se ha utilizado, aun cuando de forma somera, en la parte relativa a las conclusiones, donde se ha llevado a cabo una comparación, no tanto «por afinidad» entre los países cuyos orígenes administrativos presentan notas comunes, como «por contraste», al objeto de verificar en qué medida regímenes históricamente producto de tradiciones diversas han ido aproximándose o, por el contrario, presentan aún diferencias relevantes.

De acuerdo con estas pautas, la investigación pretende suministrar un soporte documentado para la identificación del profundo vínculo que une el sistema municipal y provincial en un área de gran relevancia, intentando mostrar los aspectos de "eso que —siguiendo la expresión de R. RODIÈRE, *Introduction au droit comparé*, Paris, 1979, pág. 48— se llama la naturaleza íntima del sistema".

La amplitud, histórica y geográfica, del planteamiento adoptado, ha hecho la búsqueda particularmente extensa y problemática. En el recorrido, realizado a lo largo de un decenio, por diversas sedes universitarias (de Madrid y Montpellier, y, en mayor número de estancias, en París), he gozado del apoyo de numerosas personas, no sólo colegas, que me han permitido confrontar planteamientos y verificar hipótesis, invitándome, incluso, a celebrar seminarios y cursos en torno a estos problemas. A todos ellos, amigos queridos o simples conocidos, dirijo mi más sincero y vivo agradecimiento.

Una gratitud especial quiero expresar (sin extender a ellos responsabilidad alguna por las imperfecciones o los errores que haya en este volumen) a MARCO CAMMELLI, SABINO CASSESE, GIUSEPPE DE VERGOTTINI, ETTORE ROTELLI, FABIO ROVERSI MONACO, así como a EDUARDO GARCÍA DE ENTERRÍA, FRANÇOIS LUCHAIRE, YVES MÉNY, quienes han leído una versión no definitiva de este texto. Gracias a sus comentarios he podido corregir algunos puntos específicos, rehacer la estructura de ciertos capítulos, cerciorarme sobre algunos perfiles del trabajo que seguían siendo complejos y delicados. No siempre ha sido posible reflejar aquí todas las consecuencias de sus observaciones. Estas, por otro lado, contienen una serie de estímulos para una reflexión en torno al empleo de la comparación en Derecho Administrativo, cuestión siempre viva en mis inquietudes investigadoras. El discurso desarrollado en este trabajo, así como el diálogo iniciado con él, permanecen —espero— abiertos.

ÍNDICE GENERAL

PÁG.

CAPÍTULO SEGUNDO

LA ADMINISTRACIÓN LOCAL DOS SIGLOS DESPUÉS: SITUACIONES Y TENDENCIAS EN LOS DISTINTOS PAÍSES

CAPÍTULO TERCERO

LOS ELEMENTOS DE LA TRADICIÓN ADMINISTRATIVA REVOLUCIONARIO-NAPOLEÓNICA: PERSPECTIVAS DE DERECHO COMPARADO

CAPÍTULO CUARTO

CONCLUSIONES

Capítulo primero

ORÍGENES Y FUNDAMENTOS DEL SISTEMA ADMINISTRATIVO REVOLUCIONARIO-NAPOLEÓNICO

1. La crisis del sistema administrativo del "ancien régime"

A) *Contradicciones y privilegios*

El modelo de Administración local que ha caracterizado a la Francia moderna, y que de dicho país se ha extendido a gran parte de Europa, así como a numerosos países extraeuropeos, tiene sus orígenes en la crisis de las estructuras administrativas del *Ancien Régime*. Es a partir de una clara aversión hacia ellas como empezaron a dibujarse los rasgos de la nueva Administración.

Tales estructuras, en la fase anterior a la Revolución, presentan elementos fuertemente contradictorios. Si bien el centralismo puesto en práctica por la Monarquía a partir del siglo xviii había producido algún resultado, se trataba más bien de resultados parciales, obligados a coexistir con la notable serie de privilegios adquiridos en épocas anteriores en cada territorio del Reino.

Es cierto que la Monarquía logra forjar una red periférica sobre la base de los intendentes, dotados de penetrantes poderes de intervención en las cuestiones locales, y directamente subordinados a la poderosa figura del *contrôleur général* (de quien dependen, sustancialmente, todos los asuntos internos y, en particular, la dirección de las Administraciones y del fisco). No menos cierto es, sin embargo, que la creación y fortalecimiento de los intendentes no excluyó la permanencia —en áreas importantes, desde el Languedoc a la Bretaña— de "Estados provinciales", que, sobre la base de sus propios estatutos, gozaban de un significativo grado de autonomía, con notables prerrogativas en materia de tributos y de Administración local[1].

[1] Los "pays d'États" —que correspondían a los territorios tardíamente anexionados a Francia y que comprendían cerca de la cuarta parte de la población total— habían conservado, bajo los tratados de anexión, asambleas propias (los Estados provinciales) que, entre otras cosas, gozaban del derecho de fijar anualmente el límite general de su participación en el gasto público, repartir y recaudar los impuestos. En esto se diferencian de los *pays d'élection*, en los que la Administración depende directamente del poder central, a través de los intendentes. Existían, además, regímenes especiales de administración en los "países conquistados".

Aunque los propios Estados provinciales se encontraban en decadencia desde hacía tiempo, ninguna situación podía generalizarse, en una panorámica administrativa fragmentada en su conjunto, caracterizada por una "infinita multiplicidad de reglas que —según el lúcido análisis de A. DE TOCQUEVILLE[2]— constituían una verdadera amalgama de poderes. Francia está diseminada en "corporaciones" administrativas, sus funcionarios no dependen los unos de los otros, y participan en la actividad de gobierno en virtud de un derecho adquirido e irrevocable. A menudo sus competencias están tan entremezcladas que colisionan unas con otras y se interfieren en los mismos asuntos... Las ciudades disponen de regímenes muy variados. Sus "magistrados" tienen nombres distintos y reciben sus poderes de fuentes diversas: aquí se llaman *podestá*, allá cónsules, en otra parte alcaldes. Algunos son nombrados por el Rey, otros por el antiguo señor o por el príncipe que disfrutaba de tal privilegio. Algunos son elegidos por un año de entre sus conciudadanos; otros han comprado el derecho a gobernar para siempre. Son estos residuos de los antiguos poderes...".

B) *Orientación del pensamiento político y tentativas de reforma*

Cuando, a finales de 1789, la Asamblea constituyente emprende la reorganización de la Administración local, podían señalarse ya con alguna precisión los fallos esenciales de los poderes periféricos del *Ancien Régime*, así como las posibles directrices con que afrontar la renovación del sistema.

Había voces autorizadas —como FÉNELON, SAINT-SIMON o, en cierta medida, MONTESQUIEU— que se manifestaban en apoyo de los antiguos "Estados provinciales". Sus propuestas pasaban por una nueva valoración —y, acaso, generalización de dichas instituciones—, así como por la oposición al centralismo monárquico, asumiendo la defensa de los privilegios que el sistema en cuestión aseguraba a la aristocracia. Otras concepciones muy distintas, sin embargo, van a poner en tela de juicio las antiguas instituciones administrativas. La hostilidad es clara, tanto frente a los penetrantes instrumentos de injerencia central, como frente al mantenimiento de particularismos y privilegios.

[2] A. DE TOCQUEVILLE, *L'ancien régime et la révolution*, lib. II, cap. II, Paris (1856), ed. 1967, especialmente pág. 99 y ss. A su traducción italiana, "L'antico regime e la rivoluzione", en *Scritti politici de A. de Tocqueville*, a cargo de N. MATTEUCCI, Torino, 1969, vol. I, págs. 640-641, se hará aquí referencia, también en las notas a pie de página. TOCQUEVILLE vuelve en otros pasajes sobre esta descripción, subrayando, además, cómo sobre esta diversidad de estatutos arraigó la centralización (especialmente a través de la figura de los intendentes; *vid. infra*, 6, F) en la época de los últimos soberanos de la antigua Monarquía. En especial, cfr. lib. II, cap. III, págs. 648-649, además de los apéndices y notas a la misma (segunda parte), pág. 839, donde revela, por otro lado, la extrema movilidad de las reglas existentes en materia de administración de las ciudades en el siglo XVIII: "los derechos son otorgados, retirados, restituidos, incrementados, reducidos, modificados, de mil formas continuamente...".

Convergen en este sentido las críticas de la corriente utilitarista-fisiócrata y la de los "patriotas", si bien estos últimos, en su lucha contra el despotismo monárquico, se muestran dispuestos a apoyar instrumentalmente la reivindicación de ciertos privilegios, "*détéstables contre les nations*", pero, a la vez, útiles "*contre les rois*"[3].

Lo que todos comparten es el rechazo a la "opresión" y a la "voluntad arbitraria" de los intendentes. Algunos —como FÉNELON y SAINT-SIMON— proponen sustituir su carácter permanente, a lo sumo, por periódicas inspecciones asignadas a *missi dominici*, comisarios reales expertos en Derecho. No obstante ello, los valores en que se inspiran las diversas corrientes (la "utilidad pública", económica y también moral, en el caso de los fisiócratas, como D'ARGENSON o MIRABEAU; el "derecho material" de los ciudadanos, en el de los patriotas, como BRISSOT, CONDORCET, SIEYÈS) son bastante divergentes y conducen más bien a un sistema jerárquico de asambleas locales electivas.

En su conjunto, las críticas y propuestas generalizadas, provenientes, en especial, de ambientes "ilustrados", apuntan hacia la uniformidad de las estructuras locales, el establecimiento de órganos representativos de los administrados y a una radical reestructuración de los poderes de injerencia de los intendentes. En esta dirección cabe mencionar las iniciativas más o menos tímidas realizadas por los ministros reformistas, en el turbulento período que precede a la Revolución[4]. Se trataba de uniformar las instituciones municipales —en torno a un órgano colegiado, elegido por una asamblea de notables, y a un alcalde (*maire*), elegido por el Rey de entre una terna de nombres pre-

[3] Recordando las palabras de MIRABEAU, se recogen en F. BURDEAU (*Liberté, libertés locales chéries*, Paris, 1983, pág. 21), a quien nos remitimos también para una reconstrucción del pensamiento político de la época. Similar será, en 1789, la argumentación desarrollada en el "Informe Thuret" sobre la distribución del territorio en departamentos (cfr. *infra*, 6, E), donde, entre otras cosas, se afirma: "Cuando los ministros eran omnipotentes, y cuando cada provincia tenía derechos e intereses propios que defender frente al despotismo, cada uno deseaba con razón tener su propia administración particular y elevarla al nivel más alto que fuese posible, pero ahora todas las provincias tienen los mismos derechos e intereses, y la libertad pública está garantizada por la existencia de un órgano legislativo. Hoy es suficiente conservar el espíritu y garantizar la efectividad de la actual Constitución".

[4] Las propuestas llevadas a cabo en esta fase, las estructuras administrativas diseñadas y su relación con los planteamientos consagrados en la Revolución, en materia de Administración pública, son el objeto del penetrante y sugerente análisis de E. GARCÍA DE ENTERRÍA, en los estudios recogidos en *Revolución francesa y administración contemporánea*, 2ª ed., Madrid, 1971 (trad. fr. París, 1989, en proceso de publicación). En relación a los intentos reformistas de los ministros de Luis XVI, cfr. recientemente J. L. HAROWEL, J. BARBEY, E. BOURNAZEL, J. THIBAUT PAYEN, *Histoire des institutions de l'époque franque à la Révolution*, Paris, 1986, págs. 539 y ss.

sentada por la Asamblea—. También, de reducir los poderes de tutela de los intendentes (a cuya aprobación se someten los acuerdos que no alcanzan un determinado importe, según los Edictos de agosto de 1764 y mayo de 1765, elaborados por el *contrôleur général* Laverdy), y de crear nuevas asambleas representativas (edictos y decretos del período 1778-1781, propuestos por NECKER, inspirándose en anteriores propuestas de TURGOT)[5]. Igualmente, se pretendía extender el sistema —basado en asambleas de municipios, que eligen a los miembros de las asambleas de distrito, y estos a los de las provinciales— a todo el territorio del Reino no incluido en un Estado provincial, reclamando para las asambleas locales, bien la gestión de sus propios intereses, bien la participación en el ejercicio de competencias de la administración general del Reino (Edicto de junio de 1787, a propuesta de BRIENNE)[6]. En fin, se trataba, por último, de generalizar la experiencia de los Estados provinciales (Propuesta del rey en 1788, de nuevo, a sugerencia de NECKER). Todas estas son, sin embargo, tentativas parciales, inadecuadas y tardías. Lejos de satisfacer a las instancias más radicales, dieron lugar, por el contrario, a una fuerte oposición por parte de los intereses afectados en cada ocasión (los estamentos privilegiados, los Estados provinciales o los intendentes), sin obtener en momento alguno el apoyo suficiente de la monarquía siempre demasiado débil y titubeante. En ocasiones, rápidamente derogadas (como sucedió con las reformas uniformizadoras de los años 64 y 65), estas medidas fracasarán por completo en relación a los objetivos propuestos. En parte, no llevaron a efecto, y en parte pusieron de evidencia una serie de tensiones —sobre todo, entre los estamentos privilegiados y el tercer estado, aunque también entre los intendentes y las asambleas, o incluso, en algún caso, entre los intendentes y el poder central— que, al paralizar la acción administrativa, van a situarnos ya en el preludio de la Revolución de 1789.

[5] Inspirándose en los planteamientos fisiocráticos de la *Mémoire sur les municipalités* de TURGOT (cfr. *infra*, nota 30), el Proyecto de NECKER (expuesto en la *Mémoire sur la création des assemblées provinciales*, presentado al Rey en 1778) consistía, sustancialmente, en un progresivo restablecimiento, con nuevas formas, de las asambleas provinciales en los territorios a los que antes ya se les había dotado, asignado a estas asambleas, en particular, las competencias en materia de reparto y de exacción de impuestos, de asistencia y en vías públicas. Llegaron a crearse tres asambleas, aunque posteriores ampliaciones suscitaron una oposición de tal magnitud que condujo a NECKER a presentar la dimisión.

[6] Precedido el fracasado intento, estando aún en su fase preliminar, del nuevo *contrôleur général* Calonne, el Edicto de BRIENNE, entre otros puntos, dotaba también a las parroquias rurales —desprovistas de municipio— de una asamblea propia y de un órgano ejecutivo monocrático (*syndic*). En diversas partes del país, por otro lado, las asambleas —incluso, a nivel municipal— no llegaron a entrar en funcionamiento, o lo hicieron por un período de tiempo muy breve.

2. 1789 Y LA REVOLUCIÓN ADMINISTRATIVA

A) *Los Cahiers de doléances*

Las posturas defendidas en las obras más autorizadas, que animaban el debate político en los círculos de la capital, encontraron reflejo en la amplia muestra de testimonios recogida en los *Cahiers de doléances*, que, en marzo de 1789, las asambleas del clero, la nobleza y el tercer estado —reunidas en sus respectivas circunscripciones electorales— prepararon para la reunión de los estados generales[7].

También ahora el elemento dominante, que va a aglutinar las posiciones promovidas desde intereses muy distintos, es la actitud decididamente crítica hacia el sistema existente y, en particular, el rechazo hacia la administración de los intendentes, objeto de las protestas más airadas[8]. Asimismo, está muy generalizada, en los territorios donde se mantiene el régimen privilegiado, la insatisfacción ante el funcionamiento de los Estados provinciales.

Eliminación de los intendentes; nueva reestructuración de su papel; elecciones para las entidades locales; mayores poderes para la gestión de los recursos financieros; asambleas provinciales dotadas de competencias en materia de policía, tributos u obras públicas; tutela sobre las entidades menores;

[7] Apelando al "concurso de nuestros fieles súbditos para que nos ayuden a superar todas las dificultades que encontramos", la carta del Rey que convoca a los estados generales en Versalles el 27 de abril de 1789, ordenaba la inmediata convocatoria de las asambleas de los tres órdenes, "para acordar y comunicar de común acuerdo las reclamaciones, las protestas, al igual que las soluciones y opiniones que quieran proponer en la asamblea general de nuestros llamados estados", prometiendo "escuchar benignamente su parecer sobre todo cuanto pueda interesar al bien de nuestros pueblos y decidir en relación a las quejas y propuestas que hayan presentado..." Elaborados en cada circunscripción electoral (bailías o senescalías), y teniendo en cuenta los documentos elaborados en ciudades y parroquias y, sobre todo de los barrios y corporaciones, los *Cahiers* constituyen un testimonio inestimable acerca de la situación y las tendencias en Francia antes de la Revolución. Cfr., en general, A. SOBOUL, 1789, *L'an I de la liberté*, Paris, 1973, trad. ital. Milano, 1975, págs. 60 y ss. (donde se recoge además del texto de la convocatoria ahora citada, varios ejemplos de *Cahiers*, además de amplias indicaciones bibliográficas); más específicamente para la cuestión aquí examinada, F. BURDEAU, *Liberté*, cit., págs. 27 y ss. Una parte considerable de los *Cahiers* fue publicada en los *Archives Parlementaires*: a ellos, además de a volúmenes manuscritos, se refiere A. DE TOCQUEVILLE: cfr. *L'antico Régime, Preliminar*, págs 596-597, donde pone de manifiesto la importancia de los *Cahiers*, "documento único en la historia", así como, de forma más general, de los archivos de la administración pública, con la finalidad no solo de procurarse "una noción exacta de sus métodos", sino también de "descubrir, en ellos reflejado, el país entero".

[8] "Sanguijuelas", "pequeños tiranos", "déspotas", son epítetos que numerosos *Cahiers* dedican a los intendentes.

uniformidad de la organización de los regímenes de la Administración[9]. Estas son las reiteradas demandas de los *Cahiers* presentados por la nobleza y el clero, así como por el tercer estado. Propias de este último —no exclusiva, pero sí significativamente— son las propuestas encaminadas a la superación de los privilegios y distinciones entre estamentos en el sistema de reunión y votación de las asambleas.

B) *La Administración local en los Decretos de 14 y 22 de diciembre de 1789*

Esta efervescencia de elaboraciones, propuestas y tensiones será el escenario en que los estados generales, constituidos en Asamblea Nacional, van a sentar las bases de la primera Administración moderna.

Las premisas esenciales de esta gran empresa se establecieron con la supresión de cualquier privilegio de carácter personal y territorial[10]. Para el logro de esa meta, la Asamblea ideó un nuevo esquema de distribución de

[9] Esta última petición venía acompañada, en los *Cahiers* de la nobleza, de la defensa de las distinciones entre estamentos: *vid.*, "Analisi dei quaderni della nobilità nel 1789", de A. DE TOQUEVILLE, en *L'antico regime e la rivoluzione, Appendici e note*, cit., pág. 865.

[10] Cfr. el decreto votado —en una etapa que quedará como una de las más significativas y exaltadas de toda la aventura revolucionaria— el 4 de agosto de 1789, cuyo art. 10, tratando de explicar las ventajas que las propias provincias privilegiadas obtendrán con el abandono de sus prerrogativas, sancionaba: "Puesto que una Constitución Nacional y la libertad pública son más ventajosas para las provincias que los privilegios de que disfrutaban, cuyo sacrificio es necesario para la cohesión íntima de todas las partes del Estado, se declara que todos los privilegios particulares de provincias, principados, cantones, ciudades y comunidades de habitantes, sean pecuniarios o de cualquier otra naturaleza, son irreversiblemente abolidos y quedarán absorbidos en el derecho natural de todos los franceses".

El argumento de la libertad general como contrapartida a los privilegios de los *Pays d'États* es de nuevo retomado y desarrollado en los meses sucesivos, y especialmente en los momentos de tensión que atraviesan estas zonas. Es significativa, por ejemplo, una carta enviada en diciembre del 89 por "varios miembros de la Asamblea Nacional" a sus electores de Fiandre y Cambresis. Lamentando noticias sobre "propuestas sediciosas" de estas provincias y apelando calurosamente a la paz, tales diputados hacen una detallada relación de las decisiones adoptadas por la Asamblea Nacional y al explicar las ventajas de ellas derivadas, concluyen en lo que hace a los privilegios y a los Estados provinciales: "La Asamblea Nacional no os ha quitado nada con el decreto; simplemente ha extendido a los habitantes de las demás provincias las ventajas de que vosotros ya gozábais... ¿No es evidente que, haciendo de vuestros privilegios el derecho común de todos los franceses, les dará una nueva fuerza? ¿Os gustaría restablecer el derecho que teníamos, como *Pays d'États*, de no estar sujetos a impuestos si no es con nuestro consentimiento? ¿Qué es lo más importante para vosotros: oponer a las peticiones del fisco únicamente vuestro rechazo aislado, o el unánime de toda la Nación?" (La carta se publica en el *Moniteur*, el 10 de diciembre de 1789, págs. 65-66).

poderes entre el centro y la periferia, sobre la base de dos principios, que ya se apuntaban con fuerza en las reivindicaciones, en especial del tercer estado: la uniformidad y la descentralización.

Fundamentales en este proceso serán los Decretos de 14 y 22 de diciembre de 1789, que establecieron, como nivel básico de la Administración, los municipios, gobernados según un esquema uniforme de reglas, tanto en lo referente a su organización como a sus funciones. Para todo el territorio del reino, se diseñó un nuevo orden administrativo, articulado en torno a departamentos de dimensiones sustancialmente homogéneas, subdivididos a su vez en distritos[11], y estos en cantones[12]. Los municipios y los departamentos se dotaron de órganos de carácter electivo, y se creó una red de asambleas basadas únicamente en criterios territoriales, con exclusión de cualquier distinción entre estamentos. Importantes funciones se asignaron a los departamentos y municipios, siendo estos últimos el punto de referencia para el ejercicio de las competencias de administración general del Estado a ellos delegadas —además de las cuestiones concernientes a los intereses propiamente locales—. Se suprimieron los intendentes, sustituyéndose por procuradores de carácter electivo, con competencias de asesoramiento, información y vigilancia.

Inspirados por un gran idealismo, influidos por la más airada reacción frente a la centralización llevada a cabo en la última fase del *Ancien Régime* y condicionados también por la idea de debilitar los poderes del Rey, buscando obstaculizar cualquier intento de restaurar su poder por la fuerza, los Decretos del 89 representan el más alto nivel de descentralización alcanzado en todo el período revolucionario.

Al tratarse de una época de grandes turbulencias, sin embargo, su aplicación provocó algunas tendencias centrífugas. Había divergencias en la composición de las asambleas surgidas de las elecciones (el sistema favorecía a los conservadores en los departamentos —donde el electorado, especialmente pasivo, se limitaba a los contribuyentes más pudientes—, mientras que los revolucionarios gobernaban los niveles inferiores) y contrastes entre las propias asambleas, y entre estas y los poderes centrales. Todo ello, unido a la inadecuación o defectuoso funcionamiento de los instrumentos de comunicación y, por tanto, de información, terminó conduciendo a una situación de práctica paralización.

La propia Convención se vio incapaz de obtener el respeto de las leyes de reforma que iba aprobando. Todas sus actuaciones posteriores trataron de poner remedio a lo que, incluso en los debates parlamentarios, venía denominándose ya "anarquía administrativa".

[11] Su duración fue efímera, ya que se suprimieron por la Constitución del año III (1795).

[12] Se les asignaba una extensión homogénea equivalente a cuatro leguas cuadradas aproximadamente (art. 3 del Decr. de 22 de diciembre).

3. Las tendencias de la legislación montañesa y la constitución termidoriana

Más allá, incluso, de lo esperado, y pese a partir de concepciones muy distantes, casi todas las fuerzas políticas presentes en la Convención eran sensibles a la necesidad de recuperar un cierto grado de control sobre las autoridades locales.

Lo están, ante todo, los montañeses, que con la Ley de 14 de frimario del año II (4 de diciembre de 1793) reestructuraron el papel de los departamentos y crearon, para los distritos y municipios, los llamados "agentes nacionales", dotados de penetrantes poderes de injerencia y de denuncia, llegando, incluso, a suprimir, si bien solo provisionalmente, las elecciones para los órganos locales. Pero lo están también, en el extremo opuesto, los termidorianos, quienes, tras la caída de Robespierre y el fin del Terror, establecieron en la Constitución del año III (5 del fructuoso; 22 de agosto de 1795) los principios esenciales de unas estructuras locales más compactas y controlables. Se buscó, concretamente, una mayor homogeneidad en las dimensiones de los niveles básicos de la Administración (los municipios menores —inferiores a 5.000 habitantes— se reagruparon en municipios de cantón y, a la inversa, se repartieron en municipios las ciudades superiores a 100.000 habitantes) pero sin descuidar la atribución al Directorio de una serie de poderes de intervención, tanto sobre los órganos (suspensión y destitución de administradores) como sobre los actos (aprobación de los presupuestos; anulación de acuerdos por violación de ley o de disposiciones de la autoridad superior). Por lo demás, el propio Directorio retuvo, mediante comisarios propios asignados a cada administración municipal y departamental, una notable red de información y supervisión.

Pese a todo ello, la Constitución no pretendía abandonar los valores de la descentralización. Se siguen reconociendo atribuciones importantes a las Administraciones locales, en especial, a los departamentos, y el propio principio electivo es objeto de consagración solemne, si bien sobre una restringida base censitaria.

Sin embargo, lo cierto es que ni siquiera este delicado equilibrio entre instancias locales y poderes centrales llega a solucionar las extraordinarias dificultades y las graves situaciones de inseguridad interna y externa de estos años. La práctica y las leyes especiales posteriores acentuaron la injerencia del Directorio; y, con el fracaso del equilibrio perseguido por la Constitución del año III, va perfilándose ya la centralización napoleónica.

4. El nuevo orden napoleónico

A los pocos meses del golpe de Estado de 18 de brumario del año VIII, Napoleón da vida a un rígido orden administrativo, destinado a transformar el "*tourbillon révolutionnaire*" en un "*mécanisme régulier*". El Primer Cónsul tiene claros unos objetivos que persiguen el control pleno y directo de las instituciones locales. Y cuenta con el esquema preciso, esquema que, a grandes rasgos, puede reconducirse a dos principios fundamentales. En primer lugar, la concentración del conjunto de la actividad ejecutiva en órganos de carácter monocrático: "*délibérer est le fait de plusieurs* —afirma la famosa fórmula— *agir est le fait d'un seul*"[13]. En segundo lugar, la inserción de estos órganos en una rígida escala jerárquica, en una "cadena de ejecución" que "desciende sin interrupción desde el ministro hasta el administrado, y que transmite las órdenes del Gobierno hasta las últimas ramificaciones del orden social con la rapidez de la electricidad"[14].

Eje fundamental de este sistema será el prefecto, que la Ley de 28 de pluvioso del año VIII (17 de febrero de 1800) crea en cada departamento. Poderoso órgano que, encargado de toda la actividad ejecutiva en este ámbito, actúa en relación directa con los ministros y que, por otro lado, da órdenes a los subprefectos, los cuales, a su vez, las transmiten a los alcaldes (*maires*). Figuras estas últimas dotadas de la calificación (claramente preponderante en el caso de los prefectos y subprefectos[15], pero también importante en el caso de los alcaldes) de "agentes del Gobierno", representantes del poder central nombrados y, en su caso, destituidos por él.

En el marco de este robusto entramado, que articula capilarmente la estructura del Estado (incluidas las ciudades, pueblos y aldeas, ahora aglutinadas de forma generalizada en un elevado número de municipios), los órganos colegiados actúan "situados, por así decirlo, por debajo de la línea de ejecución. Velan por los intereses de todos, mantienen la justicia en la administración, sin dañar, en ningún caso, su rápido funcionamiento"[16].

Los propios consejos locales, fuertemente reestructurados en sus atribuciones, están compuestos, en el sistema de la Ley del año VIII, por miembros

[13] Sobre el principio según el cual "deliberar es tarea de muchos; actuar de uno solo", cfr. *infra*, 7, nota 157.

[14] Así se expresa un célebre fragmento de la Ley de 28 de pluvioso del año VIII, redactada por el Ministro del Interior, el químico CHAPTAL, en *Archives Parlementaires*, 2ª serie, 1800-1860, I, pág. 230. La imagen se repitió, en aquellos días, por el periódico "*Le publiciste*", el 19 de febrero de 1800: "Desde el Primer Cónsul al alcalde de una aldea del Pirineo, todo se une, todos los eslabones de la cadena están bien ajustados. El movimiento del poder será rápido... encontrará en todas partes la ejecución y nunca la oposición, siempre los instrumentos y nunca los obstáculos contra él" (cit. por JACQUES CHEVALLIER, *Histoire des institutions et des régimes politiques de la France de 1789 à nos jours*, 7ª ed. actualizada por G. CONAC, Paris, pág. 120).

[15] Los subprefectos actúan en el ámbito de los *arrondissements*, circunscripciones antes existentes con fines judiciales, que ahora, por su extensión, correspondiente a cerca de la cuarta parte de un departamento, aparecen como las más idóneas para su utilización administrativa.

[16] Son palabras del citado informe Chaptal.

nombrados por el Primer Cónsul o por los prefectos. A pesar de alguna limitadísima apertura en la Constitución del año x (donde se prevé, por ejemplo, un sistema de nombramiento de los consejeros con base en las designaciones hechas por el cuerpo electoral) o algún replanteamiento de última hora (el Acta adicional del 22 y el Decreto de 30 de abril de 1815, aprobados en la fase final del Imperio, acogen el principio de electividad), el período napoleónico se caracterizará por un creciente autoritarismo administrativo, que apenas deja espacio a criterios de electividad o de colegialidad.

5. Asentamiento y consolidación del sistema administrativo local

Así como los decretos de 1789 marcaron el nivel más alto de descentralización, las previsiones napoleónicas condujeron al extremo opuesto, alcanzando el grado más alto de centralización.

Entre estos dos extremos cabe situar las reformas posteriores, que, no sin oscilaciones, tienden a fijar un cierto equilibrio entre los poderes locales y las intervenciones de tutela, entre las asambleas electivas y los prefectos. Un punto de equilibrio que —al menos hasta fechas bastante recientes— se decantará por una solución claramente favorable a los poderes centrales.

Asumiendo, sin embargo, como referencia la caída de Bonaparte, parece imponerse primero una tendencia de carácter descentralizador en términos generales.

Esta tendencia no llega a manifestarse en la Restauración que, al contrario, va a emplear los poderosos instrumentos de control sobre la realidad local que ofrece la Administración heredada de Napoleón. Aquella, sin embargo, prevalece ya, tras un nuevo cambio de régimen, con la Monarquía de Julio. Las Leyes de 21 de marzo de 1831 y 22 de junio de 1833 restablecen el carácter electivo de las Administraciones de municipios y departamentos, y las Leyes de 6 de julio de 1837 y 10 de mayo de 1838 amplían significativamente sus atribuciones, reconociendo, además, aunque sea implícitamente, la personalidad jurídica de municipios y departamentos. En el Segundo Imperio, tras una fase inmediatamente posterior al golpe de Estado de diciembre de 1851 de carácter centralizador[17], el propio Napoleón III se ve obligado a potenciar el papel de los consejos locales, a causa de la presión de las corrientes liberales[18], eximiéndoles de la obligación de someter algunos actos a la aprobación preventiva (Leyes de 18 de julio de 1866 y 24 de julio de 1867).

[17] En particular, cfr. la Constitución de 14 de enero de 1852, que únicamente se ocupa de la Administración local para afirmar el libre nombramiento de los alcaldes por el ejecutivo, y la Ley de 7 de julio de 1852, que prevé intensos poderes de intervención en relación con los órganos locales.

[18] La exposición más completa de estas tendencias descentralizadoras se encuentra en el "Manifiesto de Nancy", suscrito en 1865 por un amplio número de autorizados liberales. En él

Con las decisiones de la Monarquía Orleanista y del Segundo Imperio, el modelo administrativo local consolida ya su propio carácter. A este efecto, las Leyes, departamental de 10 de agosto de 1870 y municipal de 5 de abril de 1884, definen un sistema administrativo destinado a dar prueba de una enorme duración y estabilidad.

6. Rasgos fundamentales de la administración territorial revolucionario-napoleónica

En un escenario en trepidante transformación —como ha podido constatarse—, una compleja evolución diseña y estratifica los elementos fundamentales de una nueva Administración local, dando lugar a un sistema de notable solidez.

Estos elementos pueden, a mi entender, reconducirse a algunos principios: a) generalización y uniformidad del régimen municipal; b) creación de un municipio por cada núcleo de población, incluso menor; c) carácter electivo de las Administraciones locales; d) bipartición de las funciones asignadas a los municipios, distinguiendo entre funciones "propias" y funciones estatales "delegadas", con una paralela doble calificación del alcalde; e) establecimiento de departamentos, también configurados como principal circunscripción desconcentrada de la Administración estatal; f) instauración de un prefecto en esta circunscripción, representante del gobierno central, y dotado de intensos poderes de dirección y control; g) y sometimiento a tutela de los órganos y actos de la Administración local.

Son elementos cuya definición y afirmación va a ser polémica. Cada uno merece por ello un examen específico.

A) *Generalización y uniformidad del régimen municipal*

La supresión de cualquier privilegio de carácter territorial[19] llevó a los constituyentes del 89 a un modelo completamente nuevo de organización municipal, que no tiene ya su fuente en los estatutos particulares, eventualmente concedidos a zonas determinadas y que se extiende a todo el territorio del Estado, adquiriendo carácter "necesario".

El Decreto de 14 de diciembre, concretamente, pone en práctica el principio de unidad de la organización municipal y deroga solemnemente (art. 1) todas las Administraciones a la sazón existentes, bajo las más variadas denominaciones, en ciudades y pueblos (*hôtels de ville*, *mairies*, *échevins*, *consulats*,

---

se solicitaba, entre otras cosas, el reforzamiento del municipio, así como el pleno asentamiento de los intereses departamentales en los órganos colegiados del departamento, quedando para el prefecto solamente aquellas competencias de relación con el gobierno.

[19] Sancionada por los Decrs. de 4 de agosto y 11 de noviembre de 1789. Cfr. *supra*, 2, B).

etc.). Tales administraciones son sustituidas por una única institución: "todas las colectividades locales del reino —precisan las "Instrucciones acerca de la formación de los municipios", publicadas junto al Decreto[20]— ya en las ciudades, ya en el campo, tienen la misma naturaleza, y se sitúan en el mismo plano en el orden constitucional, por lo cual llevarán el nombre común de municipio (*municipalité*)[21] y a la cabeza de cada uno de ellos está el alcalde (*maire*)".

De acuerdo con la orientación dominante, que asocia, como consecuencia imprescindible, el criterio de la *uniformité* al valor fundamental de la *égalité*[22], el decreto establece un régimen único para todos los municipios, independientemente de sus dimensiones y de las peculiaridades de las diversas situaciones, en radical oposición a la estructura anterior. De forma general, se aplica la misma disciplina tanto a las grandes ciudades como a las pequeñas aldeas; idénticas son sus funciones; e idéntico es, en lo sustancial, el sistema de elección y de organización, basado en un *maire* (cabeza de la Administración municipal, elegido mediante sistema mayoritario a dos vueltas) y en un *corps municipal*, cuyos miembros (elegidos mediante sistema de lista) se subdividen en un *conseil* deliberante y un *bureau* de competencia ejecutiva (compuesto por un tercio de aquellos, incluido el alcalde). Todos los miembros del *corps* integran, junto a un número doble de notables (también, de carácter electivo), el *conseil général de la commune*, convocado para los asuntos de particular importancia, entre los cuales cabe citar, por ejemplo, el nombramiento —y la eventual destitución— de un *secrétaire-greffier*[23]. Común también a todos los municipios es la creación de un *procureur*, como órgano de asesoramiento y estímulo.

La única variante prevista dentro de la homogeneidad del esquema (prescindiendo de la obvia graduación del número de miembros del *corps municipal*, de tres hasta veintiuno, en función de la población) reside en los municipios

[20] Este texto —así como algunos otros documentos de notable interés— puede encontrarse en la *Collection complet des lois, décrets, ordonnances, réglements, avis du Conseil d'État*, a cargo de J. B. DUVERGIER, 2ª ed., Paris, 1834, pág. 69.

[21] Cfr. la Ley de 10 de brumario del año II, que, siempre en línea con esta "*passion d'uniformité*", adopta la denominación de "*commune*".

[22] Téngase presente, por ejemplo, la postura de SIEYÈS, para quien la uniformidad no solo es una condición para lograr la igualdad entre los individuos. Es también el fundamento de la unidad del pueblo francés, y evita que el fin de la monarquía absoluta se traduzca en anarquía. Los municipios son partes integrantes de la unidad del Estado.

Hay también otras razones más puntuales, como el hecho de que corresponde a los municipios llevar el estado civil y el registro municipal, lo que concierne al estatuto cívico de los habitantes. Cfr. P. BASTID, *Sieyès et sa pensée*, Paris, 1970, págs. 377 y ss., y especialmente, págs. 402, 468 y 473.

[23] Arts. 4 y siguientes del Decr. de 14 de diciembre de 1789.

de mínimas dimensiones (inferiores a 500 habitantes), que carecen de *bureau*, asignándose las competencias ejecutivas al alcalde[24].

Por otro lado, la regulación general de diciembre del 89 no se aplica, "debido a su inmensa población", a la capital, que será gobernada sobre la base de un reglamento específico emanado por la propia Asamblea Nacional, el cual debe respetar, no obstante, "las mismas bases y principios que la normativa general de todos los municipios del reino"[25].

La excepción de París será una constante en la evolución del sistema[26]. No ocurrirá lo mismo con el experimento ensayado por la Constitución termidoriana del año III, consistente en repartir todos los municipios de más de 100.000 habitantes[27] en (al menos) tres Administraciones municipales[28]. Aunque posteriores disposiciones reforman algún aspecto[29], ello no supuso, en realidad, un giro significativo de cara al establecimiento de un régimen diferente para los centros urbanos. Cuando alguna disposición toma en consideración la dimensión del municipio, fundamentalmente, es para someter las Administraciones de mayor importancia a una sujeción más directa del poder central[30].

[24] Arts. 34 y 37 del Decreto cit.

[25] Art. 25 del Decreto cit. Sobre el régimen especial de París, *vid.* el Decr. de 24 de junio de 1790.

[26] En particular, cfr. la Ley de 28 de pluvioso del año VIII, artículo 17, en materia de organización de *arrondissements*, y el art. 17 que atribuye también al consejo de departamento las funciones propias del consejo municipal, criterio destinado a llegar hasta nuestros días (cfr. art. 38 de la Ley 31 de diciembre de 1982).

[27] Concretamente, Lyon, Burdeos y Marsella.

Será Lyon la que gozará de la articulación en barrios más duradera: cfr. art. 73 de la Ley Municipal de 3 de abril de 1884: "La ciudad de Lyon continuará dividida en seis barrios municipales. El alcalde delega específicamente dos asesores en cada uno de ellos..."

[28] Regida cada una por un colegio de siete miembros, menos en los denominados asuntos "indivisibles" (p. ej., la materia de policía), para los que se forma un *bureau* de tres miembros: cfr., arts. 183-184 de la Constitución del año III.

[29] Cfr. el art. 14 de la Ley de 28 de pluvioso del año VIII, según el cual "en las ciudades superiores a 100.000 habitantes habrá un alcalde y un asesor (*adjoint*) para cada Administración municipal...".

[30] *Vid. infra*, 6, C). El establecimiento de un régimen distinto para París, Lyon ("y cualquier otra gran ciudad"), al objeto de permitir al gobierno una influencia directa en la elección de los administradores es muy antigua. En este sentido, la *Mémoire sur les municipalités* presentada al Rey en 1775 por el ministro TURGOT, proponía un sistema de terna de varios nombres, entre los cuales el Rey había de efectuar el nombramiento. Reglas distintas que se aplicaban también a otros aspectos, como el régimen de las funciones de policía o al reparto en barrios. Cfr. el análisis llevado a cabo por E. GARCÍA DE ENTERRÍA, *Revolución francesa y administración contemporánea*, cit., págs. 92 y ss.

De forma global, estas no son sino anomalías transitorias o marginales que —a pesar de las autorizadas y ya viejas críticas de CONSTANT o VIVIEN[31]— apenas afectan a la compacta uniformidad del modelo.

B) *Creación de un municipio por cada núcleo de población, incluso menor*

La idea de que a cada núcleo de población, incluso menor, debe corresponder un municipio, como colectividad local originaria y elemental, no surgió de forma clara en el seno de la Asamblea constituyente.

El espíritu uniformador y cartesiano que inspiraba a la Asamblea constituyente parecía, en principio, sugerir soluciones de signo opuesto y, en efecto, un primer proyecto, presentado ante el comité encargado de elaborar las propuestas de reforma, configuraba pueblos y ciudades como simples "agencias", subordinadas, en el marco de una serie de circunscripciones más amplias, delimitadas siguiendo criterios puramente geométricos[32].

Considerada, sin embargo, abstracta e impracticable, esta concepción de las pequeñas realidades locales fue pronto abandonada a instancias de MIRABEAU. El Decreto de 22 de diciembre de 1789 ya establecería que "*il y aura une mu-*

[31] B. CONSTANT, en los *Principes de politique*, cap. XII (se cita la versión con los añadidos recogidos en las *Additions et notes, en Cours de politique institutionnelle*, vol. I; trad. ital. en *Antología degli scritti politici di Benjamin Constant*, a cargo de A. ZAFARINO, Bologna, 1962, págs. 125 y ss.) polemizaba duramente con los "fanáticos patriotas" que han declarado la guerra a los intereses locales: "Poco ha faltado para que ciudades y provincias se designasen por cifras...". Termina exhortando: "No olvidemos que una regla se falsea cuando se aplica a casos muy distintos y que el juego se hace aburrido si se mantiene uniforme para circunstancias distintas" (en nota, CONSTANT añade que, considerando la neta contraposición de estos conceptos con el despotismo de Bonaparte, "se podrá, tal vez, reconocer que fue una prueba de disconformidad publicar este capítulo en el momento en que entraba a formar parte de su Consejo". Sobre esta colaboración-oposición de CONSTANT respecto de Napoleón, cfr. *infra*, 6, C), nota 54).

En su comentario a la Ley municipal de 1837 observó VIVIEN más tarde en este mismo orden de ideas: "la propia ley puede servir allá donde las capacidades y los recursos varían de forma tan grande. Una ley uniforme coloca al legislador en una rígida alternativa: restringir los derechos de todos a causa de las incapacidades de algunos, lo que es una injusticia, o atribuir derechos que algunos son incapaces de utilizar, lo que puede comprometer los intereses generales; y dado que estos últimos deben en cualquier caso prevalecer, una organización uniforme conduce al inevitable resultado de hacer imposible la emancipación de la Administración local" (en *Jurisprudence Générale ou répertoire alphabétique Dalloz*, voz *commune*, pág. 252).

[32] Sobre la base de ciertos estudios de SIEYÈS, este era el sentido en que se orientaba el proyecto presentado en el seno de la Asamblea Constituyente por Thouret y por el propio SIEYÈS. *Vid.*, P. BASTID, *Sieyès et sa pensée*, cit., págs. 474-475. Cfr. *infra*, 6, E), nota 74.

nicipalité en chaque ville, bourg, paroisse ou communauté de champagne"[33], principio que producirá una enorme fragmentación municipal, dado que se crean cerca de 44.000 municipios.

Los intentos más razonables por cambiar esta situación se producen, no muchos años después, por obra de la Constitución del año III, que a fin de obtener mayor cohesión administrativa, preveía la unión de los pequeños municipios (de menos de 5.000 habitantes) en *municipalités de canton*, regidos, de acuerdo con un esquema típicamente federativo, por un órgano compuesto de un número igual de representantes (dos) por cada municipio, con un presidente dotado únicamente de funciones de coordinación[34].

Los resultados obtenidos fueron drásticos (los municipios de cantón no pasaron de 6.000), pero efímeros. La referencia a un único centro administrativo, la circunscripción cantonal, resultó en la práctica fuente de graves disfuncionalidades. La legislación napoleónica del año VIII volvió por ello al criterio adoptado por el constituyente, devolviendo a los municipios (ahora, tras diversos ajustes, son casi 40.000) el carácter de nivel administrativo básico[35].

Este carácter permanecerá fielmente en la legislación posterior, y quienes en lo sucesivo van a apoyar la reducción del mapa municipal se limitan a reclamar

[33] Como argumenta E. GARCÍA DE ENTERRÍA, *Revolución francesa*, cit., págs. 102 y ss., el principio según el cual "existirá un municipio en cada ciudad, pueblo, parroquia o comunidad rural emerge ya claramente en el *Contrato social* de ROUSSEAU, donde se admite la existencia de "sociedades parciales", como los municipios, si bien bajo la condición de que ni se multiplique su número ni se prevea la desigualdad (lib. II. cap. III). Los resultados a que condujo la aplicación de estos criterios fueron, por otro lado, objeto de críticas: "lejos de apreciar la cordura de SIEYÈS —señalaba el "*Moniteur*", núm. 79— la Asamblea prefirió fragmentar Francia hasta el infinito, llenándola de una multitud de municipios convertidos, en algún caso, a causa de su ignorancia y debilidad, en instrumento y víctima de la opresión" (cit. de CLAVREUL, *L'influence de la théorie d'Emmanuel Sieyès sur les origines de la représentation en droit public, thèse*, Paris I, 1982, pág. 367.

[34] Constitución del año III (1795: "Artículo 178: Cada municipio de población de más de 5.000 habitantes y hasta 100.000, goza de una Administración municipal propia. Artículo 179: Aquellos municipios cuya población no alcance los 5.000 habitantes tendrán un agente municipal y un administrador (*adjoint*). Artículo 180: El conjunto de agentes de cada municipio forma el municipio de cantón. Artículo 181: Existe, además, un presidente de la Administración municipal, elegido en el ámbito del cantón en su conjunto...".

Sobre los objetivos y consecuencias de la institución de los cantones del año III, cfr. las observaciones de P. LEGENDRE, "Le régime historique des bureaucraties occidentales. Remarques sur le cas français", en *Revue internationale de Science administrative*, 1972, págs. 371-372.

[35] Arts. 12 a 15 de la Ley de 28 de pluvioso del año VIII, donde se establece un alcalde, un consejo y un número variable de asesores para cada ciudad, pueblo y cualquier otro tipo de localidad, que, según el sistema precedente, disponía de un agente municipal y de un asesor.

el establecimiento, bien de meras fórmulas de coordinación territorial que no eliminan las individualidades propias de cada municipio[36], bien de técnicas dirigidas a fomentar, sin obligatoriedad alguna, la fusión entre municipios[37].

C) *El carácter electivo de las Administraciones locales*

En el pensamiento que alumbra la Revolución, el principio de la *élection libre des peuples* constituye el *fondement naturel*, punto de partida para cualquier reforma de la Administración[38].

Elecciones locales generalizadas son una reivindicación apasionada y casi constante en los *Cahiers de doléances* y se convierte, a partir de entonces, en valor indiscutido en el seno de la Asamblea constituyente.

Los decretos de 1989 sancionan, en consecuencia, el principio de la formación de los órganos locales *par voie d'élection*, precisando, como novedad fundamental, que tales elecciones han de desarrollarse sobre una base exclusivamente territorial, con rechazo explícito de cualquier criterio de carácter corporativo —*par métiers, professions ou corporations*— o estamental: "*il n' y a plus en France de distinction d'ordre; en conséquence, pour la formation des assemblées, les citoyens actifs se réuniront sans aucune distinction, de quelque état et condition qu'ils soient*"[39].

[36] Los Proyectos pretendían establecer consejos en las capitales de cantón, con representación de todos los municipios, configurando al cantón como "una circunscripción municipal colectiva" idónea para "superar la insuficiencia y debilidad de cada municipio individual". Se presentaron en 1851 y en 1870, pero no llegaron a ser aprobados. Cfr. DALLOZ, VERGE, *Codes des lois politiques et administratives*, l, Paris, 1887, pág. 281.

[37] En relación a la Ley Municipal de 1884, cfr. DALLOZ, VERGE, *Codes*, cit., pág. 420.

[38] Así se expresa el texto que constituyó el manifiesto político fundamental de la Revolución del 89, E. J. SIEYÈS, *Qu'est-ce que le Tiers État?* (1789), Paris, cap, IV, l. trad. ital. *Che cosa e il terzo stato?* con introducción de V. CERRONI, Roma, 1972, pág. 79. Sobre las ideas de SIEYÈS en relación al principio electivo, *vid.* CLAVREUL, *L'influence de la théorie de Sieyès sur les origines de la représentation en droit public*, cit. *passim*, y sintéticamente, "Sieyès et la genèse de la représentation moderne", en *Droit. Revue francaise de théorie juridique*, 1987, núm. 6. págs. 45 y ss.

[39] Los órganos municipales se formarán "por elección" y "no por oficios, profesiones o corporaciones, sino únicamente por barrios o circunscripciones". Se suprimió "en Francia cualquier distinción por estamento: para la formación de las asambleas, los ciudadanos activos se reunirán sin distinción alguna de cualquier estado o condición". Son afirmaciones sancionadas por el Decr. de 14 de diciembre de 1789, arts. 2 y 7; Decr. de 22 de diciembre, art. 10, sección I. Sobre esto último, cfr. también el art. 22, que aplica el mismo criterio para las elecciones de representantes en la Asamblea Nacional.

Al inicio, se otorga a este principio la más amplia extensión: son elegidos los *maires*[40], los miembros del *corps municipal*[41], los notables que integran el *conseil général de la commune*[42], incluso los miembros de la *administration de département*[43], así como los *procureurs* del municipio y del departamento[44]. Para asegurar la máxima correspondencia entre los representantes y la voluntad de los representados, todos los mandatos son de corta duración[45]. Y, para garantizar la alternancia en el ejercicio de las funciones públicas, la

[40] Mediante sistema mayoritario a dos vueltas: "Los alcaldes se eligen por mayoría absoluta de votos. Si tras el primer escrutinio no se obtiene esta mayoría, se procede a un segundo; si tampoco este da un resultado positivo, se procede a un tercero, en el cual la elección deberá recaer entre los dos ciudadanos que hayan obtenido el mayor número de votos en el escrutinio precedente" (art. 16 del citado Decr. de 14 de diciembre).

[41] Mediante sistema de lista: "aquellos que en el primer escrutinio obtengan la mayoría absoluta, es decir, la mitad de los votos más uno, serán definitivamente elegidos. Si en el primer escrutinio no hay un número suficiente de ciudadanos elegidos por mayoría absoluta de votos, se procederá a un segundo escrutinio; aquellos que obtengan ahora la mayoría absoluta de votos serán, a su vez, definitivamente elegidos. En fin, si no se obtiene el número necesario en los dos primeros escrutinios, se procederá a un tercero y último, en el cual será suficiente, para ser elegido, obtener la mayoría relativa en el sufragio" (art. 21 del Decr. citado). El *corps* municipal elige cada año a los miembros del *bureau* de su propio seno (art. 36).

[42] Mediante sistema de lista a una sola vuelta, por mayoría relativa de votos (art. 30 del decr. citado).

[43] Elegidos también por un sistema de lista similar al establecido para el *corps municipal* (art. 11 del Decr. de 22 de diciembre).

[44] Mediante sistema mayoritario a dos vueltas, siguiendo el método previsto para la elección del *maire* (art. 28 del Decr. de 14 de diciembre; art. 14, sección II del Decr. de 22 de diciembre).

[45] Los *maires* permanecen dos años en el cargo (art. 43 del Decr. de 14 de diciembre), lo mismo que los miembros del *corps municipal* y los notables (los cuales se renuevan por mitades cada año: art. 42 del Decr. citado), y que el *procureur* del municipio (art. 44). Cuatro años dura, en cambio, el mandato del *procureur* del departamento (art. 15, sección II, del Decr. de 22 de diciembre), así como el de los miembros de la administración de *département* (también renovados por mitades cada dos años: arts. 12 y 13, sección II, del Decr. último citado).

La necesidad "de constituir una asamblea representativa que impida la formación de un espíritu de cuerpo que degenere en aristocracia" era una idea firmemente sostenida por E. J. SIEYÈS (*Che cosa e il terzo stato?,* cit., pág. 120), favorable a la renovación del cuerpo de representantes por tercios cada año: "Terminado su mandato, los diputados pueden ser reelegidos pasado el lapso de tiempo suficiente como para permitir que participe el mayor número de ciudadanos posible en la cosa pública, lo cual no podría suceder si esta se considerase propiedad exclusiva de un cierto número de familias". El propio SIEYÈS atribuía a los electores el poder de destitución como facultad intrínsecamente ligada a la elección. A tal fin se preveían precisos y articulados mecanismos: cfr. P. BASTID, *Sieyès et sa pensée*, cit., págs. 409 y ss.; C. CLAVREUL, *Sieyès et la genèse*, cit., pág. 51; *Idem*, *L'influence de la théorie*, cit., págs. 381-382.

reelección se limita de manera rigurosa[46]. Se reconoce el voto a cada ciudadano activo, y la Administración local se configura como expresión directa de la colectividad territorial.

"Todos los ciudadanos activos[47] del reino —subrayan las instrucciones aprobadas en relación a los decretos del 89[48]— están llamados a hacer posible, en su respectivo municipio, la regeneración del Estado ... La nación reconoce que sus representantes están obligados a poner en práctica todos los principios que aseguren el más amplio ejercicio del derecho de la igualdad entre los electores, la seguridad y la libertad en la elección, el pronto traspaso de los cargos y de las funciones, principios sobre los que descansa la libertad pública y la igualdad política de los ciudadanos ...". Estos "bienes preciosos" se presentan por el Rey y la Asamblea Nacional al pueblo como el fundamento de la prosperidad nacional y de la felicidad de los individuos.

Entre los elementos que constituyen la base de la transformación administrativa revolucionaria, el principio electivo, por el que se superan las distinciones entre los estamentos privilegiados y el tercer estado, así como

[46] Cfr. los art. 43 y 44 del Decr. de 14 de diciembre, y el 15, sección II, del Decr. de 22 de diciembre, que limitan la reelegibilidad inmediata de *maires* y *procureurs* a una sola vez. Durante los trabajos preparatorios, se pusieron de manifiesto opiniones contrapuestas sobre este punto.

El texto propuesto por el Comité de la Constitución preveía la regla de la reelegibilidad, aunque únicamente para los *procureurs*. Sostenida por el portavoz TARGET, se les ofrecía "como reconocimiento por los servicios prestados y por su diligencia al ejecutar sus funciones una preciosa recompensa, dado que constituirla una prueba cierta de la confianza pública", destacando la importancia de mantener en el cargo a quienes manejen los hilos de las diversas actuaciones. La propuesta suscitó una viva oposición, y el Conde de VIVIEN la consideró "extremadamente peligrosa", dada la autoridad que habían obtenido los *procureurs*, por la propia naturaleza de las funciones a ellos atribuidas; consentir su reelegibilidad habría supuesto atraer sobre ellos "todas las tentaciones".

El propio VIVIEN es quien propone la solución que se adoptaría en el decreto: *vid. Archives parlementaires*, serie I, vol. XX, sesión de 9 de diciembre 1789, págs. 453-454. Sobre esta regla, cfr. el duro juicio expresado por H. TAINE: "Tanto peor para los asuntos y para el público si ellos han merecido y conquistado la confianza de los electores, si han adquirido con la experiencia una competencia rara y valiosa; no se desea que echen raíces en su cargo. Poco importa que su permanencia introduzca en el servicio el sentido de la continuidad; se teme que asuman demasiada influencia y la ley les expulsa cuando se hacen expertos y autorizados", en *Les origines de la France contemporaine* (Paris, 1878-1893). *La Révolution*, lib. II, cap. III, reedición íntegra con introducción de F. LEGER, París, 1986, I, págs. 450-451.

[47] Se consideran "activos" los ciudadanos que reúnan determinados requisitos de edad (25 años) y de renta (que paguen unos impuestos directos por el valor local de tres jornadas de trabajo); art. 1. sección I, del Decr. de 22 de diciembre citado, tomado del art. 2, sección II, de la Constitución de 1791.

[48] *Instructions sur la formation de nouvelles municipalités*, cit., pág. 71.

el voto de naturaleza corporativa, es de capital importancia. Este principio, consagrado en la Constitución de 1791[49] será, sin embargo, el más discutido y obstaculizado en las fases sucesivas.

Ya el Decreto de 14 de frimario del año II, aunque sea como medida excepcional, suspende las elecciones. Y la confirmación que el principio recibe al año siguiente con la Constitución termidoriana[50] —confirmación poco respetada por el frecuente recurso a los poderes de suspensión y destitución de los administradores locales[51]— es absolutamente ignorada por la legislación del año VIII.

En efecto, en esta domina el criterio opuesto: son nombrados —además de los prefectos, subprefectos, consejeros de prefectura— todos los miembros de las Administraciones locales en general: por decreto del propio cónsul, los cargos considerados de mayor relieve, como los consejeros de departamento, alcalde y asesores, en las ciudades superiores a 5.000 habitantes; por decreto de la prefectura, los consejeros municipales, alcalde y asesores, en los municipios pequeños[52].

[49] Art. 9 de la Constitución de 3 de septiembre de 1791: "Los ciudadanos que componen cada municipio tiene el derecho de elegir entre ellos ... los que, con el título de agentes municipales, deben encargarse de la gestión de los asuntos particulares del municipio". En cuanto a la evolución que el principio electivo experimentará en las fases inmediatamente sucesivas, cfr. L. JAUME, *Légitimé et représentation sous la révolution. L'impact du jacobinisme*, en "*Droit-Revue française de théorie juridique*", 1987, núm. 6, págs. 57-67.

[50] Arts. 27, 28 y 41. El electorado activo se reduce sensiblemente con base en el criterio de la renta.

[51] Cfr. los arts. 188 y 198 de la Constitución del año III (que prevén el modo de integración de los consejos municipales y departamentales, caso de destitución anticipada en el cargo por alguno de sus miembros, y, sobre todo, el poder del Directorio de sustituir los cinco miembros del ejecutivo del departamento). Además, la Ley especial de 25 de frimario del año IV (que faculta al Directorio para nombrar los miembros de las *municipalités de canton*, en caso de vacantes en los puestos) y de 13 de vendimiador del año VI (que faculta al Directorio para integrar las Administraciones que no dispongan de funcionarios por falta del quórum previsto).

[52] Arts. 18 a 20 de la Ley de 28 de pluvioso del año VIII (1800). Además, cfr. la Constitución de 22 de frimario del año VIII (13 de diciembre de 1799), cuyo artículo 41 incluye, entre los poderes del Primer Cónsul, el nombramiento y la destitución discrecional de los miembros de las Administraciones locales. Los arts. 7 a 9 precisan (aunque con escasos resultados en la práctica) que estos nombramientos deben efectuarse en el marco de *listes de confiance*, en la que figuran los ciudadanos —en número igual a la décima parte de quienes tienen derecho a pronunciarse— considerados como más idóneos para la gestión de los asuntos públicos. El cuerpo electoral interviene de esta forma en la elección de sus representantes. El propio Napoleón calificara su participación de "*illusoire et métaphorique*" (*Correspondance*, XXX, pág. 343, cit. de H. TAINE, *Les origines*, cit., *Le régime moderne*, lib. II, cap. I, pág. 444).

No obstante algún correctivo[53] o tardío replanteamiento[54], esta intensa centralización del sistema de elección de los órganos locales será lo que caracteriza a toda la época napoleónica.

El sistema resultó útil también a la Restauración (que llegó, incluso, más lejos, suprimiendo todo residuo de carácter electivo)[55]. De forma que será necesario llegar al éxito de las tendencias liberales en la Constitución de 1830, para encontrar de nuevo afirmado el principio de que "las instituciones departamentales y municipales se basarán en un sistema electivo" (art. 67, núm. 7).

Desde este momento, se consolida este principio para los consejos locales (sufragio censitario, en las Leyes de 1830 y 1833 y universal, en las de 1848). Ni siquiera los regímenes más autorizados se arriesgarán a contestar abiertamente su validez, prefiriendo no convocar de hecho las elecciones o utilizar instrumentos de presión diferentes[56].

[53] *Vid.* los complejos mecanismos previstos en la Constitución de 14 y 16 de termidor del año X (2 y 4 de agosto de 1802), en virtud de los cuales las asambleas de cantón —compuestas por todos los ciudadanos, según criterios censitarios, y cuyo presidente es nombrado por el Primer Cónsul— proponen dos candidatos por cada puesto vacante en el consejo de los municipios de más de 5.000 habitantes, dejando la elección final en manos del prefecto. Los miembros del consejo deben ser elegidos dentro de la lista de los cien mayores contribuyentes del cantón. Al Primer Cónsul se reserva el nombramiento, dentro del consejo municipal, del alcalde y de los asesores (arts. 4 y ss.). En los departamentos, los miembros de los colegios electorales son designados por la asamblea de cantón de entre los seiscientos mayores contribuyentes; a estos puede el Primer Cónsul añadir otros veinte. Es el Primer Cónsul quien nombra a los componentes del consejo de departamento, de entre los propuestos (también en este caso, dos por cada puesto vacante) por el órgano colegiado del departamento (arts. 25 y ss.). Análogos criterios presiden la formación de los consejos de *arrondissement*, así como del Senado, Tribunado y Asamblea Legislativa, en su sistema que, en su conjunto, aparece como fuertemente censitario y, al mismo tiempo, fácilmente controlable por el ejecutivo.

[54] Nos referimos a las orientaciones que inspiran la Constitución de 22 de abril de 1985 —que precede en pocas semanas a la batalla de Waterloo—. Al encomendar a Benjamin Constant la redacción de esta Carta —que por ello será conocida por el nombre de "Benjamina"—, Napoleón le escribe: "Dadme la aportación de vuestras ideas: debates públicos, elecciones libres, ministros responsables... Quiero todo esto", añadiendo significativamente: "Estoy envejeciendo... El descanso de un Rey constitucional puede ser apropiado para mí; seguramente, lo será aún más para mi hijo".

[55] La Carta Constitucional de 4 de junio de 1814 solamente prevé para el Rey poderes de nombramiento (art. 14) y suprime las complejas intervenciones previstas en la Constitución del año x.

[56] Las elecciones a los consejos locales no se suprimirán ni siquiera durante el período más autoritario del Segundo Imperio. Y durante el Gobierno de Vichy, el proyecto de Constitución del Mariscal Petain afirmará que el consejo municipal —así como el del departamento— "es elegido mediante sufragio universal y directo" (arts. 38 y 39).

Sin embargo, el sistema de formación de los ejecutivos municipales continúa siendo problemático y cambiante[57]. El poder de nombrar alcaldes y asesores por parte del rey[58] y del prefecto se mantiene en la Ley de 21 de marzo de 1831, ley que, por otro lado, restringe la elección en el marco del consejo. Se repite en la Ley de 3 de julio de 1848, la cual, sin embargo, deja fuera a los municipios pequeños[59]. Y se refuerza más aún con la Constitución de 1852, que expresamente autoriza el nombramiento de ciudadanos no consejeros[60], lo que se suprimió, sin embargo, hacia el final del Segundo Imperio[61].

El advenimiento de la Tercera República pone fin a esta alternancia en los criterios de formación de los ejecutivos. En principio, se afirma el derecho de los consejos municipales a elegir alcalde y asesores, si bien, al mismo tiempo, se reserva "provisionalmente" al gobierno el nombramiento —dentro del consejo— de alcaldes y asesores en las ciudades de más de 20.000 habitantes y en las capitales de departamento o de *arrondissement* (Ley de 14 de abril de 1871). El sistema de nombramiento se consolida en los pequeños municipios[62], recayendo —normal, pero no necesariamente— la elección en consejeros (Ley de 20 de enero de 1874). Pero se torna después a la coexistencia entre los dos sistemas, de modo que mientras los jefes locales (del departamento, *arrondissement* o cantón) se nombran por decreto del presidente de la República entre los miembros del consejo, en los demás municipios es el propio consejo el que hace la elección (Ley de 12 de agosto de 1876).

Este último criterio termina prevaleciendo en la Ley de 28 de marzo de 1882, extendiéndose ya a la totalidad de los municipios, para, poco después, ser definitivamente consagrado en la Ley General sobre Organización Municipal de 5 de abril de 1884.

D) *Dualismo entre funciones municipales "propias" y funciones estatales "delegadas"*

Uno de los intentos de descentralización emprendidos en la última fase del *Ancien Régime* fue el Edicto de junio de 1787, que atribuía a las asam-

[57] No se plantea la cuestión en el caso de los departamentos, donde el papel ejecutivo se reconoce a los prefectos: cfr. *infra*, 6, F).

[58] En los municipios menores de 3.000 habitantes.

[59] Se prevé que, cuando la población no alcance los 6.000 habitantes, el consejo elige al alcalde.

[60] Art. 57 de la Constitución de 14 de enero de 1852: "los alcaldes serán nombrados por el poder ejecutivo, y podrán ser elegidos de entre los miembros del consejo municipal". Cfr. la Ley municipal de mayo de 1855, que —siguiendo criterios demográficos, reparte los poderes de nombramiento entre el emperador y el prefecto.

[61] Ley de 22 de julio de 1870, que, sin embargo, no tuvo tiempo de ser aplicada.

[62] Las capitales de partido se distinguen de los demás municipios solo a fin de repartir las competencias entre el gobierno y los prefectos.

bleas locales una serie de tareas relevantes para la administración general del reino, aparte de las funciones relativas a la gestión de los intereses puramente locales. La situación de las asambleas venía así a ser distinta, encontrándose, en el primer caso, subordinada a la *autorité* del Consejo del Rey, en cuyas manos quedaba, por ejemplo, la ejecutividad de las decisiones concernientes al reparto de impuestos, mientras que, en el segundo caso, estaban solo sujetas a una mera *surveillance* de los administradores reales[63].

Con base en la Mémoire sur les municipalités, presentada en 1775 por Turgot, se esbozan de este modo en la legislación francesa los primeros elementos de una concepción del *pouvoir municipal*, que venía a reconocer al municipio como tal la titularidad de funciones propias, en correspondencia con los intereses exclusivos de la comunidad de ciudadanos que en él se asocian. Esta concepción será determinante para el esquema administrativo adoptado por la Revolución poco después[64].

"Los órganos municipales —distinguía claramente el decreto aprobado por la Asamblea constituyente de 14 de diciembre de 1789 (art. 49)— tendrán dos clases de funciones: unas, propias del poder municipal; otras, de la administración general del Estado, y por ella delegada a los municipios".

Estas últimas pueden ser consideradas eventuales, respecto del conjunto de *fonctions propres*, que constituyen el núcleo inderogable del *pouvoir municipal*, según una concepción de clara inspiración iusnaturalista, subrayada en los trabajos preparatorios. En particular, el texto elaborado por la Comisión constituyente y presentado a la Asamblea por el portavoz Target, definía estas funciones no solo como *propres*, sino también como "*naturelles au pouvoir municipal*"[65], utilizando de forma significativa el mismo adjetivo que, pocos

[63] La vinculación entre el Edicto de 1787 y la distinción, consagrada por la Revolución, entre las tareas de administración general del Estado y la gestión de intereses locales, entre poder jerárquico y de tutela, es puesta de relieve por G. Sautel, *Histoire des institutions publiques depuis la Révolution française*, Paris, 1974, pág. 95, y se retoma por J. L. Mestre, L'uniformisation des collectivités locales et les tentatives de décentralisation (1794-1799), en *Collectivités locales*, dirigido por F. P. Benoit, Paris, 1981, págs. 21.5-21.6.

[64] Los orígenes y evolución del concepto de *pouvoir municipal*, en sus diversas implicaciones, constituyen el tema central de la investigación de E. García de Enterría, recogida en Revolución francesa y Administración contemporánea, cit., *passim*, especialmente págs. 72 y ss, 82 y ss., 101-105, 108 y ss., 120 y ss., 132 y ss. Es original y profunda la reconstrucción que hace de las fuentes del municipalismo moderno, entre las cuales señala (págs. 127 y ss.) el *Cours de politique constitutionelle*, de B. Constant (1818-1820), donde el poder municipal se eleva al rango de verdadero y propio poder constitucional (junto al poder real, al ejecutivo, al representativo y al judicial), en una visión no muy distante de la —más conocida— del *Pouvoir municipal* de Henrion de Pansey (1822).

[65] Arts. xxxix-xl del texto de la Comisión presentado por la Asamblea en la sesión de 30 de noviembre de 1789; *vid.* "*Moniteur*" de 1º de diciembre de 1789, pág. 32. No es fácil

meses antes, la Declaración Universal de la Asamblea Nacional había utilizado en relación a los derechos fundamentales del hombre[66].

Las funciones comprendidas en una y otra categorías se indicaban expresamente, situando entre las *propres*, por ejemplo, la administración de los bienes comunales de las ciudades, pueblos y parroquias, la dirección y ejecución de las "obras públicas que quedan a cargo de la colectividad", así como las funciones de policía relativas "en especial a la propiedad, salubridad, seguridad y tranquilidad en las calles, lugares y edificios públicos" (art. 50, Decr. cit.)[67]. Por su parte, entre las segundas, encontraban acomodo las diversas actividades concernientes al reparto, recaudación y pago de los impuestos directos. Lo mismo que las obras públicas efectuadas en el municipio, la conservación de la propiedad pública, la inspección sobre las obras en reconstrucción o la reparación de iglesias y edificios de culto (art. 51).

El ejercicio de las funciones propiamente municipales queda bajo la *surveillance et l'inspection* de las Asambleas de departamento y de distrito, mientras que las funciones delegadas se sujetan a su *autorité*. Estas últimas, por tanto, están inmersas en una relación de tipo jerárquica[68], mientras que

---

determinar las razones que indujeron a su posterior supresión —que no recoge, según creo, estudio alguno en torno a la historia de estas instituciones—. Los propios *Archives parlementaires* —de redacción bastante posterior (1878) en esta parte y fieles en general a la síntesis de las sesiones recogidas en el "*Moniteur*", aunque en no pocos casos se produce una dudosa ampliación— se limitan a reproducir un texto idéntico al definitivo. Cfr. 1ª serie, cit. págs. 339 y 344.

[66] *Vid.* el Preámbulo de la Declaración de Derechos del Hombre y del Ciudadano de 26 de agosto de 1789, en la que "los representantes del pueblo francés, constituidos en Asamblea Nacional", expresan la voluntad de "recoger en una solemne Declaración los derecho *naturales*". El art. 4 dispone: "la libertad consiste en el poder de hacer todo aquello que no dañe a los demás: así, los derechos naturales de cada hombre no tienen otros límites que aquellos que aseguran a los demás miembros de la sociedad el goce de estos mismos derechos...". El fundamento natural de estos derechos había sido enfáticamente subrayado en los trabajos preparatorios: cfr. A. Soboul, 1789, cit., págs. 314 y ss., 320-321, 326-327.

[67] El art. 50 cita las funciones de "sostener los gastos locales a cargo de la comunidad, administrar las instituciones de propiedad del municipio, financiadas por sus propios recursos o especialmente destinadas a su utilización por parte de los ciudadanos que lo componen". Durante los trabajos preparatorios no faltaron propuestas dirigidas a puntualizar estas funciones para salvaguardar los intereses de los ciudadanos; así, en particular, la propuesta de incluir expresamente el "poder de resolver las controversias menores entre particulares y de prevenir, mediante acuerdos conciliatorios, los procesos entre ciudadanos" ("*Moniteur*", de 2 de diciembre de 1789, pág. 36).

[68] Además del art. 51, cfr. el art. 55 del Decreto citado: "los órganos municipales estarán enteramente subordinados a las Administraciones de departamento y de distrito, en todo aquello que concierne a las funciones que ejerzan por delegación de la Administración general". Esta subordinación se recogía, de forma decidida, en la formulación propuesta por una

en las primeras no existe más que el deber de someter a aprobación ciertos actos de especial relieve[69].

La Asamblea constituyente pretendió dar la mayor importancia a esta bipartición. Y así, la *Instruction* que acompañaba al decreto insistía en llamar la atención de los administradores municipales sobre este punto, como prueba de su "celo por el buen servicio", así como de la "fidelidad a la Constitución". Esta tenía por "objeto esencial definir y separar los diversos poderes", dado que la "confusión de las funciones destruiría la armonía entre los poderes" y sería "el atentado más grave que puede hacerse contra el orden constitucional".

En la distinción, por lo demás, se evitan todas las ambigüedades. Diferentes son los contenidos de las funciones y su fundamento: "los administradores se convencerán fácilmente de que las funciones del art. 51 son relevantes para toda la comunidad en su conjunto y para la uniformidad del régimen general, y exceden de los derechos e intereses específicos de cada comunidad. Aquellos no pueden ejercer estas funciones en calidad de simples representantes del municipio, sino como agentes y oficiales de la Administración general. Es justo, por tanto, que todas las funciones delegadas por un poder distinto y superior estén enteramente subordinadas a la autoridad de las Administraciones de departamento y de distrito. Diferente es el caso de las funciones enunciadas en el art. 50. Estas son propias del poder municipal, porque afectan directa y específicamente a la comunidad representada en cada municipio. Los miembros del municipio tienen el derecho, propio y personal, de decidir y administrar todo aquello que concierne a las funciones verdaderamente municipales. En este punto, la Constitución les somete únicamente a una mera supervisión o inspección ..."[70].

En el preciso momento en que lo que se pretende es constituir el nuevo orden administrativo, la cita, de gran interés, traza con claridad y eficacia el sistema de atribución de funciones a escala local, definiendo sus rasgos y consecuencias: la distinción entre funciones "propiamente municipales" y funciones "delegadas", la diversa calidad en la que operan los administradores encargados de su ejercicio en ambos casos, más aún, las diferentes consecuencias que de ello derivan, en relación con la intensidad de los poderes que en uno y otro caso gozan los niveles superiores[71].

---

enmienda de TARGET: "las asambleas administrativas se sitúan dentro del poder ejecutivo, y se configuran como agentes de este poder; son depositarias de los poderes del rey, cabeza de la administración general, y actúan en su nombre, bajo sus órdenes, y a él quedarán plenamente subordinados". La propuesta suscitó protestas; se le acusó de intentar reducir las Administraciones locales a agencias ministeriales, resucitando los antiguos intendentes ("*Moniteur*", de 25 de noviembre de 1789, págs. 7-8).

[69] Art. 56 del Decr. cit. Cfr. *infra*, 6, G).

[70] *Instruction sur la formation des nouvelles municipalités*, cit., pág. 70.

[71] Sobre este punto, B. CONSTANT manifestará reservas de fondo: "Si se dejan en las mismas manos los intereses de los pueblos y los del Estado ... se originarán problemas de

La Constitución de 1791 refleja la distinción y define las funciones propiamente municipales como las relativas a "*les affaires particulières de la commune*"[72]. Sin embargo, se les atribuye en la época poca importancia, limitada a asuntos exclusivamente internos a la colectividad local (en la gran mayoría de los casos, extremadamente pequeña).

La evolución posterior cambiará el signo de las cosas. Poco a poco, se hacen más numerosas e importantes las funciones municipales propias. La doble calidad de representante del municipio y agente de la administración central vendrá referida, no ya al órgano colegiado, sino al alcalde[73]. En su esencia, este esquema permanecerá sin cambios y ninguna de las numerosas leyes sucesivas, en materia de competencias locales, pondrá en duda su validez.

E) *El departamento: circunscripción estatal y entidad local*

En estrecha conexión con el principio de electividad, la organización en departamentos fue concebida en la Constitución del 89 con el propósito de consolidar las metas logradas en el plano de la igualdad. Había que salvaguardar

---

diversa índole ... Las leyes generales no serán bien cumplidas, y los intereses particulares mal administrados ... Hasta el punto de que los miembros del poder municipal se reducirán a agentes subordinados al poder ejecutivo, y se adjudicará a este último el poder de destitución, de forma que vuestro poder municipal se reducirá a un mero fantasma ... el pueblo no habrá elegido a sus administradores sino para ver anulada su elección, y para ser ofendido por una fuerza extraña que, bajo el pretexto del interés general, se inmiscuirá también en los intereses particulares que deberían ser más independientes". ("Il potere municipale", en *Antología degli scritti politici di Benjamín Constant*, cit., págs. 127-128).

[72] Art. 9 de la Constitución de 3 de septiembre de 1791: los agentes municipales, de carácter electivo "se encargan de la gestión de los asuntos particulares del municipio. Podrán delegarse a los agentes municipales funciones relativas al interés general del Estado".

En principio, los jacobinos permanecerán fieles durante los años posteriores a la defensa de la autonomía municipal en los asuntos de interés local. "Dejad a los municipios —exhorta Robespierre en un discurso de mayo de 1793— el poder de ordenar sus propios asuntos, y todo aquello que no afecte de manera especial a la Administración general de la República": cfr. G. Sautel, "Les jacobins et l'administration", en *Revue du droit public*, 1984. núm. 4, pág. 899.

[73] Cfr. el art. 10 de la Ley municipal de 1837 —reproducido en los arts. 90 y 91 de la Ley de 5 de abril de 1884—, donde se indican las funciones (cuyo objeto prevalente son los bienes, las obras y las finanzas del municipio) que el alcalde desempeña como "*chef de l'association communale*", estando sujeto al control del consejo municipal y a la "*surveillance de l'administration supérieure*".

Por su parte, el art. 9 de la misma ley —reproducido en el 92 de la Ley de 1884—, prevé las atribuciones (en relación, por ejemplo, a censos, listas y operaciones electorales, pesos y medidas, fabricación y venta de armas, expropiación, milicias, etc.) del alcalde en calidad de "*délégué de l'administration supérieure*", sujeto a la "*autorité*" de esta.

las conquistas alcanzadas del posible resurgimiento del "*esprit de province*" y de la reivindicación de antiguos privilegios.

El desorden en las circunscripciones, debido a los particularismos y estatutos privilegiados existentes, pretende sustituirse por un riguroso sistema, válido para satisfacer exigencias relacionadas con la representatividad y con la eficacia de la acción administrativa. De este modo, y aunque el esquema inicial puramente geométrico no llega a prevalecer[74], el nuevo reparto del reino, producto de un proceso de elaboración complejo y polémico[75], se hizo para permitir que cualquier Administración "resultase suficiente para atender todas las cuestiones de interés público y para la pronta ejecución de los asuntos". Y para que, por otro lado, "desde cualquier punto del departamento fuese posible llegar al centro administrativo en una jornada de viaje"[76].

De esta manera, los intereses de los gobernados convergían con los de los gobernantes, al delimitar el campo de acción de una Administración que, de esta forma, pasaba a ser más rápida, eficiente y próxima al ciudadano.

[74] Siguiendo el modelo propuesto por SIEYÈS y THOURET, los 80 departamentos habrían adoptado una forma tendencialmente cuadrada, con lados de 18 leguas. Cada departamento estaría subdividido en 9 de 6 leguas de lado. A su vez, estos últimos, se repartirían en 9 cantones, de 2 leguas de lado, en los cuales las ciudades y pueblos se configurarían como "agencias subordinadas".

Sin embargo, los proponentes no pretendían aplicar el esquema en términos meramente geométricos: los cuadrados estaban, en cierta medida, adaptados a los accidentes geográficos, y se mantuvieron las fronteras de algunas provincias especialmente acreedoras de tradiciones propias, creándose dentro de ellas los departamentos. En torno a este reparto y a las concepciones que lo inspiraron, cfr. P. BASTID, *Sieyès et sa pensée*, cit., págs. 402-404; C. CLAVREUL, *L'influence de la théorie d'Emmanuel Sieyès*, cit., págs. 365 y ss.

[75] El proceso de definición de los departamentos fue, en efecto, bastante arduo: la Asamblea constituyente asignó a los diputados de las diversas provincias la tarea de acordar los confines. Y estos actuaron en unión con los representantes del electorado. La operación en su conjunto fue un objetivo prevalente de la Asamblea entre diciembre de 1789 y febrero de 1790 (*vid. Archives Parlementaires*, 1ª serie, vol. XI, especialmente las sesiones de 8 de enero a 27 de febrero de 1790, págs. 119-725, *passim*). En torno a las dificultades de este proceso, cfr. J. GODECHOT, *Les institutions de la France sous la Révolution et l'Empire*, 3ª ed., 1985, págs. 92 y ss.

[76] En estos términos se expresaba el Informe presentado a la Asamblea Constituyente el 3 de noviembre de 1789 por el portavoz THOURET, en *Archives palementaires*, 1ª serie, vol. IX, págs. 656 y ss. (reproducido, en parte, también en "*Documentation française, Documents d'études, L'Administration territoriale*", I, octubre, 1973, págs. 4-5). El citado informe agrega: "todos comprenden cuán importante, para la uniformidad de la Administración, para una buena vigilancia de los administradores y para la comodidad de los gobernados, es tener en un gran Estado un reparto del territorio aproximadamente igual, y con una extensión calculada en la forma que sea más conveniente para el mejor ejercicio de los diversos poderes".

Estos criterios —que, por otro lado, evitaban la existencia de circunscripciones demasiado grandes y fuertes frente al poder central, fundamentado ahora en la supremacía de las leyes aprobadas por la Asamblea Nacional[77]—, condujeron a la creación de ochenta departamentos. En realidad, no llegaron a ignorarse las antiguas demarcaciones que, en algún caso, fueron simplemente divididas en porciones (hasta siete, en el caso de Languedoc)[78].

Los departamentos, según el Decreto de 22 de diciembre de 1789, se crearon por razones de carácter representativo y administrativo. Eran, por un lado, las circunscripciones para la elección de representantes a la Asamblea Nacional[79] y, por otro, las unidades básicas para el ejercicio de la acción administrativa. Esta se confiaba, concretamente, a una organización formada por una asamblea electiva (consejo de departamento)[80], y por un directorio, órgano ejecutivo de carácter permanente, nacido del seno de la propia asamblea[81]. Como representante del Rey en esta organización, el *procureur-général-syndic*

[77] Sobre este punto también era explícito el Informe de THOURET: "Guardémonos de establecer cuerpos administrativos de forma que puedan tener la tentación de oponerse a la cabeza del poder ejecutivo, y que puedan creerse lo suficientemente fuertes como para sustraerse impunemente al poder legislativo".

[78] Así, el nuevo criterio trataba en buena medida —y de ello se hace eco el Informe Thouret— de evitar la confusión administrativa, privando a los ciudadanos de puntos de referencia habituales. En concreto, el departamento coincide, en algún caso, con la antigua provincia; en otros, dio lugar a modificaciones de fronteras poco relevantes. En su conjunto, la operación fue bastante compleja, hasta el punto de que incluso en el Decr. de 4 de marzo de 1790, que sancionaba la división en departamentos, no era posible, en algunos casos, determinar la capital de partido (papel asignado, de forma rotativa, a varias ciudades).

[79] El criterio —establecido por el art. 4 del Decr. de 22 de diciembre de 1789, confirmado por la Ley de 22 de diciembre de 1790— sería importante al poner en conexión la dinámica administrativa local con la de la política nacional. Sobre este punto, *vid.* también las consideraciones de THOURET: "la organización de cada gran circunscripción del Reino debe ser tal que sirva, al mismo tiempo, para la formación del cuerpo legislativo, así como para la de los diversos tipos de asambleas administrativas igualmente representativas. Es así como de una instancia común partirán todos los movimientos del cuerpo político" (*Archives parlementaires*, 1ª serie, vol. IX, pág. 202).

[80] De 36 miembros, elegidos por los propios electores, después de las votaciones para representantes de la Asamblea Nacional: sección II, art. 2, Decr. cit.

[81] Cfr. los arts. 20 y siguientes de la sección citada, donde, entre otras, se establece: "el consejo del departamento celebrará anualmente una sesión, al objeto de regular cualquier aspecto de la administración, ordenar las obras y los gastos generales del departamento, recibir la rendición de cuentas del directorio sobre su gestión... El directorio del departamento estará en actividad constante para el despacho de los asuntos, y todos los años rendirá cuentas al consejo de su gestión, que serán publicadas ... los miembros de las Administraciones de departamento elegirán ... ocho de entre ellos para la composición del directorio, y lo renovarán por mitades cada dos años. El presidente de la Administración de departamento podrá asistir, y tendrá el derecho de presidir todas las sesiones del directorio, que también podrá elegir un vicepresidente".

tiene competencias de vigilancia y asesoramiento, y para evitar cualquier reminiscencia de los antiguos intendentes, es elegido a la vez que la asamblea, siguiendo el mismo sistema y por los mismos electores[82].

En cuanto a sus importantes funciones, están, por un lado, las de carácter tributario (por ejemplo, el reparto de las contribuciones directas entre los distritos) que se ejercen bajo la vigilancia del poder legislativo. Por otro lado, el conjunto de actividades incluidas dentro de la "administración general del reino", que abarca una variada y amplia gama de sectores, como la beneficencia, la policía, el cuidado de los hospitales, la enseñanza pública, el fomento de la industria y la agricultura, las obras públicas, la conservación de la propiedad pública, el mantenimiento de la salubridad y seguridad pública, así como los destinos de la milicia o la guardia nacional. En el ejercicio de estas funciones, el departamento actúa "bajo la autoridad y el control del Rey", que, como indica expresamente el decreto, es el vértice supremo de esta Administración general"[83].

Los constituyentes trataron de favorecer la unidad administrativa del reino con esta institución, que, dotada de carácter electivo y con importantes funciones, después de una serie de acontecimientos sucedidos entre el Decreto jacobino de frimario del año II[84] y la Constitución termidoriana[85], iba a alcanzar

[82] Art. 14, sección II del Decr. cit., que sigue fijando la duración del mandato en cuatro años, renovables inmediatamente por una sola vez.

[83] En particular, los primeros artículos de la sección III del Decreto definen las funciones de los departamentos del modo que sigue: "Las Administraciones de departamento, bajo la inspección de la Asamblea Legislativa, tienen las funciones siguientes: 1) repartir las contribuciones directas impuestas al departamento. El reparto será efectuado por las Administraciones de departamento entre los distritos, y por las Administraciones de distrito entre los municipios; 2) ordenar y compilar ... las listas de imposición y cotización de los contribuyentes de cada municipio; 3) reglamentar y supervisar en lo relativo, ya a la percepción y comprobación de la recaudación de estas tasas, ya al servicio y funciones de los agentes de ellas encargados; 4) la gestión y empleo de los fondos destinados, en cada departamento, al fomento de la agricultura, industria y toda clase de beneficencia pública; 5) la conservación de la propiedad pública; 6) la de bosques, ríos, calles y otros bienes comunes; 7) la dirección y realización de obras para la construcción de las calles, canales y otras obras públicas autorizadas por el departamento; 8) el mantenimiento, reparación y reconstrucción de las iglesias, presbiterios y otros objetos necesarios para el servicio del culto religioso; 9) el mantenimiento de la salubridad, seguridad y tranquilidad pública; 10) en fin, el servicio y el empleo de las milicias y la guardia nacional...".

[84] El Decr. de 14 de frimario del año II (4 de diciembre de 1793) concentró el poder ejecutivo en el Comité de Salud Pública y en el de Seguridad General, y reestructuró en buena medida las funciones y organización de los departamentos. Suprimió los consejos generales y su presidente, sustituidos por comisiones de ocho miembros, en las que la presidencia se asume, por rotación, por cada miembro durante un mes (art. 6, sec. III, Decr. cit.), sus funciones se reducen al reparto de contribuciones directas entre distritos, las obras públicas y la conservación de las propiedades públicas, mientras que se excluyen expresamente las competencias atinentes a la ejecución de las "leyes revolucionarias y las medidas del gobierno, seguridad general o salud pública", asignadas a los "agentes nacionales".

[85] Con la Constitución del año III, los departamentos recuperaron importantes funciones, especialmente en materia de orden y seguridad pública, para las que podían disponer de fuerza

su apogeo y, al mismo tiempo, la base de su estructura más duradera, con la Ley de 28 de pluvioso del año VIII.

Con esta ley, la organización del departamento aparece dominada por la presencia del prefecto, quien, entre otras cosas, pasa a ser su órgano ejecutivo.

Además del prefecto, presidido por él mismo, y con voto de calidad en caso de empate, se establecía un consejo de prefectura, compuesto por tres o cinco miembros nombrados por el Primer Cónsul, con funciones esencialmente decisorias de los recursos y peticiones presentadas por los particulares[86]. El propio consejo general del departamento era nombrado y no elegido[87]. Estrechamente limitado en cuanto al tiempo y la forma de reunión, aunque con libertad para elegir al presidente entre sus propios miembros[88], mantiene, en lo sustancial, las funciones relativas al reparto de los impuestos directos[89]. Se considera accesoria su competencia para determinar los tributos adicionales necesarios para los gastos propios del departamento, recibiendo del prefecto la correspondiente rendición anual de cuentas. La ley, además, atribuye expresamente al prefecto la facultad de "formular sus propias opiniones sobre el estado y las necesidades del departamento, dirigidas al ministro del Interior"[90].

Frente a la poderosa concentración de poderes en manos de este órgano, al órgano colegiado del departamento corresponde una función general de equilibrio y de garantía, en un esquema que —siguiendo el Informe que acompaña a la ley[91]— "no deja nada al arbitrio del prefecto, porque junto a él se sitúan los órganos colegiados, que protegen al administrado de cualquier injusticia y velan esencialmente por sus intereses...".

---

armada. Su organización estaba basada en un directorio de carácter electivo de cinco miembros, junto al cual se situaba un comisario designado por el poder central.

[86] Cfr. arts. 2 y 4 de la Ley de 28 de pluvioso del año VIII. En virtud de ellos, el consejo de prefectura resolverá, entre otras cosas, las peticiones de los particulares de exenciones o reducciones en los impuestos directos, las controversias entre contratistas y Administración en la ejecución de las obras públicas, las reclamaciones de los particulares en torno a los daños sufridos por causa de tales contratistas, y las reclamaciones relativas a las indemnizaciones debidas a particulares por la ocupación o expropiación de terrenos para la realización de calles, canales u otras obras públicas.

[87] Se trata de dieciséis o veinticuatro miembros nombrados por el Primer Cónsul, quien, a partir de 1802, debía tener presentes las orientaciones del cuerpo electoral, según la Constitución de 16 de termidor del año X (*vid. supra*, 6 C), nota 53).

[88] Art. 6 de la Ley citada del año VIII: "El consejo general del departamento se reunirá cada año. El período de reunión será fijado por el gobierno; la duración de sus sesiones no podrá exceder de quince días. El mismo nombrará presidente a uno de entre sus miembros...".

[89] Fija la carga fiscal de los *arrondissements*, decide sobre las peticiones de reducción presentadas por estos o por las ciudades, pueblos y aldeas (art. 6 cit.).

[90] Art. 6 cit.

[91] Informe Chaptal, cit., pág. 230.

En realidad, sin embargo, el papel de los órganos colegiados del departamento, es marginal, aunque algo se amplía con el restablecimiento del sistema electivo para el consejo general mediante la Ley de 28 de junio de 1833, y la extensión de sus atribuciones a sectores como las vías públicas, los transportes locales, la asistencia a las clases necesitadas y el patrimonio y presupuesto del departamento[92].

Ello hasta la fundamental Ley de 10 de agosto de 1871, con la cual, entre otras cosas, el consejo —hasta ese momento imposibilitado para llevar a cabo la ejecución de sus propias decisiones y, en general, la gestión del departamento, debido a los largos intervalos que se sucedían entre las sesiones anuales— es dotado de una comisión permanente, elegida en su propio seno[93], con competencias de control y de asesoramiento al prefecto, así como de administración activa, ya sea por expresa disposición de la ley, ya por delegación del consejo general[94].

Por otro lado, van manifestándose unos caracteres en la evolución legislativa que convierten al departamento en algo que va mucho más allá de una mera división administrativa. Ya la Ley tributaria de 2 de ventoso del año XIII les atribuye cierto grado de autonomía impositiva y les dota de presupuesto propio. Más adelante, la Ley de 16 de junio de 1824 les reconoce capacidad para ser titular de un patrimonio, y la de 10 de mayo de 1838 afirma explícitamente su personalidad jurídica. La clásica distinción entre el departamento como circunscripción estatal y departamento como corporación local aparece clara ya en estos momentos pese a que ambas cualidades permanecerán por mucho tiempo fuertemente ligadas a la figura del prefecto.

F) *El prefecto, representante del poder central y órgano ejecutivo del departamento*

Creado por la Ley de 28 de pluvioso del año VIII, y eje fundamental de la centralización napoleónica, el prefecto no es, a pesar de ello, una figura

[92] Estas competencias vienen aumentadas por las Leyes de 21 de mayo de 1836, 10 de mayo de 1838 y 18 de julio de 1866. Estas leyes dan lugar al Título IV de la Ley de 10 de agosto de 1871, que traza el cuadro general de las competencias atribuidas a los consejos generales. A diferencia de lo previsto en la ley municipal, la Ley de 1871 seguía sin reconocer una competencia general a favor del consejo, que le permitiese tomar decisiones en torno a las materias de interés para el departamento. Este reconocimiento solo tendrá lugar mucho después (con la Ley de 26 de noviembre de 1926) y de forma, en cierto modo, "disimulada". Cfr. F. LUCHAIRE, Y. LUCHAIRE, *Le droit de la décentralisation*, Paris, 1983, pág. 53.

[93] La comisión —siguiendo el art. 69 de la Ley de 10 de agosto de 1871— se compone de un mínimo de cuatro y un máximo de siete miembros, elegidos anualmente. La creación de la comisión permanente en el seno del consejo general era una de las reivindicaciones más insistentes del Manifiesto de Nancy, elaborado por las fuerzas liberales en 1865.

[94] Arts. 77 y ss. de la Ley de 1871, la cual, en su artículo 85, prevé mecanismos de solución de conflictos entre la comisión y el prefecto.

completamente nueva en la historia de la Administración francesa. Lo es su denominación, que, evocando reminiscencias romanas, tiende conscientemente a apartarse de experiencias muy presentes aún en la memoria.

En esencia, resulta cercano a algunos rasgos que caracterizaron al intendente del *Ancien Régime*. Sobre este, podía leerse: "no es de nacimiento noble, es siempre extraño en la provincia... No ejerce sus poderes por nombramiento electivo, ni por derecho de nacimiento, ni a través de la adquisición del cargo; es elegido por el Gobierno... El intendente se relaciona con todos los ministros; es el agente exclusivo de la voluntad del gobierno en la provincia. Bajo él ... reside en cada cantón un funcionario, el subdelegado ... que representa al conjunto del gobierno en esa pequeña circunscripción que le es asignada, de forma igual al intendente en la provincia. Está subordinado al intendente, como este lo está al ministro"[95].

Pues bien, esta figura, identificada con la tradición más autoritaria de la Monarquía absoluta es la que suscita el más tajante rechazo de los constituyentes, apoyados en una opinión pública generalizada, como ponen de manifiesto los *Cahiers*: "No habrá intermediario alguno —proclama el art. 9, sec. III, del Decr. de 22 de diciembre de 1789— entre las Administraciones de departamento y el poder ejecutivo supremo. Los comisarios destacados, intendentes y subdelegados, cesarán en sus funciones en cuanto las Administraciones de departamento inicien su actividad".

Rechazo expreso y reiterado en los trabajos legislativos (incluso, en los años posteriores) que, en realidad, se refiere más al modo de designación de los intendentes y a su directa subordinación al poder central, que, en sí misma, a la idea de la presencia de un representante del Rey en la periferia.

En efecto, los propios Decretos del 89 prevén órganos individuales (*procureurs*) para municipios, distritos y departamentos, con facultad para participar, sin voto decisorio, en las sesiones de los consejos y ejecutivos locales, y con puntuales competencias de asesoramiento (ninguna decisión puede ser tomada sin que hayan sido oídos, ya verbalmente ya por escrito) y de control (ningún informe puede presentarse al consejo sin previa comunicación al *procureur*, el cual está "encargado de hacer un seguimiento de todos los asuntos"), "vigilando y velando por los intereses" de su respectivo ámbito territorial[96]. Aunque sus funciones pudieran parecerse vagamente a las de los intendentes, de éstos divergen radicalmente en la forma de acceso al cargo y, en consecuencia, en la relación que les une con el gobierno central, dado que ahora se trata de órganos de carácter electivo, según reglas similares a las que disciplinan la elección del *maire*[97].

[95] A. DE TOCQUEVILLE, *L'antico regime e la rivoluzione*, cit., lib. II, cap. II, págs. 642-643.

[96] En especial, cfr. sec. II, arts. 17-18, del Decr. de 22 de diciembre de 1789, en relación a la *Instruction sur la formation des assemblées représentatives*, cit., pág. 78.

[97] Cfr. *supra*, 6, C).

En la etapa siguiente, el predominio en muchos municipios de tendencias opuestas a las directrices del poder central, induce a la Convención a enviar representantes a la periferia. En principio, llegan a las Administraciones locales más conflictivas diputados en *mission*, dotados de poderes extraordinarios[98]. Más tarde, con el Decreto de 14 de frimario del año II (4 de diciembre de 1793), y pese a las críticas existentes en el seno de la propia Convención[99], se instaura en todos los municipios y distritos un *agent national*, que, sustituyendo al *procureur*, va a encargarse de "vigilar la ejecución de las leyes así como de denunciar las negligencias advertidas en tal ejecución"[100].

Esta línea se verá reforzada por la Constitución del año III, que encarga a los *commissaires*, nombrados por el directorio ejecutivo (y destituido cuando este "lo juzgue conveniente") para cada Administración departamental y municipal, la función de "supervisar y hacer efectiva la ejecución de las leyes"[101].

[98] Cfr. Decr. de 30 de abril de 1793 y el 16 de agosto del mismo año, cit., *infra*, 6, G), nota 128.

[99] *Vid.* la referencia de G. SAUTEL, *Les jacobines et l'administration*, cit., pág. 901, nota 35.

[100] Cfr. el art. 14 del Decr. de 14 de frimario del año II (4 de diciembre de 1793): "En lugar de los procuradores-alcaldes de distrito, de los procuradores de municipio y de sus sustitutos, se crearán agentes nacionales específicamente encargados de obtener la ejecución de las leyes, así como de denunciar las negligencias observadas durante su ejecución, y las infracciones cometidas. Estos agentes nacionales están autorizados para situarse en el territorio del *arrondissement*, para vigilar y asegurarse de que las leyes son puntualmente cumplidas". Entre los agentes nacionales en los municipios, los de los distritos y, a nivel nacional, el Comité de Salud Pública y Seguridad General, se establecía un complejo sistema de comunicación, basado en informes que todos los agentes debían transmitir al nivel superior cada diez días, "para certificar las medidas adoptadas en orden a la ejecución de las leyes, para denunciar los retrasos, así como los funcionarios públicos negligentes o prevaricadores" (arts. 16-17). Es difícil imaginar que este complejo mecanismo llegara a funcionar. Ya en su momento fue calificado de "absurdo", siendo necesarios "al menos, cuatro o cinco mil comisionados para poner orden en este caos". Probablemente, en las intenciones de los jacobinos, el objetivo fue —al menos, en parte— alcanzado, dado que se trataba no tanto de obtener información, como de prevenir las infracciones "a través del temible aparato puesto en acción, haciendo creer en la omnisciencia del gobierno". *Vid.* G. SAUTEL, *Les jacobines et l'administration*, cit., págs. 912-913.

[101] Art. 101 de la Constitución del año III. El artículo siguiente precisa que "el comisario de cada Administración local debe ser elegido entre los ciudadanos domiciliados durante, al menos, un año en el departamento en que tal Administración se encuentra. Debe haber cumplido los veinticinco años". Cfr. también el art. 43, en virtud del cual el comisario del departamento debe, "bajo pena de destitución", informar al Directorio de las operaciones electorales y, especialmente, denunciar las eventuales violaciones de la Constitución. Durante la elaboración de estas medidas, fueron frecuentes las acusaciones de estar resucitando a los intendentes. También de forma reiterada, quienes apoyaban estas medidas se preocuparon de negar cualquier afinidad entre las nuevas instituciones y aquellos: "en aquel momento —sostiene BURDEAU,

Dos novedades presentan especial interés: por un lado, la expresa configuración de estos órganos como representantes del poder ejecutivo; por otro lado, su ubicación, no solo en los municipios, sino también en los departamentos no afectados por la reorganización termidoriana.

El *commissaire du directoire* es el precedente más inmediato del prefecto napoleónico, que, sin embargo, no va a tener un papel meramente supervisor y va a recuperar su protagonismo en el ámbito de la administración activa, recogiendo la antigua herencia del intendente.

Las analogías son acusadas[102], pero, en el nuevo diseño administrativo, el representante del gobierno adquiere poderes mucho más definidos y sistematizados que los de su predecesor.

La amplitud de tal papel se expresa claramente en la Ley del 28 de pluvioso del año VIII, donde se le reconoce competencia general, en el ámbito del departamento: "*le préfet sera seul chargé de l'administration*"[103].

Nombrado por el Primer Cónsul, y discrecionalmente revocable, el prefecto disfruta de una relación de confianza muy especial con el poder central. Goza de comunicación directa con los ministros, y de sus órdenes es el más autorizado y fiel ejecutor: "el prefecto —afirma el Informe que acompaña a la Ley de 28 de pluvioso— no conoce sin el ministro; el ministro no conoce sin el prefecto[104]. El prefecto no discute en absoluto los actos que le son transmitidos: los aplica y asegura su ejecución"[105].

Liberté, cit., pág. 35— los revolucionarios habían vuelto de hecho a la tradición autoritaria del *Ancien Régime*. Las nefastas impresiones dejadas por la intendencia y su actuación, les llevaron, sin embargo, a elegir determinadas vías para que no diese la impresión de conducir, pura y simplemente, a su restauración".

102 "Los intendentes y el prefecto —señala A. DE TOCQUEVILLE, descuidando, tal vez en exceso a los *commisaires* revolucionarios— parecen darse la mano a través del abismo de la Revolución que les separa"; poniendo de manifiesto afinidades incluso en el estilo de administrar y en el lenguaje: "quien ve un prefecto, ve un intendente" (*L'antico regime*, cit., lib. II, cap. VI, pág. 664). En los trabajos preparatorios de la Ley de 28 de pluvioso, no faltan elogios explícitos para los intendentes (*vid.* J. L. MESTRE, *L'apogée*, cit., pág. 24.4). Hay un dato de fondo, en efecto, que asimila los prefectos a los intendentes y los separa de los *agents* y *commisaires* revolucionarios, y es la proyección de ambos hacia la administración activa, aparte sus funciones de vigilancia. Cfr. *infra*, 7.

103 El principio según el cual "el prefecto será el encargado de la administración" en el departamento, fue sancionado por el art. 3 de la Ley de 28 de pluvioso del año VIII.

104 En cuanto a las relaciones entre ministros y prefectos, cfr., también la Ordenanza de 17 de ventoso del año VIII: "Los prefectos que, dentro de su departamento, representan a la cabeza del Estado, y que forman parte de la Administración general, se sujetan a la autoridad de los ministros y responden ante cada uno de ellos respecto de las materias de competencia del respectivo despacho".

105 Informe Chaptal, cit., pág. 230. Este parte de la siguiente consideración: "La fuerza de un sistema administrativo reside en la certeza de la ejecución completa de sus leyes y actos

Esta idea de una Administración regida por funcionarios neutrales cuya subordinación es absoluta al gobierno, a cualquier gobierno, se subraya en varias ocasiones por voces autorizadas[106]. Incidirá notablemente en la formación de la moderna Administración, y será una de las razones fundamentales que pueden explicar el arraigo del instituto prefecticio. Ello va unido a un rápido proceso de profesionalización y a una extraordinaria estabilidad del personal y del propio cuerpo, hasta el punto de que los tumultuosos cambios de régimen político de la primera mitad del siglo XIX solo provocaron pequeñas alteraciones en la clase prefecticia.

La continuidad de las estructuras llevó consigo una continuidad de las propias personas, de forma que en Francia nada menos que cincuenta y seis prefectos nombrados por Napoleón conservaron sus cargos en la Restauración (casi siempre, en el mismo departamento). Otros fueron llamados a desempeñar cargos importantes en los órganos centrales. De los cuarenta y siete nuevos prefectos, muchos fueron elegidos entre los subprefectos u otros funcionarios de la Administración napoleónica. Y, entre los propios subprefectos, de un total de trescientos cuarenta, permanecieron en el cargo doscientos diecinueve[107].

Estrechamente subordinado al poder central, el prefecto es su representante en la periferia; y en virtud de este título ejerce el conjunto de las funciones atinentes a los intereses generales.

---

de gobierno. Esta certeza existe siempre y cuando la administración se asigne a un hombre esencialmente responsable...".

[106] "Toda idea de administración y unidad se destruiría —según el Ministro del Interior Luciano Bonaparte, en su Circular de 21 de ventoso del año VIII (12 de marzo de 1800), que pretende definir los caracteres de la función asignada a los prefectos— si cada prefecto pudiese asumir como norma de conducta su opinión personal sobre una ley o un acto del gobierno. Las ideas generales deben partir del centro".

Insiste sobre este mismo punto el Decr. de 16 de frimario del año XIV, que subraya que el prefecto es solo un "administrador subordinado" y no puede "contradecir ni modificar la ejecución de los decretos del poder central o las decisiones de los ministros; ni tomar decisiones contrarias a estos ministros, ni derogar, interpretar, restringir o extender reglamentos, ni, en general, llevar a cabo actos de alta administración...".

[107] En la práctica, fueron bastante raras, durante todo el período napoleónico, las destituciones, e incluso los traslados, hasta el punto de que importantes departamentos fueron regidos durante todo el Imperio por el mismo prefecto. Cfr. J. L. MESTRE, *L'apogée*, cit., págs. 24.5 y 24.6. Tras el golpe de Estado de diciembre de 1851, el 60 por ciento de los prefectos pertenecía ya al cuerpo prefecticio durante la Monarquía de Julio, y el 70 por ciento estaba compuesto por exsubprefectos (P. BERNARD, *L'État et la décentralisation. Du préfet au commisaire de la République*, Paris, 1983, pág. 37). Los datos en cuanto a la continuidad y la estabilidad del cuerpo prefecticio son disponibles gracias a la investigación en torno a la carrera de cada prefecto, desde 1800 a 1870, llevada a cabo por *Archives Nationales, Répertoire nominatif et territorial*, Paris, 1981 (cfr., ivi, en particular, la tabla sintética recogida en la pág. 15). El fenómeno no se limitó exclusivamente a Francia. Cfr. *infra*, nota 181.

Se ocupa así de los más variados sectores[108], desde los impuestos hasta la policía, desde las elecciones a la Universidad. El prefecto lleva a cabo las funciones instructoras en los asuntos de competencia del ministro o del Jefe de Estado. Adopta las medidas necesarias para la ejecución de leyes, decretos, reglamentos y resoluciones ministeriales, así como para el mantenimiento del orden y la seguridad, con el apoyo de la fuerza pública. Representa en juicio al Estado y suscribe sus contratos. Ejerce la tutela administrativa sobre municipios e instituciones de beneficencia, adopta resoluciones, toma medidas en caso de inactividad y nombra o destituye a los administradores[109].

Todo esto confiere a esta figura una posición de supremacía sobre todos los responsables de los servicios periféricos del Estado[110].

Por otro lado, en relación a los asuntos propios del departamento, el prefecto se encarga de su instrucción previa, así como de la ejecución de las decisiones del consejo general y de la comisión departamental[111]. Esta última tiene atribuidas las competencias de control sobre la gestión del prefecto[112], mientras que el consejo general dirime los desacuerdos entre aquella y este[113], en una delicada convivencia, en que la posición de los órganos colegiados —desprovistos de servicios administrativos o técnicos capaces de competir con la potente organización periférica del Estado a disposición del prefecto[114]— aparece, de hecho, muy desequilibrada.

Este esquema ha gozado de considerable pervivencia en la Administración francesa. La concentración del papel ejecutivo del departamento en el repre-

[108] De manera significativa, la citada Circular de 21 de ventoso del año VIII señala: "Las competencias que debéis asumir son grandes, vuestras atribuciones múltiples: se extienden a todo lo ateniente al bien público, a la prosperidad nacional, a la tranquilidad de vuestros administrados... Vuestra misión se extiende a todas las ramas de la administración interna...". Recuérdese sus atribuciones en materias como reclutamiento militar y requisas, finanzas y comunicaciones, agricultura y comercio.

[109] Cfr. el párrafo siguiente.

[110] A este propósito es de destacar el nombramiento por el prefecto, a instancias de los responsables de cada servicio concreto, de un gran número de funcionarios de las diversas Administraciones periféricas del Estado: cfr. el Decr. de 25 de marzo de 1852, art. 5. No tardaron en ponerse de manifiesto discrepancias entre los responsables de los diversos servicios y los prefectos. Pero, al parecer, durante el período napoleónico estos últimos no tuvieron excesivas dificultades para dejar clara su autoridad. En términos más genéricos, en torno a las opiniones sobre los prefectos en la época de Napoleón, *vid. infra*, cap. II, nota 6.

[111] Cfr. art. 3 de la Ley de 10 de agosto de 1871.

[112] Cfr. art. 78 de la Ley de 10 de agosto de 1871, que prevé el deber del prefecto de elaborar mensualmente para la comisión un informe que recoja los datos de todos los gastos ordinarios.

[113] Art. 85 de la Ley de 10 de agosto de 1871, cit.

[114] F. LUCHAIRE, Y. LUCHAIRE, *Le Droit*, cit., pág. 54.

sentante del gobierno resistirá durante ciento ochenta años (su supresión se prevé expresamente por la Constitución de 1946 y es deducible de los principios sancionados por la de 1958).

G) *Los poderes de tutela*

Ya durante el *Ancien Régime*, los intendentes tenían importantes[115] poderes de intervención sobre las decisiones —en particular, sobre el presupuesto— y sobre los propios órganos locales. Estos poderes se denominaban de forma significativa, y de acuerdo con la tesis elaborada por los civilistas según la cual Administraciones locales se configuran como "menores", con el término de "tutela" administrativa[116].

También había que establecer técnicas de protección del "interés" y de la "voluntad" generales en el sistema administrativo adoptado en 1789, basado en el principio constitucional de sujeción de los entes locales a las normas establecidas por la Asamblea Nacional y por el Rey[117], y en una visión de la distribución de los poderes administrativos que hace descender la autoridad en sucesivos niveles, desde el Rey hasta las Administraciones municipales[118]. Como miembros de la totalidad, es decir, del Estado, los órganos locales no podían sustraerse —especialmente allí donde entraran en juego los intereses generales— a una aplicación uniforme de las reglas comunes. Derogar estos criterios llevaría al más "perjudicial desorden", para cuya prevención deben disponerse los medios y procedimientos necesarios[119].

Los municipios quedan así totalmente subordinados a las asambleas administrativas superiores en lo concerniente a las funciones ejercidas por dele-

[115] Poco a poco, van suavizándose, a partir de las reformas de 1764 del *contrôleur général* Laverdy. Cfr. *supra*, 1, B). En cuanto al funcionamiento de estos poderes, *vid.* A. DE TOCQUEVILLE, *L'antico regime*, cit., lib. II, cap. III, págs. 651 y ss., que cita una circular de mitad del siglo XVIII, enviada por el *contrôleur général* a los intendentes: "Vigilad especialmente todo cuanto ocurra en las asambleas municipales. Haced una relación exacta y enviadme inmediatamente el texto de todos los acuerdos junto a vuestras impresiones sobre ellos".

[116] Y como señala TOCQUEVILLE, *op. cit.*, "Si no existía palabra tan insolente, sí que existía la sustancia del hecho".

[117] Cfr. art. 4, sec. III, del Decr. de 22 de diciembre de 1789: "Las Administraciones de departamento y de distrito deberán, en cualquier caso, sujetarse, en el ejercicio de sus funciones a las normas establecidas por la Constitución, y a los decretos del poder legislativo sancionados por el Rey".

[118] El principio constitucional sobre distribución de las potestades administrativas —puntualiza la *Instruction sur la formation des assemblées représentatives*, cit., pág. 87— consiste en que la autoridad desciende desde el Rey a las Administraciones de departamento, de estas a las Administraciones de distrito, y de estas últimas a los municipios...".

[119] Sobre estas argumentaciones, cfr. el pasaje citado en el párrafo siguiente, nota 143.

gación de la Administración general[120]. Pero en el ámbito de las funciones propiamente municipales, se sujetan solo a la *surveillance* e *inspection* de tales asambleas. Los actos de mayor relieve (como la adquisición o enajenación de inmuebles, la imposición de tributos extraordinarios, los préstamos, la realización de obras, las acciones judiciales) solo adquieren ejecutividad tras la aprobación del consejo o directorio del departamento[121]. A estos mismos órganos les corresponde verificar todas las cuentas relativas a la administración del municipio[122], así como adoptar las resoluciones relativas a los recursos o denuncias presentados por los ciudadanos en relación a la actividad municipal, en el ejercicio de la "*action populaire*"[123].

Estas medidas se consideran el núcleo mínimo de garantías, teniendo en cuenta que se trata de una actividad que afecta directa y específicamente a la singular colectividad representada por cada municipio. En este ámbito, la comunidad nacional no tiene otros intereses que los de que "todas las comunidades que constituyen sus elementos sean bien administradas, que ningún depositario de poderes abuse de ellos y que todos los particulares que se estimen dañados por la Administración municipal puedan obtener la compensación por todo aquello sobre lo que tengan queja"[124].

Junto a ello, los departamentos se subordinan en cuanto atañe a las funciones fiscales, a la *inspection* de la Asamblea Legislativa, a cuya autorización se condicionan algunos actos de especial importancia[125]. Y además, a la *inspection* del Rey, como jefe supremo de la Nación y de la Administración

[120] Cfr. *supra*, 6, D).

[121] Oído el parecer, en su caso, del consejo y del directorio de distrito, como señala el art. 56 del Decr. de 14 de diciembre de 1789.

[122] Oídos el consejo y el directorio de distrito, según dice el art. 57 del Decr. cit.

[123] Sobre el curso de los trabajos preparatorios, cfr. el "*Moniteur*" de 3 de diciembre de 1789, pág. 39. Se trata de dos hipótesis distintas. Por un lado, "si un ciudadano estima que ha sufrido personalmente un daño por un acto de municipio, podrá exponer sus quejas a la Administración o al directorio del departamento, quien decidirá, con el parecer de la Administración de distrito, encargada de verificar los hechos" (art. 60). Por otro lado: "cualquier ciudadano activo podrá firmar o presentar denuncia contra los administradores municipales por acciones delictivas en las que sostengan su culpabilidad: pero antes de presentar la denuncia a los tribunales, deberá someterla a la Administración o directorio del departamento, quien, oído el parecer de la Administración o directorio de distrito, transmitirá la denuncia, en su caso, al juez competente" (art. 61 del Decr. cit.).

[124] En estos términos se expresa la *Instruction sur la formation des nouvelles municipalités*, cit., págs. 70-71.

[125] Arts. 1 y 6, sec. III, del Decr. de 22 de diciembre de 1789, que establecen una *inspection* de carácter general por parte de la Asamblea Legislativa en todo lo concerniente al reparto, recaudación y entrega de los impuestos directos; y prohíben a los departamentos "establecer impuesto alguno, en cualquier caso y bajo la denominación que sea, así como distribuirlos

general. A la aprobación regia se condiciona también la ejecutividad de todos los actos de interés para la Administración general del Reino o relativos a las obras extraordinarias[126].

Los instrumentos de intervención sobre las Administraciones locales experimentan una considerable ampliación con la Constitución de 1791. Se establecen, por un lado, poderes de anulación de los actos que se opongan a la ley o a las ordenanzas reales y, por otro lado, poderes de suspensión de los administradores en caso de violación reiterada o de peligro para la seguridad o tranquilidad pública. En cuanto a los departamentos, es el Rey el que ejerce estos poderes, advirtiendo, en caso de suspensión, a la Asamblea Legislativa, la cual puede revocar o confirmar la suspensión, así como remitir la causa a los tribunales penales.

Los departamentos tienen análogos poderes sobre los actos y sobre los administradores de los distritos[127].

En un esquema parecido se basa la amplia regulación establecida en la Constitución del año III. En virtud de ella, las Administraciones municipales están "subordinadas a las Administraciones de departamento, y estas a los ministros"; "en consecuencia, los ministros pueden anular, cada uno en el marco de sus competencias, los actos de las Administraciones departamentales, y estas los de las Administraciones municipales, cuando sean contrarios a las leyes o a las órdenes de las autoridades superiores". A las mismas autoridades se atribuyen, respectivamente, medidas de suspensión de los órganos, quedando reservado al Directorio, sea la "confirmación formal" de la anulación o suspensión (que, sin ello, no deviene definitiva), sea la anulación directa de los actos y la suspensión o destitución de administradores departamentales o municipales[128].

---

más allá de la suma o de los términos fijados por la Asamblea legislativa, o hacer préstamo alguno, sin autorización de la propia Asamblea...".

126 Arts. 2 y 5, sec. III, del Decr. cit., que añade: "por lo que respecta a los asuntos particulares y a todo cuanto se ejecute en relación a las decisiones adoptadas, no será necesaria la autorización particular del Rey".

127 Constitución de 1791, Tít. III, cap. IV, sección 2: en caso de que el departamento suspenda en sus funciones a los administradores de distrito, informará al Rey, que puede confirmar o revocar la suspensión (art. 6). Por lo demás, el Rey puede, en caso de que los departamentos no se valgan de sus poderes, proceder directamente sobre los actos y administradores de distrito (art. 7).

128 Arts. 193 y ss. de la Constitución del año III, donde, entre otras cosas, se establece (artículo 197) la necesidad de motivar toda anulación, suspensión o destitución. En caso de destitución de los cinco miembros de un directorio de departamento, el artículo 198 exige al directorio ejecutivo el nombramiento de los suplentes, quienes deben ser elegidos de entre exadministradores del propio departamento. Debe tenerse presente que en aquellos momentos se trataba de actuar de forma más vigorosa sobre los hombres —que sobre los actos—, de

Todas las Administraciones, en fin, han de rendir anualmente cuentas de su gestión[129]. Sustraídos a las Administraciones intermedias[130] y concentrados en la cabeza del gobierno por medio del prefecto (como representante del Estado) o subprefecto, los poderes de tutela[131] alcanzan su máxima intensidad en el período napoleónico[132], para sufrir una primera reestructuración en la legislación municipal de la Monarquía de Julio.

Las Leyes municipales de 1833 y 1837, en efecto, exoneran de la aprobación definitiva una serie de actos del órgano colegiado municipal. Estos pasan a ser ejecutivos, siempre que, comunicados a las autoridades de control[133], no se anulen por violación de leyes o reglamentos en el plazo establecido[134]. Se

---

acuerdo con el criterio impulsado por el Comité de Salud Pública. Cfr. G. Sautel, *Les jacobins et l'administration*, cit., págs. 896-898, quien recoge pasajes significativos de un decreto de la Convención de 16 de agosto de 1793 y de la Circular del Comité de Salud Pública para la ejecución de la Ley de 14 de frimario del año II, en la que se asignaba a los representantes en *mission* la competencia de "renovar en todo o en parte los miembros de las Administraciones y a los funcionarios públicos, y a sustituirlos provisionalmente por ciudadanos de probado patriotismo", instándoles a la convocatoria de asambleas populares para censurar lo llevado a cabo por los funcionarios públicos: "interrogad al pueblo sobre sus razones, y que su juicio devenga en vuestro". *Vid. supra*, par. 6 F).

[129] Art. 200 de la Constitución citada.

[130] La posibilidad de dejar la tutela en manos de un órgano colegiado del departamento (concretamente, en la comisión de departamento), obtuvo la aprobación de la comisión proponente y se reiteró en el curso de los trabajos preparatorios de la Ley de 10 de agosto de 1871. Terminó rechazándose, sin embargo, debido a una clara oposición por parte del gobierno, que sostenía que el control sobre los municipios era cuestión de interés general, y, por tanto, atribución del Estado.

[131] No puede hablarse en el sistema napoleónico de "tutela", en sentido propio, concepto que supone una esfera de autonomía. En este sentido, *vid.* el clásico Maspetiol-Laroque, *La tutelle administrative*, Paris, 1930, pág. 27; E. García de Enterría, *Revolución*, cit., pág. 122.

[132] Además de la aprobación de los actos y de la rendición definitiva de cuentas, estos órganos tienen poderes discrecionales de suspensión y destitución de todos los administradores locales.

[133] La Ley de 5-9 de mayo de 1855 (art. 22, reproducido por el art. 62 de la Ley municipal de 1884) fija el plazo de ocho días para efectuar la comunicación de los actos.

[134] Cfr. arts. 17 y 18 de la Ley de 18 de julio de 1837, cit. En virtud de ella, por ejemplo, los actos relativos a la administración de los bienes comunales, o al goce de derechos de la comunidad, son "inmediatamente comunicados del alcalde al subprefecto, quien da acuse de recibo. La decisión es ejecutiva si, transcurridos treinta días desde la recepción, el prefecto no la anula, ya sea de oficio, por violación de una disposición legal o reglamentaria, ya a petición de persona interesada. El prefecto puede incluso suspender la ejecución de la decisión por otro plazo de treinta días". Los arts. 61 y ss. y 95 reestructuran la materia, distinguiendo entre "anulabilidad" y "nulidad de pleno derecho" (que puede ser declarada por el prefecto, también a instancia de parte interesada, en cualquier momento: art. 65), admitiéndose el recurso ante el Consejo de Estado contra la orden de anulación (art. 67, reproducido en el 23 de la Ley de 5 de mayo de 1855) y precisándose las modalidades de la aprobación definitiva de las cuentas presentadas anualmente por el alcalde (art. 157).

especifican también las intervenciones por subrogación en caso de incumplimiento[135], se enumeran las causas de disolución de los órganos[136], y las de suspensión y remoción de los administradores[137].

En ideas semejantes se inspira la Ley de 10 de marzo de 1838, sobre los departamentos. Las decisiones consideradas importantes para la Administración general siguen sujetas a aprobación[138] y se perfilan más los instrumentos de tutela. La legislación posterior[139], aunque dirigida en su conjunto a atemperar progresivamente sus elementos más gravosos, no pondrá en cuestión los planteamientos de fondo.

7. Notas sobre los fundamentos del sistema administrativo francés: relaciones entre las estructuras revolucionarias y la reorganización napoleónica

Hemos podido observar cómo la evolución del modelo administrativo francés se desarrolla en el arco de medio siglo, desde los decretos de la Asamblea constituyente hasta la Legislación de la Monarquía de Julio, entre reformas radicales y ajustes progresivos. Y que dos son sus momentos fundamentales: los Decretos de 1789 y la Legislación del año VIII. Los primeros dejan establecida la nueva estructura de los poderes locales, mientras que la segunda dibuja sus líneas de conexión con los poderes centrales.

[135] Art. 15 de la Ley citada de 1837: "Si el alcalde rechaza u omite dictar un acto al que esté obligado por las leyes, el prefecto, previo requerimiento, podrá proceder de oficio directamente o mediante un delegado especial". El texto se recoge en el art. 85 de la Ley municipal de 1884.

[136] Ley de 22 de junio de 1833 y Constitución de 4 de noviembre de 1848, cuyo art. 80 establece que la disolución se produce mediante decreto del Jefe de Estado, oído el Consejo de Estado.

[137] Art. 2 de la Ley de 5 de mayo de 1855, según el cual el alcalde y sus asesores "pueden ser suspendidos por decreto del prefecto. Este decreto dejará de tener eficacia en caso de no haber sido confirmado en el plazo de dos meses por el ministro del Interior. Los alcaldes y sus asesores no pueden ser destituidos si no es por decreto del Emperador". El art. 86 de la Ley municipal de 1884 fijó la duración máxima de la suspensión decretada por el prefecto en un mes, ampliable a tres por el ministro del Interior.

[138] Arts. 4-5 de la ley citada. En la terminología adoptada por esta, el consejo municipal tenía el poder de "régler" (es decir, de adoptar actos ejecutivos, salvo anulación) en algunas materias y de "délibérer" (actos cuya ejecutividad queda subordinada a la aprobación) en otras, mientras que al consejo de departamento solo se le reconoce esta última facultad).

[139] Además de las citadas, cfr. las Leyes de 18 de julio de 1866, sobre consejos de departamento, y de 24 de julio de 1867, sobre consejos municipales. El proceso de disminución de la tutela tuvo interpretaciones y retrasos, entre los cuales cabe señalar la Ley de 7 de julio de 1852, que, a principios del Segundo Imperio, aumentó los poderes de anulación.

La relación entre estos dos momentos tiene interés y merece especial atención. Sin pretensión alguna de obtener respuestas definitivas, la cuestión que parece central es la de determinar si ambos momentos son contrapuestos y divergen no solo en sus objetivos, sino también en las instituciones e instrumentos administrativos empleados, o si, por el contrario, existe una correspondencia entre ellos y son más bien complementarios. Dicho de otra forma, se trata de averiguar si la época napoleónica significa una reacción a los principios jurídicos consagrados por la Revolución, tal como ocurrió en el Derecho de familia (el Código Civil reduce las posibilidades del divorcio, restablece el *status* que la mujer tenía en el *Ancien Régime* y la patria potestad, distingue claramente hijos naturales y legítimos, etc.)[140], o bien existe una línea de continuidad, como sucede, por ejemplo, en el Derecho penal (la brecha abierta con la Declaración de los Derechos del Hombre encuentra su definitiva consagración en el Código de Instrucción Criminal y en el Código Penal)[141]. Refiriéndose ya al sector concreto de la Administración pública, un problema clásico controvertido dentro de la historiografía napoleónica[142], es el de esclarecer si Bonaparte prosiguió con la Revolución o la abandonó, si fue su heredero o fue quien realmente acabó con ella.

En este orden de cosas, lo primero que hay que rechazar abierta y frontalmente son aquellas concepciones que entre la Revolución y el período napoleó-

[140] Cfr. R. SZRAMKIEWICZ, *Les grands principes de la Déclaration des droits et le droit privé française*, presentado al Congreso la *Déclaration des droits de l'homme et du citoyen de 1789. Ses origines. Sa perennité*, 6-8 de marzo de 1989, Paris I, Panthéon, Sorbonne (texto mecanografiado). Sobre el tema, cfr. *La Révolution et l'ordre juridique privé, rationalité ou scandale?*, Actas del Congreso de Orléans, 11-13 de septiembre de 1986, presentado por M. VOVELLE, Paris, 1989.

[141] G. LEVASSEUR, *Les grands principes de la Déclaration des droits et le droit pénal*, Ponencia presentada al Congreso citado en la nota anterior.

[142] Por ejemplo, dentro de la abundante literatura, R. REMOND, *Introduction à l'histoire de nôtre temps*, vol. I, *L'ancien régime et la révolution* (Paris, 1974, trad. italiana Milano, 1976, págs. 164-165), el cual, tras sintetizar los términos del debate, concluye optando por la tesis según la cual "si se considera más la obra que el hombre ... Napoleón consolidó la obra de la revolución porque, al suprimir lo que ella tenía de excesivo y de discutible, le aseguró la posibilidad de permanecer en el tiempo. Para hacer un balance de las transformaciones y describir la obra de la Revolución, no es necesario remontarse a 1799, ya que entonces la obra de la Revolución estaba aún en suspenso y su desarrollo dependía de la confirmación consular ... son las grandes Leyes de 1800-1802 las que acaban de estabilizar la herencia de la revolución y las que dan a la nueva Francia su definitiva fisonomía".

En la actualidad, estas cuestiones despiertan en Francia la atención de un público que no se limita a los especialistas. Por ejemplo, en el periodismo actual, cfr. el polémico número del Semanario *L'évènement du jeudi*, 6-12 de agosto de 1987, enteramente dedicado —con la colaboración de un grupo de historiadores— a la obra de Napoleón; en particular, el artículo de G. CHASSINAND-NOGARET, *Le centralisme jacobin, c'est lui!*

nico ven la contraposición entre una fase dirigida a un simple desmantelamiento del orden anterior y otra que establece unas estructuras completamente nuevas en el campo de la Administración.

La Revolución de 1989 no trajo la anarquía y, mucho menos, la anarquía administrativa. Estableció un orden social y político, y afirmó valores nuevos, opuestos a aquellos por los que se regía el orden precedente. Precisamente por todo ello, la Revolución necesitaba de una sólida arquitectura administrativa que hiciese posible la defensa de las conquistas de esta transformación histórica[143].

La atención de los poderes públicos a ámbitos que en el *Ancien Régime* se obviaban por completo (quedando en manos de la caridad privada, la Iglesia y las Congregaciones, como la asistencia o la enseñanza), y la afirmación de valores (la felicidad como derecho del individuo y responsabilidad del Estado) que llevan consigo la ampliación de los intereses públicos hacia nuevos sectores[144], son elementos que conducen inevitablemente a una potenciación de la organización administrativa.

Como prueba de ello, puede consultarse la Instrucción dictada para la aplicación del Decreto de 22 de diciembre de 1789[145]. Al destacar los objetivos de fondo perseguidos con el establecimiento de un régimen uniforme para las Administraciones locales, la Asamblea Nacional observa: "El Estado es uno.

[143] A. de Tocqueville (*Antico regime*, cit., lib. i, cap. V, págs. 625-626) considera que la abolición de las instituciones feudales para sustituirlas por un orden más uniforme y simple basado en la igualdad, fue una de las conquistas más valiosas de la Revolución. Dice concretamente: "más allá de las apariencias, fue una revolución social y política; ... no pretendía en absoluto perpetuar el desorden ... más bien pretendió aumentar la potencia y los derechos de la autoridad pública". También, cfr. el lib. i, cap. ii, págs. 612 y ss.: donde Tocqueville cita un lúcido fragmento de una carta que Mirabeau envió al Rey sin que hubiese transcurrido siquiera un año del inicio de la Revolución: "Comparad la nueva situación con el antiguo régimen: de esto nacen los consuelos y las esperanzas. Parte de las medidas adoptadas por la Asamblea Nacional, las más sobresalientes, son claramente favorables al gobierno monárquico. Es importante terminar con los parlamentos, con los "*pays d'État*" y con los estamentos del clero, de los privilegiados y de los nobles. La idea de crear una única clase de ciudadanos le habría gustado a Richelieu: esa superficie uniforme facilita el ejercicio del poder. Varios años de gobierno absoluto habrían hecho menos, en favor de la autoridad real, que este único año de revolución".

Al margen de la accidentada aventura revolucionaria, en efecto, el comportamiento de los soberanos de la Restauración confirma lo bien fundado de estas consideraciones. Sobre el análisis de Tocqueville (en sintonía con el de Hauriou que, a su vez, cita a Taine) se basan los argumentos de E. García de Enterría, *Revolución francesa y administración contemporánea*, cit., págs. 44-48.

[144] Cfr. R. Remond, *op. cit.*, págs. 167-168.

[145] Cfr. la interesante *Instruction sur la formation des assemblées représentatives*, de 8 de enero de 1790, pág. 88, reiteradamente citada.

Los departamentos no son sino secciones de un todo. Una Administración uniforme, en consecuencia, debe comprenderlos a todos en un régimen común. Si los cuerpos administrativos fuesen independientes y, en cierto modo, soberanos en el ejercicio de sus funciones, y tuviesen el derecho de variar los principios y las formas de la Administración, se sucederían los movimientos parciales que, en poco tiempo, obstaculizarían la regularidad del movimiento general, produciendo la más dañosa anarquía".

Y la anarquía, justamente, es lo que se pretende evitar con el establecimiento de un entramado administrativo que, inspirado en una concepción cuyos elementos proceden de TURGOT, LE TROSNE y CONDORCET, va a tener en el pensamiento de SIEYÈS (con sus distinciones entre acción ascendente y descendente, entre los mecanismos por los que el pueblo ejerce su derecho de representación y la actividad que estos representantes desarrollan en ejecución de las leyes) su más destacada influencia. En esta concepción, la organización es rigurosamente uniforme y se basa en municipios, distritos y departamentos. Las colectividades locales se subordinan a los departamentos, a través de los cuales reciben las órdenes del Rey, de obligatoria observancia[146]. Si en esta escala faltan quizá los instrumentos adecuados y si no existen las técnicas precisas para actuar en caso de desobediencia, ello es imputable a la confianza de los redactores en que se produjese un proceso espontáneo de adecuación y cohesión[147], más que a una incoherencia de fondo en el sistema.

Lo que sí es cierto es que la transformación de las estructuras fundamentales por las que se regía la sociedad y la puesta en marcha de un efectivo proceso de descentralización son tareas que conviven con dificultad en el período revolucionario.

Los patriotas de 1989 eran convencidos partidarios[148] de la descentralización, hecho que tuvo su plasmación en los Decretos de 14 y 22 de diciembre. Los acontecimientos posteriores llevaron, sin embargo, a una progresiva potenciación del papel de los poderes centrales, cosa perfectamente comprensible al estar las estructuras institucionales claramente subordinadas a los nuevos objetivos (en particular, la igualdad) que se persiguen[149].

[146] P. BASTID, *Sieyès et sa pensée*, cit., *passim* y en especial, págs. 410-402 y 467-469.

[147] Ciertamente, no era fácil de prever que los 44.000 municipios iban a considerar "el poder ejecutivo como un enemigo más que como un centro de unión" según la amarga consideración de SIEYÈS, cit. por J. J. CHEVALIER en *Histoire des institutions et des régimes politiques de la France*, cit., pág. 118. CHEVALIER apunta que los franceses no tenían la más mínima tradición de *self-government*: "eran hombres de un viejo país monárquico, de la monarquía administrativa de Luis XIV, habituados a depender en todo y para todo de la autoridad central en materia administrativa local".

[148] A. DE TOCQUEVILLE, *Frammenti e note inedite*, cap. II, en *Scritti politici*, cit., pág. 982.

[149] F. BURDEAU, *Liberté*, cit., pág. 33: "ni siquiera los jacobinos, centralistas o no, reniegan de sus valores fundamentales. No son sus principios lo que abandonan, solo un método que vale en función de los resultados que consigue".

Como prueba de la continuidad existente, la reconstrucción que hemos intentado llevar a cabo en las páginas precedentes, al examinar la evolución seguida por los elementos concretos del modelo, demuestra que el diseño del año VIII se valió de algunos de los pilares fundamentales de 1789 y, en cierto modo, se insertó en ellos. Si se toman en consideración los diversos puntos examinados, puede certeramente concluirse, en efecto, que la mayor parte de los elementos elaborados en los años de la Revolución presenta un notable grado de estabilidad durante el período napoleónico.

Así ocurre, sobre todo, con la uniformidad del régimen local, que viene a quedar total y definitivamente confirmado. Pero también con la correspondencia entre municipios y núcleos de población, que —después de los intentos hechos en sentido contrario por la Constitución del año III—, se verá restablecida con posterioridad. Lo mismo con el dualismo entre funciones municipales "propias" y funciones estatales "delegadas", que se consolida mediante la atribución al alcalde de la condición de agente del Gobierno. Y, con más razón aún, en fin, la estructura departamental, que se ve fuertemente potenciada; al igual que los poderes de tutela, también notablemente reforzados.

En definitiva, el diseño napoleónico utiliza elementos revolucionarios para lograr la consecución de sus propios objetivos, aunándolos a través de estrechas relaciones.

Sobre este sistema, la institución del prefecto va a poder insertarse cómodamente. La uniformidad del régimen local le permite incidir en la realidad periférica siguiendo pautas homogéneas. El reparto en departamentos le sitúa en ámbitos territoriales funcionales, con capacidad para la gestión de los asuntos locales. La configuración de las funciones delegadas a los municipios, ejercidas en interés de la Administración general, le abre la vía a una directa supremacía jerárquica sobre los alcaldes. La fragmentación municipal le dota de una red administrativa que se extiende capilarmente hasta las más pequeñas aldeas.

Los elementos del 89 constituyen, pues, la base institucional sobre la que se explica el éxito de la figura del prefecto.

La propia idea de una "cadena administrativa" que pone en contacto el gobierno con los administrados, y de la cual el prefecto es el nudo central, no es nueva para la tradición revolucionaria. A una "cadena" hacía referencia MI-

---

De gran importancia para la comprensión de esta tumultuosa fase en la formación de las estructuras administrativas y de las medidas que al respecto tomaron los jacobinos, son las consideraciones de P. LEGENDRE, *Le régime historique*, cit., págs. 364 y ss. El autor alerta sobre la simplificación de las opiniones existentes en torno al centralismo jacobino, y subraya, por el contrario, la extrema complejidad de esta etapa, en la cual, entre otras cosas, se restaura el poder municipal, antiguo enemigo del sistema feudal, y contrapuesto ahora al conservadurismo de los departamentos, además, para contener las tendencias más anárquicas, los jacobinos se atuvieron, durante el Terror, a un "pragmatismo administrativo" y no a rígidas posturas teóricas.

RABEAU, sosteniendo la necesidad de reunir en un "manojo a todos los hilos", a fin de que crezca el reino, transformando la nación "que hoy no es nada, en un auténtico cuerpo político, vivo y organizado". De igual forma se manifiestan los *Cahiers*, que reclaman la constitución de asambleas uniformes para unir al "tronco nacional" todas las provincias francesas ("que son las ramas de un mismo árbol"), forjando así una cadena entre el "pueblo y el soberano")[150].

Tampoco es desconocida en el período revolucionario la institución de los "agentes", nombrados por el ejecutivo, con competencias de intervención sobre los actos y, sobre todo, sobre los órganos locales, como ya se ha visto.

Por diversas causas, en suma, la construcción napoleónica puede presentarse, si no como consecuencia, sí al menos como no contradictoria ni incompatible con los caracteres que emergen en el esquema diseñado por la Revolución.

Hay, pues, claros elementos de continuidad en la organización de los poderes locales, y así lo pone de relieve la doctrina más destacada. Napoleón "ha innovado bastante menos de cuanto se supone y no en cuanto se refiere a materia administrativa". Siguiendo la más autorizada reconstrucción del sistema, "casi toda la organización administrativa es obra de la Asamblea constituyente: es esta la que establece todos los principios sobre los que descansa, es su mano la que ha formado, delimitado y organizado casi todos los poderes de los que se compone nuestra administración y que la han situado en el lugar que ocupa. Napoleón no ha hecho sino conservar o restablecer el sistema creado por la Asamblea constituyente. Ha mejorado o completado alguno de sus puntos, pero, esencialmente, no ha modificado profundamente su vértice... Sin modificar la esencia de los engranajes, sin alterar muchos aspectos. Napoleón ha logrado adaptar a las necesidades del poder esta enorme máquina, que había sido concebida y conformada por la libertad"[151].

[150] Cfr. F. BURDEAU, *Liberté*, cit., págs. 20 y 31. Opiniones semejantes, aunque posteriores en algunos años, son las de Billaud Varenne, Portavoz del Proyecto que se convertiría en el Decreto de 14 de frimario del año II, que afirmaba, refiriéndose a los departamentos: "el nervio conductor, para estar bien tenso, debe partir del centro y llegar a la circunferencia sin interrupciones y con un único soporte intermedio". *Vid.* G. SAUTEL, *Les jacobines*, cit., págs. 906-907.

[151] A. DE TOCQUEVILLE, "Relazione sull'opera di Macarel intitolata «Corso di diritto amministrativo»", en *Scritti politici*, a cargo de N. MATTEUCCI, cit., vol. I, págs. 236-237.

Sobre la incidencia de la uniformidad en los acontecimientos posteriores, cfr. el juicio de HAURANNE (*Histoire du gouvernement parlementaire en France*, 1870, págs. 136-138, cit. por J. L. MESTRE, *L'uniformisation*, cit., págs. 21-19): "al cancelar las antiguas divisiones territoriales, suprimir las antiguas denominaciones y romper todos los viejos hábitos, la Asamblea constituyente, sin quererlo ni saberlo, abrió la vía al despotismo y facilitó la reconstrucción de la formidable máquina administrativa que ... pesa uniformemente sobre todos los lugares de Francia. Para que esta máquina funcionase como luego ha funcionado, y anulase toda resistencia, toda independencia local, no había más que cambiar un solo engranaje en la organización de diciembre de 1790". En el mismo sentido, las conclusiones de A. SOBOUL, 1789, cit., en especial, pág. 468.

Ahora bien, si, por un lado, los poderes aparecen, en buena medida, estructurados de la misma forma, por otro lado, tampoco son despreciables ciertos elementos que conducen a conclusiones en sentido opuesto.

Un primer factor de diversificación podría estar en la concepción de la colegialidad contemplada en el esquema administrativo de una y otra fase, así como en el papel que se reserva a los consejos locales en relación al que se asigna a los órganos individuales. La cuestión es importante: precisamente, la rígida separación en el *Ancien Régime* entre Administraciones por asambleas y Administraciones monocráticas (sin la armonía que hubiese permitido el aprovechamiento de las posibles ventajas que reportarían cada una) es para TOCQUEVILLE uno de los vicios esenciales de la Administración de aquel período. Escribiendo a mitad del siglo XIX, considera este autor que el papel ejecutivo debe ser asignado a los órganos monocráticos, reservando a los colegiados funciones de dirección y vigilancia[152]. Pero esta concepción, que arraigará profundamente en el sistema administrativo francés, tardará en consolidarse.

A pesar de algunas dudas, incluso del propio SAINT JUST[153], la Revolución, en efecto, favoreció lo contrario, la colegialidad, creando un sistema de asambleas

---

Por otra parte, nótese que las posturas que, sobre todo, en el siglo XIX, censuraron las instituciones revolucionarias (y la anarquía a ellas atribuida), contraponiéndolas a las estructuras administrativas napoleónicas, no negaron la estrecha relación existente entre unas y otras. Por ejemplo, con un énfasis expresivo, A. EDMOND-BLANC, *Napoleón* I. *Ses institutions civiles et administratives*, Paris, 1880, el cual, después de lamentar las proclamaciones abstractas de la Asamblea Constituyente y la tiranía de la acción de la Convención y del Directorio, reivindica para Napoleón el mérito de haber "dado cuerpo" a las "vagas ideas" y a las "teorías evanescentes" de la Revolución: "él les dio la vida: las codificó. Las hizo entrar en nuestras leyes y en nuestras costumbres. Sin él, ¿qué habría quedado de los famosos principios del 89? Frases elocuentes, generosas disertaciones ... *verba et voces* ... Nosotros tenemos el derecho de proclamar, sin temor a ser desmentidos por la Historia: ¡El 89 es él! Y él mismo, por otra parte, lo ha dicho: yo soy la Revolución francesa, la revolución en lo que tenía de práctico, de aplicable, de positivo, de realmente apto para el gobierno" (págs. 303 y ss., págs. 74-110).

[152] "Bajo la antigua monarquía —señala TOCQUEVILLE en *L'antico regime e la rivoluzione*, cit., lib. III, cap. VII, págs. 781-782— no se habían visto más que dos modos de administrar: donde la administración se confiaba a una sola persona, esta obraba sin concurso de ninguna asamblea: donde las asambleas existían, como en los *pays d'État* o en las ciudades, el poder ejecutivo no se confiaba a nadie en particular: la asamblea no solo dirigía y vigilaba la Administración, sino que también administraba ella misma, directamente o por medio de comisiones temporales por ella nombradas. Dado que no se conocían más que estos dos sistemas, abandonado uno, se adoptó el otro. Es curioso que una sociedad tan avanzada, donde la Administración pública tenía desde hacía mucho tiempo una esfera de acción tan amplia, no pensase en fundir los dos sistemas, y distinguir, sin separarlos, el órgano ejecutivo del que debe vigilar y ordenar. Un principio que parece tan simple...".

[153] En un pasaje de los *Fragments sur les institutions républicaines*, de atribución incierta al tratarse de una publicación póstuma, con posibles añadidos e interpolaciones, JUST apunta: "Hay que examinar el sistema adoptado en magistraturas colegiadas, como los municipios

subdivididas en dos secciones, de las cuales una (el *bureau*, en el municipio; el *directoire*, en el departamento y en el distrito) se encarga generalmente de todas las competencias ejecutivas[154]. No faltaron las figuras del *maire* o del *président* en esta organización, pero salvo algunos casos absolutamente marginales (pueblos de menos de 500 habitantes, donde el *maire* es el órgano ejecutivo), no son sino miembros (eminentes) del colegio ejecutivo, quedando, incluso, excluidos de las sesiones de control del *conseil* sobre el *bureau*[155].

La organización napoleónica difiere ampliamente de este esquema. Los órganos individuales van a asumir en ella un papel central[156]. Si la máxima "deliberar es tarea de muchos, actuar de uno solo"[157] es la base de esta concepción, puede comprenderse la distancia de la colegialidad global perseguida en el 89. Ello se acentúa, ya sea por la fuerza especial que la inserción en la Administración del Estado confiere al prefecto y al alcalde, ya por el criterio restrictivo que prevalece en la interpretación de las funciones "deliberadoras"[158], atribuidas a los consejos locales. Estos se reducen así a órganos predominan-

... y ver si la atribución de las funciones de estos organismos a un magistrado único puede servir para consolidar la República". *Vid.* G. SAUTEL, *Les jacobins et l'administration*, cit., págs. 908-909. P. LEGENDRE, *Le régime historique*, cit., pág. 367, considera "fundamental" el análisis atribuido a Saint-Just.

[154] Cfr. arts. 34-37 del Decr. de 14 de diciembre y arts. 20-31 (sec. II) del Decr. de 22 de diciembre de 1789.

[155] Arts. 38-39 del Decr. de 14 de diciembre, cit., en especial, la referencia a la aprobación de las cuentas presentadas por el *bureau*.

[156] El artículo de la Ley del año VIII que considera al prefecto "*le seul chargé de l'administration*" marca el fin de la atribución de funciones administrativas a los órganos colegiados (en el departamento, a una asamblea, primero, y a un directorio, tras la Constitución del año III) (DALLOZ-VERGE, *Codes des lois politiques et adminitratives*, cit., pág. 293, n. 159 y s.).

[157] En realidad, esta no es la única versión de la máxima. Incluso en el propio Informe para la Ley de 28 de pluvioso del año VIII, Roederer contrapone "*administration*", "*le fait d'un seul homme*" a "*juger*", "*le fait de plusiers*": entendiendo, por el primer término, la comunicación de las leyes a los administradores y de las reclamaciones de estos al gobierno, la elección directa sobre las cosas y sobre los particulares y la actividad encaminada a "*ordonner et surveiller*". Por otra parte, la máxima parece apuntar a la distinción de ROUSSEAU entre "*vouloir*" y "*agir*", utilizada para la definición de las relaciones entre ejecutivo y legislativo, particularmente por SIEYÈS (P. BASTID, *Sieyès et sa pensée*, cit., págs. 397-398).

[158] Arts. 6 y 15 de la Ley del 28 de pluvioso del año VIII. Según una interpretación que quedará refrendada con la Ley de 6 de julio de 1837 (cfr. *supra*, nota 138), al término "*délibérer*" se le daba un valor bien limitado, comprendiendo solo las decisiones que únicamente adquirían ejecutividad tras su aprobación, aprobación que, por lo demás, dependía de organismos de carácter monocrático. Cfr. J. L. MESTRE, *L'apogée de la centralisation*, cit., págs. 24.14 y 24.15.

temente consultivos, con competencias bastante limitadas: los escasos casos en que discrepan de la voluntad del gobierno se controlan sin dificultad, pero priman, ante todo, actitudes de apatía y absentismo en las pequeñas comunidades[159].

Al margen de este punto, donde la diversidad entre las dos fases asume mayor relieve es, sin duda, en lo relativo a las formas de formación y legitimación de los órganos locales.

Es cierto que también en este punto parecen encontrarse elementos de continuidad: por ejemplo, siguiendo una autorizada reconstrucción, el pensamiento de SIEYÈS, inspirador directo de la Revolución del 89, y que pasa después a promover el golpe de Estado de Bonaparte, ejerce una influencia central en ambas fases. Este autor trata de combinar el criterio electivo (designación preliminar y no vinculante) y el del nombramiento (investidura electiva), en un refinado esquema inspirado en el principio de que "los ciudadanos no nombrarán a los agentes públicos, pero no se nombrarán sino personas de su elección"[160].

Sin embargo, si del pensamiento político pasamos a las normas positivas, la distancia entre los dos sistemas se amplía y éstos aparecen en radical oposición.

El criterio electivo era esencial en el pensamiento revolucionario. Por esta vía había que designar incluso a los magistrados, cuya permanencia en el cargo es limitada; los propios obispos y párrocos —según la constitución civil del clero— eran elegidos a través de este sistema, que se extiende también a la guardia nacional y, en cierta medida, a la gendarmería y al ejército[161].

Sobre el principio electivo se basa, así, pues, sin excepciones, la arquitectura administrativa de 1789. Todas las Constituciones de la Revolución lo

[159] J. GODECHOT, *Les institutions de la France*, cit., págs. 598-599.

[160] Según P. BASTID en *Sieyès et sa pensée*, cit., págs. 413 y ss., esta frase anticipa en 1789 lo que SIEYÈS anunciará en el año VIII de la siguiente forma: "1) Nadie debe ser investido de una función pública si no es con la confianza de aquellos frente a los cuales deberá ejercerse esta función. 2) Nadie debe ser nombrado funcionario por aquellos sobre los cuales deberá pesar su autoridad". Replicando a los que "presentan a SIEYÈS como si hubiera cedido a un vértigo repentino en el año VIII, como si hubiera querido confiscar el derecho electoral y regenerar todos los principios anteriores", BASTID observa que se trata del mismo sistema expuesto en 1789 para los empleados administrativos (una Asamblea formada por el cuerpo electoral es la que propone; y la lista la hacen los superiores jerárquicos inmediatos, en los grados inferiores, y el Rey, en los más elevados): "la única diferencia radica en que en el año VIII estas normas están generalizadas hasta el punto de significar la eliminación ... de toda elección propiamente dicha" (diferencia nada despreciable, desde el punto de vista del autor de este libro).

[161] En relación con la elección de los jueces, cfr. la Ley del 16 de agosto de 1790, así como el Tít. III, cap. V de la Constitución de 1791. Sobre los obispos y párrocos, la Constitución civil del clero aprobada el 12 de julio de 1790. Y sobre la gendarmería, el ejército y la guardia nacional, las Leyes de 29 de octubre de 1790, de 16 de enero de 1791 y de 12 de agosto de 1791.

confirman solemnemente, al consagrar el derecho de los ciudadanos a elegir sus propios administradores (Const. de 1791, art. 9), y al establecer asambleas electorales en los diversos niveles de la administración local (Const. del año I, 1793, arts. 79-80; Const. del año III, 1795, arts. 27, 28, 41, etc.). Cuando, en las fases más tumultuosas y difíciles, se producen algunas transgresiones de estos principios, estas se presentan como derogaciones transitorias que no afectan a las bases esenciales de los principios vigentes en el funcionamiento ordinario de las instituciones[162].

En este contexto, la Ley de 28 de pluvioso del año VIII, al generalizar el criterio del nombramiento en relación a todas las funciones locales, esto es, la deliberación, la ejecución y el control, constituye una clara inversión del sistema que los constituyentes habían adoptado.

Si durante el período revolucionario las tendencias hacia la centralización, especialmente durante el bienio jacobino, 1792-1794, se habían manifestado a través de cauces informales y no institucionales, mediante la movilización de clubs, comités, asociaciones o asambleas[163], Napoleón va a servirse para tal fin de instrumentos de poder sólidamente establecidos y regulados por las leyes. Si entonces tales intervenciones trataban de justificarse como excepcionales y provisionales[164] cuando llegaban a traducirse en disposiciones, Napoleón configura sus instituciones como ordinarias y permanentes. Si antes había órganos monocráticos nombrados por el poder central[165], con competencias de vigilancia sobre las Administraciones colegiadas[166], Napoleón hace de este tipo de órganos el centro activo de todo el sistema administrativo periférico.

En resumen: la concentración de los poderes de tutela o vigilancia en un órgano monocrático estatal de naturaleza no electiva, quizá pueda encontrar

[162] Cfr. BURDEAU, *Liberté*, cit., pág. 35.

[163] Sobre este fenómeno, determinante en el funcionamiento ordinario de las relaciones entre el centro y la periferia de la época jacobina, y que hace coexistir junto a instituciones administrativas organismos políticos como "*comités de surveillance, sociétés populaires, armées révolutionnaires*", Cfr. GODECHOT, *Les institutions de la france sous la Révolution et l'Empire*, 3ª ed., Paris, 1958, págs. 317 y ss. G. SAUTEL, *Les jacobins et l'adminitration*, cit., pág. 901, y las citas bibliográficas dadas por estos autores.

[164] Obsérvese, en particular, que las más importantes disposiciones de carácter centralista adoptadas en el período jacobino —aquellas que crean los agentes nacionales— se contienen en un Decreto de 14 de frimario del año II, significativamente titulado "Sobre el modo de gobierno provisional y revolucionario".

[165] En concreto, al nombramiento solo se procedía si se había destituido al *procureur* anterior, mientras que, por regla general, las funciones de agente nacional se atribuyeron directamente, por Decr. de 14 de frimario cit., art. 15, a aquellos que ya estaban investidos de este poder.

[166] Cfr. el art. 14 del citado Decreto, que atribuía a los agentes nacionales poderes para exigir la ejecución de las leyes, de denunciar las negligencias e infracciones, y de vigilancia.

acomodo y justificación en el entramado administrativo del período revolucionario. La concentración en este tipo de órganos de funciones de administración activa constituye, sin embargo, un cambio importante. Y ese cambio se acentúa aún más si se tiene en cuenta que, junto a estos órganos, no hay sino colegios nombrados también gubernativamente: el *Volkstaat*, el gobierno popular perseguido por la Asamblea constituyente, tiende a sustituirse por un *Beamtenstaat*, un gobierno que descansa sobre la burocracia[167].

"La confianza surge de la base; la autoridad desciende de la altura", escribió SIEYÈS en una afortunada síntesis de los caracteres que debía asumir la nueva Administración. Y si la frase expresa con eficacia las bases del moderno sistema administrativo de Francia, no cabe duda de que la estructura del año VIII representa el triunfo de la segunda a costa de la primera, en la tensión constante entre las dos partes de esta fórmula.

En el diseño napoleónico, así, pues, es cierto que algunos criterios de la Asamblea constituyente dirigidos a obtener la igualdad se confirman e, incluso, se refuerzan. Los que miran a la libertad, sin embargo, se remodelan o sustituyen por nuevas instituciones. Estos últimos vienen a fundirse con los primeros, en una estructura compacta dirigida a fortalecer la centralización.

En el sector concreto de la organización administrativa, las relaciones entre la Revolución y Napoleón —"continuador" de la Revolución y, al mismo tiempo, "su destructor"[168]— tienen también diversos elementos que reflejan su ambivalencia.

8. DIFUSIÓN Y CONSOLIDACIÓN DE LA ADMINISTRACIÓN REVOLUCIONARIO-NAPOLEÓNICA

A) *La Administración de inspiración francesa fuera de Francia: su difusión en el período revolucionario y bajo el Imperio napoleónico*

Estrechamente asociado a la ideología política y a la vitalidad revolucionaria en Francia, y surgido como reacción frente a las instituciones heredadas o establecidas por los últimos Borbones, el modelo administrativo local va a extender su influencia bien lejos de su país de origen.

[167] Adoptamos la fórmula empleada por F. FLEINER ("Beamtenstaat und Volkstaat", en *Festgabe für Otto Mayer*, Tubinga, 1916, págs. 31 y ss.), tomada de E. GARCÍA DE ENTERRÍA, *Revolución francesa y administración contemporánea*, cit., págs. 110-111.

[168] Se trata una vez más de un juicio de TOCQUEVILLE en *L'antico regime*, cit., lib. III, cap. VIII, pág. 793. El juicio de TOCQUEVILLE recuerda la frase con que concluye la proclamación de los cónsules de 24 de frimario del año VIII (15 de diciembre de 1799): "ciudadanos, la revolución queda fijada en los principios que la comenzaron: ha terminado".

El proceso comenzó desde los primeros momentos. Ya en los años inmediatamente siguientes a 1789, la ola revolucionaria atraviesa Europa y las conquistas de los ejércitos franceses se traducen en la difusión, en el plano administrativo, de nuevas fórmulas orgánicas y de funcionamiento para las circunscripciones[169].

La expansión de los departamentos se remonta a los años del Gobierno revolucionario y del Directorio. Precede, incluso, a las anexiones territoriales efectuadas por Francia.

En los países del área del Rhin, por ejemplo, ya en 1797 se delimitaron cuatro departamentos de superficies similares (aunque bastante distintos en el número de habitantes y situación económica). La República bátava en el mismo período dividió las tradicionales provincias holandesas en ocho departamentos, transformados y reducidos a siete después de la anexión de 1810. En Bélgica, incluso con anterioridad (en agosto de 1795), el Comité de Salud Pública había aprobado, después de un procedimiento que concluyó en poco más de un mes, una distribución del territorio en nueve circunscripciones departamentales. El mismo modelo se aplicaría después a las diversas Repúblicas italianas, a las Islas jónicas y a anexiones posteriores del Imperio napoleónico[170].

Las reglas aplicadas en estos países a la organización administrativa, sin embargo, se apartan considerablemente de las que rigen en Francia durante el período revolucionario. Si aquí dominaron los criterios de elegibilidad y colegialidad en la formación de los órganos locales, en los demás lugares, anticipándose a la legislación del año VIII, prevalece ya un esquema basado sobre los órganos individuales y sobre el criterio del nombramiento (que habitualmente recaía sobre patriotas francófilos o franceses), bien por parte de comisarios del Directorio, bien por el Directorio mismo, sin más intermediarios.

[169] Para la reconstrucción de este complejo período histórico, me he basado particularmente en J. GODECHOT, *La grande nation, L'expansion révolutionnaire de la France dans le monde de 1789 à 1799*, 3ª ed., Paris, 1985, en especial, págs. 377 y ss.; del mismo autor, *L'Europe et l'Amérique à l'époque napoléonienne* (1800-1815), Paris, 1967, págs. 76-80, 209-218, 310-317; L. MADELIN, *Histoire du consulat et de l'Empire*, vol. X, *L'empire de Napoléon*, Paris, 1946, especialmente págs. 241-252, 268-313, 319-326, 353-358. A la obra de estos y otros historiadores se refiere el penetrante análisis jurídico de E. GARCÍA DE ENTERRÍA, *Revolución francesa y administración contemporánea*, cit., especialmente, págs. 63 y ss. y 124 y ss.

[170] En la República cispadana se delimitaron diez departamentos, que pasaron a ser doce, después de 1789, cuando se creó la República cisalpina; en la República ligur, tres departamentos tras el reagrupamiento de 1805; en la romana, ocho departamentos en 1798, sustituidos por cinco totalmente nuevos en 1810; en Nápoles, José Bonaparte prefirió aplicar el esquema administrativo francés a las catorce circunscripciones provinciales preexistentes. Las Islas jónicas, anexionadas por el Tratado de Campoformio, se repartieron en trece departamentos. También, los casos de Dalmacia, Berg y Westfalia. Una excepción es Suiza, donde, en general, se conservaron las circunscripciones tradicionales de los cantones, excepción hecha de alguna desmembración (sobre todo, en el cantón de Berna) o reagrupación.

En los países del área del Rhin, todos los administradores locales son designados. En la República romana o en la helvética, ya hacia 1797, se instauran los "prefectos", con el deber de "representar al poder ejecutivo, de vigilar a las autoridades y de transmitirles las leyes y las órdenes del Directorio". En el mismo período, los "comisarios del gobierno" rigen las administraciones de las Islas jónicas. Fuera de su país, por tanto, Napoleón no tendrá más que ampliar un esquema que ya había sido sobradamente aceptado.

Sumando Francia y los Estados que directamente son sus vasallos[171] resulta, que bajo el *Grand Empire* más de la mitad de la población europea se administra según el modelo revolucionario-napoleónico. Un enorme territorio que se extiende hasta el estrecho de Gibraltar, Malta, Iliria, el Danubio, el Niemen, el mar Báltico, y que se reparte en departamentos, que reciben diversas denominaciones. Tratan de evitarse las referencias a las antiguas circunscripciones administrativas y los nombres derivan muchas veces de los accidentes geográficos que sirven para identificar el territorio (por ejemplo, los ríos que desembocan o que atraviesan una determinada zona)[172]. Los departamentos se subdividen en cantones que, a su vez, agrupan a los municipios. La Administración departamental se confía a los prefectos y, en los cantones, se crean los subprefectos.

Como recordará Napoleón en Santa Elena[173], "la organización de las prefecturas, su actividad y sus resultados fueron admirables y prodigiosos. En el mismo instante se daba el mismo impulso a millones de hombres y, gracias a estos centros de actividad local, el movimiento era tan rápido en todas las extremidades como en el propio corazón...".

Bajo el decidido apoyo del Emperador[174], los prefectos van a constituir, en efecto, el elemento esencial de esta enorme estructura uniformadora y

[171] Son los Reinos de España, de las Dos Sicilias y de Italia; las Confederaciones Helvéticas y del Rhin; el Gran Ducado de Varsovia. En conjunto, la población de estos Estados alcanza los 38 millones que hay que sumar, en el *Grand Empire*, a 44 millones de franceses.

[172] Por ejemplo, los Departamentos de Hamburgo, Bremen o Barcelona se denominan, respectivamente, "Desembocadura del Elba", "Desembocadura del Weser" y "Desembocadura del Ebro". Ivrea, Spoleto, Roma y Amberes, por su parte, hacen referencia, respectivamente, al Dora, Trasimeno, Tíber y Escaut.

[173] *Vid.* la cita en MADELIN, *L'Empire*, cit., pág. 249.

[174] Que no dudaba en defenderlos en sus enfrentamientos, incluso frente a sus propios generales: "Usted —escribió Napoleón al general Junot cuando arrestó al prefecto de Parma— ha tratado a un prefecto como a un sargento de su guarnición. Es una falta de tacto y una insensatez que me parecen inconcebibles; lo que ha hecho es inaudito. Solo esto puedo decirle: si todo se arregla a satisfacción del prefecto, lo olvidaré. Si no, nunca lo olvidaré: cualquier cosa que pueda decir no cambiará en absoluto mi opinión" (la cita en B. CHAPMAN, *The prefects and provincial France*, cit., pág. 30).

centralizadora, indispensable —de nuevo, según las palabras de las *Mémoires* del propio Napoleón[175]— para afrontar las inmensas dificultades de las tareas de gobierno.

El sistema, eficaz y funcional[176] (vinculado a la admiración que Francia despierta en el mundo después de la Revolución), se aceptó sin particulares problemas y se adaptó a las distintas situaciones con gran rapidez.

En el proceso de expansión imperial de la *civilisation française*, sin embargo, este sistema no es, obviamente, más que un componente de un plan mucho más amplio. Y su difusión es paralela a la de diversos fenómenos, como la supresión de la servidumbre y de los señoríos, la *corvée* y los diezmos; las Constituciones inspiradas en los Textos del año VIII[177], del año X[178] y del año XII[179]; la reforma de las instituciones judiciales y del sistema fiscal; las intervenciones en materia de asistencia social y de enseñanza (encaminadas a una gestión pública y laica); y el Código Civil (el Código de Napoleón), el cual, por lo que a nuestro estudio concierne, además de las novedades introducidas en las relaciones *inter privatos*, contenía algunas normas que iban a transformar radicalmente el ejercicio de las funciones públicas, sobre todo, al permitir el acceso a estas funciones a todos aquéllos que demostrasen la adecuada competencia.

B) *Permanencia y consolidación del modelo, bajo los regímenes de la Restauración*

Algunas de las innovaciones hasta ahora indicadas produjeron resultados parciales (por ejemplo, las medidas dirigidas a hacer efectiva la igualdad civil

[175] Cfr. J. GODECHOT, *L'Empire*, cit., pág. 78. Entre las reacciones que provocó la uniformidad y la centralización en los territorios del *Grand Empire*, cabe destacar el testimonio de Görres, un patriota renano que, aunque inicialmente apoyó convencido la dominación francesa, en 1811 reprocharía a Francia la voluntad de nivelar a los hombres "en superficies iguales: indios y persas, turcos y neozelandeses recibirán también prefectos y subprefectos, el código..." (la cita en MADELIN, *L'Empire*, cit., pág. 357).

[176] Téngase presente que a los prefectos se les confió la promoción y realización de obras y servicios públicos, con resultados importantes en numerosos casos. Sobre la reorganización de los servicios públicos y sobre la realización de obras durante el Imperio, existen multitud de referencias y datos (que deben valorarse teniendo en cuenta el tono totalmente laudatorio del volumen), en A. EDMOND-BLANC, *Napoléon I. Ses institutions civiles et administratives*, cit., págs. 95 y ss.

[177] Cfr. las Constituciones de las Repúblicas bátava (1801), de Lucca (1801), italiana (1802) la de la Confederación Helvética (1801-2) y del Valais (1802).

[178] Cfr. la Constitución suiza de 1803 y las Constituciones contemporáneas de los cantones individualmente consideradas.

[179] Cfr. las Constituciones del Reino de Italia (1805-6), de Lucca (1801), del Reino de Holanda (1806), los Estatutos de Frankfurt (1806) y del Ducado de Varsovia (1807) y las Constituciones de los Reinos de Westfalia (1807), de Baviera (1808), de Nápoles (1808) y la española de Bayona (1808), etc.

o la naturaleza laica del Estado). Otras, sencillamente, fueron suprimidas por la Restauración (como sucedió con las formas políticas del Imperio). Las instituciones administrativas, sin embargo, demostraron un excepcional grado de penetración y permanencia en los diversos países resultantes del desmembramiento del Imperio.

Es cierto que, frente a la centralización napoleónica, los regímenes de la Restauración pretenden afirmar los valores de las libertades locales y que las corrientes legitimistas buscaron la supresión absoluta de la uniformidad de la organización administrativa local para hacer resurgir los antiguos particularismos[180]. Sin embargo, los resultados concretos alcanzados por estas proclamaciones y reivindicaciones que, evidentemente, conducían a una recuperación del protagonismo de las aristocracias locales y del clero frente a los gobiernos centrales, fueron muy modestos.

En algunos casos varió la denominación de las instituciones. En ciertos departamentos se utilizó el nombre más tradicional de "provincias", como ocurrió en Bélgica, en el Reino Lombardo-Véneto y en los Estados Pontificios. Los prefectos pasaron, por su parte, a llamarse "gobernadores", "intendentes" o con otras denominaciones. Algunas veces, se reorganizaron las circunscripciones territoriales. En su conjunto y en esencia, sin embargo, el modelo administrativo francés superó casi sin sacudidas la agitación política que siguió al Congreso de Viena. La uniformidad administrativa; el sólido enlace que el prefecto, el subprefecto y el alcalde como agentes del gobierno aseguran con la periferia —en la medida de lo posible, dados los medios de comunicación a la sazón existentes—; las técnicas de tutela. Todos estos rasgos garantizan a los gobiernos de la época instrumentos suficientemente eficaces para evitar un retorno a los sistemas administrativos del *Ancien Régime*. Si los Borbones en Francia "se tendieron en el lecho de Napoleón", en general los soberanos de la Restauración "rechazaron todas las novedades creadas por la Revolución salvo la centralización"[181].

[180] *Vid.* E. García de Enterría, *Revolución*, cit., págs. 124 y ss.

[181] Ambas frases —de Fouché, la primera y de Tocqueville, la .segunda— se citan por E. García de Enterría, *Revolución*, *op. cit.* Ya se ha hablado antes de la estabilidad de los prefectos en Francia, pese a las tumultuosas alternancias de distintos sistemas políticos en el curso del siglo xix (*vid. supra* 6 F), nota 107). La tendencia, sin embargo, se desarrolló también en otros lugares. En relación con Italia, por ejemplo. R. Fried, *Il prefetto in Italia*, Milano, 1967 (trad. *The Italian Prefects. A study Administrative Politics*, New Haven-Londres, 1963), pág. 195. Citando datos del Ministerio del Interior, este autor señala que "a partir de marzo de 1946 ... casi todas las prefecturas estaban en manos de funcionarios de carrera, y todos ellos habían prestado servicio como prefectos o como subprefectos bajo el régimen fascista"; por tanto, en el 1 de enero de 1947, solo ocho prefectos de los ciento treinta y tres habían entrado en la carrera tras la caída del fascismo. Sobre los prefectos italianos de este período, también E. Rotelli, *L'avvento della regione in Italia*, Milano, 1967, págs. 186 y ss.

El modelo general pasa a considerarse sinónimo de administración moderna, y sus orígenes revolucionarios y napoleónicos no son tenidos en cuenta. Llega así a insertarse con solidez en el tejido institucional de numerosos países.

Desde entonces, se producen ciertos ajustes, algunos de ellos todavía provenientes de Francia. Pero hay también efectos de retorno, Instituciones de determinados países se extienden a otros, incluso, a la propia Francia.

Así sucedió, por ejemplo, con Bélgica, cuyos órganos colegiados tenían importantes funciones, incluso, en materia de administración activa. El precedente de las diputaciones permanentes de los consejos provinciales belgas que con poderes incluso decisorios disputaban al gobernador el papel ejecutivo de la provincia, se tomó como punto de referencia para el debate que en 1871 condujo a la instauración en Francia de la comisión departamental[182].

Llegando a nuestros días, no es arriesgado pensar que las importantes regionalizaciones llevadas a efecto en ciertos países con una tradición administrativa común, ha facilitado (o, al menos, reducido el temor) la creación de las regiones en Francia en 1982.

C) *Extensión y heterogeneidad de las situaciones influidas por la tradición administrativa francesa*

Las causas varían: la acción directa del Imperio, una hábil política de "insinuación"[183], un curioso fenómeno de imitación espontánea o de aceptación de las nuevas instituciones (inducido, a su vez, sea porque el ideal revolucionario ve en Francia y en su sistema jurídico el arquetipo para un nuevo orden social, sea por una valoración cuidadosa de las ventajas ofrecidas por la "modernización" administrativa, lo que es asumido y compartido por casi todos los soberanos de la Restauración). Lo cierto es que el modelo revolucionario-napoleónico va a extender sus influencias, como ya hemos adelantado, a un área geográfica amplia.

Un área qué no solo incluye la mayor parte de Europa, de la Península Ibérica a Polonia, de los Países Bajos a las Islas griegas, de los territorios alemanes a Italia, sino que se propaga por los distintos continentes, por obra directa de la propia Francia (como sucedió en gran parte de África) e incluso por medio de otros países europeos (piénsese, sobre todo, en la influencia española en América Latina). En su conjunto, la expansión de la Administración de

[182] Cfr. DALLOZ-VERGE, *Codes des lois*, cit., pág. 279.

[183] La expresión es del propio Napoleón, como señala L. MADELIN, *L'Empire*, cit., pág. 268, al que se remite asimismo para el examen de los territorios que, como Baviera, con más convicción se adecuaron al sistema político y administrativo francés y que, como el Reino de Italia o, entre los Estados alemanes, Berg o Westfalia, eran considerados por el Emperador como "Estados-modelo". *Vid.* ivi, págs. 268-277, 302 y ss.

impronta francesa constituye, por la rapidez con la que se produjo, por las dimensiones que adquirió y por la continuidad que ha demostrado, un fenómeno difícilmente comparable.

Ahora bien, en un área tan amplia y diversa, la extensión del modelo se realizó de distintas maneras. En algunos casos, se reprodujo de la manera más fiel, mientras que en muchos otros se tomaron elementos de él que se superpusieron o yuxtapusieron a los esquemas y estructuras preexistentes.

De este modo, mientras existe una clara inspiración francesa en los regímenes locales de países como España, Bélgica, Holanda, Luxemburgo o Italia[184], menos clara está en el caso de Portugal, donde los rasgos administrativos tradicionales y peculiares del sistema permanecen y conviven con elementos revolucionario-napoleónicos, que se recibieron, además, con un retraso de varias décadas[185].

[184] Sobre la aceptación del sistema francés en los distintos países, con referencia a España, cfr. E. García de Enterría, *La administración española*, Madrid, 3ª ed., 1972, págs. 28 y ss. Aunque limitado a su fase inicial, también Mercader Riba, La organización administrativa francesa en España, Zaragoza, 1959. Es clásica la obra de A. Posada, *Evolución legislativa del régimen local de España*, Madrid, 1982 (1ª ed., 1912).

Sobre los acontecimientos desarrollados en Italia, la literatura es particularmente amplia: A. Petracchi, *Le origini dell'ordinamento comunale e provinciale italiano*, Venecia, 1962, vol. 1; C. Ghisalberti, *Contributi alla storia delle amministrazioni preunitarie*, Milano, 1963; M. S. Giannini, "*I comuni*", *Atti del congreso celebrativo del centenario delle leggi ammnistrative di unificazione*, Milano, 1967, en especial, págs. 16 y ss.; los estudios a cargo del ISAP, *L'amministrazione nella storia moderna*, Milano, 1985 (en especial, P. Aimo, "*Introduzione. Italia napoleónica*", vol. I, págs. 542 y ss.); 5. Cassese (del cual *vid.* recientemente, "I caratteri originari e gli sviluppi attuadi dell'amministrazione pubblica italiana", en *Quad. Cost.*, 1987, núm. 3, págs. 449 y ss.).

La fidelidad al modelo francés, en realidad, estuvo lejos de ser pacífica y lineal. Sobre las vicisitudes que condujeron a su consolidación, a pesar del rechazo que hacia ella mostraron todos los partidarios del *Risorgimento* italiano, más bien inclinados en principio al *self-government* inglés, *vid.* E. Ragioneri, *Política e amministrazione nella storia dell'Italia uñita*, Roma, 1879, en especial, págs. 158 y ss.

[185] "Construida a lo largo de siglos —destaca acertadamente G. Langrod, "Les mutations administratives face au développement. Le cas du Portugal", en *Revue Administrative*, núm. 137, pág. 569— la administración portuguesa resiste al cambio, permanece ligada a unas formas antiguas en el marco de un sistema tradicional propio, aunque fuertemente influido durante el siglo XIX por el modelo francés...". Como en el caso griego (que, por otro lado, había conocido la dominación napoleónica en las Islas jónicas), la introducción de los elementos del modelo administrativo francés en Portugal tuvo lugar años después de liquidado el *Grand Empire*. En particular, así ocurrió con el prefecto, instituido por el Decr. de 16 de mayor de 1832, núm. 23, que elaboró Mouzinho da Silveira (la denominación de "*prefeito*" se sustituye por la de "gobernador civil" en 1842).

Es diferente el caso alemán. Si bien clasificado comúnmente como una categoría claramente distinta, aunque no opuesta, al sistema francés, tiene con él más de un punto de contacto. Subsisten huellas evidentes dejadas tras la introducción del derecho municipal francés, primero, en 1792, en los territorios alemanes ocupados, y más tarde, desde 1806, en el área de la Confederación del Rhin, a la que pertenecían Estados como Baviera, Württemberg o Baden[186].

Si ya desde los orígenes la recepción del modelo revolucionario-napoleónico va fragmentándose y dando lugar a una casuística muy heterogénea, la diferenciación se acentúa aún más en el curso de los acontecimientos posteriores. Lo que no debe sorprender, dado que el sistema vino a operar (o, al menos, influir) en contextos institucionales muy distantes, en un área que comprende diversos Estados de la Europa Occidental, así como los antiguos sistemas de tipo socialista (algunos países de Europa Oriental y territorios extraeuropeos), extendiéndose incluso a países con rasgos dictatoriales, como son determinadas zonas de América Latina y de África.

D) *Notas sobre la difusión de un modelo administrativo*

Dentro de los fenómenos de imitación de modelos foráneos en el Derecho administrativo[187], la expansión del sistema revolucionario-napoleónico —por "trasplante", "préstamo" o "intercambio"— ofrece un interés muy especial. Toda la amplísima gama de situaciones que, en general, ha podido ir identificándose en el estudio de estos fenómenos, parece confluir en el caso concreto que nos ocupa.

Así es, ante todo, en cuanto a los orígenes, que cabe atribuir a circunstancias muy diferenciadas, que van desde la auténtica imposición (la "colonización administrativa" en el sentido más estricto, llevada a cabo por las tropas francesas en los distintos países europeos y posteriormente en África, Asia o América Latina) hasta la imitación voluntaria, asumida con plena conciencia por los países "importadores" (como sucedió, no solo por la propia fuerza de la expansión de las ideas revolucionarias, sino también, después del fin de la época napoleónica, como en el caso de Portugal o Grecia), pasando por

[186] A las influencias francesas en los regímenes locales germanos dedica su atención al estudio de H. HEFFTER, *Die deutsche Selbstverwaltung im 19. Jahrhundert*, Stuttgart, 1950, págs. 103 y ss.; pero, sobre todo, específicamente referida a Prusia, la obra de E. MEIER, *Französische Einflsse auf die Staats-und Rechtsentwicklung Preussens im XIX. Jahrhundert*, 2 vols., Leipzig, 1907 (los argumentos más relevantes, vol. II, págs. 311 y ss.; 423 y ss.).

[187] Sobre los rasgos generales de esta cuestión, cfr. J. RIVERO, "Les phénomènes d'imitation des modèles étrangers en droit administratif", en A. DE LAUBADERE, A. MATHIOT, J. RIVERO, G. VEDEL, *Pages de doctrine*, Paris, 1980, II, págs. 459 y ss. También, S. CASSESE, *I caratteri originari e gli sviluppi attuali dell'amministrazione pubblica italiana*, cit., págs. 449 y ss. y las indicaciones bibliográficas allí citadas.

situaciones más confusas y difíciles de catalogar, en que los impulsos de los conquistadores convergen y potencian las aspiraciones perseguidas por las fuerzas locales, en un fenómeno que, a menudo, aparece acertadamente definido como "Insinuación".

Las mismas motivaciones que están en la base del fenómeno son de lo más variado. Las razones idealistas de los patriotas se alinean o alternan con los mecanismos típicos de la relación entre colonizador y colonizado. En la perspectiva del propio Bonaparte no late solo la preocupación por disponer de un potente instrumento de control sobre los territorios anexionados o los reinos satélites, sino también la profunda convicción de propagar el sistema administrativo más avanzado y completo de la época[188].

El desarrollo posterior de los acontecimientos constituye la mejor muestra de la capacidad de resistencia de un sistema, frente a las mutaciones que frecuentemente acompañan la reproducción artificial de modelos administrativos. La resistencia del sistema se manifiesta incluso en los casos en que aquel fue impuesto por la fuerza, una vez que el Estado dominador entrara en decadencia. Es cierto que no faltan los casos de rechazo (especialmente, en los países germánicos; caso que merecería atención aparte). Pero, en conjunto, predomina la consolidación del modelo, el cual, por otra parte, muestra una notable capacidad de extensión. Como ya se ha señalado, al margen incluso de cualquier imposición, numerosos Estados independientes se deciden a introducir una serie de instituciones, porque se consideran idóneas (con base en experiencias ya realizadas y traídas por culturas jurídicas impregnadas de influencias francesas)[189] para mejorar sus propias estructuras administrativas.

La amplitud de la imitación también presenta diversos grados y matices. Algunas veces, se extiende al conjunto de las estructuras administrativas locales. Y otras, se limita a un elemento clave y específico como, por ejemplo, la institución prefecticia, considerada útil incluso en contextos institucionales muy diferentes.

En cuanto a las modalidades, el proceso de expansión, por un lado, se desarrolla de modo directo, pero, por otro, ofrece ejemplos interesantes de trayectorias quebradas, con altos y bajos y momentos de reflexión. Ya se ha apuntado, por ejemplo, que las instituciones belgas, tras asumir el modelo revolucionario, vinieron después a incidir sobre las instituciones de la propia Francia.

[188] J. Rivero, *Les phénomènes, cit.*, pág. 462.

[189] Cfr. J. Rivero, "*Droit administratif français et droits administratifs étrangers*", en *Pages de doctrine*, cit., págs. 475 y ss. Citando una significativa frase en la que Otto Mayer en 1896 reconoce la enorme influencia de la cultura administrativa francesa ("nosotros los alemanes desempeñamos en el derecho administrativo y particularmente con relación a Francia, el papel de quien imita y recibe"), Rivero subraya cómo, en realidad, la influencia del derecho administrativo francés ya estaba en declive en aquel momento.

También se registran influencias belgas en otros lugares. Por ejemplo, en Italia, donde el modelo general es recibido con variantes claramente procedentes de aquel país (también aquí, en lo que se refiere especialmente a la composición y papel de los órganos colegiados), en una intersección de influencias dentro de una misma tradición administrativa básica, que sustituye la simple relación entre ordenamiento-modelo y ordenamiento-receptor, por circuitos más mediatizados y complejos.

Es extraordinariamente importante que algunos países —como España, fundamentalmente—, después de haber aceptado el modelo, se hayan convertido, a su vez, en exportadores. De forma significativa, el Preámbulo de la Constitución de Cádiz de 1812, una de las Constituciones más influyentes del siglo XIX, sancionó los rasgos esenciales del modelo al afirmar: "generalizados los municipios en toda la extensión del Reino, según normas fijas y uniformes, sobre la base fundamental de la elección libre por parte de los ciudadanos, será posible conferir a esta institución toda la perfección deseable".

Capítulo segundo

LA ADMINISTRACIÓN LOCAL DOS SIGLOS DESPUÉS: SITUACIONES Y TENDENCIAS EN LOS DISTINTOS PAÍSES

1. Introducción

Al abordar el análisis comparado de los distintos regímenes locales inspirados en la tradición revolucionaria francesa, la complejidad y heterogeneidad ya señaladas inducen a delimitar cuidadosamente el ámbito objeto de estudio. En este sentido, sería equivocado y hasta perturbador examinar las distintas manifestaciones que esa incidencia ha tenido en sistemas nada asimilables entre sí. Por ejemplo, carecería de sentido una investigación sobre la vigencia actual de la regla según la cual las Administraciones locales han de formarse "por vía de elección", si no se distingue según exista una democracia pluripartidista o un régimen de partido único. Poco se podría deducir, asimismo, en torno al papel del Prefecto, si en el análisis comparado se incluyen situaciones en que el cargo resulta atribuido a los miembros de un aparato militar que de hecho, ejerce un papel dominante e influye significativamente en las instituciones civiles.

Por otra parte, tampoco sería provechoso, en relación con los objetivos perseguidos, englobar situaciones que, a pesar de su influencia francesa han optado por seguir un modelo de Administración local totalmente distinto.

Si esto último induce a excluir países como Suiza o Alemania Federal (donde, además, el alcance de la influencia francesa sobre el régimen local varía de zona a zona, acentuando paradójicamente las diferencias de fondo del modelo), la reflexión antes realizada sobre el primero de los criterios mencionados conduce, por su parte, a dejar fuera a los Estados extraeuropeos (donde el modelo francés se ha reproducido a menudo en términos casi idénticos en el plano formal, pero también en un marco constitucional y político no comparable); ambos criterios justifican, en fin, que se excluyan de la investigación los países que adoptan la forma de Estado socialista.

Todo este conjunto de consideraciones no impide, sin embargo, la delimitación de un área suficientemente homogénea, en la que el modelo francés ha incidido más directamente y que comprende gran parte de la Europa continental occidental, área que engloba, además de Francia, Italia, España, Portugal, Bélgica, Países Bajos y Luxemburgo[1].

En estos países, los rasgos fundamentales del modelo van a ir consolidándose, sin embargo, de forma distinta. Unas veces, se mezclan con las tradiciones administrativas preexistentes; otras veces, sucumben a ellas. También de forma distinta, estos mismos rasgos van modificándose en el transcurso de los dos últimos siglos.

Ha sido precisamente en los últimos años cuando se han producido transformaciones más importantes de los regímenes locales y de las relaciones entre el centro y la periferia. Si en la propia Francia se ha llevado a cabo un amplio diseño reformador, de consecuencias muy significativas, también se han emprendido reformas profundas del régimen local en todos los Estados que vamos a examinar dentro de un proceso general de regionalización; proceso en que poco a poco se han ido consolidando instituciones de carácter electivo en el área regional, en algunos casos dotadas además de potestades legislativas y casi siempre con considerables atribuciones de importante incidencia sobre el régimen de los municipios y entes intermedios.

En este marco, parece necesario anteponer, al análisis comparado de los distintos problemas, una descripción de la fase en la que se encuentra el régimen local en cada Estado, recordando, siquiera sea sintéticamente, sus aspectos fundamentales.

2. El sistema francés: la regionalización como componente de la reforma local

A) *Los elementos tradicionales*

A partir de los principios revolucionario-napoleónicos, se desarrolló en Francia un delicado equilibrio entre burocracia y democracia, representado,

[1] El hecho de haber identificado, en los países señalados, un núcleo de factores homogéneos que hace provechosa y útil la comparación, no implica una desaparición de los elementos que inciden sobre la Administración local. Tales elementos que establecen diferencias no solo en relación con la configuración institucional propia de los distintos Estados, sino también, más específicamente, en relación con el funcionamiento concreto de los sistemas locales y de sus vinculaciones con los aparatos centrales. Desde este punto de vista, se ponen de manifiesto algunas diferencia nítidas a partir, por ejemplo, de una observación paralela de la situación francesa y de la italiana; situaciones, que, en aspectos como la influencia de los partidos nacionales en la vida local, la incidencia de las personalidades de algunos notables, el prestigio y el papel de los aparatos administrativos (y, por tanto, la relación entre política y administración en el ámbito local), parecen marcar los puntos extremos de una gama extensa y difuminada. Entre los análisis que han descrito agudamente elementos de este tipo de sistemas, cfr. S. Tarrow, *Tra centro e periferia. il ruolo degli amministratori local in Italia e in Francia*, Bologna, 1979, y, en general, Y. Mény, *Politique comparée*, Paris, 1987, págs. 477 y ss. Sobre los aspectos politológicos fundamentales del sistema local francés, cfr. también el cuadro trazado por el propio Y. Mény, *Profili di amministrazione locale. La reforma francese*, Padova, 1984, págs. 2 y ss.

como ya se ha señalado, por dos figuras dominantes en la escena política local: el prefecto por un lado, el alcalde por otro.

Ambas figuras mantuvieron su importancia en la evolución —en ocasiones tumultuosa— de los distintos regímenes. El alcalde se convirtió, gracias al modo de su elección, en la institución fundamental y casi exclusiva de los pequeños o pequeñísimos centros; y en las grandes ciudades ha sido a menudo, como consecuencia de la admisibilidad del *cumul des mandats* un líder político de prestigio nacional (en ocasiones, un Ministro o el propio Primer Ministro).

Por lo que se refiere al prefecto —elemento fundamental de conexión entre el centro y la periferia y de control del primero sobre la segunda—, se trata de una institución que ha mostrado una continuidad excepcional, sufriendo solo escasos cambios en el período que media entre la época napoleónica y la IV República que, además, ha acrecentado su papel durante la V República del general De Gaulle y de sus sucesores.

La vida política administrativa local de Francia se ha basado en un consolidado equilibrio entre ambas instituciones. Mientras, la legislación municipal y provincial permanecía —a pesar de los debates, los informes y las propuestas— sustancialmente inalterada en la mayoría de sus aspectos fundamentales.

La regionalización de 1972, por lo demás, no afectó especialmente al régimen local. Al atribuir a las regiones personalidad jurídica de derecho público (concibiéndolas como *établissements publics*) pero no el carácter de colectividades territoriales, solo se les confiaba atribuciones de carácter ancilar[2].

B) *Las reformas de 1982 a 1986*

En contra de esta ordenación rigurosamente centralizada que con notable constancia caracterizaba todavía la V República, se venían apuntando decididas críticas y propuestas de reforma por parte de las fuerzas de izquierda en la oposición[3]. El programa que adoptó el partido socialista con ocasión de las elecciones de 1981[4] atribuía una importancia prioritaria a la descentralización.

[2] Sobre los caracteres de las instituciones regionales de 1972, P. FERRARI, CH. VIER, "La réforme régionale", en *Actualité Juridique. Droit Adminitratif*, 1972, pág. 491; J. BAGUENARD, "L'organisation régionale", en *Revue Droit Public*, 1973, pág. 1405; J. HOURTICQ, "La loi du 5 juillet 1972", en *Revue administrative*, 1972, pág. 635.

[3] Véase, particularmente, el ambicioso proyecto núm. 1478 de 1979. Sobre el debate en los años precedentes, cfr. Y. MÉNY, *Centralisation et décentralisation dans le débat politique français (1945-1969)*, Paris, 1974; asimismo, M. PHILIPONNEAU, *La gauche et les régions*, Paris, 1967.

[4] *Vid. Projet socialiste pour la France des anées 80*, Paris, 1980, págs. 252 y ss., en el que, entre otros aspectos, se preveía la supresión de los controles administrativos preventivos, sustituidos por controles eventuales ejercidos por la jurisdicción administrativa y financiera; se atribuía la facultad de impugnación a los "comisarios del gobierno", destinados a sustituir a

Elegido Presidente François Mitterrand, se promueve un proceso de reforma en esta dirección, que el propio Mitterrand asume como elemento característico de su presidencia, calificándolo como "*la grande affaire du Septennat*"[5].

En efecto, la mayoría presidencial realizó la reforma siguiendo un proceso que se articuló en sucesivas etapas jalonadas por distintos proyectos de ley y medidas (*provvedimenti*) de aplicación[6].

El punto de partida de este itinerario lo constituye la Ley de 2 de marzo de 1982, número 213, relativa a los derechos y a la autonomía de los municipios, de los departamentos y de las regiones. Se trata de una ley que ya en su primer artículo enuncia el método adoptado, indicando una serie de aspectos de la reforma cuya regulación se remite a intervenciones legislativas posteriores: "las leyes determinarán la distribución de competencias entre los

---

los prefectos, con responsabilidades fundamentalmente circunscritas a la coordinación de los servicios y de las intervenciones del Estado en el ámbito local; se atribuía el papel de ejecutivo del departamento a un presidente electo, en lugar de al representante del Estado, se potenciaban las formas de colaboración intermunicipal; se transformaban las regiones en auténticas colectividades territoriales, con asambleas elegidas siguiendo el sistema proporcional, etc.

[5] *Vid.* sus declaraciones en *Le Monde*, de 10 de junio de 1981; más tarde volverá sobre el tema para afirmar que se trata de la "más importante reforma institucional desde el inicio de la II República" (*vid. Le Monde*, de 29 de septiembre de 1982). Naturalmente, declaraciones de este tipo adquieren un significado muy especial en un sistema donde el gobierno, en situación de homogeneidad política respecto del presidente, se ha considerado siempre sustancialmente vinculado a la realización del programa presidencial. En este sentido, especialmente lo que se refiere a la reforma de la Administración local, la *Communication du ministre d'État, ministre de l'intérieur et de la décentralisation, sur le bilan de la politique de décentralisation*, difundida el 16 de febrero de 1983, y el documento del Gobierno *Premier bilan de la politique de décentralisation* con fecha de 21 de febrero de 1983. Este último comienza afirmando: "De conformidad con los compromisos asumidos por François Mitterrand con motivo de la campaña para la elección del presidente de la República, la descentralización constituye una de las prioridades de la acción gubernativa desde hace veintidós meses", Del mismo modo, la comunicación citada concluye con la reivindicación, por parte del gobierno, de haber mantenido "el compromiso adquirido por el presidente de la República de hacer de la descentralización una de las prioridades de su acción".

[6] El ponente del proyecto de ley sobre los derechos y sobre la autonomía de los entes locales, describe expresivamente el método utilizado cuando habla de "tren de las reformas" (*vid.* la intervención de Richard, en "*Journal Officiel", Assemblée nationale, Débats*, 27 de julio de 1981, pág. 308). Asimismo, consúltense los documentos de febrero de 1983 (cit. en la nota anterior) que ponen de manifiesto cómo "el gobierno adoptó una marcha progresiva para poner fin a los diversos aspectos de la centralización. A partir de julio de 1981, fijó las diferentes etapas de su acción, lo que va a suponer la adopción de numerosos textos legislativos"; tras advertir que la reforma tan solo manifestará todos sus efectos en años venideros, afirma que, de cualquier forma, la actuación de la primera fase ha puesto en movimiento una dinámica descentralizadora "irreversible".

municipios, los departamentos, las regiones y el Estado, así como el reparto de los ingresos que resultan de la nueva regulación sobre la hacienda local y de las transferencias de fondos del Estado a los entes locales, la organización de las regiones, las garantías estatutarias concedidas al personal de los entes locales, las modalidades de elección y el estatuto de los consejeros, además de las formas de cooperación entre municipios, departamentos y regiones, y el desarrollo de la participación de los ciudadanos en la vida local".

Si añadimos a estos objetivos aquellos directamente regulados por la Ley 213 (controles y poderes de los prefectos, organización del departamento, ampliación de las competencias de los entes públicos regionales y transferencia de la función ejecutiva a un presidente del consejo regional. etc.) se pone de manifiesto la amplitud del programa adoptado; un programa que, en definitiva, se proponía incidir —de forma más o menos profunda— en todos los aspectos relevantes de la Administración local.

El proceso de reforma local se ha prolongado —siguiendo ritmos discontinuos y alternando fases de aceleración[7] con fases de consolidación—, a lo largo de toda la legislatura gobernada por la izquierda. Se actúa así sobre un amplio abanico de aspectos: desde el Estatuto especial para Córcega[8] a la creación de nuevos órganos de control contable[9]; desde la ordenación de las arcas metropolitanas[10] al sistema electoral municipal[11]; desde la distribución de competencias entre municipios, departamentos, regiones y Estado y la disciplina de los sectores interesados[12] a los aspectos financieros[13]; desde la regulación del estatuto jurídico del personal[14] hasta la determinación de ciertas

[7] El gobierno de la *gauche* centró sus esfuerzos, particularmente en su fase inicial, en la realización de este programa. Solo en el año posterior a la Ley 213 se promulgaron otras 13 leyes que se inscriben en el mismo proyecto, y se dictaron 43 decretos de desarrollo.

[8] Leyes 214 de 2 de marzo de 1982 y 659 de 30 de julio de 1982, que definen la organización y las competencias de la región de Córcega.

[9] Leyes 594 y 595 de 10 de julio de 1982, sobre las cámaras regionales de cuentas y sobre el estatuto de sus relativos miembros.

[10] Leyes 1169 y 1170 de 31 de diciembre de 1982, relativas a la organización administrativa y a la elección de los consejos de París, Lyon y Marsella.

[11] Ley 974 de 19 de noviembre de 1982.

[12] Leyes 8 de 7 de enero de 1983, 663 de 22 de julio de 1983, 97 de 25 de enero de 1985, 729 de 18 de julio de 1985. Por lo que se refiere a las intervenciones en la economía y la planificación, cfr. las Leyes 6 de 7 de enero de 1982 y 653 de 29 de julio de 1982, así como la ley de 7 de julio de 1983, relativas a la participación de los entes territoriales en sociedades *d'économie mixte*.

[13] Ley 1098 de 11 de octubre de 1985, sobre distribución de los gastos relativos a personal y a los distintos servicios; Leyes 1268 de 29 de noviembre de 1985 y 1352 de 20 de diciembre de 1985.

[14] Leyes 634 de 13 de julio de 1983 y 53 de 26 de enero de 1984.

incompatibilidades entre funciones electivas[15]. Se llega incluso a la definición de la disciplina electoral y organizativa de las regiones[16].

A pesar de formar parte de un único proyecto, estas intervenciones no se inspiran en el mismo grado de convicción autonomista. En concreto, de la legislación aprobada (o remitida) en determinadas fases puede deducirse que se ha ralentizado el impulso de la descentralización[17]; así lo denota el retraso con el que se lleva a cabo la transformación de las regiones en verdaderos entes autónomos territoriales (prevista ya por la Ley de marzo de 1982 pero no realizada efectivamente hasta marzo de 1986).

Las actuaciones realizadas en estos cuatro años han sido, no obstante, de una importancia esencial en la evolución del régimen local francés; además, si bien es cierto que, en las líneas concretas que han prevalecido, no se produce una ruptura neta con respecto al ordenamiento preexistente (o, al menos, no tan neta como se había anunciado)[18], ciertamente se ha establecido un nuevo diseño, que ha fijado un nuevo equilibrio de sus elementos fundamentales.

C) *Las regiones: características esenciales y atribuciones*

Dentro de este amplio contexto de reformas, un lugar especial tiene la creación de un nuevo nivel de colectividades territoriales, destinado a incidir

[15] Ley 1406 de 30 de diciembre de 1985, que limita el tradicional *cumul de mandats*.

[16] Leyes 692 de 10 de julio de 1985, 16 de 6 de enero de 1986. Por lo que concierne a la situación de los departamentos de ultramar, ha de añadirse, en particular, la disciplina de la organización de las regiones de Guadalupe, Guayana, Martinica y Reunión (Ley 1171 de 31 de diciembre de 1982) así como la intervención que, limitándose a estos departamentos (donde el problema se simplifica por la coincidencia entre la circunscripción para la elección del consejo regional y la circunscripción para la elección de los senadores), integra a los consejeros regionales en un órgano colegiado de representantes locales que elige a los miembros del Senado (Ley de 30 de junio de 1983). En el ámbito de la ya extensa bibliografía sobre este conjunto de reformas, cfr. en especial, el análisis de F. Luchaire e Y. Luchaire, *Le droit de la décentralisation*, Paris, 1983, estudio al que merece la pena dirigirse para profundizar en los distintos aspectos señalados.

[17] Véanse, en particular, las conclusiones del apéndice de actualización del libro de F. Luchaire e Y. Luchaire, *Le droit de la décentralisation*, cit., págs. 494 y 495 en el que, una vez comentada la legislación preparada en la primera parte de 1983, se pone de relieve la oposición y las amplias reservas al Estado de poderes sustancialmente decisorios (*decisionali*) en una fase en la que "*le mouvement décentralisateur se trouve freiné*".

[18] Piénsese, sobre todo, en la figura del prefecto que, según el proyecto socialista de 1979, debería haber sido eliminada y que, sin embargo, supera el proceso reformista como veremos. Piénsese, asimismo, en el problema de los controles, regulado por una normativa que, bajo la rúbrica "supresión de la tutela", deja al prefecto un ámbito de intervención en absoluto despreciable.

profundamente en el sistema local francés: las regiones. Parece oportuno comenzar el examen de los contenidos de estas reformas dedicando algún apunte a aspectos que tendrán más adelante un tratamiento específico.

En relación con las regiones, resulta indispensable partir de una premisa: la decisión adoptada en 1982 a favor de una reforma ejecutada únicamente mediante leyes ordinarias, sin proceder a ninguna reforma constitucional, las sitúa en un plano constitucionalmente inferior al de los municipios y departamentos[19]. En este sentido, así como los municipios y los departamentos son tomados en consideración de forma expresa por el artículo 72 de la Constitución como entes territoriales, libremente administrados por consejos electivos, las regiones, adolecen de una específica previsión constitucional y han sido configuradas como entes territoriales solo gracias a una referencia generalísima recogida en ese mismo artículo 72 *in fine*, a tenor de la cual "cualquier otro ente territorial es creado por la ley".

Ya bajo este primer aspecto, las regiones francesas se encuentran en situación bien distinta de la que caracteriza a las regiones italianas, las españolas o las belgas. En estos países, el propio texto constitucional —bien en virtud de una previsión originaria, bien en virtud de reforma posterior— dedica un amplio espacio a determinar los caracteres esenciales de esa institución, limitándose, sin embargo, a establecer sucintos principios en lo que se refiere a los municipios y provincias.

Pese a todo, la reforma francesa, si bien cauta en comparación con las orientaciones que habían prevalecido en los países vecinos y bastante lejos del reconocimiento de una potestad legislativa regional, ha introducido novedades de relieve. La región, elevada a la categoría de ente territorial en sentido propio, se encuentra regida por una organización propia de gobierno basada en un consejo electivo y un presidente, elegido por el propio consejo. Al presidente le corresponde la función de órgano ejecutivo, función que en el sistema anterior estaba reservada a los prefectos de la región[20].

[19] L. Favoreu, en *Décentralisation et Constitution* ("*Revue Droit Public*", 1982, pág. 1283), define las regiones como "entes territoriales con estatuto meramente legislativo", contraponiéndolas a los entes territoriales "con estatuto constitucional". Por lo demás, la revisión del artículo 72 estaba prevista, con este motivo, por el citado proyecto núm. 1478 de 1979. Habida cuenta de las dificultades (o mejor, la imposibilidad, en el caso específico) de proceder a revisiones constitucionales, la izquierda en el gobierno renunció a intervenciones de este tipo, realizando las reformas de forma simplemente legislativa. Esa vía elegida, que convierte a las regiones en colectividades territoriales en virtud de simple ley ordinaria, no ha dejado de suscitar críticas y hasta un recurso ante el Consejo Constitucional por parte de la oposición. Su legitimidad, por otra parte, ha sido reconocida por el propio Consejo en su decisión de 25 de febrero de 1982.

[20] Art. 61 de la Ley de 2 de marzo de 1982, cit.: "el Consejo regional por medio de sus acuerdos, el Presidente del Consejo regional a través de la instrucción de los asuntos y la

Aun en su nueva configuración jurídica, la región —así se desprende al menos de los trabajos preparatorios y de las circulares gubernativas— se diferencia todavía del municipio y del departamento como colectividad territorial "de vocación especializada", habilitada (a pesar de que el art. 59 de la Ley de 2 de marzo de 1982, cuando afirma que "el consejo regional regula con sus acuerdos los asuntos de la región", parecía entrañar lo contrario) para ejercer únicamente funciones o competencias que le son expresamente atribuidas. Mantiene, de este modo, la huella "de sus orígenes como órgano administrativo, como nivel de coordinación administrativa"[21].

En comparación con la situación anterior, las atribuciones regionales experimentan, no obstante, un incremento importante. Y con la Ley de marzo de 1982 y las leyes sobre distribución de competencias de 1983, la región desempeña un papel con vocación claramente programática, aunque no carente de posibilidades de acción por vía directa. Encargada de formular y aprobar el plan regional, así como de concurrir a la elaboración del plan nacional[22], la región se convierte en sujeto de gran importancia, sobre todo en el ámbito del desarrollo económico. Dispone de un extenso abanico de instrumentos de intervención en la política de fomento, reestructuración de las empresas y defensa del empleo[23]. En conexión con estas funciones, se ha realizado una

ejecución de los acuerdos y el Consejo Económico y Social por medio de sus dictámenes concurren en la administración de la región". El papel consultivo del Consejo Económico y Social va a verse reducido, exigiéndose un dictamen obligatorio únicamente en relación con "la preparación y ejecución del plan nacional en la región, el proyecto de plan regional de desarrollo y el proyecto de presupuesto regional" (art. 63 de la Ley citada).

[21] *Vid.* la presentación del proyecto por el Ministro del Interior, P. JOXE, en "Journal Officiel", *Assemblée nationale*, 9 de octubre de 1985, pág. 2851. Asimismo, *vid.* la circular de 20 de febrero de 1986, en *Journal Officiel*, 9 de marzo de 1986, pág. 3652.

[22] Cfr. el art. 67 de la Ley de 2 de marzo de 1982 citado, que dispone que el consejo regional concurre en la elaboración del plan nacional emitiendo dictámenes; asimismo señala que el plan regional es elaborado y aprobado "con observancia de las orientaciones del plan nacional y de las normas y criterios fijados por la relativa ley de aprobación"; y establece también que la referida elaboración se realiza con la consulta previa a los entes locales y que el consejo mismo "propone a los entes locales de la región todas las medidas necesarias para favorecer la coordinación de las inversiones públicas en la región".

[23] Véase la lista que establece el art. 66 de la Ley citada, que comprende "cualquier participación en los gastos corrientes vinculados a operaciones de interés regional", la concesión de "subvenciones directas e indirectas en las condiciones establecidas por la ley de aprobación del plan" con el fin de favorecer el desarrollo económico, o bien subvenciones análogas "a empresas en situación de dificultad para la realización de medidas de reestructuración definidas en virtud de convenio con las propias empresas", la atribución "por cuenta del Estado de las ayudas económicas que conceda a las inversiones de las empresas que participen en el desarrollo regional y en el empleo ... según modalidades establecidas por decreto", la "participación en el capital de las sociedades de desarrollo regional y de las sociedades de

amplia transferencia en lo relativo a la formación profesional, con el propósito de que la región pueda desarrollar una política activa propia en función de las exigencias específicas[24]. Tareas de planificación corresponden también a la región en materia de construcciones residenciales[25]. Y resulta significativo asimismo el reconocimiento de la posibilidad de desarrollar una actividad en el plano ultrarregional: además de la participación en el capital de sociedades de financiación interregional[26], se prevé expresamente la celebración de convenios y la creación de organismos comunes entre dos o más regiones, o incluso —previa autorización gubernativa— el mantenimiento de contactos regulares con entes territoriales extranjeros limítrofes[27].

El claro propósito de que la región desempeñe funciones de desarrollo económico y planificación se refleja de forma evidente en la configuración de sus órganos fundamentales, entre los cuales se encuentra un órgano consultivo, denominado *Consejo Económico y Social* —compuesto por representantes de las organizaciones empresariales, profesionales, sindicales y por personalidades "que participan en el desarrollo de la región"[28]—, cuyo dictamen obligatorio en relación a los planes y presupuestos puede ser solicitado o incluso emitido por iniciativa propia, en cualquier materia que forme parte de las competencias regionales.

D) *Las regiones: sistema electoral y reglas organizativas*

A partir de este planteamiento, la legislación aprobada en el último período de la legislatura ha regulado el sistema de elección de los consejos y organización de las regiones.

---

financiación interregional o propias de cada región, existentes o por crear, así como en el capital de las sociedades mixtas".

[24] Ley de 7 de enero de 1983; Decr. de 14 de abril de 1983. En el ámbito de la enseñanza, por lo demás, corresponde a las regiones la construcción y conservación de institutos. Por otra parte, la facultad de financiar inversiones públicas en diversos sectores les autoriza a extender su intervención a las propias Universidades (como ha sucedido en los *contrats de plan* Estado-regiones de 1989 a 1994), asumiendo la carga de una cuota de financiación.

[25] Ley de 7 de enero de 1983, cit., arts. 76 y ss.

[26] Cfr. *supra*, nota 23.

[27] Cfr. el art. 65 de la Ley de 2 de marzo de 1982, según el cual "dos o más regiones pueden, para el ejercicio de sus competencias propias, celebrar convenios o crear organismos comunes. El Consejo regional puede decidir, con la autorización del gobierno, la organización de contactos regulares con entes territoriales extranjeros que posean una frontera en común con la región".

[28] *Vid.* el art. 62 de la Ley de 2 de marzo de 1982, desarrollado en Virtud de Decr. de 11 de octubre de 1982.

En cuanto al primer aspecto, la Ley de 10 de julio de 1985 se inspira puntualmente en los criterios de la izquierda para la reforma del mecanismo de elección de los diputados: escrutinio de lista en cada departamento, con reparto proporcional —según la media más elevada— de los escaños, sin voto de preferencia, y con exclusión de las listas que no consigan al menos el 5 por ciento de los votos.

Se trata, en sustancia, de una proporción bastante correcta, que tiende a conciliar una representación de las minorías de cierto relieve con la necesidad de facilitar la formación de mayorías suficientemente amplias[29]. Si excluimos el supuesto de Córcega, donde la existencia de un pequeño pero relevante grupo autonomista hizo difícil, tanto a la derecha como a la izquierda, la formación de una mayoría (provocando una disolución de la Asamblea regional), las primeras experiencias parecen confirmar, la idoneidad del mecanismo, incluso en un sistema tan fuertemente bipolar como es el francés.

Por otra parte, la opción central de la ley electoral regional ha sido la de asumir los departamentos, como circunscripción. Departamentos a los que se les ha tratado de reconocer, pocos años después del inicio del proceso de descentralización, el carácter de "elemento constitutivo de la región". Según afirmó el ministro del Interior, "el departamento, arraigado en realidades geográficas vinculadas a una antigua historia cultural y económica, no puede ser ignorado"[30].

En una perspectiva similar se inspira la ley sobre organización regional de enero de 1986, que regula la elección del presidente, así como el funcionamiento de la asamblea, el papel ejecutivo del presidente, etc., y asume como criterio de fondo la "equiparación de las reglas de funcionamiento de la región con las aplicables al departamento"[31].

[29] Hay que considerar también que el número de los consejeros es generalmente elevado, extendiéndose desde un mínimo de 41 miembros en la región más pequeña (Limousin) hasta los 197 que tiene île de France.

[30] P. Joxe, *Journal Officiel*, Sénat, 12 de diciembre de 1985, pág. 3865. A lo largo del debate parlamentario, sin embargo, parlamentarios del propio partido socialista criticaron esta opción, subrayando el riesgo "de ver a los consejos regionales limitarse a una función de mediación entre los departamentos para el reparto de los fondos en detrimento de una política regional auténtica y coherente. La responsabilidad regional se expone así a verse disuelta en una simple coalición de intereses departamentales, o de intereses de algunos Departamentos contra otros" (J. P. Worms, "Journal Officiel", *Assemblée nationale*, 26 de abril de 1985, pág. 498). Este sistema, según se ha comentado (A. Delcamp, "La región, nouvelle collectivité territoriale. Commentaire de la loi 86-16 du 6 janvier 1986 relative à l'organisation des régions", en *Actualité Juridique. Droit Administratif*, 1986, núm. 5, págs. 210-211) es "probablemente el más desfavorable para la afirmación de la región. Favorece de modo evidente las alianzas departamentales y dispensa a los partidos políticos de dotarse de una organización regional".

[31] En estos mismos términos, P. Joxe, *loc. cit.*

La regionalización no ha llevado a una superación de los departamentos, sino que simplemente estos han sido reestructurados[32]. Y el legislador ha aplicado a las nuevas instituciones regionales una regulación uniforme que no solo las engloba en un único esquema de funcionamiento, sino que tiende a configurarlas como una reproducción en mayor escala de la organización departamental, suscitando ciertas dudas sobre su coherencia en relación con los objetivos autonomistas perseguidos[33].

E) *La consolidación de las reformas*

La consolidación de la región, sujeto más débil que los municipios y las provincias desde el punto de vista constitucional, ha encontrado importantes dificultades en el régimen local. Para llegar a aceptarse como ente territorial, hubo que esperar —con la única y peculiar excepción de Córcega— a las elecciones de mayo de 1986. El cambio de la mayoría nacional que, en dicho momento se produce con la primera elección de los consejos regionales, permitió reabrir el debate de fondo acerca del modelo querido y acerca del modelo realizado por la *gauche*.

El retorno al sistema anterior no resultaba factible. Desde los primeros momentos, el gobierno de la derecha guiado por J. Chirac[34] asumió ciertas actitudes de cautela (anunciando una "pausa de reflexión" para "ver con claridad"), que tendían a excluir "todo intento de poner en discusión los objetivos de la descentralización"[35].

Para explicar estas actitudes, podríamos aludir a un fenómeno de cierta "desideologización", que en relación con estas cuestiones experimenta el debate político francés. Este debate político se resiente, así, pues, de la sobrecarga de preguntas y de problemas que las profundas transformaciones económicas y sociales habían planteado, poniendo en crisis la capacidad de respuesta del Estado[36].

[32] Cfr. *infra*, cap. IV, 6.

[33] Sobre este punto, en particular, véase A. Delcamp, *La región, nouvelle collectivité territoriale*, cit., págs. 199 y 200, especialmente nota 40.

[34] Merece la pena recordar que J. Chirac, ya en los años en que se aprobaron las reformas autonomistas, había evitado, desde la oposición, asumir actitudes hostiles a estas. En una declaración de 12 de diciembre de 1983, J. Chirac reprendió con brusquedad a miembros de la derecha especialmente críticos con la nueva descentralización, afirmando —después de recordar la complejidad de la materia— que "los juicios perentorios y sin distinciones constituyen un atentado tanto contra la razón como contra el sentido común. Los textos adoptados desde hace dos años introducen novedades positivas que es oportuno aprobar".

[35] En este sentido se pronunció el Ministro del interior, Ch. Pasqua, en el curso de las *journées parlementaires* promovidas por la nueva mayoría en los días 23 y 24 de mayo de 1986.

[36] Sobre estos aspectos, P. Godt, *Décentralisation de droite, décentralisation* de *gauche*: *que rest-t-il du débat idéologique?* (comunicación el *Premier Colloque* de la revista *Politiques*

Con todo, al menos hasta la reforma de los años 80, las actitudes y propuestas de las dos formaciones políticas en relación con estos problemas fueron diferentes, cuando no contrapuestas. En aspectos importantes, las resoluciones adoptadas desde la izquierda se diferenciaron netamente incluso de los más innovadores proyectos presentados por los gobiernos anteriores (piénsese concretamente en la transferencia —tanto en el departamento como en la región— del papel del ejecutivo desde el prefecto a los presidentes elegidos por las respectivas asambleas y en la configuración de la región como colectividad territorial, con una asamblea elegida por sufragio directo)[37].

De todas formas, aunque las leyes sobre la descentralización no respondían a la orientación expresada por la mayoría que surge de las elecciones de 1986, tales leyes desencadenaron dinámicas no fácilmente reversibles. Distintas circunstancias (entre las que habría que incluir las presiones de los administradores regionales y locales, que ahora pasaban a disponer de nuevos medios e instrumentos, o la homogeneidad política que, en aquel momento, se produce entre la mayoría nacional y la mayoría en el gobierno en gran parte de las regiones) contribuyeron a no reavivar la discusión sobre la opción de fondo ya actuada[38]. Por lo demás, las propias actitudes procedentes del ámbito de la prefectura —donde, sobre todo en una primera fase, no faltó cierto tono apocalíptico[39]— dio paso a una orientación más flexible, dirigida a reivindicar, para el prefecto, una desconcentración que potenciara su posición en relación con las Administraciones centrales, una reordenación de los servicios periféricos del Estado que reforzara su función de dirección, más medios para acometer el papel de "elemento esencial para la realización de la descentralización ... punto de anclaje y de interrelación en el territorio que permita obtener un vínculo democrático de los administradores con los ciudadanos, así como humanizar la Administración y la aplicación de las leyes y sustituir el *imperium* por la sinergia cívica de las fuerzas políticas, económicas y sociales

et management public, Paris, 26 a 28 de septiembre de 1984, texto mecanografiado) donde se adoptan posiciones en su momento ampliamente analizadas por Y. Mény, *Centralisation et décentralisation dans le débat politique français*, cit.

[37] *Vid.*, en especial, el proyecto de ley presentado por el Ministro del interior Bonnet en 1978 (discutido en el Senado hasta 1980, y que no llegó a ser votado por la Asamblea Nacional), que retomaba las líneas del informe *Vivre ensemble de la Commission de développement des responsabilités locales* (la denominada "commission Guichard"), Paris, 1976.

[38] Así lo ha puesto de manifiesto algún observador autorizado. Cfr. F. Luchaire, *L'expérience française* cit., pág. 19. Cfr., asimismo, las observaciones de Y. Jegouzo, "La región, nouvelle collectivité territoriale", en *Revue française d'administration publique*, 1986, núm. 38.

[39] *Vid.*, en particular, el opúsculo de M. Vié, polémicamente titulado *Les sept plaies de la décentralisation*, Paris, 1986.

presentes en la vida local"[40]. Los propios prefectos, una vez abandonadas las actitudes radicalmente críticas, parecen ahora tender a un ajuste de su papel en el nuevo marco local.

Por lo demás, la coalición de derecha que gobernó Francia en el período de la "cohabitación" (1986-1988), si bien no renunció a expresar cierta tendencia centralista (*réveil de l'État*), ha terminado por confirmar en la sustancia las reformas autonomistas, perfilando o reordenando, todo lo más, aspectos concretos por medio de medidas "prácticas, técnicas y tangibles"[41].

Acogido de forma favorable por ciudadanos y administradores, aceptado por la burocracia[42], el proyecto de descentralización llevado a cabo en estos años puede considerarse ya consolidado en el régimen francés[43], —aunque en algunos puntos esté todavía en vías de asentamiento—.

[40] Estos objetivos vienen definidos en la propia revista del cuerpo de la Prefectura, "Administration", de la cual en particular *vid.* el núm. 130 de 1985, totalmente dedicada al tema *La décentralisation trois ans après les textes de base* (la cit. es de la pág. 20; no obstante, cfr. *passim*).

[41] Nos referimos, en concreto, a la Ley de 5 de enero de 1988, núm. 13, denominada "de mejora de la descentralización", a la que los ponentes en el Senado y en la Asamblea Nacional, P. Girod y D. Perben, dedicaron los adjetivos señalados, tratando de subrayar, justamente, su carácter técnico y pragmático. Sobre el contenido de esta ley (que se refiere, especialmente, a las modalidades de abandono, por parte de un Ayuntamiento, de las asociaciones de municipios, a las competencias de estas últimas, a las intervenciones en favor de empresas en situación de crisis, a las reglas de gestión presupuestaria y a los procedimientos de control financiero), cfr. M. J. TULARD, "La loi d'amélioration de la décentralisation", en *Actualité juridique droit administratif*, 1983, págs. 197 y ss. Un panorama preciso de las medidas adoptadas desde 1986 hasta el primer período de 1988 en relación con los entes locales, puede encontrarse en Y. JEGOUZO, en colaboración con CH. SANSON, "Décentralisation: de la pause aux remises en cause", en *Année administrative 87*, a cargo de IIAP, Paris, 1988, págs. 41 y ss. Sobre las tendencias al *réveil d'État*, *vid.*, ivi, págs. 52 y ss.

[42] Sobre la "popularidad" de las reformas promovidas para llevar a cabo la descentralización, cfr. las consideraciones realizadas por Y. JEGOUZO, *Décentralisation*, cit., págs. 42 y ss. A estas consideraciones se puede añadir, a propósito de la actitud que mantiene la Administración, las reflexiones que realiza el cuerpo de la Prefectura y a las que nos hemos referido en la nota 40.

[43] El cambio que tuvo lugar a raíz de las elecciones de 1988, con la asunción de la dirección del gobierno por un socialista (M. Rocard), sitúa en una perspectiva totalmente distinta las valoraciones doctrinales que habían vislumbrado en las intervenciones del Gobierno Chirac una anticipación de cambios de orientación radicales (cfr. Y. JEGOUZO, *Décentralisation*. cit., especialmente, págs. 41-42). Por otra parte, entre tales intervenciones no faltaron medidas que completaron aspectos del anterior proyecto descentralizador. Así, por ejemplo, la Ley de 23 de diciembre de 1986 núm. 1290 (denominada "Ley Méhaignerie") y los relativos decretos de desarrollo (de 22 de abril de 1987 núm. 282 y siguiente) disiparon las dudas sobre la voluntad de llevar a término la descentralización en materia de urbanismo.

3. El sistema italiano: la realización del ordenamiento regional y el nuevo régimen local

A) *Las regiones: experiencia y tendencias*

A veinte años de su realización —por no aludir a los más de cuarenta años de experiencia de las autonomías— las regiones italianas son hoy entidades consolidadas en la estructura institucional y en la realidad política y social[44].

Sin embargo las directrices que han presidido su puesta en marcha parecen marcar una notable distancia en relación con los modelos perfilados en la época constituyente, o con los que eran previsibles al comienzo de los años 70.

Ciertos aspectos de la autonomía regional se adoptaron de modo distinto a lo que habían imaginado los estudiosos en sus esquemas teóricos o incluso los propios operadores políticos. Algunas previsiones constitucionales no se llevaron a cabo o no tuvieron casi influencia en la práctica (así, por ejemplo, la participación en las decisiones estatales, las propuestas de ley al Parlamento, la participación regional en la elección del presidente de la República); mientras tanto, se desarrollaron instituciones no previstas en la Constitución, con consecuencias de notable importancia (piénsese, en concreto, en la función de "dirección y coordinación").

El cuadro de la experiencia italiana se presenta, pues, complejo; no parece oportuno intentar aquí siquiera una reconstrucción, por muy sintética que fuera. Lo que sí puede ser útil es recordar escuetamente algún aspecto de especial importancia y actualidad con el fin de subrayar las tendencias de fondo del sistema regional, en su relación con el aparato estatal, de un lado, y con la Administración local, de otro.

La legislación regional que, de acuerdo con lo establecido en la Constitución, había debido actuar en el ámbito de "leyes-marco", expresamente adoptadas por el Parlamento para adecuar los principios de las distintas materias al nuevo régimen autonomista, ha tenido que operar en espacios reducidos, que, a veces, habían de deducirse (de acuerdo con lo establecido por el art. 17 de la Ley 281 de 1970) de remotas y abigarradas disciplinas todavía vigentes. En determinadas materias, por otra parte, las acciones del legislador estatal han sido a menudo confusas y propensas al detalle[45]. De este

[44] En este sentido, particularmente, las consideraciones realizadas por el *équipe* de investigadores de Harvard, coordinadas por R. Putnam; de ellas, cfr. *La pianta e le radici: il radicamento ell'intituto regional nel sistema político italiano*, Bologna, 1985, así como "L'affermazione del gobernó regionale, en "Le Regioni", 1982, núm. 6; Explaining Institutional Succes: The Case of the Italians Regions", en *American Political Science Review*, 1982.

[45] En algunos casos, el legislador estatal las configura correctamente como disposiciones supletorias, es decir, que se aplican únicamente cuando falte la ley regional de desarrollo (de acuerdo con el criterio establecido por la Ley 382 de 1975 en relación con la actuación de obli-

modo, la potestad legislativa "concurrente" se ha aproximado mucho a la de "desarrollo y ejecución" (utilizada, por lo demás, con una gran amplitud, en materias bien distintas, como el comercio o la energía). Un fenómeno análogo se ha producido en relación con las competencias "exclusivas" de las regiones especiales, también reducidas en la práctica, debido a la extensión de ciertos límites muy generales y, en particular, el que deriva de las "grandes reformas económico-sociales"[46]: cabe así observar una tendencia general hacia una especie de "nivelación" de los distintos tipos de legislación regional.

Los Estatutos ordinarios, aprobados al comienzo de los años 70 en un ambicioso proyecto, han sufrido una importante devaluación, y a menudo se han mantenido al margen de la evolución experimentada por el sistema regional. Este fenómeno se percibe nítidamente si analizamos el régimen de control de las leyes regionales (pues las disposiciones de los Estatutos no contribuyen, en este supuesto, a avalar las tesis de las regiones, ni siquiera en el caso de que la ley regional se limite a repetir textualmente normas estatutarias)[47]. Y

---

gaciones comunitarias). Otras veces, sin embargo, se deja al intérprete la nada sencilla tarea de distinguir, en el ámbito de normativas bastante complejas, entre disposiciones de principio (que vinculan a los legisladores regionales) y normas de detalle (derogables por parte de la región). Otras veces, en fin, se configuran expresamente como principios normas que, en realidad, tienen un contenido bastante puntual.

[46] La extensión del límite de las "grandes reformas económico-sociales" hasta comprender la propia ejecución de los principios, ha llevado, en algún caso, a "privar totalmente a las regiones de las materias de su competencia". Esta consecuencia extrema no puede considerarse constitucionalmente legítima, tal como ha puesto de manifiesto la *Corte costituzionale* (en su sent. 219 de 25 julio 1984). Dicha *Corte*, por otra parte, ha considerado que no resulta suficiente "la única y apodíctica afirmación del legislador" para determinar la naturaleza de la reforma económico-social de una normativa que "debe, sin embargo, buscarse en el objeto de la normativa, en su motivación político-social, en su finalidad, en su contenido, así como en la modificación que incorpora en las relaciones sociales". Este pronunciamiento —que hacía referencia a la ley-marco de la función pública— no ha determinado, por lo demás, ninguna reducción drástica del recurso a este límite.

[47] Sintomáticos resultaron los episodios relativos a la regulación de ciertos aspectos del control y de la delegación. En estos casos, como se ha observado con acierto, el Estatuto, por un lado, "es ignorado y se intenta más bien paralizar el alcance de todo lo que en él hay de disconforme con el ordenamiento administrativo tradicional; por otro, es invocado como única cobertura de un nuevo y distinto modo de actuar de la Administración local. El protagonista real de la discordia es, por tanto, el Estatuto" (U. POTOTSCHING, "Il rinvio gobernativo della legge toscana sulle deleghe", en *Le Regioni*, 1973, pág. 686). En esencia, la concepción general que subyace detrás de estos reenvíos es la de que las innovaciones contenidas en los Estatutos no poseen ninguna importancia práctica porque no son idóneas para modificar la realidad. Por eso, lo que el Parlamento hubiera dejado pasar con motivo de la aprobación de los Estatutos, no puede ser abandonado a la regulación por la legislación regional que, sin embargo, incide directamente en las situaciones concretas.

asimismo se confirma por la actitud mantenida por parte de las propias regiones, que no han dejado, en ocasiones, de elaborar soluciones en contraste con las previsiones estatutarias[48].

No obstante, si se analiza la jurisprudencia constitucional, se advierten señales de distinto signo. Aunque en alguna ocasión se han rechazado leyes regionales que vulneraban disposiciones estatutarias[49], también se ha afirmado, otras veces, la posibilidad de utilizar las disposiciones estatutarias con el fin de deducir del ordenamiento estatal en ausencia de leyes-marco, los principios fundamentales en los que las regiones deben inspirar su actividad legislativa[50].

En el aspecto organizativo, los Estatutos optaron en general por una forma de gobierno de carácter asambleario. En la experiencia posterior, las leyes regionales han pretendido reequilibrar las relaciones entre los órganos a favor del ejecutivo[51], y ampliar los supuestos de participación del Consejo en las decisiones de la Junta, especialmente al prever informes de las comisiones conciliares. En la actualidad, las tendencias hacia un "asociacionismo" que obstaculiza la capacidad de decisión y confunde las responsabilidades están siendo objeto de una profunda revisión crítica.

En cuanto a las funciones administrativas, probablemente la novedad más importante, desde el punto de vista de la Constitución, sea la de reconocer al Estado (por obra del art. 17 de la Ley 281 de 1970, sustituido más tarde por el art. 3 de la Ley 382 de 1975) la potestad de dirigir y coordinar las actividades de la región, incluso por medio de actos no legislativos adoptados por el Consejo de ministros (o, si se trata de determinados asuntos, por el Comité Internacional de Planificación Económica o por el presidente del Consejo de acuerdo con el ministro competente, en virtud de delegación de aquel). La función de dirección y coordinación, criticada en un primer momento por considerarse constitucionalmente ilegítima así como incierta en su configuración y en sus relaciones con la legislación regional, ha ido poco a poco

[48] A veces, tales soluciones han estado motivadas en la consideración de que "el grado de vinculación jurídica de las normas estatutarias es incierto, resultando criticable, por tanto, excluir hipótesis que, si se dejase de lado la rígida formulación estatutaria, serían ciertamente admisibles" (en estos términos se expresa el informe sobre el Proyecto de ley de la Junta regional del Piamonte, de 13 de febrero de 1975, acerca de la institución de los *comprensori*, que refleja una actitud que no se limita a una única región, ni al único supuesto de los *comprensori*).

[49] Esta vulneración se resuelve en una violación indirecta de la Constitución, cuya previsión de un procedimiento singular de elaboración y aprobación del Estatuto carecería, en otro caso, de sentido. En este aspecto, véase la sent. 48 de 1983.

[50] *Corte Costituzionale*, sent. 10 de 1980. Cfr., asimismo, la sent. 829 de 1988.

[51] Sobre estas tendencias y problemas, cfr. *I rapporti giunta-consiglio dallo statuto alla realta degli anni '90*, número monográfico de "Confronti", 1988, núm. 6 (con amplias referencias bibliográficas, ivi, pág. 59).

consolidándose hasta recibir el refrendo de la jurisprudencia constitucional. Refrendo dentro de ciertos límites, que se traducen, básicamente, en la exigencia de respeto del principio de legalidad (de modo que el acto gubernativo deberá estar habilitado en una concreta disposición legislativa), así como de la autonomía regional (que se vería lesionada si se dictasen actos que sustrajesen valoraciones reservadas a la apreciación de las autoridades regionales dado el alcance y la naturaleza de los intereses implicados)[52].

En cuanto a la delegación de las funciones administrativas, la Constitución prevé, en términos bien distintos, dos tipos: la delegación del Estado a la región y la delegación de ésta última a los entes locales[53].

La experiencia práctica ha puesto de manifiesto sus distintas facetas y problemas. En relación con la delegación del Estado a la región, ésta abarca una importante serie de materias, especialmente a partir del Decreto de la Presidencia de la República 616 de 1977, que —de acuerdo con el criterio fijado por la Ley núm. 382— había de disponer la delegación de todas las funciones cuyo "ejercicio orgánico", pudiese efectuarse por las regiones en las atribuciones ya transferidas[54]. Mientras tanto, la evolución de la delegación de las regiones a los entes locales ha estado muy condicionada por la opción de fondo operada por el Decreto de la Presidencia de la República 616, que atribuye a los municipios toda una serie de funciones sustraídas a las regiones por voluntad directa del legislador estatal, que, en virtud de una interpretación extensiva, las ha considerado "de interés exclusivamente local", a tenor del artículo 118.1 de la Constitución. Esta evolución, por lo demás, ha conducido a experiencias distintas según los períodos, las materias afectadas, las regiones destinatarias, etc.[55]. No obstante, si hubiese que efectuar una valoración sintética de esta experiencia, habría que destacar su falta de operatividad en

[52] Sobre la función de dirección y coordinación, cfr. *Corte Costituzionale*, sents. 39 de 1971, 138 de 1972, 25 de 1973, 191 de 1976, 47 y 237 de 1983, 195 de 1986, 192 de 1987. En relación con el principio de legalidad, cfr. especialmente la sent. 150 de 1982. Por lo que se refiere a la esfera reservada a las determinaciones regionales, cfr. las sents. 340 de 1983 y 245 de 1984.

[53] De conformidad con el apartado segundo del art. 118 de la Constitución "el Estado *puede* ... delegar", mientras que "la región —tal como dispone el apartado tercero de dicho precepto— *ejerce normalmente* sus funciones administrativas delegándolas...".

[54] Cfr. la Ley 382 de 1975, art. 1, apdo. 1º, letra c. Un esquema de las funciones estatales delegadas por el d. P.R. 616 y por las leyes sucesivas se encuentra en L. VANDELLI, *Commento all'art. 118, commi 2 e 3*, en *Commentario della Constituzione*, dirigido por G. BRANCA, Bologna, 1986.

[55] Para una panorámica de esta experiencia y para una argumentación más detenida de las consideraciones realizadas, permítaseme remitir una vez más al citado *Commento all'art. 118*, sobre los denominados "intereses exclusivamente locales" a que alude el art. 118 de la Constitución; *vid.*, también *infra*, cap. IV, E).

términos generales. Con frecuencia, la delegación se ha realizado bajo rígidas y uniformes, bien para transferir funciones de cuyo ejercicio el delegante se desentiende por completo, bien —en sentido contrario— para implicar a los entes locales en procedimientos en los que las facultades decisorias permanecen en los órganos regionales.

Al tratar de evaluar la intensidad de la autonomía regional, tanto legislativa como administrativa, un papel determinante desempeña la configuración de los controles. El constituyente había tratado de adoptar soluciones equilibradas, arbitrando mecanismos que, por un lado, estableciesen un núcleo de garantías para las regiones y, por otro, habilitasen contactos entre el sujeto controlador y el sujeto controlado. Por lo que se refiere a los actos legislativos, el artículo 127 de la Constitución establece un procedimiento de control preventivo, consistente en la atribución al gobierno de un poder de oposición o de veto a la ley. Ejercido dicho poder de veto, si el consejo regional confirmase la ley por mayoría absoluta y el gobierno no desistiera en su oposición, el conflicto de intereses habría de solventarse ante la *Corte costituzionale*, si se tratase de cuestiones de legalidad, o ante el Parlamento, si fueran cuestiones de oportunidad. En la práctica, el Parlamento se ha mantenido al margen de este sistema de control, por lo que esta última hipótesis no se ha verificado en ninguna ocasión. Por su parte, la *Corte costituzionale* (ante la cual se han planteado constantemente conflictos de intereses) no ha sido durante mucho tiempo, la sede idónea de solución de la controversia para las regiones; no tanto por falta de imparcialidad como, sobre todo, por la lentitud del juicio, que, al prolongarse a menudo durante períodos superiores a cinco o seis años, corría el riesgo de convertirse en inútil, porque en la mayoría de los casos, las leyes regionales solo pueden alcanzar los objetivos prefijados y satisfacer a las instancias sociales que han promovido su aprobación si se aplican dentro de un determinado período de tiempo. Razones de este tipo han contribuido a acentuar la importancia de la fase preliminar dentro del procedimiento de control, en la que se desenvuelven contactos informales y pactos. Esta fase se caracteriza por la incertidumbre de sus resultados, que dependen, en muy buena medida, de la "fuerza contractual" de cada región. La práctica hasta ahora desarrollada podría, no obstante, experimentar algún cambio importante a partir de las nuevas tendencias de la *Corte costituzionale*; donde se está procediendo a una distinta y más detenida definición de los trámites del procedimiento de control[56], así como a eliminar los retrasos. Al adoptar sus decisiones en cortos períodos de tiempo, podría liberarse a las regiones de la exigencia de acceder a las objeciones que el Gobierno hubiese formulado para evitar que la aplicación de la ley se demore durante varios años.

[56] *Vid.*, en particular, sentencia de la *Corte Costituzionale*, 158 de 11 febrero 1988, en *Le Regioni*, 1988, pág. 690, con nota de R. Tosi, *Nuove soluzioni e nuovi problema in tema di rinvio di leggi regionali riapprovate.*

Por lo que se refiere al control de la actividad administrativa ejercido por las comisiones estatales, ha de señalarse que subsiste un importante área de mediación-negociación, así como variedad de actitudes. Este control se extiende a la generalidad de los actos regionales, incluidos los que tienen una importancia menor. Sin embargo, los "límites" dentro de los cuales el constituyente ha querido circunscribir dicho control (art. 125) no se han precisado, de modo que las regiones se encuentran, paradójicamente, sometidas a controles más amplios que los previstos para los entes locales. Estos últimos, en efecto, aún a falta de una delimitación de los controles en el artículo 130 de la Constitución, no sufren ni el control de los actos monocráticos —exentos en virtud de una antigua legislación— ni el de los actos exonerados con base en la legislación regional. También resultan más amplios los controles sobre las regiones que los controles que estas pueden prever sobre sus entes dependientes (los cuales, no obstante, habían sido concebidos en el proyecto constituyente como sometidos —al margen de toda garantía constitucional— a controles bastante más penetrantes).

En su preocupación por determinar los instrumentos necesarios para evitar que las regiones emitiesen actos antijurídicos, la Constitución descuidó totalmente el problema de la inactividad de los órganos regionales. La cuestión —bastante controvertida— se afrontó por el legislador, únicamente en relación con las actividades delegadas (Ley 382 de 1975, art. 2) y las obligaciones comunitarias (Decreto de la Presidencia de la República 616 de 1977, art. 6). En los demás casos, solo hay disposiciones de carácter sectorial que reconocen poderes sustitutorios a distintos órganos, y que se ejercen a través de procedimientos diversos[57]. En la actualidad, según se desprende de la doctrina recientemente llevada a cabo por la *Corte Costituzionale*, el ejercicio de estos poderes ha de ceñirse a determinados criterios nítidos: a) la previsión de acciones sustitutorias del Estado es legítima no solo en materias delegadas

[57] La prevención de específicas intervenciones subrogatorias del Estado ha sido frecuente, en concreto, en materia sanitaria. Por ejemplo, en relación con la organización del servicio informativo sanitario, en caso de incumplimiento persistente por parte de las unidades sanitarias locales "cuando la región permanezca inactiva" (art. 11.11 de la Ley 638 de 1983, que integra el artículo 13 de la citada Ley 181); asimismo, en relación con la fallida constitución del colegio de los revisores de cuentas de las unidades sanitarias locales (artículo 17 de la misma Ley), etc. Por otra parte, el tema del medio ambiente ha puesto de relieve los problemas vinculados a eventuales incumplimientos regionales. Considérese, en especial, la ley creadora del Ministerio del medio ambiente (Ley 349 de 8 de julio de 1986; cfr. art. 7, apdo. 7º, con relación a los incumplimientos de obligaciones expresamente previstas en planes de saneamiento de áreas declaradas "de elevado riesgo ambiental"; art. 8, apdo. 3º, en relación con la fallida actuación e inobservancia de las disposiciones de la ley sobre protección del medio ambiente que puedan causar un grave daño ecológico; art. 9, apdo. 3º, en relación con las funciones delegadas). Asimismo, con anterioridad, la Ley 431 de 1985, sobre la protección de las zonas de especial interés medioambiental.

o ante el incumplimiento de obligaciones comunitarias[58], sino también en los casos en que, aun tratándose de materias transferidas, se produzca una concurrencia de intereses establecida por el legislador para la realización de los valores fundamentales del ordenamiento constitucional (como la protección del paisaje o la protección de la salud); b) dichas acciones son admisibles únicamente en relación con aquellas actividades regionales sin discrecionalidad en el *an*; c) la competencia solo puede ejercerse por una autoridad del gobierno, en el sentido establecido por el artículo 92 de la Constitución; d) el ejercicio debe estar sujeto a determinadas garantías sustanciales y de procedimiento, entre las que se incluye la exigencia de proporcionalidad entre los presupuestos que legitiman la intervención sustitutoria y el contenido y la extensión de dicha sustitución[59].

En esta doctrina, resulta central la afirmación del principio de "lealtad cooperativa", La perspectiva del regionalismo cooperativo aparece constantemente en la argumentación de la *Corte Costituzionale*, así como en el debate político-institucional. En una y otra sede, no obstante, el principio cooperativo se afirma como inmanente al sistema, pero no viene definido de modo coherente en sus distintas manifestaciones[60].

B) *Las regiones: perspectivas en el marco de las reformas institucionales*

Por las circunstancias que acaban de apuntarse, las regiones no presentan una fisonomía de carácter puntual y preciso. Las reformas institucionales últimamente en curso les afectan en distintos aspectos.

Esta serie de reformas se inicia con la Ley de "disciplina de la actividad de gobierno y ordenación de la Presidencia del Consejo". La referida ley afecta directamente a las regiones al menos en dos aspectos: la creación de la conferencia permanente para la relación entre Estado, regiones y provincias autónomas y la regulación del comisario del gobierno.

La conferencia, inspirada en una concepción "cooperativa" del regionalismo, se configura como sede de información, consulta y acuerdo en relación con las directrices de política general susceptibles de incidir en materias de competencia regional, salvo política exterior, defensa, seguridad nacional y

[58] *Vid. Corte Costituzionale*, sent. 142 de 1972, así como las sents. 101 de 1966, 182 de 1976 y 81 de 1979.

[59] Una exposición de los criterios elaborados por la *Corte Costituzionale* a propósito de las intervenciones sustitutorias del Estado aparece definido en la sent. 177 de 1988, que reproduce afirmaciones recogidas en las sents. 177 y 294 de 1986, así como en las 64 y 304 de 1987.

[60] Sobre el principio cooperativo, cfr., en especial, *Corte Costituzionale*, sent. 245 de 1984; asimismo, véanse las sents. 94, 245, 286 y 359 de 1985 y 151 de 1986.

justicia. El carácter general (la *souplesse* política) de este cometido se pone claramente de manifiesto, si se advierte que las competencias consultivas de la conferencia no se refieren a concretas propuestas de actos, sino más bien a las "líneas generales", a la "determinación de objetivos", a los "criterios" y a las "directrices generales" relativos a las actividades normativas, de planificación, de política financiera y presupuestaria, así como de dirección y coordinación y de elaboración y actuación de los actos comunitarios que afecten a las competencias regionales[61].

Sin embargo, hay alguna función consultiva de carácter más puntual. La ley, al delegar en el gobierno la reordenación y eventual supresión de los organismos de composición mixta Estado-regiones (actualmente numerosísimos), prevé, en general, la transferencia a la conferencia de las atribuciones que a estos correspondían, así como de los informes "sobre las cuestiones de carácter general en relación con las cuales deban ser oídas todas las regiones". En estos casos, no obstante, se limita la facultad de votar a los presidentes de las regiones y de las provincias autónomas. Además de estos últimos, forman parte de la conferencia el presidente del Consejo (o, por delegación, el Ministro de asuntos regionales) que la preside y que invita en ocasiones a sus reuniones a los ministros interesados, así como a representantes de la Administración del Estado y de otras entidades públicas.

Por lo que se refiere a la figura del comisario, la ley enuncia las categorías de funcionarios que pueden acceder a tal cargo (prefectos, magistrados de lo administrativo, abogados del Estado, funcionarios estatales con rango no inferior a director general), así como el procedimiento de nombramiento (por decreto del presidente de la República, a propuesta del presidente del Consejo, de acuerdo con el ministro para asuntos regionales y con el Ministro del interior, previo acuerdo del Consejo de Ministros). También define algunos contenidos y modalidades de las funciones de dicho comisario, ya sean funciones de supervisión (a través de conferencias con los responsables de los órganos descentralizados del Estado, o informando sobre las directrices e instrucciones impartidas por las Administraciones centrales), coordinación (promoviendo reuniones —presididas por el presidente de la región— entre representantes regionales y funcionarios de la Administración estatal), información (la ejecución de la obligación de información recíproca en la relación con las autoridades regionales así como suministrando datos para la elaboración de la "relación anual sobre el estado de la Administración Pública" y actuando de acuerdo con el ISTAT), o de impulso de los actos de competencia

[61] Cfr. el art. 12.5.c) de la Ley citada, según el cual la conferencia puede ser consultada sobre cualquier asunto en relación con el cual el presidente del Consejo de Ministros estime oportuno conocer su parecer.

del gobierno (en particular, de los actos que suponen el ejercicio de la potestad de subrogación en materia delegada así como de los actos de dirección y coordinación)[62].

Por otra parte, mientras permanece en el horizonte del debate institucional la propuesta de transformación del Senado en "Cámara de las regiones" o "de las Autonomías"[63], el Consejo de Ministros aprobó el 14 de abril de 1989 un Proyecto de ley que recogía una serie de medidas de distinta importancia, y cuyo propósito era revisar distintos aspectos del ordenamiento regional, sobre todo, los referidos a sus relaciones con el ordenamiento estatal. Los contenidos de dicho Proyecto se refieren, en concreto:

• A la actividad de planificación regional, que se materializa en proyectos que precisan resultados, intervenciones, costes, recursos, duración y verificación;

• A la hacienda regional, estableciendo la convergencia de las distintas financiaciones para intervenir en las materias regionales en el fondo común, e introduciendo la exigencia de un informe del Tribunal de Cuentas (*Corte dei conti*) sobre los presupuestos de las regiones;

• A la coordinación y colaboración entre la Administración regional y otras Administraciones, incluso mediante la celebración de contratos-programa;

• A la estabilidad de los órganos ejecutivos regionales, previendo (de acuerdo con las soluciones apuntadas en relación con las entidades locales) la disolución del consejo, en el sentido del artículo 126 de la Constitución, cuando éste no proceda, dentro del término previsto, a la elección de la junta;

• A la distinción entre actividad política y administrativa, valorando el papel y la responsabilidad de los órganos de dirección;

• A la utilización de la delegación, modulando los instrumentos de dirección y verificación;

• A los mecanismos de control sustitutivo en relación con las regiones y a los mecanismos de control sobre los actos administrativos, que no vienen referidos a la generalidad de dichos actos, sino tan solo a ciertas categorías significativas, rigurosamente delimitadas, se complementa así el artículo 125 de la Constitución, que prevé que tales controles se desarrollen dentro de los "límites" fijados por la ley del Estado.

[62] *Vid.*, el art. 13 de la Ley citada, que subraya, además, el vínculo que existe entre el comisario del gobierno y el presidente del Consejo, al actuar el primero "de conformidad con las directrices emitidas por el presidente, a quien debe informar periódicamente sobre su actividad" (apartado 1, letra f).

[63] Esta propuesta se formula, como se ha señalado, en el debate italiano, y ha sido reavivada por las propias regiones al aprobarse, con motivo de la celebración de la conferencia de los presidentes de las regiones, el 27 de enero de 1989, un texto que tiende a la reforma de la Constitución en este sentido (cfr. *Regione e Governo locale*, 1989, núm. 1).

En el seno de los distintos ordenamientos regionales, por otro lado, han tenido lugar procesos de reflexión sobre importantes aspectos de la organización y del funcionamiento de la región: desde las delegaciones (en relación con las cuales se han previsto modificaciones que tienden a un relanzamiento de la institución, extendiendo su utilización) a la "dirección" e impulso regionales, cuyo papel ha de reconsiderarse y valorarse; desde el funcionamiento del consejo, reformando su reglamento para mejorar la funcionalidad de los procedimientos y de su estructura y eliminando las trabas que la experiencia ha puesto de manifiesto la experiencia, estableciendo los procedimientos administrativos, encuadrándolos en determinadas reglas de fondo dirigidas a simplificar los trámites, exigir responsabilidades, e introducir criterios de transparencia y facilitar las relaciones con los ciudadanos, etc.

A estas tendencias no han permanecido ajenos los propios Estatutos, que en muchas regiones ya han sido reformados o se encuentran en vías de reforma en lo que se refiere a aspectos concretos. En alguna región, como la Emilia Romagna, se ha llevado a cabo de manera general, reescribiendo todo el texto estatutario, que se formula ahora atendiendo a las nuevas exigencias y de acuerdo con una sensibilidad bien distinta. La realidad había puesto de manifiesto la inadecuación de las fórmulas organizativas adoptadas en los años setenta inspiradas en una concepción asamblearia y "asociacionista", y fuente de retrasos y de dificultades en los procesos de toma de decisiones, de confusión de las funciones y de escasa identificación por los ciudadanos de las responsabilidades exigibles.

C) *El debate sobre la reforma municipal y provincial*

A pesar de que la Constitución republicana pretendió atribuir garantías y una nueva significación a las autonomías municipales y provinciales, y a pesar de que a partir de los años setenta esas autonomías tuvieron que operar en un escenario totalmente distinto, caracterizado por la presencia de sólidas instituciones regionales, el régimen local italiano ha estado regulado durante mucho tiempo por una normativa, no solo obsoleta para hacer frente a las nuevas exigencias (textos refundidos de 1915 y de 1934, principalmente), sino también inspirada en concepciones y criterios contrapuestos al proyecto perseguido por el constituyente.

La efectiva puesta en marcha de un punto esencial del proyecto constitucional —en concreto, la creación de las regiones ordinarias—, demostró la inadecuación de esa vieja normativa aplicable a los municipios y las provincias. Piénsese, en este sentido, en el indefinido espacio de intervención del legislador regional sobre el régimen local y en la insuficiencia de las circunscripciones territoriales y de sus estructuras para acometer el ejercicio de las funciones descentralizadas por las regiones, la rigidez de las fórmulas tradicionales de colaboración entre los entes, la posición indeterminada de la provincia, en las relaciones inciertas que se mantienen con las instancias estatales que todavía subsisten en la periferia, o el desengaño y la decepción sobre las expectativas depositadas en el tránsito del control de la prefectura al control regional, etc.

Recientemente, la Ley 142 de 8 de junio de 1990[64], tras un debate largo y complejo, va a definir una nueva configuración del sistema municipal y provincial, con base en los siguientes criterios:

a) Se reconoce a municipios y provincias autonomía estatutaria, correspondiendo a los Estatutos —que se aprueban por sus respectivos consejos por mayoría de dos tercios de sus miembros o, en su defecto, por mayoría absoluta en una segunda vuelta—, establecer las normas fundamentales sobre la organización del ente, y precisar las atribuciones de los órganos, su funcionamiento y el de los servicios públicos, así como las fórmulas de descentralización y de acceso de los ciudadanos a la información y a los procedimientos administrativos;

b) Se establece la exigencia de que las disposiciones estatutarias permanezcan, en todo caso, dentro del esquema definido por la ley. Dicho esquema es bastante preciso, por lo que se refiere al régimen de los órganos de gobierno de los municipios y de las provincias. Tales órganos de gobierno están formados tanto en un caso como en el otro por una asamblea electiva (consejo), un órgano colegiado ejecutivo (junta) y por un órgano monocrático (alcalde y presidente de la provincia) elegida por ésta;

c) Al consejo (cuyo sistema de elección permanece inalterado) se le reconoce un papel de dirección y control, correspondiéndole la adopción de los actos fundamentales indicados taxativamente por la ley (Estatutos, reglamentos, presupuestos, programas, planes, etc.). La competencia general-residual (en el pasado atribuida al propio consejo) le corresponde ahora a la junta, que adopta, por tanto, todos los actos que no estén expresamente reservados a otros órganos. El alcalde y el presidente de la provincia representan al ente, convocan y presiden el consejo y la junta, supervisan el funcionamiento de los servicios y la actividad de gestión. El alcalde, por lo demás, mantiene su tradicional condición de delegado del gobierno;

d) La composición de la junta se modifica no solo en lo que se refiere al número de asesores (que en alguna medida se ve reducido, no pudiendo superar ahora unos límites que varían entre cuatro, para los municipios con una población inferior a los 3.000 habitantes. y dieciséis para los municipios de más de 500.000 habitantes; mientras que los asesores provinciales no pueden superar en ningún caso el número de ocho), sino también en lo que se refiere

[64] Cfr. L. Vandelli, *Il nuovo ordinamento delle autonomie locali. Commento alla legge 8 giugno 1990 núm. 142*, Rimini, 1990.

a la posibilidad de elegir como asesores, cuando estuviera previsto por el Estatuto, a ciudadanos que no formen parte del Consejo;

e) El nombramiento del alcalde y del presidente de la provincia y de la junta se efectúa ahora en virtud de una votación única, con escrutinio público y por mayoría absoluta, que debe celebrarse dentro de los 60 días siguientes a la proclamación de los elegidos o a la producción de la vacante o de la dimisión. En el caso de que transcurra dicho plazo sin que se proceda al nombramiento se dispone la disolución del consejo;

f) A fin de garantizar la estabilidad del ejecutivo, se introduce la moción de censura constructiva, que, en consecuencia, se admite únicamente cuando contenga la indicación de candidatos alternativos a los puestos de alcalde o presidente y de asesor, candidatos que resultan directamente elegidos si la moción prospera;

g) En lo que se refiere a la organización de los entes locales, se tiende a delimitar el papel de los órganos electivos, especificando también las atribuciones y las responsabilidades del secretario y de los dirigentes, a los que corresponde en general el cumplimiento de las instrucciones fijadas por los primeros;

h) El municipio se configura como la institución de base de la Administración territorial, cuyas competencias se extienden con carácter general a todas las funciones que atañen a la población y al territorio respectivo y que no estén atribuidas expresamente a otros sujetos;

i) En relación con los municipios de pequeñas dimensiones, se fomentan las fusiones, pero no disponen, en ningún caso, de forma obligatoria. Ese fomento se realiza mediante la previsión de incentivos y estableciendo una nueva forma asociativa, la unión de municipios;

j) Por lo que respecta a las provincias —cuyas circunscripciones, según se precisa, han de ser objeto de reforma—, se les reconoce un importante papel tanto en la planificación como en la gestión de funciones administrativas dentro de una serie de sectores (protección del suelo y del medio ambiente, bienes culturales, transportes, caza y pesca, parques, protección de la flora, tratamiento de residuos, recogida y elaboración de datos, asistencia técnico-administrativa a los entes locales...);

k) En las áreas metropolitanas, en lugar de la provincia se crea la ciudad metropolitana, delimitada por la región, a la que corresponde la ordenación, dentro de la ciudad, de las circunscripciones municipales. A la ciudad metropolitana le corresponden, además de las funciones que normalmente están atribuidas a la provincia, una serie de funciones atribuidas, dentro de un elenco de materias que indica la propia Ley 142, por la ley regional;

l) Junto a las ya mencionadas uniones de municipios se contemplan, como fórmulas de asociación entre los entes locales, los consorcios para la gestión asociada de uno o más servicios y las comunidades de montaña. Estas últimas, además de las tareas propias del área, asumen el ejercicio asociado de funciones municipales. También se han previsto fórmulas flexibles de colaboración entre municipios y provincias (convenios) o entre estos y las regiones, las Administraciones estatales u otros sujetos públicos (contratos-programa);

m) La concreta distribución de las funciones entre los distintos niveles dependerá, en buena medida, de las leyes de las regiones, a las que corresponde determinar —en las materias de su competencia— los intereses municipales y provinciales según las características de la población y del territorio, de conformidad con los principios establecidos por el legislador estatal;

n) En la relación entre las instituciones locales y los ciudadanos se contemplan una serie de formas de participación, tanto de asociaciones y organismos, como de los interesados concretos en determinados procedimientos y de la colectividad (mediante consultas populares y referéndum). Por otra parte, se garantiza a los ciudadanos el acceso a los archivos y el suministro de información;

o) Para la gestión de los servicios públicos por los municipios y las provincias se prevé una pluralidad de formas, entre las cuales destaca la sociedad anónima con mayoría de capital público, la hacienda especial (dotada ahora de personalidad jurídica y regulada por un estatuto propio) y, para el ejercicio de servicios sociales, el establecimiento público;

p) El control sobre los actos, cuyo ejercicio corresponde según la Constitución a los órganos regionales, se limita como regla a los del Consejo, pues los actos de la junta están sujetos a un control meramente eventual, previa solicitud. En la composición de los órganos de control, por otra parte, se prevé una intervención importante de los colegios profesionales;

q) El control sobre los órganos se reserva al Estado con un importante papel del Ministerio del Interior y de los prefectos. Se regulan las distintas causas que pueden dar lugar a la remoción y a la suspensión de los administradores, así como a la disolución de los Consejos (entre dichas causas, destaca como novedad la ya mencionada hipótesis del retraso en la elección de los ejecutivos);

r) En materia de las haciendas locales, la Ley 142 se remite de manera general a una futura reordenación de la materia, limitándose a indicar algunos principios de carácter general, a partir del principio de autonomía financiera, fundada en la determinación de los recursos propios y transferidos y en la potestad autónoma de imposición;

s) En materia presupuestaria y de programación financiera, se reafirman los principios de universalidad, integridad y equilibrio económico y financiero, resultando como novedad de mayor relieve —además de la extensión a todos los municipios de la obligación de dotarse de un presupuesto plurianual— la introducción de órganos de revisión económico-financiera constituidos por personas que no forman parte del consejo de cualificada competencia técnica;

t) A las regiones se les reconoce, en general, una serie de tareas nada marginales en la determinación de las funciones, los procedimientos de programación, las fórmulas de asociación y de colaboración, la revisión de las circunscripciones, las áreas metropolitanas, los controles y también, en algún aspecto, al reparto de los recursos financieros;

u) Esto no significa que la Ley 142 haya truncado los tradicionales vínculos entre la Administración estatal (en especial el Ministerio del Interior) y los entes locales. El papel mismo del prefecto resulta, en muchos aspectos, reafirmado. En este sentido, son particularmente significativas las disposiciones sobre control de los órganos y de las funciones desempeñadas por el municipio en los servicios de competencia estatal, así como la confirmación de las distintas formas de supremacía en relación con el alcalde como delegado del gobierno.

4. El sistema español: los regionalismos históricos y la regionalización generalizada

A) *El derecho a la autonomía en la Constitución de 1978*

Aprobada al final de un problemático proceso de democratización de las instituciones centrales y locales, en un contexto de profunda transformación del sistema heredado del régimen franquista (excesivamente centralista y declaradamente hostil a cualquier circunscripción de ámbito regional, aun cuando persiguiera objetivos de mera desconcentración), la Constitución española de 27 de diciembre de 1978 solemnemente proclama la necesidad fundamental de armonizar "la indisoluble unidad de la Nación española" con el "derecho a la autonomía de las nacionalidades y regiones que lo integran"[65]. Buscando el equilibrio entre estos dos principios, el constituyente ha establecido su propio proyecto de regionalización, proyecto que se distingue por sus especiales características de flexibilidad, heterogeneidad y gradación.

Estas características residen, básicamente, en el carácter no necesario atribuido a las "Comunidades Autónomas" —lo que, en hipótesis, permitiría una regionalización solo parcial del territorio nacional— y en la atribución a las colectividades locales y a sus representantes tanto de la iniciativa de acceder a la autonomía, como de la determinación del área territorial deseada. En la

[65] Art. 2: "La Constitución se fundamenta en la indisoluble unidad de la Nación española, patria común e indivisible de todos los españoles, y reconoce y garantiza el derecho a la autonomía de las nacionalidades y regiones que la integran y la solidaridad entre todas ellas". Nótese que a la distinción entre "nacionalidades" y "regiones" (que se determina de acuerdo con particulares características históricas, culturales y sociales comunes —siempre opinables—) la Constitución no anuda ninguna consecuencia.

hipótesis habitual en que la comunidad autónoma se constituyera entre varias provincias, las únicas exigencias establecidas son las de respetar la contigüidad o el carácter limítrofe de los territorios que acceden al autogobierno y la de ostentar características históricas, culturales y económicas comunes[66], características, según se observa, ciertamente elásticas.

B) *Las comunidades autónomas: los principios constitucionales*

De lo señalado se sigue que el constituyente español ha adoptado un planteamiento muy distinto del seguido, por ejemplo, por el constituyente italiano. El constituyente español, antes que distribuir directamente el territorio nacional entre nuevos entes de carácter necesario, prefiere configurar la autonomía como un derecho, disponiendo los instrumentos y los procedimientos que garantizan su ejercicio; de tal modo que la responsabilidad de decidir si y de qué manera (y, sobre todo, en qué forma de agregado territorial) se va a llevar a cabo el proceso de autonomía se confía, en principio, a sujetos y factores locales.

Este diseño recoge elementos típicos de la Constitución republicana de 1931, pero introduce variaciones y parte de presupuestos algo distintos. Es válido para todas las situaciones territoriales (incluidas las más alejadas del tradicional concepto de "región histórica") y se permite una generalización del sistema de las autonomías. A pesar de que la extensión de tales autonomías a todo el territorio nacional no viene establecida por la Constitución, se favorece con tal fin la iniciativa autonómica, atribuyéndose alternativamente a distintos sujetos y arbitrándose un poder sustitutorio confiado al propio Parlamento (cfr. arts. 143 y 144). No hay que olvidar, por lo demás, que durante la transición (a partir de septiembre de 1977) se constituyeron regímenes provisionales de autonomía, que se extendieron progresivamente a casi todo el territorio español. Al mismo tiempo, en un contexto de regionalización general, el constituyente atribuyó a tales entes "preautonómicos" la posibilidad de un rápido y fácil acceso a la autonomía (disposiciones transitorias 1ª y 2ª).

La Constitución se inspira, además, en una gran flexibilidad en lo relativo a la ordenación estructural y funcional de las Comunidades Autónomas. Los elementos fijados constitucionalmente son muy escasos: no existe un modelo

[66] Cfr. el art. 143 de la Constitución española. Permítaseme remitir, en relación con los distintos aspectos aquí referidos de forma sintética, a L. Vandelli, *L'ordinamento regionale spagnolo*, Milano, 1980 (traducción española actualizada con el título El ordenamiento español de las comunidades Autónomas, Madrid, 1982) así como a las referencias bibliográficas allí recogidas. Dentro de la amplia literatura publicada recientemente, cfr., en general, E. García de Enterría, *Estudios sobre autonomías territoriales*, Madrid, 1985; de este mismo autor, *vid. La revisión del sistema de autonomías territoriales*, Madrid, 1988; S. Muñoz Machado, *Derecho público de las comunidades Autónomas*, II, Madrid, 1984; E. Aja, J. Tornos, T. Font, J. M. Perulles, E. Alberti, *El sistema jurídico de las comunidades autónomas*, Madrid, 1985.

común de organización, ni un núcleo mínimo de materias autonómicas y ni siquiera se garantiza, en general, la potestad legislativa.

En este marco, se introduce la distinción entre dos categorías de comunidades autónomas. Solo a una de estas categorías (que, ante el silencio de la Constitución, podemos denominar de "primer grado")[67] se le asegura la existencia de una asamblea elegida por sufragio directo, dotada de potestad legislativa, y se le permite la asunción de competencias en una considerable serie de materias que permanecen, sin embargo, vedadas a las de la otra categoría. La distinción, sin embargo, no implica la consolidación de una discriminación entre las distintas áreas territoriales. Si Cataluña, el País Vasco y Galicia forman parte de la categoría privilegiada, los demás territorios españoles tienen la posibilidad, según la Constitución, de acceder al mismo nivel de autonomía, siempre que adopten esa iniciativa de acuerdo con un procedimiento particularmente gravoso[68].

Estas comunidades autónomas pueden asumir inmediatamente, en sus respectivos Estatutos, funciones sobre cualquier materia no expresamente reservada al Estado en el artículo 149 de la Constitución. Las de "segundo grado", sin embargo, se encuentran con un límite más rígido, pudiendo solo asumir competencias —al menos en una primera fase— en el ámbito de materias que define el artículo 148 de la Constitución[69]. En todo caso, la distinción es transitoria, de modo que, incluso las regiones que se hubieran constituido como comunidades autónomas de "segundo grado" pueden acceder, transcurrido un período de cinco años y mediante la reforma de sus Estatutos, al mismo nivel que las de "primer grado", pudiendo extender sus competencias con las únicas limitaciones (que operan en relación con todas las comunidades autónomas) que se derivan de las reservas estatales fijadas por la Constitución[70]. Además, para atenuar la distancia que existe entre las dos situaciones y hacer menos rígida la distribución de competencias entre el

[67] Ha de evitarse cualquier posible confusión terminológica con la distinción italiana entre regiones de estatuto especial y regiones de estatuto ordinario, o con la portuguesa entre regiones autónomas y regiones administrativas.

[68] Este procedimiento exige, además de la intervención de las diputaciones provinciales, la adhesión de "las tres cuartas partes de los municipios de cada una de las provincias afectadas que representen, al menos, la mayoría del censo electoral de cada una de ellas", así como "la ratificación mediante referéndum por el voto afirmativo de la mayoría absoluta de los electores de cada provincia en los términos que establezca una ley orgánica" (art. 151 de la Constitución).

[69] La lista de materias que establece el art. 148 guarda gran similitud con el recogido en el art. 117 de la Constitución italiana, al comprender materias como territorio, urbanismo y vivienda, agricultura, artesanía, aguas minerales y termales, pesca en aguas interiores, etc.

[70] El art. 149 define la competencia exclusiva del Estado en materias como, por ejemplo, las relaciones internacionales, defensa y Fuerzas armadas, sistema monetario, Administración de Justicia, etc.

Estado y las comunidades autónomas perfilada en los Estatutos, no faltan mecanismos de atribución y delegación a todas las comunidades autónomas de competencias extraestatutarias, incluso de carácter legislativo (art. 150 de la Constitución).

Aunque la Constitución española, en general, persigue objetivos en gran parte semejantes a los perseguidos por la Constitución italiana, está inspirada en concepciones vinculadas a una tradición distinta (concretamente, a la de su segunda República). El resultado es que la Constitución española establece un sistema más abierto y flexible que la italiana, de modo que el constituyente, en vez de adoptar tajantemente determinadas soluciones, las remite a las leyes orgánicas, a las leyes ordinarias o a los Estatutos, ofreciendo así un grado muy alto de adaptabilidad a las exigencias y a las instancias de los distintos territorios.

Pese a partir de este presupuesto, el constituyente español no ha olvidado perfilar una serie de vínculos entre las autonomías y el Estado, incidiendo sobre los esquemas de organización y de acción de los propios órganos constitucionales. Podemos recordar las previsiones sobre la iniciativa legislativa autonómica, que requiere el envío ante el Congreso de los Diputados, de representantes de las comunidades autónomas encargados de la defensa del proyecto de ley (art. 87 de la Constitución). Una participación análoga en los trabajos del Congreso se contempla en el artículo 151 de la Constitución con ocasión de la elaboración de los Estatutos de Autonomía[71]. Y asimismo, en lo que se refiere a la colaboración en los proyectos de planificación, elaborados por el gobierno "de acuerdo con las previsiones que le sean suministradas por las comunidades autónomas", puede consultarse el artículo 131 del referido texto.

El constituyente español, por lo demás, tampoco ha desatendido la aspiración de configurar al Senado como una cámara de representación de las instancias autonómicas. Tales aspiraciones han sido, no obstante, acogidas solo parcialmente, de modo que el Senado se ha constituido de acuerdo con una fórmula en la que, junto a una amplia composición de senadores elegidos por sufragio directo (cuatro por cada provincia), admite una presencia limitada de miembros designados por las asambleas legislativas de las comunidades autónomas (un senador por cada comunidad autónoma y otro más por cada millón de habitantes de su respectivo territorio; se trata, en concreto, de menos de un 1/5 del número total de senadores) (art. 69 de la Constitución).

[71] Formas de colaboración autonómica en procedimientos parlamentarios de decisión han sido más tarde configuradas por el reglamento del Senado mediante la audiencia de representantes de las comunidades interesadas: cfr., en este aspecto, los arts. 137 a 139, a propósito del procedimiento de autorización de acuerdos de cooperación entre comunidades autónomas y el artículo 189 en relación con la adopción de medidas en caso de actuación por las comunidades autónomas de forma que se atente gravemente al interés general de España o en caso de que no cumplieren las obligaciones que la Constitución u otras leyes les impongan.

También en lo que se refiere a sus funciones, la configuración del Senado como "cámara de representación territorial" (según la expresión sancionada por la propia Constitución) es vacilante. A pesar de que no faltan apuntes en este sentido (en particular, los artículos 155 y 74, en los que se subordina la adopción de determinadas medidas en relación con las Comunidades Autónomas a la aprobación por el Senado o se da prioridad al examen de este, respecto al examen del Congreso, en los procedimientos de autorización de los acuerdos de cooperación entre las comunidades autónomas y en los del reparto del Fondo de Compensación), estos apuntes parecen insuficientes cuando se analiza globalmente el papel del Senado. Así sucede, sobre todo, si se considera que no faltan ejemplos de funciones que inciden de manera relevante en el ordenamiento autonómico confiadas específicamente al Congreso (como sucede, por ejemplo, con el examen de los proyectos de Estatuto) (art. 151.2), y que, precisamente en los supuestos antes señalados, en los que el procedimiento se inicia por el Senado, en caso de falta de acuerdo entre las dos Cámaras, corresponde al Congreso de los Diputados decidir por mayoría absoluta (art. 74.2).

C) *Las comunidades autónomas: resultados y perspectivas*

A pesar de que, en sede constituyente, la composición de los distintos tipos de fuerzas políticas (las fuerzas autonomistas, las fuerzas que sostenían puntos de vista federalistas y parte de las acentuadamente nacionalistas), llevó a una construcción meramente básica o esencial, que dejaba a fuentes subordinadas y a opciones posteriores una vasta e importante serie de elementos, los desarrollos producidos con posterioridad permiten considerar que el régimen autonómico español se encuentra perfilado en términos suficientemente precisos y definidos.

En este período, no han sido escasos ni secundarios los resultados conseguidos, dentro de un proceso que se caracterizó en un primer momento por una aplicación de las normas constitucionales episódica y extemporánea, a veces tumultuosa, y condicionada por intensas presiones. Presiones que se hicieron sentir, de forma especial, en los casos de Cataluña y del País Vasco, cuyos Estatutos —sometidos a referéndum en octubre de 1979— comenzaron incluso a ser elaborados todavía antes de que finalizasen los trabajos constituyentes. Tampoco las vicisitudes de Galicia y Andalucía, cuyos referéndum se celebraron, respectivamente, en diciembre de 1980 y en octubre de 1981, fueron sencillas y tranquilas. Todos estos Estatutos —que configuraban las autonomías de "primer grado"— establecían poderes de decisión de notable amplitud, y, en ocasiones, algunas de sus disposiciones resultaban difícilmente conciliables con el texto constitucional, sobre todo en el caso catalán y vasco.

En este primer período fue difundiéndose (primero entre los estudiosos, más tarde entre las fuerzas políticas) la convicción de que hacía falta proceder a la construcción de un sistema de desarrollo armónico de las autonomías, encauzando en un proyecto global las exigencias o solicitudes de los distintos territorios. Esta convicción determinó la constitución de una comisión de expertos sobre autonomías —presidida por E. García de Enterría— y los posteriores *acuerdos autonómicos*, auténtica convención[72] de julio de 1981 entre el gobierno de la UCD, el partido que lo apoyaba y el principal partido de la oposición en aquel momento (el partido socialista). En estos acuerdos se perfilan los puntos esenciales del desarrollo del régimen autonómico español, tanto en aspectos de carácter político-administrativo como en aspectos de carácter económico-financiero.

El contenido de estos acuerdos, inspirados en las indicaciones de la comisión de expertos, es variado en su desarrollo y se produce a través de instrumentos de distinto tipo.

Por un lado, a través del instrumento legislativo, al recoger dichos acuerdos el compromiso de aprobar una Ley Orgánica de Armonización del Proceso Autonómico (la denominada LOAPA), dirigida a integrar y colmar una serie de puntos que el constituyente había dejado abiertos, así como a establecer principios que se consideraban implícitamente enunciados por la Constitución y a interpretar y desarrollar, de distinto modo, las disposiciones constitucionales.

Por otro lado, desde una perspectiva "política", se recogían una serie de pautas que las fuerzas políticas y el gobierno se comprometían a observar en relación con la constitución de las distintas comunidades autónomas, predeterminando una serie de cláusulas que se harían operativas en el momento de negociar con cada una la elaboración de los respectivos Estatutos.

En lo que se refiere a la LOAPA, aprobada en junio de 1982, fue impugnada mediante recurso previo de inconstitucionalidad ante el Tribunal Constitucional. Este Alto Tribunal, en una discutida sentencia (de 5 de agosto de 1983), la rechazó en más de un aspecto, declarando inconstitucionales algunos de sus principios generales. La sentencia, que suscitó una gran sorpresa y que fue acogida, desde distintos puntos de vista, con triunfalismo o con preocupación, no ha producido, en realidad, efectos perturbadores sobre el diseño que se había concebido. En este sentido, la Ley del Proceso Autonómico de 14 de octubre de 1983, promulgada como Ley ordinaria (sin el carácter de "orgánica" y sin el

[72] El texto de los *acuerdos*, así como el del *Informe de la Comisión de Expertos sobre Autonomías*, fue publicado por la *Presidencia del Gobierno*, Madrid, 1981. La configuración de los *acuerdos* como convención constitucional, sostenida por quien escribe estas páginas en el apéndice al libro *El ordenamiento español de las Comunidades Autónomas* (cit., págs. 403 y ss.), es asumida autorizadamente por el propio E. García de Enterría en *Estudios sobre Autonomías*, cit., págs. 109-110, 295, 432.

carácter de "armonizadora", por tanto), aunque más reducida en sus contenidos, recoge aspectos nada desdeñables: pone a punto los mecanismos de relación entre el Estado y las Autonomías (audiencias, intercambio de información, mecanismos de supervisión, conferencias sectoriales), define el papel de las provincias en el ordenamiento autonómico, perfila los rasgos más relevantes del régimen general de las Administraciones autonómicas, recoge preceptos uniformes en relación con las distintas transferencias de servicios, establece una reordenación de los restantes aparatos del Estado, y por fin, regula importantes aspectos relativos al personal. Tampoco ha de olvidarse que, en buena medida, las disposiciones declaradas inconstitucionales sancionaban criterios sustancialmente ya asumidos por la jurisprudencia del Tribunal Constitucional.

En lo que se refiere al perfil "político", los referidos acuerdos jugaron un papel determinante no solo en la definición de los contenidos concretos de ciertas disposiciones recogidas en los Estatutos de Autonomía, sino también, y sobre todo, en la delimitación del mapa autonómico del territorio español, influyendo en las soluciones adoptadas en lo que se refiere a la agrupación de las provincias, con el propósito de suscitar el ejercicio de la iniciativa autonómica de un modo determinado, y con el objetivo de fondo de generalizar el modelo de las autonomías, sincronizando en el tiempo y en las modalidades el cumplimiento del referido proceso.

Hoy día, a poco más de un decenio de la aprobación de la Constitución, el sistema autonómico español ha alcanzado resultados importantes. En sustancia, la totalidad del territorio nacional se encuentra regionalizada, repartiéndose en 17 comunidades autónomas (de las cuales, solo cuatro se configuran como autonomías de "primer grado"). En todas estas comunidades autónomas los órganos contemplados en los Estatutos de Autonomía están constituidos y funcionando, pudiendo jactarse, en algunos casos, de una experiencia ya significativa. Se han aprobado varias e importantes leyes de principios, así como de integración y actuación de las previsiones constitucionales. Se han realizado importantes transferencias de funciones; el Tribunal Constitucional, por su parte, ha elaborado, una amplia jurisprudencia en materia de autonomías, lo que ha supuesto una contribución nada desdeñable a la definición del nuevo sistema.

Pero al lado de estos resultados, permanecen todavía sin resolver determinadas cuestiones. La distribución de competencias es imprecisa y, a veces, confusa. Las comunidades autónomas encuentran dificultad para activar mecanismos satisfactorios de relación con las Administraciones Locales y en ocasiones asumen actitudes que desatan acusaciones de centralismo. La auspiciada reforma de la Administración del Estado todavía no se ha realizado. Los instrumentos de colaboración establecidos por la Constitución y por las leyes no conducen a resultados eficaces, de modo que la relación entre las autonomías y el Estado se traduce en contactos casuales e informales, de escasa importancia y transparencia.

Con todo, en una fase en la que el impulso y el desarrollo del proceso autonómico parece sufrir retrasos y dificultades, no faltan, por parte de la doctrina, interesantes análisis y propuestas. Análisis y propuestas que, augurando una nueva fase de evolución del sistema, presagian, por ejemplo, una sustancial equiparación de las competencias de todas las comunidades autónomas, una reforma de la Administración estatal que comporta una drástica reducción de los aparatos periféricos, una potenciación de los instrumentos de colaboración entre el Estado y las comunidades autónomas y una caracterización más decidida del Senado como cámara de representación de las autonomías[73].

D) *Las nuevas bases del régimen local*

La Constitución española (arts. 140 y 141) sancionó un conjunto de principios y garantías en relación con la Administración local: la autonomía y la organización básica de los municipios (organización que se forja en torno a los concejales elegidos por sufragio universal y directo y por los alcaldes —elegidos por los concejales o por los vecinos—), la doble naturaleza de la provincia (como ente local y como circunscripción de la Administración del Estado), la posibilidad de crear agrupaciones de municipios diferentes de la provincia y la previsión de formas diferenciadas de Administración (señaladamente, las islas).

Por otra parte, la Constitución permite a las comunidades autónomas asumir competencias (ya sea en el plano legislativo, ya en el administrativo) en esta materia, diferenciando nítidamente la posición de las comunidades de "primer grado" de las de las comunidades de "segundo grado". Mientras los Estatutos de las primeras pueden recoger cualquier competencia al respecto (con

[73] *Vid.* J. Tornos, E. Aja, T. Font, J. M. Perulles, E. Alberti, *Informe sobre las autonomías*, Barcelona, 1987 (y, más tarde, con un apéndice que recoge importantes comentarios, Madrid, 1988. Es a esta edición definitiva a la que se hace referencia para la indicación de las páginas), especialmente págs. 213 y ss. En lo que se refiere a la perspectiva de una reforma dirigida a caracterizar al Senado como Cámara de las Comunidades Autónomas, estos autores, más que a una reforma constitucional, apuntan a un conjunto de cambios en la dinámica política y en el reglamento del Senado (*Vid.*, ivi, especialmente, pág. 149 y ss,. con indicaciones bibliográficas). Sobre esta cuestión —y sobre las hipótesis de transformación del Senado en un sentido "federal"— cfr., con anterioridad, E. García de Enterría, *El futuro de las autonomías territoriales* (estudio realizado en 1984 y ahora recogido en el cit. *Estudio sobre autonomías territoriales*). Para una postura decididamente favorable a una transformación de este tipo, *vid.* un apunte en J. E. Soriano, *Prólogo* al libro *Régimen local. Ley y texto refundido*, Barcelona, 1987, págs. xxvi-xxvii. Por último, cfr., para un detenido examen de las tendencias y de las perspectivas del sistema autonómico español, las ponencias y comunicaciones presentadas en las Jornadas celebradas en Santander los días 22 a 25 de marzo de 1988, ahora recogidas en el libro, dirigido por L. Martín Rebollo, *El futuro de las autonomías territoriales. Comunidades autónomas: balance y perspectivas*, Santander, 1991.

el único límite de la reserva al Estado de las bases del régimen jurídico de las Administraciones Públicas y del régimen estatutario de sus funcionarios)[74], los Estatutos de las Comunidades de segundo grado deben limitarse (al menos, durante cinco años) a establecer competencias sobre "alteraciones de los términos municipales... y, en general, las funciones que correspondan a la Administración del Estado sobre las Corporaciones locales y cuya transferencia autorice la legislación sobre régimen local"[75].

En concreto, los Estatutos de Cataluña, País Vasco, Galicia, Andalucía y la Comunidad valenciana prevén una competencia exclusiva en todo lo que se refiere al régimen local, dejando a salvo la reserva estatal antes señalada[76]. Los Estatutos de las restantes comunidades autónomas reproducen, en esencia, la fórmula constitucional que les concierne, permaneciendo en consecuencia toda determinación de competencias atribuida al legislador estatal[77]. Este legislador ha intervenido por medio de la Ley 7 de 2 de abril de 1985, "reguladora de las bases del Régimen Local", que, adecuando en general la disciplina de la materia al esquema establecido por la Constitución, viene a precisar los principios por los que se rige la organización y el funcionamiento de los entes locales, en cuyo ámbito se desarrolla, según las previsiones de sus respectivos Estatutos, la potestad legislativa de las comunidades autónomas.

[74] Art. 149.1.18 de la Constitución, que contiene, por otra parte, una reserva al Estado también en materia de procedimiento administrativo, expropiación forzosa, legislación básica sobre contratos y concesiones administrativas y responsabilidad de la Administración Pública. Sobre el reparto de atribuciones entre el Estado y las comunidades autónomas —en relación con el cual el Tribunal Constitucional ha intervenido en reiteradas ocasiones, y particularmente en el caso de las sents. 32 de 28 julio 1981, 84 de 23 diciembre 1982, 25 de 7 abril 1983, 76 de 5 agosto 1983, 27 de 27 febrero 1987—, *vid. infra*, Cap. III, 2, E.

[75] Art. 148.1.2 de la Constitución.

[76] Estatuto de Cataluña (art. 9.8), País Vasco (art. 10.4), Galicia (art. 27.2), Andalucía (art. 13.3), Comunidad valenciana (art. 31.8). No es muy distinta la situación en Navarra, cuyo tradicional régimen de *fueros* —salvado por la Disposición Adicional 1ª de la Constitución y en lo que se refiere a la materia objeto de examen, por el art. 46 de la Ley Orgánica 13 de 1982— recoge importantes atribuciones en relación con los municipios.

[77] Estatuto de Aragón (art. 35.2), Baleares (art. 10.2), Cantabria (art. 22.2), así como Asturias (art. 11), Castilla-La Mancha (art. 32.1), Castilla-León (art. 27.8), Extremadura (art. 8.2), La Rioja (art. 9.1), Murcia (art. 11.1) y Madrid (art. 27.1). Todos estos Estatutos hacen referencia a las "funciones que correspondan a la Administración del Estado, cuya transferencia autorice la legislación sobre régimen local" y las sitúan, unas veces (como sucede en el caso de los tres primeros Estatutos señalados) entre las competencias exclusivas y otras veces (en los casos restantes) entre las de desarrollo legislativo y ejecución. Dentro de este último tipo de competencias figuran, en el Estatuto de Canarias, las funciones en matera de régimen local (art. 32.1). Sin embargo, las funciones en materia de demarcaciones territoriales y denominación de los municipios resultan de su competencia exclusiva (art. 29.2).

La Ley Reguladora de las Bases del Régimen Local (en adelante LRBRL) distingue los entes locales territoriales (el municipio, la provincia y en los archipiélagos balear y canario, la isla) de los demás entes locales (las entidades de ámbito territorial inferior al municipal, las entidades que agrupan varios municipios —*comarcas*—, las áreas metropolitanas y las asociaciones de municipios —*mancomunidades*—). En relación con este segundo tipo de entes, la LRBRL deja espacios bastante amplios a los legisladores autonómicos; en cambio, en relación con los primeros, fija un núcleo mínimo de potestades no disponibles.

Por lo demás, la legislación sectorial del Estado y de las comunidades autónomas deberá asegurar a los municipios, provincias e islas "su derecho a intervenir en cuantos asuntos afecten directamente al círculo de sus intereses"[78]. A tales leyes sectoriales se remite, por tanto, la concreción de las respectivas competencias. En consecuencia, la LRBRL se limita a trazar el esquema, distinguiendo entre competencias propias (que se ejercen en régimen de autonomía y con plena responsabilidad, pero atendiendo siempre a la debida coordinación en su programación y ejecución con las demás Administraciones Públicas) y las competencias atribuidas por delegación (delegación que puede prever técnicas de dirección y control de oportunidad). Este último tipo de competencias por delegación se diferencian a su vez, según sean libremente aceptadas por el ente delegado o impuestas obligatoriamente por la ley[79], en cuyo caso deberán ir acompañadas de la dotación de los medios económicos necesarios.

Para los municipios se establecen —en función de su dimensión demográfica— listas de servicios obligatorios, reconociendo el derecho de los vecinos al establecimiento y a la prestación de los mismos. Las comunidades autónomas podrán, sin embargo, cuando concurran determinadas circunstancias, dispensar a los municipios de la obligación de prestar algunos de estos servicios mínimos, prestación que en tal caso deberá ser asegurada por la provincia[80].

[78] Cfr. el Título Primero de la Ley 7 de 1985, y en particular, el art. 4, según el cual corresponden en cada caso a los municipios, las provincias y las islas, dentro de la esfera de sus competencias, entre otras, las potestades reglamentaria y de autoorganización, tributaria y financiera, de programación y planificación, de expropiación, de ejecución forzosa, sancionadora, de revisión de oficio de sus propios actos, así como la presunción de legitimidad y la ejecutividad de los mismos.

[79] Arts. 7, 27 y 37 de la Ley citada.

[80] Cfr. los arts. 26 y 31 de la Ley citada, así como el art. 18, que introduce entre los derechos de los vecinos "exigir la prestación y, en su caso, el establecimiento del correspondiente servicio público, en el supuesto de constituir una competencia municipal propia de carácter obligatorio".

En general, tanto la organización municipal como la provincial se basa en una asamblea electiva[81], que designa un órgano individual (el alcalde, en el caso de los municipios, y el presidente, en el caso de las provincias) que —notablemente reforzado en sus funciones por la LRBRL— nombra y revoca a los miembros de la referida asamblea que le asisten en el ejercicio de la función ejecutiva. Tales miembros, como regla general, no forman, en los municipios de menores dimensiones, un órgano colegiado ejecutivo. A estos órganos fundamentales, por lo demás, pueden añadirse otros de carácter complementario, según lo que cada ente determine en su propio reglamento orgánico[82].

La LRBRL por otra parte, aunque sea mediante principios sintéticos, se ocupa también de los bienes, del personal al servicio de las Entidades locales y de las haciendas locales. Asimismo, regula el sistema de control de los actos y de los órganos[83], dedicando especial atención a los instrumentos de colaboración y coordinación desde la perspectiva de las administraciones locales, así como a las formas y medios de información y de participación de los ciudadanos[84].

Es necesario aludir también a la normativa reguladora de las "organizaciones para la cooperación de la Administración del Estado con la Local". Hay que citar, en primer lugar, la Comisión Nacional de Administración Local, que se configura como un órgano mixto, compuesto por igual número de representantes de los entes locales y de la Administración del Estado y presidido por el ministro de Administración Territorial (ahora ministro para las Administraciones Públicas), a cuyas reuniones pueden asistir también representantes de las comunidades autónomas. Los acuerdos se adoptan con base en un consenso entre ambas representaciones, requiriéndose, para la formación de la voluntad de la representación local, la mayoría absoluta de sus miembros. Las competencias asignadas a la comisión poseen carácter consultivo (en relación con los proyectos de ley o de reglamento en cuanto afecten a la Administración local, en relación con los criterios para la autorización de operaciones de endeudamiento y en relación también con la disolución de los órganos) y de propuesta (sobre atribución y delegación de competencias y en materia financiera), pudiendo también solicitar de los órganos consti-

[81] No obstante, existen algunas excepciones, pues la referida ley establece hipótesis de "regímenes especiales" *vid.* especialmente, por lo que se refiere al *concejo abierto*, *infra*, Cap. III, notas 13 y 23.

[82] *Vid.* arts. 19 a 23 y 32 a 35 de la Ley citada.

[83] *Vid.*, *infra*, Cap. III, 8 B).

[84] Cfr. los capítulos II y IV del Título V de la ley, dedicados —en el ámbito de las "disposiciones comunes a las entidades locales"— respectivamente, a las "relaciones interadministrativas" y a la "información y participación ciudadanas". Estos capítulos no agotan, sin embargo, la regulación de estos aspectos, de modo que una referencia a los mismos se percibe todo a lo largo del texto de la ley.

tucionalmente legitimados para ello —Presidente del gobierno, Defensor del Pueblo, cincuenta diputados, cincuenta senadores y determinados órganos de las comunidades autónomas, de acuerdo con lo establecido por el art. 162 de la Constitución— la impugnación ante el Tribunal Constitucional de las leyes del Estado o de las comunidades autónomas que estime lesivas para la autonomía local[85].

El gobierno, en uso de la autorización conferida por la propia LRBRL de 1985, procedió finalmente a recoger en un Texto refundido las disposiciones legales vigentes en materia de régimen local (Real Decreto Legislativo 781 de 18 de abril de 1986), así como a actualizar y adecuar a los nuevos principios, entre otros instrumentos[86], mediante el Reglamento de Organización, funcionamiento y régimen jurídico de las Corporaciones locales (Real Decreto 2568 de 28 de noviembre de 1986). Tanto el Texto refundido como el Reglamento tienen, por lo general, carácter supletorio (aplicándose únicamente en caso de ausencia de una disciplina específica adoptada por el ente local en su propio Reglamento orgánico) y transitorio (al estar condicionada su vigencia a la entrada en vigor de la normativa autonómica destinada a sustituirlos)[87].

5. El sistema portugués: las regiones autónomas insulares y las (irrealizadas) regiones continentales

A) *El diseño regional en la Constitución de 1976 y en la reforma de 1982*

Más allá de ciertos paralelismos genéricos, debidos al desarrollo casi simultáneo de la democratización, la situación de las autonomías es, en el otro país ibérico, bastante distinta a la española. También aquí, la Constitución prevé una regionalización que altera la estructura centralizada precedente.

[85] Nótese que para formular dicha "solicitud" está asimismo legitimada la representación de las entidades locales en la comisión. En relación con la estructura y las funciones de esta, cfr. los arts. 117 y s. de la LRBRL, así como el Real Decr. 2342 de 4 de diciembre de 1985.

[86] Además, cfr. el Reglamento de Bienes de las Entidades Locales, aprobado por Real Decr. 1372 de 13 de junio de 1986, así como el Reglamento de Población y Demarcación Territorial de las Entidades Locales, aprobado por el Real Decr. 1690 de 11 de julio de 1986.

[87] Sobre las relaciones entre las distintas fuentes (relaciones bastante complejas y que exigen una distinción según el objeto tratado), véase la "resolución" emitida por la Dirección General de la Administración Local del Ministerio para las Administraciones Públicas, en la que se establece una articulada serie de "criterios interpretativos" (res. 2162, publicada en el *Boletín Oficial del Estado* de 28 enero 1987, núm. 24, pág. 2587).

Se trata, sin embargo, de un cuadro que no ha dado lugar a reivindicaciones autonomistas importantes, permaneciendo en gran parte irrealizado.

La Constitución portuguesa de abril de 1976 establece en su diseño regional, una neta distinción entre el régimen reservado al territorio Insular (Azores y Madeira) y el referido al territorio continental. Distinción que la propia Constitución (art. 227) justifica con base en "los condicionamientos geográficos, económicos, culturales y sociales y en las históricas aspiraciones a la autonomía de las poblaciones insulares".

En atención a estas circunstancias, se prevén dos tipos distintos de regiones: de un lado, las "regiones autónomas", a las que se dedica todo un Título (VII) de la Constitución; de otro lado, las denominadas "regiones administrativas" situadas en el continente, que no son reguladas —y esto resulta sin duda significativo— en el mismo Título que las primeras, sino junto a las parroquias y los municipios, en el Título dedicado a las "autarquías locales"[88].

El esquema perfilado en el texto originario de la Constitución sobre las instituciones regionales y locales no ha sufrido transformaciones radicales tras la reforma realizada por Ley constitucional 1 de 30 de septiembre de 1982. Esta ley, no obstante, al perseguir como objetivo general la reordenación de los poderes fundamentales del Estado —revisando las funciones del presidente de la República, suprimiendo el Consejo de la Revolución, instituyendo el Tribunal Constitucional y estableciendo una precisa subordinación de las fuerzas armadas al poder político— va a afectar a ciertos aspectos del modelo territorial, lo que resulta no solo de la nueva estructura de la organización constitucional (piénsese, por ejemplo, en el papel asignado al órgano de justicia constitucional en relación con las controversias normativas entre Estado y regiones, la sustitución de la intervención del Consejo de la Revolución por el Consejo de Estado en procedimientos de distinta importancia para las regiones, el nombramiento de un ministro de la República en cada una de las regiones autónomas, o en la disolución de los órganos regionales)[89], sino también de la delimitación más precisa de las intervenciones del Estado sobre las regiones autónomas y las autarquías locales (se precisan de forma más rigurosa los presupuestos y el procedimiento para la disolución de los

[88] *Vid.* el Título VIII de la Constitución portuguesa, donde se afirma que "en el continente son autarquías locales las parroquias (*as freguesias*), los municipios y las regiones administrativas" (art. 238). Cfr., para un análisis del sistema regional y autonómico portugués, D. FREITAS DO AMARAL, *Curso de direito administrativo*, Coimbra, 1988, *passim*.

[89] Cfr. los arts. 235 y 281, 232 y 236 de la Constitución. Obsérvese cómo también el criterio de una colegialidad mayor en las relaciones entre los órganos del gobierno tiene un cierto reflejo en los preceptos de la Constitución dedicados a las entidades territoriales. Así la propuesta para el nombramiento del ministro de la República en cada región autónoma ya no se confía únicamente al Primer Ministro, sino a todo el Consejo de Ministros (art. 232 citado).

órganos regionales y locales, se suprimen los poderes de suspensión, se vuelven a definir las modalidades del control de los decretos regionales, se limita expresamente a cuestiones de legalidad el control sobre los actos de los entes locales y se suprime la cláusula que permitía a la ley acordar la obligatoriedad de las federaciones de municipios)[90]. Al mismo tiempo, se incrementan las atribuciones de las regiones autónomas (a las que se les reconoce, además de una serie de funciones que serán objeto de análisis más detenido en el apartado siguiente, una "potestad tributaria propia")[91]; se reconoce la posibilidad de utilizar sistemas diversos de estructuración organizativa (admitiendo expresamente fórmulas peculiares de organización territorial no solo para las áreas metropolitanas, sino también para las islas, y pasando a ser facultativo el órgano consultivo municipal, representativo de las instancias económicas, sociales, culturales y profesionales)[92]; por fin, se introducen también nuevos instrumentos de participación de las regiones, municipios y parroquias en los procedimientos de elaboración de los actos estatales que les afectan (creación, extinción o modificación de la circunscripción de los municipios e institución de las regiones administrativas)[93], así como de consulta directa a los ciudadanos[94].

B) *Las regiones autónomas*

Las regiones autónomas —Azores y Madeira—, regidas por Estatutos elaborados por las asambleas regionales y aprobados por la Asamblea de la República[95], disponen de la potestad de "legislar, dentro del respeto a la Constitución

[90] *Vid.* arts. 235, 236, 243 y 254 de la Constitución.

[91] *Vid.* art. 229, especialmente letra f) de la Constitución.

[92] Arts. 238, 250, así como el 253, que confía al ayuntamiento (*a assambleia municipal*) la decisión sobre la eventual creación del órgano consultivo. *Vid. infra*, Cap. III, 2 E).

[93] Art. 249, según el cual "la creación o extinción de municipios, así como la modificación de sus respectivas circunscripciones se efectúa en virtud de ley, previa consulta a los órganos de las autarquías interesadas" (es decir, no solo de los municipios interesados, sino también de las parroquias y de las regiones). El art. 256, por su parte, confía la creación de las regiones administrativas a una ley, que ha de adoptarse "previa audiencia de los municipios" acerca de las formas de participación en los procedimientos estatales previstos para las regiones autónomas (vid. el epígrafe siguiente).

[94] "Los órganos de las autarquías locales —dispone el apartado añadido por la ley constitucional de 1982 al art. 241— pueden efectuar consultas directas a los ciudadanos electores... por medio del voto secreto, sobre materias de su competencia exclusiva, en los casos, en los términos y con la eficacia establecidos por la ley".

[95] Arts. 164, letras b) y c), 228 y 296 de la Constitución portuguesa. Según la doctrina portuguesa mayoritaria, que recuerda, en este aspecto, el debate italiano, el Estatuto no puede configurarse como un acto regional, sino más bien como acto complejo en el que confluyen un acto estatal y un acto regional con valor legislativo reforzado; *vid.*, al respecto, J. J. GOMES CANOTILHO, *Direito constitucional*, 3ª ed., Coimbra, 1983, págs. 644 y ss.; asimismo,

y a las leyes generales de la República, en materias de interés específico para la región, que no estén reservadas a la competencia propia de los órganos de soberanía"[96].

Separándose así del esquema adoptado por la Constitución italiana (que recoge una enumeración expresa de las materias atribuidas a la competencia legislativa regional) y del seguido por la Constitución española (determinación de los límites de las materias dentro de los cuales los Estatutos determinan las competencias que corresponden a cada comunidad autónoma), el constituyente portugués opta por una atribución genérica de potestad legislativa, que se extiende a cualquier sector en el que se reconozca un especifico interés regional —con la única excepción de aquellos que estén expresamente reservados al Estado[97]—. La amplitud horizontal de esta atribución se encuentra, no obstante, sensiblemente reducida por la afirmación de un criterio absoluto de prevalencia vertical de las leyes generales del Estado en relación con las regionales[98].

A estas regiones se les reconoce, además, autonomía reglamentaria, tanto en la ejecución de leyes regionales como en la ejecución de leyes generales estatales, si estas leyes no establecen una reserva expresa de dicho poder reglamentario en favor de órganos estatales. Asimismo se les reconoce autonomía financiera, patrimonial y administrativa. En este sentido, elaboran el plan económico regional, supervisan los servicios, las instituciones públicas y las empresas nacionalizadas que ejerzan su actividad exclusivamente en la región[99].

Por lo que se refiere al régimen local, estas regiones tienen poderes para crear y suprimir —en los términos previstos por la ley del Estado— entes locales, y para modificar sus circunscripciones; asimismo les corresponde

---

J. J. Gomes Canotilho y V. Moreira, *Constituçâo da Republica portuguesa. Anotada*, 2ª ed., Coimbra, 1985, vol. II, págs. 352 y 353.

[96] Art. 229 de la Constitución portuguesa.

[97] En relación con las materias sujetas a reserva de ley del Estado, cfr. los arts. 166 a 168 de la Constitución portuguesa.

[98] Según la definición contenida en el art. 115 de la Constitución, hay que reconocer el carácter de "generalidad" a las "leyes y decretos-leyes que se apliquen sin reservas en todo el territorio regional". En este aspecto, podría dudarse del valor real de las fuentes regionales. El hecho de que los decretos regionales se configuren como auténticos actos legislativos aparece, en todo caso, afirmado expresamente por la propia Constitución (cfr. el art. 115 citado). Este es el sentido en el que se orienta la doctrina portuguesa (cfr. J. J. Gomes Canotilho, *Direito*, cit., esp. pág. 648).

[99] *Vid.* el art. 299, letras a), b), d), e), g), i), j) (texto modificado de acuerdo con la reforma constitucional de 1982). Con base en estas indicaciones generales, son los Estatutos los que regulan las atribuciones regionales.

ejercer —también en este caso según la disciplina establecida por una ley estatal— los controles correspondientes[100].

En sus relaciones con el nivel nacional, resulta también importante la participación regional en procesos de decisión que culminan en los órganos del Estado; lo que comprende no solo la iniciativa legislativa y la participación en la elaboración del Plan nacional, sino también, entre otros aspectos, la participación "en la definición y ejecución de las políticas fiscal, monetaria, financiera y cambiaria", en la "definición de la política relativa a las aguas territoriales, a la zona económica exclusiva y al fondo marino", y aún más, en las propias "negociaciones de Tratados y acuerdos internacionales que les afecten directamente, así como en los beneficios derivados de las mismas"[101]. Está asimismo previsto que, en todo caso, los órganos "de soberanía oigan a los órganos de gobierno regional en lo relativo a las cuestiones de su competencia referentes a las regiones autónomas"[102].

Por otro lado, para evitar la lesión o menoscabo de las atribuciones regionales por los propios órganos del Estado, se reconoce a las regiones autónomas importantes instrumentos de tutela, pudiendo recurrir ante el Tribunal Constitucional cualquier norma que vulnere —bajo este aspecto— disposiciones contenidas en la Constitución o en los respectivos Estatutos[103].

[100] Cfr. las letras g) y h) del art. 229 citado, modificado en la reforma constitucional de 1982, que, si bien amplió la disposición precedente al incluir en ella los poderes de creación, extinción y modificación de las circunscripciones, eliminó en cambio la referencia —contenida en el texto de 1976— a un genérico "poder de orientación" respecto de los entes locales. Sobre las reservas de ley estatal en materia de disciplina de estos poderes, cfr. el art. 167, letra j), de la Constitución, y en lo que se refiere al régimen de los controles, véanse los arts. 168.1 letra f) y 243.

[101] Cfr. art. 229 cit., especialmente letras c), 1), n), o) y p).

[102] Art. 231.2 de la Constitución. Por lo demás, también al margen de esta obligación de audiencia que recae sobre los órganos constitucionales del Estado, la Constitución (art. 229, letra q)) se cuida de prever expresamente la facultad de las regiones autónomas de pronunciarse —a solicitud de dichos órganos constitucionales o por iniciativa propia— sobre algunas cuestiones de su interés. Cfr. también el primer apartado del citado art. 231, según el cual los órganos constitucionales del Estado "asegurarán, en cooperación con los órganos de gobierno regional, el desarrollo económico y social de las regiones autónomas, con vistas, en particular, a la corrección de las desigualdades derivadas de la insularidad". En el texto de 1976, el art. 236 contemplaba una comisión consultiva para cuestiones relativas a las regiones autónomas que actuaría junto al presidente de la República. Estaban llamados a participar en la misma, además de los miembros designados por el propio presidente, un miembro por cada Asamblea regional. El artículo ha sido ahora suprimido (*vid.* art. 182 de la ley constitucional de 30 de septiembre de 1982).

[103] Arts. 280 y 281, letas a) y c) de la Constitución. La tutela se extiende a los derechos de participación reconocidos a las regiones, quedando, en todo caso, excluida en relación con

Por lo demás, la organización de las regiones autónomas gira en torno a una asamblea legislativa elegida por sufragio directo, con arreglo a un sistema de representación proporcional (en concreto el método D'Hondt). El gobierno regional es políticamente responsable ante ella, y su presidente es nombrado, tomando en consideración los resultados electorales, por el ministro que representa al Estado en cada región[104]. Este ministro coordina, además, las actividades de los servicios centrales del Estado que inciden sobre los intereses regionales; supervisa las funciones administrativas ejercidas por el Estado en la región y las coordina con las que realiza la misma región; puede asimismo ejercer el derecho de veto sobre los actos normativos regionales[105].

Inmediatamente después de la entrada en vigor de la Constitución, y con base en todas estas previsiones constitucionales, se procedió a la constitución de las regiones de Azores y Madeira, transfiriéndoles una importante serie de competencias[106].

C) *Las regiones administrativas*

Las previsiones constitucionales relativas a las regiones administrativas eran muy distintas. De acuerdo con tales previsiones, a una fase de "creación" simultánea de estas regiones por medio de una ley que precisara su régimen peculiar (ley que había de aprobarse según lo que establece la ley constitucional de 1982, una vez oídos los municipios), debería seguir una fase distinta de "creación concreta" de la región, supeditada al voto favorable de la mayoría de los municipios interesados, que representen a la mayor parte de la población del área regional. Sus atribuciones son de carácter meramente administrativo y comprenden, en concreto, la planificación regional, la coordinación y apoyo de la actuación de los municipios y la dirección de los servicios públicos. La organización consiste en una asamblea cuya composición es mixta (de ella forman parte, tanto miembros elegidos directamente por los ciudadanos como miembros designados por los municipios —inferiores en número a los anteriores—), una junta elegida por la asamblea entre sus propios miembros y un

---

los aspectos que adolecen de naturaleza normativa: cfr. J. J. Gomes Canotilho y V. Moreira, *Constituçâo da Republica portuguesa. Anotada*, cit., págs. 353 y 366-367.

104 Art. 233. En relación con las hipótesis de disolución de los órganos regionales por actos contrarios a la Constitución, *vid.* el art. 236 (nuevo texto).

105 Estos ministros representantes de la República en las regiones autónomas participan en las reuniones del Consejo de Ministros si figuran en el orden del día asuntos que interesen a la región respectiva (cfr. art. 232.2 de la Constitución).

106 Los Estatutos provisionales de Azores y Madeira fueron aprobados por d.l. de 30 de abril de 1976 núm. 318-B y 318-D; el primero fue revisado por Ley de 26 de marzo de 1987 núm. 9; en relación con el segundo, cfr. el d.l. de 1 de julio de 1976 núm. 427-F.

consejo, órgano consultivo (similar al previsto en el caso de los municipios —si bien ahora con carácter facultativo—) compuesto por representantes de las organizaciones culturales, sociales, económicas y profesionales existentes en esa área[107].

En realidad, esta moderada regionalización, cuya propia definición quedaba, en buena medida, supeditada a decisiones remitidas al legislador ordinario, sigue todavía sin realizar. Permanece así la división en distritos, cuya subsistencia consentía la Constitución mientras no estuviesen creadas las regiones. Para cada distrito se prevé una asamblea deliberante compuesta por representantes de los municipios y presidida por el gobernador civil[108].

Esto no significa que la cuestión haya sido dejada de lado, ni que el debate no haya producido resultados apreciables (especialmente en la fase posterior a la presentación en 1980 por el gobierno, del "libro blanco" sobre regionalización[109]); resultados apreciables que se han visto alentados entre 1982 y 1983 por una serie de importantes estudios, resoluciones y proyectos dirigidos a definir las líneas de actuación de este proceso[110].

Con ocasión de la reforma de la Constitución en 1982, la Asamblea de la República no ha querido introducir variaciones en estos planteamientos; bien al contrario, ha querido confirmar su validez, limitándose a introducir algún ajuste, dirigido, en principio, a atenuar los temores a una eventual reducción de la autonomía municipal. Así, junto a la ya mencionada introducción del

[107] Arts. 258 a 261 de la referida Constitución.

[108] Art. 263 del texto de 1976.

[109] *Ministerio da administraçao interna – Secretaria de estado da administraçao regional e local. Livro branco sobre regionalizaçao*, Lisboa, 1980, vols. I y II. Las conclusiones del "Libro blanco" se encuentran recogidas en F. MERLONI, M. G. VECCHIO, *Il proceso di decentramento amministrativo in Portogallo*, Roma, 1987, págs. 40 y ss.

[110] Nos referimos, en particular, a la creación, en virtud de acuerdo del Consejo de Ministros de 16 de noviembre de 1981, de algunas estructuras centrales para el proceso de regionalización. Asimismo nos referimos a la resolución gubernativa de 4 de enero de 1982, núm. 1, sobre las líneas generales del proceso de regionalización en el continente. También al estudio *Regionalizaçao e poder local em Portugal*, dirigido por el *Istitudo de estudos para o desenvolvimento, sobre regionalizaçao*, presentada por el *Ministerio de administraçao interna. Secretaria de estado da administraçao regional el local*, Lisboa, 1983; y, en fin, aludimos también a los proyectos de ley-marco sobre las regiones administrativas y sobre la institución, en el ámbito de estas, de los representantes del gobierno, presentados por el propio secretario de Estado en mayo de 1983. Para un comentario detallado de los fragmentos más relevantes de estos textos, cfr. F. MERLONI, M. G. VECCHIO, *Il proceso di decentramento in Portogallo*, cit., así como D. DA SILVA, E. QUADROS, "Portugal", en *Annuaire européen d'administration publique*, 1982, pág. 645, donde se recoge la parte del programa del VIII Gobierno constitucional (1981) relativa a la regionalización (cuya puesta en marcha aparece aquí configurada como la "prioridad" del gobierno).

informe obligatorio de los municipios en el procedimiento legislativo de creación de las regiones[111], se establece expresamente que en todo caso, las competencias regionales de coordinación y apoyo a la actuación de los municipios se desarrollarán "sin limitación de sus respectivos poderes"[112]. Por otra parte, para subrayar la voluntad constitucional de poner en marcha el nuevo sistema, el artículo relativo a los distritos se ha desplazado del Título relativo a los "poderes locales", al grupo de las disposiciones transitorias y finales[113].

Varios factores de contención —de orden político, económico y administrativo— han provocado incertidumbres y retrasos[114]. En este aspecto, todavía no se ha tomado partido sobre determinadas opciones o decisiones preliminares, como las relativas a la delimitación territorial de las regiones administrativas. A propósito de esta delimitación, ni siquiera han sido excluidas las hipótesis más extremas, bien la "definición de grandes regiones, que comprendan áreas con niveles de desarrollo muy distintos y con centros urbanos de apreciables dimensiones", bien la configuración de "regiones relativamente pequeñas y homogéneas"[115]. El proceso de regionalización, por otra parte, parece quererse

[111] *Vid.* el art. 193 de la Ley constitucional 1 de 1982, que sustituye al art. 256 de la Constitución.

[112] *Vid.* el art. 194 de la Ley constitucional 1 de 1982, en relación con el art. 257 de la Constitución.

[113] *Vid.* el art. 195 de la Ley constitucional 1 de 1982, que desplaza el art. 263 de la Constitución de 1976 al art. 295 del texto reformado.

[114] Entre estos factores se encuentran la organización fuertemente centralizada de los partidos políticos, la inestabilidad gubernativa, la notable desigualdad en lo que se refiere a la implantación territorial de las estructuras económicas y del sistema político, las resistencias de la burocracia central. Sobre estos aspectos, cfr. F. Merloni, *Il proceso*, cit., págs. 13 a 15; *Regionalizaçao e poder local*, cit., ivi, págs. 59 y 60; *Relation national do debate publico sobre regionalizaçao*, cit., ivi, págs. 78-79. Cfr., asimismo, J. Campinos, *Regioni ed enti local nelle esperienze e nelle prospettive portoghesi*, ponencia presentada en las Jornadas celebradas sobre el tema *Le autonomie regionali e il potere locale: modelo di Stato e modelli di amministrazione* (Saint-Pierre, 20 a 23 de mayo de 1982), Roma, 1984; autor que hace hincapié en el importante papel que en este retraso han jugado los temores y las preocupaciones de las fuerzas políticas en relación con una operación que implica el nuevo diseño de las circunscripciones para la elección de la única cámara que constituye el Parlamento de la República.

[115] Cfr. el "libro blanco" (loc. cit., págs. 49 a 53), donde se señalan dos hipótesis distintas: una de ellas propugna la creación de diez regiones administrativas y la otra la creación de cinco (*vid.* el esquema ivi recogido en pág. 55). Más recientemente, la citada *Relation nacional do debate publico sobre regionalizaçao* (ivi, págs. 75, 85 y 86) pone de manifiesto que "a los largo de estos últimos años no se ha perfilado todavía ninguna tendencia clara sobre la configuración de la división regional, a pesar de que haya tenido un apoyo significativo la individualización del supuesto del Algarve, la creación de la región del Alentejo y una transferencia específica a las áreas metropolitanas de Lisboa y de Oporto, en este caso con base en una fuerte participación municipal".

realizar de forma escalonada, de modo que la desconcentración regional tiende a ser considerada una condición necesaria para que se pueda llevar a cabo la descentralización por medio de las regiones administrativas[116].

D) *Las tendencias del régimen local*

Centrando ahora nuestro análisis en las autarquías locales de menores dimensiones, hemos de señalar la existencia, en el sistema portugués, de entes territoriales de ámbito inferior al municipio, que reciben la denominación de "parroquias" (*freguesias*). Esta presencia se remonta a antiguas tradiciones y se encuentra sancionada por la Constitución, tanto para el ámbito del territorio continental como en el de las regiones autónomas (arts. 238 y ss. de la Constitución). Cada parroquia está dotada de una asamblea elegida por sufragio directo; sistema de elección distinto del utilizado para los municipios. De acuerdo con un esquema organizativo de rasgos "federalistas", el municipio va a estar constituido, además de por miembros elegidos en vía directa, por los presidentes de los ejecutivos parroquiales (denominados juntas de parroquia).

Dentro del cuadro que define la Constitución, revisado a raíz de la reforma de 1982 en la dirección ya señalada[117], el legislador ordinario ha intervenido en más de una ocasión para reforzar, sobre todo, la esfera de autonomía de los municipios. En este sentido, ya con la Ley 79 de 28 de octubre de 1977, se reconoció el papel general de los entes locales, atribuyéndoles —más allá de las competencias indicadas en ese momento expresamente por la ley, y que adquieren carácter meramente ejemplificativo—, todo lo que "afecte a los intereses propios, comunes y específicos de las poblaciones respectivas", a excepción únicamente de las competencias reservadas expresamente a la Administración del Estado o a determinadas categorías de entes locales[118].

[116] Sobre este punto, *vid.* las indicaciones contenidas en el "libro blanco", cit., págs 48 y 49: "la dirección que hay que recorrer está bien clara: formación de una base territorial única en relación con los organismos regionales de los distintos sectores de la Administración, transferencia progresiva de poderes a los órganos regionales y puesta en funcionamiento de mecanismos de coordinación intersectorial en el ámbito regional".

[117] *Vid.*, *supra*, núm. 5 A), especialmente notas 92 y 94.

[118] En este sentido, *vid.* el art. 2 de la Ley 79 de 25 de octubre de 1977, cuyo contenido aparece ahora recogido en el art. 2 de la Ley 100 de 29 de marzo de 1984. Este precepto, después de enumerar las competencias atribuidas en concreto a los entes locales —integrando la lista de 1977 con materias como la protección del medio ambiente o la protección civil— prosigue afirmando que la cláusula de competencia general opera " dentro del respeto al principio de unidad del Estado y al régimen definido por la ley de delimitación y coordinación de las actividades de la Administración Central y Local en materia de inversiones públicas". El criterio de salvaguardia de las atribuciones del Estado o de determinados entes locales aparece de nuevo recogido en el art. 76 de la ley. En materia de inversiones, por otra parte, esta ley vino precedida del Decreto-ley 77 de 8 de marzo de 1984, que "delimitó" las competencias relativas,

Más recientemente, la Ley 100 de 29 de marzo de 1984 —modificada por la Ley 25 de 12 de agosto de 1985— llevó a cabo una profunda reforma de la Ley 79 de 1977; reforma que se proponía como fin esencial corregir de acuerdo con lo que declara el Preámbulo del Decreto, "lagunas, imperfecciones técnico-jurídicas y deficiencias en la sistemática". Se han introducido así algunas modificaciones sustanciales de cierta importancia (por ejemplo, se reduce el número de miembros de los órganos, se amplía el mandato de sus titulares y se refuerza los poderes de la asamblea decisoria respecto del ejecutivo)[119].

Posteriores intervenciones fortalecen las fórmulas de asociación de municipios[120], vuelven a definir la disciplina general sobre creación, supresión y modificación de municipios[121] o, incluso, dotan a dichos municipios de la posibilidad de servirse de estructuras estatales para la asistencia técnica y administrativa, particularmente en la elaboración de proyectos de obras públicas o para la preparación de planes urbanísticos[122].

---

atribuyendo como exclusivas a los municipios las referidas a las infraestructuras urbanas y rurales, higiene, energía, sanidad, educación, cultura, transportes y otras materias importantes, y que fijó modos de "coordinación" para las intervenciones no reservadas a los municipios, mediante acuerdos y contratos (según categorías de obras) entre el Estado y los entes locales.

[119] En especial, cfr. el art. 5, que fija el número de miembros de las asambleas de parroquia desde un máximo de 19 a un mínimo de 7 (en la ley precedente el número oscilaba entre 27 y 9). Asimismo, el art. 31, en relación con la composición del municipio; también, el art. 69, que alarga la duración del mandato de tres a cuatro años; por fin, los arts. 15 y 51, que definen, respectivamente, las competencias de la asamblea parroquial y del municipio. El texto de la Ley 100 de 1984 —actualizado con las modificaciones introducidas por la Ley 25 de 1985— aparece recogido, con anotaciones, en A. Rebordao Montalvo y A. Rosa Montalvo, *O novo regime das autarquías locais*, Coimbra, 1985. En este libro pueden encontrarse algunos otros textos sobre los entes locales, incluido el Decreto-ley 77 de 8 de marzo de 1984, en materia de inversiones. Igualmente, estas normas son regidas, en un apéndice, en A. Pereira, M. Castro de Almeida, *Conhecer as autarquías locais*, Oporto, 1985.

[120] Decreto-ley 266 de 15 de septiembre de 1981, sobre asociaciones de municipios. Cfr., *infra*, Cap. III, 3 B).

[121] Ley 142 de 18 de noviembre de 1985, Ley marco sobre la creación de municipios.

[122] Nos referimos, en concreto, a los *gabinetes de apoio técnico* (GAT), instituidos por el Decreto-ley 58 de 29 de marzo de 1979, como órganos periféricos de la Administración del Estado. Su actuación está coordinada por *comissoes de coordinaçao regional* (CCR), creadas por el Decreto-ley 494 de 21 de diciembre de 1979 —con base en una previsión ya contenida en la ley orgánica sobre el Ministerio de Administración interna, d.l. 342 de 19 de agosto de 1977— como órganos descentralizados del *gabinete de apoio as autarquías locais*, que se sirven de dos órganos colegiados consultivos (compuestos, respectivamente, por los presidentes de los ejecutivos municipales y por los responsables de los órganos periféricos del Estado) y que desarrollan también actividades para el desarrollo de la región y para la elaboración de la programación regional.

6. El sistema belga: articulación lingüística y territorial de la regionalización

A) *La doble estructura de la regionalización*

Desde distinto punto de vista, en la parte nororiental del área vinculada a la tradición administrativa francesa, destaca, el proceso de profunda transformación llevado a cabo en Bélgica.

El punto de partida de dicho proceso está marcado por una serie de reformas aprobadas en 1970[123], que modifican y completan la Constitución de 1831.

De un lado, dichas reformas afectaban a la estructura del gobierno local y, en particular, a la fragmentación municipal, que ponía especial énfasis en las nuevas fórmulas de colaboración de los entes locales. Estas fórmulas de colaboración, previstas en normas constitucionales, no se llegaron a adoptar en la práctica. Y desde esta perspectiva, el proceso de revisión culminó, en 1975, con un sólido replanteamiento del mapa municipal, mediante una serie de fusiones que reducen drásticamente el número de municipios.

De otro lado, estas reformas se propusieron una renovación general del Estado, con el fin de adecuar su funcionamiento a las exigencias de las distintas comunidades lingüísticas, culturales, sociales y económicas. Se partía del presupuesto de que la forma unitaria de Estado aparecía "dépassé par les faits"[124].

Esta renovación del Estado, que incide en la estructura de los propios órganos constitucionales[125], va a girar en torno a una doble articulación sancio-

[123] *Vid.* las Leyes constitucionales de 20 de julio y 24 de diciembre de 1970 que han modificado —en relación con los municipios, las provincias y las haciendas locales— los arts. 108, 110 y 113 de la Constitución, introduciendo los nuevos arts. 3 bis, 3 ter, 38 bis, 59 bis, 59 ter, y —en lo que se refiere a las regiones, aglomeraciones y federaciones de municipios— los arts. 108 bis y 108 ter.

[124] En estos términos se expresaba el informe presentado el 13 de noviembre de 1969 por un grupo de representantes de todos los partidos políticos. Sobre los caracteres de la reforma del Estado belga iniciada en 1970, F. Delpérée, *Droit constitutionnel*, vol. I, *Les données constitutionnelles*, Bruselas, 1980; R. Senelle, *La réforme de l'État belge*, 5 vols., Bruselas, 1978-87; R. Maes, *la décentralisation territoriale. Situation et perspectives. Rapport au Ministre de l'intérieur et de la fonction publique*, Lovaina, 1985. Los textos normativos más importantes están recogidos y comentados sintéticamente en Ch. Colinet, *La strutura normativa della regionalizzazione belga*, ISR, Roma, 1986, que contiene también una serie de tablas de comparación de las competencias de las comunidades y regiones belgas y las regiones italianas.

[125] Cfr. en especial, el criterio de repartición de los miembros de las dos Cámaras en un grupo lingüístico francés y en otro holandés (art. 32 bis de la Constitución y Ley de 3 de julio de 1971); este reparto asume una importancia determinante en el procedimiento especial previsto para la aprobación de leyes susceptibles de "comprometer gravemente las relaciones entre las dos comunidades" (art. 38 bis de la Constitución). Cfr., asimismo, el principio de

nada constitucionalmente: una de tipo lingüístico-cultural, que engloba tres "comunidades" (la francesa, la holandesa y la alemana)[126] y otra de tipo económico-territorial, que comprende tres "regiones" (la valona, la flamenca y la bruselense)[127].

De este modo, se daba una respuesta original acorde con las peculiaridades propias del país, basada en la superposición de entidades que asumen el territorio como elemento constitutivo de su personalidad jurídica con entidades que —en una recuperación moderna de la distinción medieval entre *lex personae* y *lex loci*[128]— encuentran, en cambio, su elemento constitutivo o esencial en el vínculo lingüístico-cultural de una comunidad de personas, con independencia de su lugar de nacimiento o residencia.

B) *Las comunidades y las regiones: significación y atribuciones*

El proceso iniciado en 1970 se completa y, en parte, se rectifica con una nueva reforma constitucional en virtud de la Ley de 17 de julio de 1980 y con la Ley de 8 de agosto de ese mismo año lo completan. Tratan de definirse el papel de las comunidades, atribuyéndoles materias que la propia Constitución define como "culturales" y —utilizando un término inédito— "personalizables". Dentro de este tipo de materias se incluyen sectores como la protección del idioma, las bellas artes, el patrimonio cultural, los museos y las instituciones científicas y culturales, las bibliotecas y servicios similares, la radiodifusión y la televisión, la política de la juventud, los deportes, el turismo, etc.[129], así como las prestaciones sanitarias, la asistencia social y la investigación científica aplicada a las materias de su competencia[130].

En todos estos sectores[131], las comunidades dictan normas con fuerza de ley, por medio de decretos aprobados por el consejo respectivo. Con estos

---

paridad en el número (exceptuando al Primer Ministro) de los ministros de las dos comunidades lingüísticas (art. 86 bis de la Constitución).

[126] Art. 3 ter de la Constitución, añadido el 24 de diciembre de 1970.

[127] Art. 107 quater de la Constitución, añadido el 24 de diciembre de 1970.

[128] Cfr. CH. COLINET, *La struttura normativa*, cit., págs. 5 y 6.

[129] Cfr. el art. 4 de la Ley de 8 de agosto de 1980 —ahora modificado por la Ley de 8 de agosto de 1988, art. 1— que enumera las materias "culturales", en relación con el art. 59 bis, apdo. 2, núm. 1 de la Constitución.

[130] Cfr. el art. 5 de la Ley de 1980 cit., que enumera (reservando importantes sectores al Estado) las materias "personalizables", en relación con el art. 59 bis, apdo. 2 bis de la Constitución. *Vid.*, también, en relación con la tutela de la juventud, el art. 2 de la Ley de 1988 citada.

[131] Así como en los no explícitamente previstos por la Ley, pero indispensables para el ejercicio de las competencias de las comunidades (cfr. artículo 10 de la Ley de 1980 citada).

decretos se regula, incluso, la cooperación entre las comunidades y la cooperación internacional en dichas materias[132].

Algo distinto sucede, sin embargo, en el caso de las regiones. Orientadas para atender los problemas territoriales y los problemas económicos, se les atribuyen competencias —y poderes normativos análogos a los que corresponden a las comunidades— relativas a la gestión del territorio, la protección del medio ambiente, la agricultura, los bosques, la caza y la pesca, la producción, distribución y depuración de las aguas, la planificación regional, los aspectos regionales del crédito, el desarrollo económico regional, la explotación de los recursos naturales, los aspectos regionales de la política energética, la instalación de laboratorios y la investigación científica sobre las materias de su competencia. Corresponden asimismo a las regiones determinadas potestades en relación con las Administraciones locales (en particular, el control y la determinación de las competencias de las asociaciones de municipios, la aplicación y ejecución de las es orgánicas relativas a dichas asociaciones, el reparto de fondos a los municipios y las provincias, el otorgamiento de ayudas y subvenciones para obras a realizar por estos últimos y la tutela general sobre los mismos —las potestades específicas de tutela quedan reservadas, sin embargo, al Estado o a las comunidades—)[133].

En un marco tan intrincado de competencias, las técnicas de concertación juegan un papel importante. Las Leyes citadas de 1980 y de 1988 les dedican gran atención, y prevén diversas modalidades de participación en los procedimientos administrativos, ciertas obligaciones de información, la celebración de acuerdos[134] y la creación de órganos destinados a promover la cooperación,

[132] Cfr. el art. 59 bis de la Constitución, apdo. 2 bis, añadido por la ley de reforma de la Constitución de 17 de julio de 1980.

[133] La lista de las materias atribuidas a las regiones, en relación con el art. 107 quater de la Constitución, está recogida en el art. 6 de la Ley de 8 de agosto de 1980, ahora ampliamente revisado e integrado por los art. 4 y 5 de la Ley de 1988 (especialmente en lo que respecta a materias como la protección del medio ambiente, residuos, aguas, política económica y crédito, suministro de gas y electricidad, fuentes de energía, obras públicas, transportes, financiación de los Ayuntamientos, empleo, investigación científica). Cfr. también el art. 7, en relación con los poderes de tutela. Sobre estos, *vid. infra*, Cap. IV, D).

[134] Por ejemplo, en este sentido, cfr. el art. 92 de la Ley de 8 de agosto de 1980, así como distintas disposiciones de esta ley, especialmente en distintos apartados de los arts. 4 y 8 (también en estos aspectos integrados y redefinidos por la Ley 8 de agosto de 1988; *vid.* de esta ley, en especial, el art. 4, apdos. 15 y 16 y el art. 5). Asimismo, en relación con la participación en decisiones que corresponden al Estado, véanse, por ejemplo, los arts. 80 y 81. En materia financiera se prevén importantes procedimientos de concertación en la Ley de 9 de agosto de 1980. En relación con la comunidad alemana, *vid.* el art. 55 de la Ley de 31 de diciembre de 1983.

ya sea entre las distintas comunidades y regiones[135], ya sea en las relaciones con el Estado. En este aspecto, sirve de ejemplo el denominado comité de concertación, contemplado por el artículo 31 de la Ley de 9 de agosto de 1980, y compuesto paritariamente por representantes de los ejecutivos regionales y de las comunidades y por miembros del gobierno nacional, entre los que se encuentra el Primer Ministro[136]. La regulación actual de los procedimientos de consulta entre Estado y comunidades o regiones ha sido recogida en un "protocolo" aprobado por dicho Consejo[137].

Por lo demás, si una ley o un decreto invaden las respectivas atribuciones del Estado, las comunidades o las regiones, y se pide su anulación, la competencia para resolver la controversia la tiene una "corte de arbitraje" —ya que en el ordenamiento belga no existe un órgano de justicia constitucional[138]—, cuya composición, como la del Parlamento y el gobierno[139], refleja también en igual medida la distinción entre los dos grandes grupos lingüísticos del país[140].

C) *Las comunidades y las regiones: régimen estructural*

El sistema organizativo de la regionalización belga tiene un carácter asimétrico, pues mientras que por el lado francófono la distinción entre comunidad

[135] En las relaciones interregionales-intercomunitarias, considérense, en particular, las comisiones de concertación a las que se refiere el citado art. 92 de la Ley de 8 de agosto de 1980, o la comisión de cooperación contemplada en el art. 55 de la Ley de 31 de diciembre de 1983. Especiales interrelaciones existen, además, entre la región valona y la comunidad francesa, previéndose, a estos efectos, distintas modalidades de cooperación e incluso sesiones conjuntas de los órganos así como servicios en común (art. 52 de la Ley de 8 de agosto de 1980).

[136] En la situación actual, de acuerdo con las previsiones que establece el art. 31 citado, componen el Consejo de concertación, además del Primer Ministro, tres miembros del gobierno nacional, el presidente y un miembro del ejecutivo flamenco y los presidentes de los ejecutivos de la comunidad francesa y de la región valona.

[137] Este protocolo, aprobado el 7 de enero de 1986, se aplica en todos los casos en los que, con base en la ley, el gobierno o un ministro se encuentran obligados a consultar al ejecutivo, o a un miembro del ejecutivo, de una comunidad o de una región, o viceversa. Regula modalidades y plazos para la consulta, disponiendo, en este sentido, que transcurrido sin contestación el plazo establecido de 15 días (reducible a cinco, en caso de urgencia, por decisión de la autoridad consultante) se presume la conformidad de la autoridad consultada sobre la decisión a adoptar.

[138] La creación de dicho órgano de justicia constitucional —que llevaría a una superación de la "corte de arbitraje"— forma parte, no obstante, del programa del actual gobierno.

[139] *Vid.*, *supra*, nota 125.

[140] La Corte, creada por la Ley de 28 de junio de 1983, en aplicación del art. 107 ter de la Constitución, está compuesta por seis miembros del grupo lingüístico francés y otros tantos del grupo lingüístico flamenco, nombrados con carácter vitalicio por el Rey a partir de una lista presentada por el Senado. Sobre la organización y el papel de la Corte, *vid.* P. CARROZZA, *La Cour d'arbitrage belga come corte costituzionale*, Padova, 1985.

y región está clara, por el lado flamenco los órganos de la comunidad ejercen también competencias que corresponden a la región, según lo establecido en el artículo 59 bis de la Constitución.

La organización, tanto de las comunidades como de las regiones, se basa, por el momento, en un consejo compuesto por parlamentarios elegidos en las dos cámaras (a la espera de la aplicación de los arts. 24 y 25 de la Ley de 8 de agosto de 1980 que —en la línea de una reforma del Senado en sentido regionalista— limitan la participación únicamente a los senadores). Los parlamentarios se subdividen según su adhesión a uno u otro grupo lingüístico[141] (en el caso de las comunidades) o según la circunscripción en que han sido elegidos (en la región valona). De este esquema de "unión personal" que confía a los parlamentarios nacionales la representación de los intereses de las comunidades y de las regiones, se separa la pequeña comunidad germanófona, cuyo consejo —según la Ley de 3 de diciembre de 1983— se elige por los electores residentes en los municipios de lengua alemana (que forman parte del territorio de la región valona) de acuerdo con un sistema proporcional[142].

En todos los casos analizados, el consejo elige en su seno a un órgano ejecutivo colegiado que, a su vez, designa, entre sus miembros, al presidente. Para reforzar la estabilidad de dicho órgano colegiado se aplica también aquí como en las comunidades autónomas españolas el sistema de censura constructiva, de modo que la correspondiente moción solo puede ser presentada al consejo si se propone un nuevo ejecutivo[143].

D) *Las comunidades y las regiones: perspectivas*

Los complejos equilibrios que impone el sistema belga están lejos de ser estables. Según se dice con ironía, la organización de las regiones y de las comunidades aparece, tras las dos reformas de la Constitución, tras las leyes especiales aprobadas durante la década 1970-1980 (que han supuesto la superación del Estado unitario) y tras una experiencia no tan breve ya en su realización práctica, se considera "provisionalmente definida" o "definitivamente provisional"[144].

141 Cfr. *supra*, nota 125.

142 Este régimen específico se explica por razones obvias, si se considera que la comunidad alemana engloba cerca del 1 por ciento de la población belga. El Consejo de la comunidad alemana está compuesto por 2.5 miembros, elegidos cada cuatro años.

143 La moción de censura puede asimismo recaer sobre un único miembro del ejecutivo; cfr., en este aspecto, cfr. el art. 71 de la Ley de 8 de agosto de 1980 y, en general, las secciones I y II del Título III de esta ley sobre la composición y el funcionamiento de las Juntas.

144 A. François, A. Molitor, "L'administration belge de 1970 à ce jour", en *Administration publique*, 1987, núms. 2-3, pág. 102. P. de Visscher, en el prólogo al libro de F. Delpérée, *Droit*

Precisamente en la fase actual, tras una larga crisis política, la formación en mayo de 1988 de una coalición de mayoría suficientemente amplia y consolidada, parece haber puesto de nuevo en funcionamiento la dinámica institucional. La Ley de 8 de agosto de 1988, de modificación e integración de la Ley de 1980, transfiere más competencias a las regiones y a las comunidades, entre las que se encuentran la enseñanza, las infraestructuras, el comercio exterior y la investigación científica. Mientras se lleva a la práctica esta reestructuración de las atribuciones entre el Estado y las regiones o comunidades, desde otra perspectiva se vuelve a plantear en el debate político el lema de la fusión de la comunidad francesa y la región valona. Esta solución —que requeriría, según la Ley de 8 de agosto de 1980, el voto favorable de los dos tercios de los miembros del consejo de la comunidad, así como los del consejo regional— se llevó a efecto desde el comienzo por la representación flamenca, mientras en el ámbito francófono se está haciendo más difícil. Las propias sesiones de los ejecutivos de la región y de la comunidad (previstas por la ley) solo se han llevado a cabo en poquísimos casos, y las sesiones conjuntas entre las dos asambleas jamás han tenido lugar.

La hipótesis de una fusión ha vuelto a ser lanzada ahora por representantes destacados del gobierno regional[145], a fin de cohesionar y simplificar las instituciones así como mejorar la gestión de los recursos financieros. Sin embargo, no faltan temores, pues, para algunos, esta operación podría comportar la desaparición de la identidad valona en cuanto tal.

Por lo demás, sigue sin definirse la situación del área de Bruselas; área que, configurada en la reforma constitucional como región, al igual que la valona y la flamenca, no ha sido constituida de forma efectiva. En ausencia de un consejo legislativo, no existe más que un órgano ejecutivo compuesto, de conformidad con el texto refundido de 20 de julio de 1979, por un ministro y dos Secretarios de Estado e integrado en el ámbito del gobierno nacional.

E) *La reforma territorial de los ayuntamientos y la evolución del régimen local*

La transformación más importante que en el último veintenio ha afectado a la Administración local belga consiste en el proceso de fusión que, al principio de los años setenta, simplificó drásticamente el mapa municipal.

Sin embargo, las modificaciones relativas al régimen de los municipios y de las provincias han sido, en conjunto, limitadas. Entre estas han de recordarse,

---

constitutionnel, cit., pág. I, observa cómo la obra podría titularse *Essai sur la Constitution provisoire d'un État en mutation*.

[145] Al respecto, cfr. las crónicas recogidas en la prensa belga, y en especial, en *La libre Belgique* el 3 de agosto de 1988.

en primer lugar, las novedades relativas a la tutela, como consecuencia de la regionalización, que, si bien se han reflejado en el traslado de la titularidad del control a un nuevo sujeto, no parecen haber incidido de forma significativa, en los modos de su ejercicio.

Por lo demás, el legislador ha tratado de intervenir en distintas ocasiones en ciertos aspectos de la ordenación municipal y provincial, con el propósito de mejorar la eficacia de la Administración Local, así como su relación con los ciudadanos. En este sentido, se ha procedido a la revisión de la normativa sobre las asociaciones de municipios, constituidas para la gestión de determinadas materias de interés municipal (Ley de 22 de diciembre de 1985). Del mismo modo, se ha introducido en la ley municipal alguna regla para facilitar una mejor información sobre el funcionamiento de la Administración (así, se obliga al órgano ejecutivo colegiado a presentar públicamente un informe cada año: Ley de 14 de julio de 1983). Se ha procedido también a reforzar el papel de los órganos electivos de la Provincia, asegurando al Consejo una cierta continuidad en su actividad (Ley de 6 de enero de 1984). Y se ha atribuido asimismo a la diputación permanente la competencia —anteriormente reservada al gobernador— de ejecutar sus propios acuerdos, así como los del Consejo, procediendo, además, a la instrucción de sus respectivos asuntos (Ley de 6 de julio de 1987).

Sin embargo, la Ley citada, al retocar el papel de los distintos órganos de la provincia, confirma el sistema que otorga al representante del Estado la presidencia de la diputación. Si se repara además en que otra medida adoptada poco antes (Ley de 2 de junio de 1987) mantiene el poder del Rey de nombrar al burgomaestre, pudiéndole elegir incluso —previo informe favorable de la diputación provincial— fuera del consejo municipal, parece innegable que los elementos esenciales del tradicional sistema de organización local y de sus relaciones con las autoridades del Estado permanecen y apenas se han alterado por las últimas actuaciones legislativas.

7. El sistema holandés: la cuestión "regional" como dimensión infraprovincial

A) *La tradición organizativa y los problemas de dimensión*

El régimen local holandés, vinculado al sistema belga por tradiciones paralelas, presenta una serie de afinidades indudables con éste, que en ocasiones se han llegado a manifestar en la formulación textual de determinadas disposiciones, como se percibe todavía en la Ley municipal de 1850 y en la Ley provincial de 1851. Subsisten grandes semejanzas en diversos aspectos: la organización municipal, se basa en un consejo elegido directamente de acuerdo con un sistema proporcional que a su vez elige de entre sus miembros al órgano colegiado ejecutivo, mientras que al Rey corresponde el nombramiento del burgomaestre. La estructuración de la provincia se articula también en torno a un consejo elegido de acuerdo con un método proporcional, un órgano ejecutivo colegiado elegido por el consejo y un representante del Estado que, entre otras funciones, tiene la de presidir los dos órganos colegiados. Y los mecanismos de tutela están encaminados asimismo a fiscalizar la violación de las leyes y la lesión al interés público[146].

Estas afinidades no impiden que haya problemas de fondo bien distintos y trayectorias diversas en los dos países. Así, mientras que en Bélgica las tendencias y perspectivas del régimen local están en la línea de una reforma general del Estado, con la construcción de fuertes autonomías a que reflejen la heterogeneidad de la realidad nacional, nada de esto sucede en los Países Bajos, donde la cuestión se plantea en términos, en cierto modo, inversos, estando el debate centrado no en el diseño de un ámbito superprovincial, sino más bien en la búsqueda de ámbitos administrativos más reducidos que los de las propias provincias.

B) *Las difíciles opciones para la reducción de las provincias, la fusión de los municipios y la creación de niveles intermedios*

El debate institucional holandés está desde hace años condicionado por la preocupación de la inadecuación estructural de las tradicionales circunscripciones provinciales, consideradas demasiado amplias para hacer frente a las exigencias actuales. Durante mucho tiempo, la atención (también por parte del gobierno) se centró en aumentar el número de provincias, desde 11 a un número que oscilaría, según las distintas propuestas, entre 44, 17 o, más recientemente, 13.

El debate, sin embargo, parece haber ido abandonando progresivamente esta solución. Con la creación el 1 de enero de 1986, de la duodécima Provincia (Flevoland), las perspectivas de grandes cambios en dicho mapa provincial han de considerarse, por el momento, descartadas.

La cuestión central es ahora establecer mecanismos que permiten articular la Administración Local en ámbitos intermedios entre las provincias y los municipios que parecen los idóneos para el ejercicio de una importante serie de funciones. Pronto va a surgir, al proliferar los acuerdos entre municipios, el

[146] Sobre estas reglas de fondo de este sistema local, cfr. la Constitución holandesa de 1983, arts. 125 a 132. En general, sobre el gobierno local holandés, *vid.* F. Delpérée, "*L'autonomia locale nei Paesi Bassi*", en AA. VV., *Le autonomie local nei paesi della Comunità economica europea*, cit.; Idem, *L'autonomie locale en Belgique, au Luxemburg et aux Pays-Bas*, Lovaina, 1978.

tema de la creación de las "regiones", término éste que ha de entenderse utilizado para referirse a las "*integemeentelijk regio*" o regiones intermunicipales. En realidad, ya a partir de los años 70, de manera espontánea y provisional, se crearon una cincuentena de "mini regiones", mediante la utilización de la propia normativa de 1950 sobre acuerdos entre municipios, atribuyéndoles competencias en un amplio abanico de materias.

La ausencia de una estructura institucional adecuada a este ámbito "regional" ha sido a menudo considerada como uno de los más importantes obstáculos para la culminación de la descentralización; objetivo que ha tratado de plasmarse ya en distintas disposiciones, desde el Proyecto de reorganización de la Administración Pública de 1976, hasta las propuestas más recientes recogidas en el plan de descentralización y en el Proyecto de reforma de la Ley de relaciones financieras[147].

Con todo, el mayor problema planteado para la consolidación de un ámbito intermunicipal está en la regulación establecida por la ley "de organización regional" de junio de 1984. Esta ley, a la vez que se propone la mejora de la cooperación sin desarrollar un nivel ulterior de gobierno autónomo, más allá de las dos categorías fundamentales de entes locales, confía a las provincias funciones muy importantes de coordinación y procede también a delimitar las áreas de cooperación.

Por lo demás, tampoco han faltado en el debate holandés propuestas dirigidas a establecer ámbitos más eficaces y adecuados para el desarrollo de las funciones locales, llevando a cabo una revisión general de las circunscripciones municipales, consideradas demasiado desiguales y a menudo demasiado pequeñas para consentir el desenvolvimiento eficaz de un cometido de tareas cada vez mayor. En esta dirección se ha dado algún paso, reduciéndose paulatinamente el número de municipios, que descienden de casi mil en los años sesenta, a 841 en 1976 y 773 en 1982, hasta 714 en los últimos años. Mientras tanto, la drástica fusión —recogida en el Proyecto de 1976— de todos los municipios inferiores a 10.000 habitantes pese a haber sido objeto de algún reajuste posterior[148], no ha conseguido superar, hasta ahora, la resistencia del Parlamento.

[147] En relación con el Proyecto de 1976, núm. 14322, *vid.* A. Bours, "La réforme de l'administration locale aux Pays-Bas", en *Revue française d'administration publique*, 1981, págs. 173 y ss. El plan de descentralización fue publicado por el Ministro del Interior en mayo de 1982. Pocos meses después, el propio ministro del Interior y el ministro de Hacienda hicieron público el Proyecto de revisión de la disciplina de las relaciones financieras.

[148] Las propuestas más recientes prevén límites entre los 6 y 7.000 habitantes. Sobre la evolución del debate y de la legislación referida a la Administración Local holandesa, cfr. las aportaciones de J. Breunese, en las voces "Riforma delle autonomie in Europa", en *Annuario delle autonomie local*, dirigido por S. Cassese, Roma, 1984-1988.

C) *Tendencias del régimen local*

En la reforma del régimen local está presente también la reforma de los rasgos que caracterizan la estructura de sus órganos. En este aspecto, aunque el intento de afirmar el carácter electivo de los burgomaestres fue rechazado en la reforma constitucional de 1983, la influencia que ejercen los consejos municipales en el nombramiento de los mismos es cada vez mayor. Esta influencia se corresponde, por lo demás, con una revalorización global de la posición de los consejos, incluso en lo que se refiere a aspectos nada desdeñables, como el tratamiento económico de sus miembros, los servicios y medios puestos a su disposición y el acceso a la información.

Por otro lado, la propia evolución del sistema holandés muestra una tendencia a reforzar cada vez más la cooperación entre el Estado y los entes locales. El acuerdo suscrito el 19 de febrero de 1987 habla de "cogobierno" entre el gobierno y las asociaciones representativas de las Administraciones locales, y en dicho acuerdo se prevé la consulta de estas últimas sobre cualquier proyecto de ley que les afecte, así como la asunción —en el seno de una nueva descentralización de funciones—, de compromisos significativos en el plano financiero; compromiso del gobierno a aumentar el fondo de los entes locales y compromiso por éstos de soportar la carga de una cierta cuota de reducciones financieras.

8. El sistema luxemburgués: elementos de reordenación dentro de un esquema de centralización en un ámbito territorial de pequeñas dimensiones

A) *La estructura tradicional*

Las estrechas afinidades que se observan en la relación del régimen local belga con el holandés, se perciben asimismo en el caso del tercero de los países del Benelux. También en el sistema luxemburgués, en efecto, la organización municipal se basa en una tripartición consejo —órgano colegiado ejecutivo— burgomaestre, de acuerdo con los trazos generales ya mencionados. Es importante asimismo la presencia estatal, distribuida entre autoridades centrales y comisarios de distrito, de acuerdo con fórmulas de centralización que en este caso se justifican en la limitadísima extensión del territorio nacional[149].

[149] Por ejemplo, en sentido favorable al mantenimiento de los mecanismos tradicionales de centralización en Luxemburgo, cfr. las consideraciones de F. Delpérée, "*L'autonomia locale in Lussemburgo*", en AA. VV., *Le autonomie local nei paesi della Communità económica europea*, cit., esp., págs. 332 a 336, en las que —no obstante referirse a la disciplina anterior a la reforma constitucional de 1979—, el autor mantiene el carácter lógico y la oportunidad de las reglas dirigidas a "dotar al poder central, en cualquier circunstancia, de los medios

A estas reducidas dimensiones se añade, por otra parte, la total ausencia de entidades autónomas de grado intermedio, pues los tres distritos y los doce cantones en los que se subdivide el país se configuran como simples circunscripciones administrativas estatales. Dentro de estas circunscripciones, la tradicional configuración territorial de los municipios se ha mantenido sustancialmente inalterada, solo retocada por alguna fusión operada en los últimos años, que ha reducido su número de 126 a 118. Por lo demás, los problemas sólo la reducida dimensión territorial de los municipios se han tratado de solucionar hasta ahora a través de fórmulas asociativas.

B) *La reforma constitucional de 1979*

Dentro de este contexto (caracterizado por su estabilidad, la organización de los municipios y de los distritos se regula todavía por la Ley de 24 de febrero de 1843, sustancialmente inalterada en sus líneas fundamentales), no puede omitirse la referencia a algunas novedades recogidas en la Ley de 13 de junio de 1979, de reforma del artículo 107 de la Constitución de 1868. Estas innovaciones se manifiestan, básicamente, en la potenciación de la autonomía municipal y, dentro de esta, del Consejo, que constituye su expresión fundamental[150]. En este sentido, si el texto anterior de la Constitución se limitaba a remitir a la ley cualquier aspecto relativo a las atribuciones del consejo, la reforma fija ahora un ámbito mínimo inderogable de funciones (aprobación del presupuesto, emanación de reglamentos —excepto en los casos de urgencia— y determinación de los impuestos municipales). La nueva formulación introduce, además, una reducción de los controles, configurando los poderes de aprobación y de anulación (bien por ilegalidad, bien por incompatibilidad con el interés general) no ya como una regla general referida a cualquier acto municipal, sino como una mera posibilidad atribuida por la ley, y limitada a determinadas categorías de actos ("La ley ... puede someter a aprobación *determinados* actos de los órganos municipales ...). Otra innovación de cierta importancia se refiere a la figura del burgomaestre, en relación con la cual, si bien no se ha suprimido el discutido nombramiento por parte del poder central, se ha perfilado al menos en el texto de la Constitución dicho método de designación (método de designación en virtud del cual, en la fórmula anterior, el burgomaestre era "nombrado y revocado por el Gran Duque", que podía

necesarios para que prevalezcan sus orientaciones políticas y administrativas", concluyendo que "por el momento no parece que deban ser corregidas".

[150] Cfr. el apdo. 1 del art. 107 (en su nueva formulación), que sanciona la naturaleza de los municipios como "colectividades autónomas de base territorial", confiando a sus órganos "la gestión de su patrimonio y de los intereses propios"; en el mismo sentido, véase el apdo. 2, que confirma la existencia, en cada municipio, de un consejo elegido directamente por los ciudadanos.

designarlo libremente, aun cuando no formara parte del consejo), limitándose ahora la designación únicamente a los miembros del Consejo ("El municipio es administrado bajo la autoridad del órgano colegiado del burgomaestre y de los asesores, cuyos miembros deben ser elegidos entre los que lo son del consejo municipal") .

9. Consideraciones sobre las reformas regionales: tendencias y modelos

Algunos de los aspectos destacados en los procesos de reforma que —a partir de los años setenta— han caracterizado el sistema administrativo local de distintos países europeos, serán objeto de un análisis detenido en los capítulos sucesivos. No obstante, ciertas consideraciones sobre la orientación que van a asumir ciertos procesos, así como sobre sus aspectos generales pueden anticiparse ya. Analizaremos las conexiones entre descentralización regional y situaciones "especiales", las relaciones entre las reformas regionales y las reformas locales, los tipos o modelos de región adoptados en los distintos países y la ubicación de estos modelos dentro de las distintas formas de Estado.

A) *Descentralización regional y situaciones especiales*

Por lo que se refiere al primer aspecto, en casi todos los Estados de ciertas dimensiones territoriales ubicados dentro del área considerada en nuestro análisis están presentes peculiares situaciones étnicas, lingüísticas, culturales, sociales y geográficas. Algunas de estas situaciones, teñidas de un marcado carácter nacionalista, han condicionado las relaciones con el Estado central y han incidido con frecuencia sobre la propia configuración de los partidos políticos. En estos casos, la gran alternativa planteada a los órganos (constituyentes u ordinarios) a los que correspondía adoptar las decisiones políticas más importantes —sobre todo, en los países en los que la regionalización había seguido a un régimen autoritario, que hasta entonces había reprimido todo movimiento de este tipo— no estaba entre Estado autonomista y Estado unitario-centralizado, sino, más bien, como opción entre una regionalización de todo el territorio del Estado o una regionalización parcial, circunscrita a aquellos territorios con peculiares características históricas y políticas.

En este último sentido, se tuvo en consideración la experiencia de la España de la segunda República (bien conocida por los constituyentes italianos así como por los portugueses y obviamente por los propios españoles), cuya Constitución de 1931 había recogido un modelo de regionalización que trataba sustancialmente de dar respuesta a las reivindicaciones autonomistas de determinadas áreas del país (en concreto, Cataluña, País Vasco y Galicia).

En la actualidad, las distintas experiencias de regionalización que han tenido lugar en Europa se han caracterizado por el rechazo a planteamientos parciales o, lo que es lo mismo, de regionalismos entendidos exclusivamente en función de específicas características, propias tan solo de determinadas áreas territoriales.

En este aspecto, resulta particularmente significativa la experiencia española. A pesar del precedente de la segunda República, a pesar de las particularidades demográficas, económicas y culturales de Cataluña (y, en algunos aspectos, del País Vasco) y no obstante el diseño flexible de la Constitución de 1978 —que no estableció directamente una distribución de todo el territorio del Estado en Comunidades Autónomas— es lo cierto que ese ha sido el resultado final, inspirado por los *pactos autonómicos*, al que se ha llegado tras un proceso de aspiraciones autonomistas que se han extendido mucho más allá de las áreas tradicionales. Tan es así que, como se ha señalado anteriormente, una región extensa e importante como Andalucía conseguía, gracias a un amplio consenso popular, alinearse, al lado de las tres nacionalidades tradicionales, entre las Comunidades Autónomas que alcanzaron un mayor nivel de autonomía.

Ciertamente, la realización de autonomía en áreas de singulares características ha precedido —a menudo con notable anticipación— a la regionalización integral en los distintos países (así, cuatro años distan entre las elecciones de la asamblea de Córcega y las elecciones de los restantes consejos regionales franceses; cinco separan la aprobación de los Estatutos vasco y catalán de la total concreción del ordenamiento autonómico español; más de veintidós años tardó Italia en crear las regiones ordinarias; en Portugal, por fin, la previsión de las regiones administrativas, contenida en la Constitución de 1976, está todavía sin realizarlo). Es verdad que el alcance de la autonomía varía según se trate o no de áreas de especiales características (por ejemplo, en el caso portugués, mientras que las regiones insulares están dotadas de poderes legislativos y de considerables prerrogativas constitucionales, las regiones continentales aparecen relegadas a un rango meramente administrativo). Sin embargo, esas áreas de singulares características no han llevado en ningún caso a un aislamiento institucional radical de las zonas restantes; bien al contrario, han venido a desempeñar más bien un papel de arrastre de las mismas.

Por otra parte, si se analiza el debate que en los distintos países ha precedido y acompañado a la creación de las autonomías regionales, no resulta difícil encontrar —junto a los clásicos argumentos de la protección de las minorías étnico-lingüísticas y de las peculiaridades de determinadas áreas—, consideraciones de carácter general que destacan las regiones como el instrumento más eficaz para distintos fines: establecer medidas complementarias en el marco de políticas de redistribución y de programas nacionales; adecuar las actividades de las Administraciones Públicas a criterios políticos que varían de zona en zona; fomentar la consulta y la participación de las poblaciones; garantizar una cierta flexibilidad, como contrapunto a la rigidez burocrática y tecnocrática de las Administraciones Centrales, afectadas con frecuencia de falta de sensibilidad para apreciar las peculiaridades regionales y locales; distribuir los poderes y medios, con una mayor carga de responsabilidad frente a las poblaciones directamente interesadas[151]. A estos argumentos se pueden, además, añadir otros en conexión con el proceso de integración europea, a resultas de la cual las regiones se consideran bien como las mejores interlocutoras de los órganos comunitarios (particularmente, como proponentes y ejecutoras de las políticas regionales de la CEE), bien como elemento de contrapeso en los procedimientos de decisión, que tienden a alejarse cada vez más de los ciudadanos.

B) *Reformas regionales y reformas locales*

La variedad de modelos y fuentes que han inspirado la regionalización de los distintos países ha llevado a una importante diferenciación en relación con el itinerario recorrido para la realización de las reformas regionales así como en su incidencia sobre la reforma de los poderes locales.

Solo en un caso, la creación de entes territoriales regionales ha coincidido con la reforma global de los poderes locales, de la que era parte integrante. Se trata de Francia, donde las regiones no estaban configuradas constitucionalmente, lo que ha permitido que su constitución como auténticas colectividades autónomas territoriales se haya realizado como parte de un diseño que, al modificar la estructura de gobierno del departamento (con la sustracción al prefecto del papel de ejecutivo departamental), altera las técnicas de control existentes (con la "supresión" de la tutela) y al redistribuir funciones en una amplia serie de materias, pretendía en conjunto ordenar de forma global la relación entre el centro y la periferia. Estos objetivos se realizan por medio de una ley fundamental: la Ley de 2 de marzo de 1982, más tarde desarrollada por una importante serie de disposiciones dictadas en los años sucesivos. La citada ley fue aplicada de forma gradual y solo en su última fase (1986) se llevó a cabo la regionalización; regionalización que, de este modo, se encontró operando en un sistema local ya reordenado, añadiéndole un nuevo grado o nivel, cuyas funciones se irían definiendo poco a poco, en busca de un punto de equilibrio con las funciones atribuidas —además de a la Administración periférica del Estado— a departamentos y municipios.

El panorama es muy distinto allí donde la reforma regional se ha producido a partir de una nueva Constitución democrática, aprobada después de períodos autoritarios (Italia, España y Portugal). En estos países, el itinerario recorrido

[151] Para una síntesis eficaz y esquemática de los distintos argumentos que se repiten en los distintos países a favor de la descentralización regional, cfr. R. MAES, *La décentralisation territoriale*, cit., págs. 140 y ss.

ha tenido una primera fase —inmediatamente posterior a la adopción de la Constitución— de establecimiento de las regiones mediante la aprobación de sus respectivos Estatutos y las leyes estatales de articulación y desarrollo de los principios constitucionales. A esta primera fase le seguía una segunda en la que se adecuaría el sistema municipal y provincial a las disposiciones (en este punto generalmente escuetas y esenciales) contenidas en la propia Constitución, integrándolo en el nuevo marco de los poderes regionales.

Esta secuencia se ha desarrollado así, a grandes rasgos, en el supuesto español. En este país, la puesta en marcha de las regiones duró aproximadamente cinco años (1978-1983) y fue seguido a no mucha distancia de la aprobación de la Ley reguladora de las bases del Régimen Local (1985), así como de la aprobación de un Texto refundido y de un Reglamento de organización, funcionamiento y régimen jurídico de las corporaciones locales; mientras que las comunidades autónomas comenzaban a actuar en esta materia, dentro del ámbito de competencias legislativas que tenían reconocidas.

Mucho más largo resultó el proceso en Italia, donde la previsión de las regiones, contenida en la Constitución de 1948, se aplicó solo veinte años después (1970). Pero es que además, ha habido que esperar otros veinte años para que viese la luz el nuevo régimen de las autonomías locales (1990). Aún más fragmentaria e incompleta se presenta, la evolución de los procesos de reforma en Portugal, donde, en espera de la regionalización del territorio continental, se adoptó una nueva regulación para la organización y el funcionamiento de las parroquias y los municipios, especialmente en materia de coordinación de las inversiones en la hacienda local, en la creación de parroquias y municipios así como en la clasificación de estos últimos. Se consolida así una estructura que, más que anticipar, parece prescindir de las autonomías regionales previstas por la Constitución.

Un caso distinto, en fin, es el de Bélgica, donde la laboriosa construcción del sistema de las regiones y de las comunidades no puede considerarse todavía concluida, y las administraciones locales continúan estando reguladas por una legislación fundamentalmente decimonónica. En el caso belga, la reforma del sistema ha estado precedida de una importante reforma territorial, que ha reducido drásticamente el número de municipios.

Así, pues, a pesar de las distintas trayectorias y de la distinta cadencia de las reformas, se puede señalar que, en los países examinados, el sistema regional (incluso allí donde se le ha dado el máximo protagonismo dotándolo de los más importantes poderes) tiende a insertarse en la estructura preexistente y consolidada de las administraciones locales como un cuerpo distinto y separado. La implicación de estas administraciones locales en la renovación de todo el sistema de las autonomías no es un efecto automático resultante del impacto de las reformas regionales, sino algo que, a menudo, solo se consigue después de mucho esfuerzo. A consideraciones no muy distintas conduce, por lo demás, como tendremos ocasión de comprobar más detenidamente, el análisis de la relación entre las reformas regionales y las reformas de las Administraciones (particularmente periféricas) del Estado.

C) *Modelos de región*

En los sistemas analizados, las reformas regionales ponen de manifiesto un abanico de opciones bastante amplio.

Así, una primera distinción puede trazarse atendiendo a la fuente utilizada para establecer los poderes regionales. En este sentido, mientras en el caso francés se ha llevado a cabo toda la reforma mediante ley ordinaria, en los restantes supuestos la autonomía regional encuentra bases precisas en la Constitución.

Sin embargo, aún dentro de este último tipo de supuestos, existen diferencias de relieve. Mientras que en algunos casos la propia Constitución indica directamente las regiones y sus órganos fundamentales, así como sus atribuciones y las relaciones —incluso de control— con los poderes del Estado (es el supuesto de las regiones ordinarias italianas, de las regiones portuguesas —tanto autónomas como administrativas— y de las comunidades lingüísticas francesa y flamenca en Bélgica), en otros casos la Constitución se limita sustancialmente a determinar las regiones, remitiendo cualquier otro punto de su regulación a otras fuentes, ya sean de rango constitucional (regiones de Estatuto especial, en Italia), o reforzado (regiones en Bélgica), ya sean de rango ordinario (comunidad germanófona, también en Bélgica). Por último, existen casos peculiares (así sucede con las Comunidades Autónomas españolas), en los que se reserva a la Constitución la afirmación solemne del derecho a la autonomía, la determinación de los procedimientos para acceder a dicha autonomía y la fijación de algunos límites y criterios, pero corresponde a fuentes ulteriores —dentro de este marco flexible— establecer no solo las atribuciones y los órganos de cada una de las instituciones regionales, sino también el número mismo y los ámbitos territoriales de éstas.

Desde el punto de vista del contenido reconocido a la autonomía regional, ha de señalarse, en primera instancia, que en casi todos los países, el margen concedido a la autonomía estatutaria ha sido bastante limitado.

Cierto es que en algunos casos el Estatuto constituye la fuente más importante del ordenamiento de la región, determinando sus órganos, sus atribuciones, las reglas esenciales de funcionamiento y el sistema de controles. Pero, o bien se trata de una fuente heterónoma (estatal), en que la presencia de la colectividad territorial —allí donde exista— no reviste un significado jurídico particular (es el caso de las regiones de autonomía diferenciada en Italia o de Córcega); o bien (es el supuesto de las comunidades autónomas españolas) el que la iniciativa y el propio proyecto de Estatuto sean adoptados en el seno de la propia región interesada (por la asamblea a que se refieren los artículos 146 y 151 de la Constitución española) no excluye que el acto con el que concluye ese procedimiento de elaboración del Estatuto de autonomía sea un acto imputable exclusivamente al Estado. En este supuesto, las reservas de iniciativa en favor de determinados órganos, expresivos de instancias autonomistas, contribuirán, si acaso, a situar los Estatutos entre las fuentes de tipo "reforzado"[152].

A conclusiones no muy distintas se llega en el caso de las regiones autónomas portuguesas, así como en el caso de las regiones italianas donde, por lo demás, el Estatuto se limita a completar esquemas constitucionales ya de por sí bastante precisos.

La verdadera diferencia a trazar desde esta perspectiva de la autonomía estatutaria no radica, así pues, en la calificación estatal o regional del Estatuto, sino en el papel sustancial atribuido y garantizado a las representaciones territoriales en los distintos sistemas. En algunos casos (así sucede con las comunidades autónomas españolas, Azores, Madeira y las regiones italianas ordinarias), el Parlamento nacional no puede intervenir en la elaboración o en la modificación del Estatuto sin tal participación. En otros supuestos (regiones francesas en general, regiones y comunidades belgas y regiones portuguesas continentales) no existe, sin embargo, una previsión de este tipo.

De acuerdo con estas consideraciones, podemos llegar a la conclusión de que la autonomía estatutaria ha sido relegada a ámbitos modestos (hasta el punto de que el empleo del término "autonomía" ha de estimarse impropio, en este contexto).

Algo distinto sucede, sin embargo, en relación con los poderes legislativos, que sí han merecido un reconocimiento amplio y significativo. La única excepción al referido reconocimiento está representada por las regiones francesas y las continentales portuguesas, dotadas exclusivamente de poderes reglamentarios. En las demás, con todo, ese reconocimiento de potestad legislativa no empece para que existan ciertas diferencias en relación con el sistema de relaciones de tales poderes con las fuentes estatales y los límites que de ellas derivan. Aunque es común el reconocimiento expreso del poder legislativo —pudiendo en general las leyes (o decretos) regionales "derogar completamente, modificar o sustituir"[153] las propias leyes del Estado—, existe cierta variedad en la definición de la relación entre los dos tipos de fuentes. Unas veces, se establece una reserva de competencia legislativa regional que

[152] Sobre este punto, cfr. los argumentos desarrollados por L. VANDELLI, en *L'ordinamento regionale spagnolo*, cit., págs. 247 y ss.

[153] Retomando, en concreto, la expresión usada por la Ley belga de 8 de agosto de 1980 sobre las reformas institucionales (véase el art. 19).

excluye toda injerencia del legislador estatal[154]; otras, se concitan con carácter alternativo competencias de ambas instancias, consintiéndose incluso al legislador estatal la derogación de leyes regionales[155]. Unas veces el Parlamento nacional ostenta el poder de aprobar leyes, incluso de detalle, pero eficaces únicamente hasta tanto la región no haya adaptado la propia legislación a los nuevos principios[156]; otras, en fin, el Parlamento de la Nación conserva el poder de fijar marcos normativos, en cuyo ámbito se desarrolla la normativa regional (en este aspecto, recuérdense las leyes de "armonización" que puede adoptar el Parlamento español cuando concurran las circunstancias excepcionales previstas por el artículo 150 de la Constitución, o los "principios fundamentales de las leyes del Estado", previstos por el artículo 117 de la Constitución italiana como límite ordinario para la legislación regional concurrente o las "leyes generales de la República" a que se refiere el artículo 229 de la Constitución portuguesa).

Por lo demás, en algunos países, la distinta intensidad de la intervención estatal, según el tipo de legislación regional (caso de Italia y también, con ciertos matices, de España), permite hablar de diversas categorías o niveles de autonomía regional.

En lo que se refiere a la delimitación de materias, predomina el criterio según el cual la Constitución, el Estatuto o la ley atribuyen competencias sobre un conjunto determinado de materias, reservándose al Estado la competencia residual. Sin embargo, tampoco faltan opciones de otro tipo; así, por ejemplo, la Constitución portuguesa (artículo 229, letra a)) no define ni enuncia materias específicamente atribuidas a la competencia de las regiones autónomas de las Azores y de Madeira, sino que les reconoce, en general, potestad legislativa "en las materias de interés específico regional que no estén reservadas a la competencia de los órganos titulares del poder soberano"[157].

En otros casos, ha sido el criterio de la competencia residual estatal el que ha sido interpretado de manera flexible, admitiendo que las leyes regio-

[154] En este sentido, cfr., por ejemplo, el art. 59 bis, párr. 3 de la Constitución belga.

[155] Este es el caso, por ejemplo, de las regiones autónomas portuguesas; cfr., J. J. Gomes Canotilho, V. Moreira, *Constituçâo de Republica portuguesa*, cit., pág. 359.

[156] Véase, en este sentido, las afirmaciones de la *Corte costituzionale* italiana. En particular, cfr. la sent. 214 de 12 de julio de 1985.

[157] El Tribunal Constitucional portugués precisó, en su sent. 42 de 1985, que han de considerarse como materias de interés específico de una región autónoma aquellas que "le afecten exclusivamente o que exijan en ella un trato especial, asumiendo allí una configuración peculiar". Se añade además que cuando un Estatuto proceda a la enunciación de materias de este tipo, dicha enunciación constituye tan solo una presunción abstracta, superable mediante la demostración de que, en un caso concreto, no se observa ningún interés específico (sent. 57 de 1985); *vid.*, sobre este punto, J. J. Gomes Canotilho, V. Moreira, *Constituçâo de Republica portuguesa*, cit., págs. 357 y 358).

nales pudieran contener disposiciones no solo en las materias expresamente indicadas sino también en "materias ajenas a la competencia de los consejos (regionales y de Comunidad), en la medida en que estas disposiciones fuesen indispensables para el ejercicio de sus competencias" (el art. 10 de la Ley belga de 8 de agosto de 1980 sanciona, en estos términos, determinados poderes regionales implícitos).

Importantes diferencias pueden señalarse asimismo en el tipo de materias que se ubican en el ámbito regional. Incluso, la misma identificación de un núcleo de materias absoluta y exclusivamente reservadas al Estado no resulta sencilla. Materias como la penal o la internacional admiten excepciones o, cuando menos, precisiones y matices: piénsese, por ejemplo, en el poder, reconocido a los legisladores regionales belgas, de sancionar penalmente la violación de sus propias disposiciones[158]; asimismo, la competencia atribuida en Bélgica a las comunidades lingüísticas sobre cooperación internacional en las materias atribuidas a las mismas y consistentes en la ratificación de los Tratados y acuerdos que hubiesen concluido[159]; la participación garantizada a las regiones insulares portuguesas y a algunas Comunidades Autónomas españolas en la negociación de tratados y acuerdos internacionales que directamente les afecten[160]; y la distinción que, en relación con las actividades regionales en el extranjero, ha realizado la doctrina y, en alguna medida, la jurisprudencia constitucional italiana[161].

158 En este sentido, el art. 11 de la Ley belga de 8 de agosto de 1980 establece lo siguiente: "En el ámbito de las competencias de las regiones y de las comunidades, los decretos pueden sancionar penalmente el incumplimiento de las disposiciones en ellos recogidas y establecer penas de conformidad con lo establecido en el libro I del Código Penal, con exclusión de las penas criminales" (es decir, de las penas más graves, que van desde los cinco años de reclusión hasta la pena de muerte).

159 La Constitución belga establece en su art. 59 bis, párr. 2 y 2 bis lo siguiente: "Los Consejos de comunidad ... disciplinan por medio de decreto: ... 3) la cooperación entre las Comunidades así como la cooperación cultural internacional"; "Los consejos de comunidad... disciplinan por medio de decreto las materias personalizables, así como la cooperación entre comunidades y la cooperación internacional en estas materias". El art. 16 de la Ley de 8 de agosto de 1980 añade, además, que "la ratificación de un Tratado o de un acuerdo sobre cooperación en las materias a las que hace referencia el artículo 59 bis, párrafo 2 y 2 bis de la Constitución ... corresponde al consejo de la comunidad francesa o al consejo flamenco, o a ambos, si ambos están interesados".

160 *Vid.* la Constitución portuguesa, art. 229, letra p), que incluye entre los poderes de las regiones autónomas el de "participar en las negociaciones relativas a tratados y acuerdos internacionales que directamente les afecten, así como en los beneficios que se desprendan" (es decir, en las contrapartidas financieras que deriven, por ejemplo, de la utilización de bases militares situadas en las islas).

161 En relación con la orientación, consolidada en la doctrina italiana, según la cual, junto a las relaciones internacionales en sentido estricto (reservadas al Estado), y a las "actividades

La autonomía administrativa, rasgo que concurre en todos los casos examinados, comprende cualquier poder vinculado a la gestión concreta de funciones administrativas de acuerdo con las directrices político-administrativas elaboradas por el propio ente. Habilita para disponer del personal, medios y estructuras necesarias, pudiendo instituir y organizar entes, establecimientos o empresas con participación de capital público[162].

El ámbito de ejercicio de las funciones administrativas suele ser, en relación con las regiones que disponen de potestad legislativa, sensiblemente más amplio que el área propia de esta última, Así sucede porque las disposiciones constitucionales, españolas o portuguesas, por ejemplo, fijan en una serie de materias reservas de competencia legislativa estatal, pero admiten que, en esas mismas materias, las regiones asuman funciones administrativas. Y también por efecto de ciertos mecanismos, como la delegación a que se refiere el artículo 118.2 de la Constitución italiana, dirigidos específicamente a consentir el ejercicio regional de funciones de este tipo permaneciendo la titularidad de las mismas en el Estado. Ha de señalarse, no obstante, que también existen técnicas que tienden, por el contrario, a reducir el cometido administrativo de las regiones, ya sea mediante la delegación a los entes locales de nivel inferior, ya sea mediante la gestión ordinaria por estos entes locales de los servicios de aquellas (cfr. art. 118.3 de la Constitución italiana; disposiciones contenidas en distintos Estatutos de Autonomía españoles; art. 46 de la Ley belga de 9 de agosto de 1980).

Dotadas, pues, de competencias importantes en el ámbito de la función administrativa y —en muchos casos— de la legislativa, las regiones no disponen, en cambio, de intervención alguna referida a la función jurisdiccional, por marginal que sea. Este criterio sufre únicamente una cierta quiebra en el caso español, cuya Constitución (art. 152) permite que los Estatutos —de conformidad con lo previsto en la Ley Orgánica del Poder Judicial y dentro de la unidad e independencia de este— puedan establecer "los supuestos y las formas de participación de las comunidades autónomas en la organización de las demarcaciones judiciales del territorio".

En lo que se refiere al régimen de controles, los actos legislativos están sometidos exclusivamente a un control de constitucionalidad reservado a un

---

de promoción en el extranjero" (que, de conformidad con lo establecido en el artículo 4 del d.P.R. núm. 616 de 1977, las regiones pueden desenvolver previo acuerdo con el Estado), subsiste un área diferente de actividad de carácter internacional (actividades permitidas a las regiones sin necesidad de acuerdos con los órganos estatales como por ejemplo la información, el estudio, los contactos con ciudadanos nacionales en el extranjero); *vid.*, en este sentido, E. Cheli, "Le attività svolte all'estero dalle regioni", en *Le regioni*, 1984, págs. 1184 y ss.; cfr. también los apuntes contenidos en la sentencia 179 de 1987 de la *Corte Costituzionale*.

[162] Por todos, cfr. los arts. 8 a 12 de la Ley belga de 8 de agosto de 1980, modificados por la Ley de 8 de agosto de 1988, art. 7.

Tribunal Constitucional, que resuelve además los conflictos de competencias entre el Estado y las regiones (o entre las regiones entre sí) y los recursos que las regiones interpongan contra las leyes del Estado. En relación con la actividad administrativa regional, en alguna ocasión las regiones han sido asimiladas plenamente a los entes locales de nivel inferior, quedando sometidas a los mismos tipos y procedimientos de control previstos para los municipios y las provincias (así sucede en los casos de autonomía simplemente administrativa como es la atribuida a las regiones francesas y a las regiones continentales portuguesas)[163]; otras veces, sin embargo, dicha actividad administrativa regional ha quedado exenta de todo control administrativo externo; lo que se aplica, en concreto, a las comunidades autónomas españolas (arts. 153 y 161 de la Constitución). De este esquema se separa la Constitución portuguesa, que prevé un poder de veto por parte del representante de la República ante las regiones autónomas, en relación con los decretos de la Asamblea y del gobierno regional (art. 235); y lo mismo sucede con la Constitución italiana, tanto por lo que se refiere al procedimiento de control de las leyes (referido incluso a los aspectos de oportunidad —cuyo enjuiciamiento, en última instancia, corresponde al Parlamento— y estructurado en dos fases, la primera de las cuales se caracteriza por un poder de oposición confiado al gobierno nacional —art. 127 de la Constitución—), como por lo que se refiere a la actividad administrativa regional, sometida a un control acto por acto atribuido a un órgano administrativo estatal (art. 125 de la Constitución).

En relación con Bélgica, la anomalía está constituida por la ausencia de un órgano de justicia constitucional. Con todo, la atribución a un Tribunal de arbitraje de las controversias sobre los conflictos de competencias con origen en normas de rango legal, no reviste la importancia que podría parecer a primera vista, si se toman en consideración la serie de garantías que caracterizan la organización y el funcionamiento del mismo. Además, si damos crédito a las propuestas del Gobierno, el referido Tribunal parece destinado a ser reemplazado por una auténtica jurisdicción constitucional.

D) *Regionalización y formas de Estado: nuevas tendencias y antiguas clasificaciones*

Las experiencias analizadas sugieren alguna consideración también en relación con su clasificación en el ámbito de las formas de Estado.

A primera vista, estas experiencias parecen denotar la consolidación en Europa del Estado regional, como categoría intermedia —de acuerdo con las concepciones tradicionales[164]— entre la forma federal y la forma unitaria.

[163] *Vid. infra*, cap. IV, 8, a).

[164] Para esta clasificación, *vid.* G. AMBROSINI, *Autonomia regionale e federalismo*, Roma, 1945; "Un tipo intermedio di stato fra l'unitario e il federale caratterizzato dall'autonomia

Sin embargo, esas mismas experiencias contienen elementos que inducen a una decidida superación de la citada categoría que, cuestionada desde hace tiempo, es demasiado rígida para absorber los matices de situaciones que resultan cada vez más complejas.

Desde un punto de vista estructural se percibe una mezcla, cada vez mayor, de los rasgos que caracterizan a los Estados regionales con los que tradicionalmente se han considerado propios de los Estados federales o de los Estados unitarios[165]. Sería discutible, en este momento, asumir como elementos distintivos, por ejemplo, la ausencia de una participación de las regiones en la actividad legislativa del Estado, la configuración de la segunda cámara como Cámara de las Autonomías, o incluso, el protagonismo de los Estados miembros —y no de las regiones— en el poder de reforma constitucional[166]. En relación

regionale", en *Rivista trimestrale di diritto pubblico*, 1933. En relación con el planteamiento que AMBROSINI deduce principalmente del precedente de la Segunda República española de 1931, y en relación con las distintas formas en que la mayor parte de la doctrina italiana de la época planteó los términos del problema, *vid.* E. ROTELLI, *L'avvento della Regione in Italia*, Milano, 1967, págs. 243 y ss.

[165] En este aspecto, son frecuentes en la doctrina los análisis que perciben en ciertas regionalizaciones recientes una "especie de federalismo atenuado y atípico" (así, por ejemplo, G. TRUJILLO, "Federalismo y regionalismo en la Constitución española de 1978: el Estado federo-regional", en *Federalismo y regionalismo*, Madrid, 1979, especialmente págs. 15 y 42 y ss.) o una especie de "amalgama" de técnicas de distinta inspiración (F. DELPÉRÉE, *Droit constitutionel*, cit., pág. 445).

[166] Sobre los caracteres esenciales del Estado federal, cfr., LE FUR, *La Confédération d'États et l'État fédéral*, Paris, 1896, págs. 586 y ss., M. MOUSHELY, *La théorie juridique de l'État fédéral*, Paris, 1931, págs. 229 y ss., C. FRIEDRICH, *Constitutional Government and Democracy*, New York, 1950, págs. 219 y ss., G. BURDEAU, *Traité de science politique. L'État,* vol. I, Paris, 1967, págs. 384 y ss., quienes, en general, hacen referencia, como elemento primario del Estado federal, a la participación del Estado miembro en la formación de la voluntad federal, particularmente a través de una Cámara Alta compuesta por representantes de los Estados miembros —cfr. también, en este punto, R. BOWIE, "Il potere legislativo federale", en R. BOWIE, C. FRIEDRICH, *Studi sul federalismo* (trad. de *Studies in Federalism*, Boston-Toronto, 1954), Milano, 1959, págs. 2 y ss.—.

En la doctrina italiana, en relación con la distinción entre federalismo y autonomía regional, entre los textos clásicos sobre las regiones, cfr. P. VIRGA, *La Regione*, Milano, 1949, págs. 14 y ss., quien (retomando las consideraciones de J. KUNZ, *Die Staatenverbindungen*, en *Handbuch der Völkerrech*, vol. II, Stuttgard, 1929, págs. 673 y ss.) reconoce como rasgo distintivo fundamental entre región y Estado-miembro, el hecho de que la primera no tiene potestad constituyente, siendo su ordenamiento constitucional otorgado, es decir, dictado por los órganos constitucionales del Estado al que dicha región pertenece. Su esfera de competencias viene fijada por la Constitución o por una ley constitucional especial (Estatuto) emanada del Estado C. MORTATI, con el fin de definir el Estado federal y distinguirlo de la forma regional italiana, hace referencia a los distintos aspectos aquí recordados o formación de las regiones con estos y otros elementos, los Estados europeos de reciente regionalización, presentan una gama muy variada de soluciones, que se corresponden, por otra parte, con los modelos adoptados por los Estados definidos como federales, que tampoco se caracterizan por su rigidez. Si se presta atención a los datos de fondo, es bastante dudoso que el grado de autonomía efectiva de que gozan, por ejemplo, el País Vasco o Cataluña, sea inferior al de los *Länder* del Estado "federal" austríaco[167].

Por otra parte, desde una perspectiva diacrónica, las situaciones examinadas evidencian, en más de un caso, tendencias a un ajuste gradual, partiendo, por ejemplo, de esquemas constitucionales esenciales, que dejan a desarrollos posteriores la configuración sustancial de las autonomías, o interviniendo repetidamente —ya sea con retoques en la Constitución, ya sea en el plano de la legislación ordinaria— para reforzar, completar o remodelar los poderes regionales que parecen, de este modo, estar sujetos a progresivos cambios institucionales. No se trata de tendencias aisladas; los casos español y belga solo constituyen los ejemplos más claros y evidentes.

Las últimas experiencias reclaman, pues, aproximaciones dinámicas al estudio de las autonomías, entendidas como entidades que situadas dentro de otras entidades, asumirían posiciones cambiantes en el tiempo, al estar basadas en un difícil —y a menudo precario— equilibrio entre tendencias centraliza-

---

de la potestad de darse un ordenamiento constitucional propio y de modificarlo; ausencia de participación de las regiones en la actividad legislativa del Estado; criterio de reparto de competencias; marginación o exclusión de las regiones de la potestad jurisdiccional así como del mantenimiento del orden público en su ámbito, etc. Entre las distintas ediciones de sus *Istituzioni di Diritto pubblico*, cfr. la 7ª, Padova, 1977, vol. II, págs. 801-802 y 1164). A continuación, afirma que las diferencias entre Estado federal y Estado con descentralización regional "(que no sean de orden puramente cuantitativo), se agotan en la participación en el poder de revisión constitucional que ... les está consentido a los Estados miembros y no a las regiones. Diferencia, según se percibe, demasiado exigua como para justificar la atribución de una calificación estatal al sujeto que esté en posesión de dicho poder". En estos términos, *vid.* la 9ª edición de las *Istituzioni*, 1976, vol. II, págs. 1514. Cfr., ivi, pág. 991, en la que, rechazando la tesis de la asimilación de las regiones a los Estados miembros, el autor alude sintéticamente a la ausencia, en las regiones, de ciertos poderes como la administración de Justicia y la disponibilidad de fuerzas de policía y se refiere también a la presencia de poderes estatales sobre las regiones. En la actualidad, el propio abanico de las formas de participación de las regiones o Estados miembros en los procedimientos de revisión constitucional se presenta extremadamente variado y difuminado.

[167] Como elementos de contraste entre las situaciones analizadas y clásicas formas federales europeas (República federal alemana, Austria, Confederación Helvética), cfr. el trabajo de investigación *L'autonomia trentina. Origini ed evoluzione fra storia e diritto. Atti sessione giuridica*, dirigido por F. ZUELLI, *Trento*, 1988, págs. 109 y ss., y en concreto, ivi, la síntesis, a cargo de quien escribe estas páginas, *Tendenze dei poteri regionali in Europa*.

doras y tendencias particularistas, cuya ruptura desembocaría en la elevación del ente autonómico al nivel de un Estado o su descenso a una simple unidad administrativa[168].

En definitiva, se han realizado grandes esfuerzos de imaginación para acuñar nuevas expresiones, algunas veces híbridas (se ha hablado de Estado "federo-regional" o "regional-federalista", o incluso "autonómico o nacional-regional"), o destinadas a subrayar situaciones todavía en evolución (Estado "prefederal", "parafederal", "federalizable" o "regionalizable"). La variedad de tales expresiones, que conviven con las más clásicas de Estado "regional" o, más genéricamente, "compuesto", y el uso de frases equívocas o ambiguas[169], ponen de manifiesto las dificultades de encerrar en fórmulas esquemáticas realidades de contornos cada vez menos precisos[170]. Desde esta perspectiva, si ya

[168] Se hace referencia, por un lado, a los planteamientos elaborados por los historiadores (en relación con los cuales, cfr. CALASSO, "Autonomia. Premessa storica", en *Enc. diritto*, págs. 351 y ss.). Por otro lado, también al *Federalizing process*, de CARL FRIEDRICH (en relación con el cual *vid.* A. LA PERGOLA, "L'"empirismo" nello studio dei sistema federali: a propósito di una teoria di Carl Friedrich", en *Diritto e Società*, 1973, núm. 1, págs. 7 y ss.).

[169] Una variedad amplia de adjetivos y locuciones se ha acuñado o utilizado especialmente en relación con las situaciones más recientes y complejas, como la belga y la española. A esta última se refieren los términos arriba señalados. Indicaciones bibliográficas al respecto pueden encontrarse en L. VANDELLI, *L'ordinamento regionale spagnolo*, cit., págs. 396-397. La conceptualización de la forma del Estado español como "Estado compuesto" es calificada de "feliz" por el Preámbulo de la Ley de 7 de abril de 1985, reguladora de las bases del Régimen Local. En lo que se refiere al debate en Bélgica, cfr. F. DELPÉRÉE, *Droit contitutionnel*, cit., págs. 447 y ss. con referencias bibliográficas. En el sistema belga, además de las expresiones recordadas de Estado "federalizado", "federativo", "compueto", "prefederal" y "parafederal", se han utilizado expresiones con interrogación. Cfr., por ejemplo, del mismo F. DELPÉRÉE, "La Belgique, État fédéral", en *Revue du droit public*, 1972, pág. 607. En un plano periodístico, *Le Monde* anunció el 3 de agosto de 1988, en primera página, con un título interrogante —*La Belgique fédéralisée?*—, la aprobación por parte de la Cámara de las nuevas transferencias a las regiones y comunidades.

[170] Distintas son las consideraciones que inducen a asumir las categorías sobre las formas de Estado con elasticidad y cautela. La autoridad científica con la que se ha sostenido la reducción de las distintas figuras de Estado a simples variaciones en el grado de centralización o descentralización de los procesos del Derecho (KELSEN), la dificultad de concretar los rasgos comunes propios de los Estados generalmente considerados federales, las tendencias a un acercamiento de las distintas formas (caracterizadas por un decidido reforzamiento del Estado central en algunas experiencias federales significativas así como por un proceso de descentralización visible en los Estados unitarios), la acentuación de fórmulas de colaboración entre los Estados miembros y el Estado central y el éxito de la teoría del federalismo "cooperativo". Por otro lado, obsérvese que el propio autor que reconstruyó la categoría del Estado de las autonomías regionales como categoría intermedia entre Estado federal y Estado unitario, era totalmente consciente del hecho de que "se trata de criterios de clasificación que tienen siempre, incluso cuando sean adoptados por legisladores, algo de arbitrario" (G. AMBROSINI, *L'ordinamento regionale*, Bologna, 1957, pág. 9).

en las fórmulas teóricas puede negarse que subsista una rígida antítesis entre formas de federación y formas de descentralización, y si se puede considerar más correcto referirse a diversos grados de descentralización[171], las últimas experiencias parecen indicar que existe un *continuum* de modulaciones dentro de la organización del Estado, y que configuran una distribución que presenta una densidad mayor de casos en su banda central, mientras que son cada vez más infrecuentes y esporádicos los casos que pueden situarse en las bandas extremas en las que se hallarían los máximos grados de centralización o, por el contrario, de descentralización.

[171] Cfr. F. Roversi Monaco, *Profili giuridici del decentramento nell'orgnizzazione amminitrativa*, esp. págs. 26 y ss., y bibliografía allí citada. El rechazo de clasificaciones rígidas es claro en algún análisis reciente: "Referirse al federalismo o al regionalismo, en abstracto —señalan J. Tornos, E. Aja, T. Font, J. M. Perulles y E. Alberti en Informe sobre las autonomías, cit., pág. 23 —resulta hoy un simple nominalismo carente de contenido preciso". E. García de Enterría, en *La revisión del sistema de autonomías territoriales* —cit., págs. 32 y ss.— habla de "disputa semántica", remitiéndose a aspectos considerados tradicionalmente como característicos de la forma federal que, o no son realmente consustanciales a todos los federalismos o corresponden a concepciones históricas ya abandonadas. La tesis de la admisibilidad de una asimilación entre la fórmula "federal" y la "regional" ha sido analizada por G. de Vergottini, "Egioni s Stato nella dinámica istituzionale. Considerazíoni comparative", en *Quaderni regionali*, 1985, núm. 1, págs. 18 y ss., y, últimamente, en *Diritto costituzionale comparato*, 2ª ed., Padova, 1989, especialmente págs. 279 y ss., donde se subraya que "las únicas diferencias seguras se refieren a la gradación del poder político atribuido en concreto a los entes políticos internos del Estado", mientras se considera "discutible y científicamente insignificante" la definición del Estado regional como forma intermedia entre el Estado unitario y el Estado federal.

Capítulo tercero

LOS ELEMENTOS DE LA TRADICIÓN ADMINISTRATIVA REVOLUCIONARIO-NAPOLEÓNICA: PERSPECTIVAS DE DERECHO COMPARADO

1. Introducción

A dos siglos de distancia del inicio del proceso de consolidación y difusión del modelo administrativo revolucionario-napoleónico, los países que de forma más directa se ajustaron al referido modelo (desde Bélgica hasta Italia, desde Portugal hasta la propia Francia), aun encontrándose en situaciones diversas desde muchos puntos de vista, parecen atravesar hoy, con carácter general, una fase de gran dinamismo. Una fase en la que, junto a la crisis de determinadas organizaciones locales y el surgimiento de nuevas instancias, se verifica una obra intensa de revisión, con reformas importantes en curso de elaboración y, en algunos casos, en fase de ejecución. En buena parte, estas reformas responden al advenimiento de ordenamientos regionales que, al superponerse al sistema municipal y provincial, están destinados a influir en este, aunque sea según diversas medidas y modalidades.

Y sin embargo, en una realidad tan sujeta a rápidas transformaciones y tan lejana de la de los orígenes de dicho modelo de administración, parecen surgir —tal como se puede inferir ya del esbozo contenido en la panorámica que hemos trazado— datos que ponen de manifiesto la presencia duradera de los elementos que inicialmente lo caracterizaron. Una comprobación acerca del fundamento de estas impresiones, así como de la permanencia e incidencia efectiva de tales elementos se presenta, por tanto, de especial interés, para percibir la lógica que inspira la evolución de la administración territorial. A dicha comprobación está dirigida, pues, esta investigación, que pretende examinar en puntos concretos y desde una perspectiva comparada si y en qué medida los elementos originarios del modelo perduran aún en nuestros días, o si, por el contrario, se encuentran ya superados o, cuando menos, transformados o modulados en nuevos términos.

2. Generalización y uniformidad del régimen municipal

A) *Extensión de los municipios a la totalidad del territorio del Estado*

Un instrumento esencial para la construcción del poder municipal y para la absorción y asimilación de las antiguas situaciones de privilegios locales, fue la aplicación de este principio, que implicaba el reparto en municipios de la totalidad del territorio del Estado. Se recibió, además, de forma completa en los países comprendidos en nuestro estudio (y no solo en ellos), teniendo una aplicación generalmente rigurosa y puntual. Hasta tal punto ha llegado a consolidarse que se ha convertido en un presupuesto permanente del régimen municipal, que en algunos casos ni siquiera es preciso explicitar en disposiciones constitucionales o legislativas.

Si el carácter "necesario" del municipio es un dato absolutamente aceptado, puede observarse, por el contrario, que el citado carácter no se ha extendido —al menos, con igual constancia y generalidad— a los demás niveles territoriales. Afirmación especialmente válida para el caso de las regiones, que si en ocasiones se configuran como una mera posibilidad prevista por la normativa constitucional (como en el sistema español), en otras se realizan experiencias solamente parciales, estableciéndose diferencias según las diversas áreas territoriales, o aplicándose criterios graduales, producto de desconfianzas y recelos de muy variada naturaleza[1].

Al margen, sin embargo, de las regiones, el mismo dato puede constatarse en relación con las colectividades de nivel provincial, que no siempre están presentes en todo el territorio nacional[2]. En algunos ordenamientos se prevé incluso su supresión[3].

[1] Recuérdese el largo período en que la regionalización estuvo limitada en Italia a las denominadas autonomías especiales.

También, los casos de Portugal, donde hasta hoy solo se han constituido las "regiones autónomas" de Azores y Madeira; y de Bélgica, donde la región de Bruselas sigue siendo todavía de incierta creación.

[2] En Italia, las peculiaridades están en el Valle de Aosta (desde que se suspendió la provincia por Decreto Legislativo 545 de 7 de diciembre, sus funciones pasaron a la región) y en Sicilia (el Estatuto de Autonomía (art. 15) suprimió las provincias de esa región, aunque contempla la posibilidad de promover "libres consorcios intermunicipales").

Igualmente, cabe mencionar los casos de Bélgica y de España. La Constitución Belga, por una parte, prevé en su art. 1c.4 que mediante ley, determinados territorios puedan pasar a depender directamente del ejecutivo central. Esta cláusula, introducida por la reforma constitucional de 1970, fue pensada inicialmente para dar solución a la controversia surgida en torno a los municipios de Fourons, pero, por su generalidad, es susceptible de aplicarse a otras situaciones; por todas, las de la aglomeración de Bruselas: *vid.* F. PERIN, *op. cit.*, págs. 2-3.

La Constitución española, por otra parte, prevé en su art. 144b) que las Cortes Generales, mediante ley orgánica, puedan aprobar un Estatuto de Autonomía para aquellos territorios que no se hubiesen integrado en la organización provincial. Trataban de abordarse así los problemas específicos planteados por los enclaves africanos de Ceuta y Melilla, así como de Gibraltar, caso de una eventual incorporación a territorio español.

En cuanto al debate surgido en España, sobre el carácter necesario de la provincia y sobre la constitucionalidad de una ley autonómica que dispusiera su supresión, debate particularmente intenso en el caso de Cataluña, *vid. infra* 6, A).

[3] Recuérdese sobre todo, el caso de Portugal, donde la creación de las regiones comportaba la supresión de los distritos, según el art. 263 de la Constitución de 1976. Como ya se

B) *La uniformidad del régimen municipal*

Si el principio de creación de un municipio por cada colectividad local —aun de dimensiones mínimas— comportaba que la base territorial y social abarcase desde el pequeño pueblo rural hasta el gran centro urbano[4], el principio de uniformidad, al cubrir, con un esquema jurídico fundamentalmente idéntico, realidades sustanciales un tanto variadas de circunscripciones, extensiones demográficas, situaciones geográficas y económicas y tradiciones históricas, condensaba la divergencia más clara entre la disparidad de hecho de los municipios y la igualdad formal de su régimen jurídico.

Este principio, en sus líneas esenciales, se aplicó en todos los países con un sistema administrativo de inspiración francesa. No obstante, siempre se suscitaron dudas y controversias, que, surgidas ya en los primeros años del siglo XIX, han constituido un *leit-motif* del debate institucional. Voces autorizadas —desde TOCQUEVILLE a VIVIEN, desde DUVERGER a CONSTANT, desde BORSI a ZANOBINI[5]— se alzaron para subrayar las injusticias connaturales a la aplicación de las mismas reglas a realidades tan marcadamente diversas, poniendo de relieve, por otra parte, que la uniformidad colocaba inevitablemente al legislador ante la alternativa de otorgar a todos los ayuntamientos poderes que, en una serie de casos, estos no habrían estado en grado de ejercer, o considerar, por el contrario, las escasas condiciones de operatividad de algunos, restringiendo los poderes de todos, con el fin de no perjudicar los intereses generales; alternativa que, establecida en estos términos, se convertía en argumento de peso contra la descentralización.

Con todo, estas críticas no pasaron de minoritarias y fueron desatendidas en todas las citas importantes de la historia administrativa de estos países; además, las leyes que, de modo fundamental, definieron los regímenes municipales —desde las francesas de 1837 y de 1884, a la belga de 1836 y la holandesa de 1851, desde las españolas de 1845 y de 1870-1877, hasta la Ley piemontesa de 1859, destinada a dejar su sello, dentro del Estado italiano, en la Ley de unificación administrativa de 1865 y, por tanto, en el Texto refundido de 1915— confirmaron la opción de fondo en favor de la homogeneidad del esquema organizativo, del ámbito de competencias y poderes, de las reglas de funcionamiento y de tutela; y aun allí donde —como sucedió en España

---

ha mencionado, sin embargo, este precepto ha pasado ahora al grupo de las disposiciones transitorias y finales.

[4] En desarrollo de esta idea general, *vid. infra* 3.

[5] *Vid. supra* Cap. I, nota 3, a la cual cabe añadir G. DARCY, *Le système adminitratif français*, Paris, 1982, págs. 134 y ss. Cfr. también U. BORSI, "Regime uniforme e regime differenziale nella autarchia locale", en *Rivista di diritto pubblico*, 1927, I. en especial pág. 67; G. ZANOBINI, *L'amministrazione locale*, Padova, 1932, págs. 152 y ss.

con el Estatuto de 1924— parecían surgir oportunidades de apertura a ámbitos de diferenciación (mediante el denominado régimen de carta), la práctica demostró la rigidez del sistema.

Sobre este punto de partida, sin embargo, diversas exigencias han provocado adaptaciones, derogaciones y excepciones, que, de un modo u otro, han atemperado la completa uniformidad de los municipios.

Se trata de actuaciones, a su vez, heterogéneas, que pueden ser consideradas bajo aspectos diversos.

Así, por ejemplo, si se presta atención a los objetivos en cada caso perseguidos, en ocasiones, se ha tratado de dotar de mayor funcionalidad a ciertas peculiaridades locales —sobre todo en relación con las grandes ciudades— o de asegurar a las autoridades centrales una mayor ingerencia. Dependiendo de los contenidos, podrían diferenciarse las especialidades relativas a la disposición de los órganos y al sistema de representación, de aquéllas relativas, por ejemplo, a las competencias o al régimen de controles.

Desde el punto de vista de los criterios que identifican las categorías de municipios sometidos a regímenes diferenciados, si bien no han faltado referencias a situaciones geográficas o económicas específicas o a tradiciones locales, parece con mucho dominar el parámetro de la dimensión demográfica de los ayuntamientos, de acuerdo con el cual asume una especial relevancia la problemática metropolitana.

También pueden, no obstante, tomarse en consideración las fuentes de las que derivan las diferencias, distinguiendo aquellos casos en los que éstas vienen determinadas directamente, por la ley estatal, de aquellos otros en los que vienen a depender de los poderes normativos de los legisladores regionales; por lo demás, en otras ocasiones, pueden existir poderes de autoorganización confiados a los propios órganos municipales, que modulan de distinto modo, de acuerdo con opciones propias, el esquema general fijado por la ley.

Con base en estos presupuestos (que se entrecruzan de manera diversa), parece útil trazar, en este momento, una síntesis de las desviaciones que sufre el principio de uniformidad; nos ceñiremos concretamente a las que hemos aludido en último lugar, que son las que parecen evidenciar mejor los aspectos y tendencias más significativas, y que, por distintos motivos y de acuerdo con perfiles diversos, merecen una especial atención en la actualidad (piénsese, en este sentido, en las diferenciaciones según la extensión demográfica y en el controvertido tema de las áreas metropolitanas, o, por otro lado, en el impacto de los ordenamientos regionales sobre las organizaciones locales, o en la perspectiva de la autonomía estatutaria de los propios entes locales[6].

[6] Habrá ocasión de volver sobre todo esto a lo largo de los sucesivos apartados que integran el presente Capítulo. En particular, *vid. infra* 4, A), en materia de sistemas de representación.

C) *Las excepciones al principio de uniformidad: diferencias en base a criterios demográficos*

Dejando a un lado ahora las diferencias obvias relativas al número (y a la cuantía de las respectivas gratificaciones) de los concejales y de los miembros de los órganos colegiados ejecutivos[7], las variantes más relevantes vinculadas a la extensión demográfica de los municipios se refieren, en primer lugar, a los sistemas de elección de los ayuntamientos. En ocasiones (como sucede en Italia, en Francia, en Luxemburgo), la superación de un cierto número de habitantes conlleva la adopción de un mecanismo proporcional, mientras en los municipios menores se sigue un sistema mayoritario. Este es el criterio adoptado en Italia, donde, no obstante las múltiples propuestas de elevación, la línea sigue fijada todavía en los 5.000 habitantes[8]; y en Luxemburgo, donde el método mayoritario —con segunda vuelta en caso de empate en la votación— se aplica a los municipios que no alcanzan los 3.000 habitantes[9].

En Francia, antes de la reforma de 1982, se seguía de forma generalizada un sistema mayoritario a dos vueltas, pero mientras en los municipios inferiores a 30.000 habitantes se admitía el voto preferencial —incluso con *panachage*—, ello quedaba excluido en los municipios mayores[10]. La Ley de 19 de noviembre de 1982, núm. 974, ha venido ahora a establecer la línea en

[7] El número de concejales oscila, por ejemplo, entre 9 (hasta 100 habitantes) y 69 (al menos, 300.000) en Francia (art. 9 de la Ley de 19 de noviembre de 1982, que modifica el art. 121.2 del Código de los Ayuntamientos); entre 3 (hasta 500 habitantes) y 24 (más de 500.000) en España; entre 7 (hasta 1.000 habitantes) y 55 (más de 300.000) en Bélgica (el número ha aumentado por Ley de 30 de marzo de 1976, después de las fusiones de los municipios); entre 7 (hasta 1.000) y 29 (más de 80.000 habitantes) e Luxemburgo (art. 147 de la Ley electoral de 10 de julio de 1963); entre 7 (hasta 3.000) y los 80 (más de 500.000), con base en el art. 2 del Texto articulado de 16 de mayo de 1960, núm. 570. En Portugal, tras la modificación operada por los arts. 5 y 31 del Decreto-ley de 29 de marzo de 1984, núm. 100, el número de miembros de la asamblea de la parroquia varía entre 7 (hasta 1.000 electores) y 19 (más de 20.000 electores); la composición de la asamblea municipal, por su parte, comprende a los presidentes de las juntas parroquiales y a los miembros elegidos, en número igual a los primeros, aumentados en una unidad.

[8] En Italia, mientras los municipios de población superior al citado límite demográfico siguen un sistema proporcional, en los pequeños municipios se aplica un sistema mayoritario, con voto limitado, pudiendo el elector votar un número de candidatos igual a los 4/5 de los consejeros a elegir, aunque no pertenezcan a la misma lista, según el denominado *panachage* (art. 11 y 12 del Texto unificado núm. 570 de 1960).

[9] En Luxemburgo, los arts. 147 de la Ley de 10 de julio de 1963 y 193 de la Ley Electoral reservan a los municipios de población superior a 3.000 habitantes el sistema proporcional.

[10] *Vid.* la Ley de 27 de junio de 1967, que modificó la Ordenanza de 4 de febrero de 1959.

los 3.500 habitantes[11]. Para los municipios inferiores a dicho número se ha mantenido el escrutinio mayoritario, mientras para los demás se aplica el nuevo sistema denominado "proporcional" (aunque —como se verá—[12] se trata de un complejo mecanismo fuertemente influido por criterios mayoritarios).

En algún caso, respecto de los municipios de mínimas dimensiones se prevén particulares simplificaciones en este orden organizativo fundamental. Es lo que sucede en España, ante todo, en el caso límite de los ayuntamientos de menos de 100 habitantes, donde se aplica el sistema del denominado concejo abierto, que configura un sistema muy concreto de democracia directa; las funciones propias del ayuntamiento están en este caso atribuidas él una asamblea compuesta por todos los electores del municipio, a quienes corresponde, entre otras cosas, elegir al alcalde[13] (de acuerdo con un esquema que no difiere de aquel que se aplica a las parroquias rurales en Portugal)[14].

También en España, por lo demás, se prevé —junto a los regímenes especiales eventualmente establecidos por las comunidades autónomas respecto de los pequeños municipios[15]— una diferenciación organizativa significativa entre los ayuntamientos de más y de menos de 5.000 habitantes, ya que el órgano ejecutivo colegial (Comisión de Gobierno), que es obligatorio en el caso de los primeros, se crea en los segundos únicamente en aquellos casos en que expresamente lo disponga el Reglamento orgánico del ente o así lo acuerde el Pleno de su Ayuntamiento[16].

[11] La oposición conservadora solicitó un número más elevado. Ello habría supuesto limitar la aplicación del nuevo sistema proporcional a los municipios superiores a 9.000/10.000 habitantes, es decir, a unos pocos centenares de casos (alrededor del 2%). En este mismo sentido se manifestó el Senado en el curso del controvertido *iter* de la ley.

[12] *Vid. infra* 4, A).

[13] Art. 29 de la Ley Reguladora de las Bases del Régimen Local de 2 de abril de 1985. A este régimen especial hace referencia la propia Constitución española, remitiendo a la ley la regulación de las condiciones del concejo abierto. Cfr., al respecto, L. Cosculluela Montaner, "El concejo abierto", en *Revista de Estudios de la Administración Local y Autonómica*, 1987, núm. 234, pág. 199; E. Orduña Rebollo, "La evolución del concejo abierto y su reconocimiento constitucional", en la misma revista, 1988, núm. 237, pág. 827.

[14] Arts. 246.3.c) y 247.2.c) de la Constitución portuguesa: la ley puede establecer que, en las parroquias escasamente pobladas, la asamblea sea sustituida por reuniones plenarias de todos los ciudadanos electores; en tal caso, son estos últimos quienes eligen directamente al presidente de la junta. La previsión constitucional ha sido cumplimentada por los arts. 22 y 23 de la Ley 79 de 25 de octubre de 1977, y, en la actualidad, por los arts. 19, 20 y 23 del Decreto-ley 100 de 29 de marzo de 1984, donde se fija el límite demográfico en 200 habitantes, y se precisa que la asamblea no puede deliberar válidamente si no es con la presencia de, al menos, el 20 por ciento de los electores residentes en la parroquia.

[15] Art. 30 de la Ley de 2 de abril de 1985, cit.

[16] Art. 20.1.b) de la Ley de 2 de abril de 1985, cit.

Diverso significado —y de carácter más marginal— tienen algunas particularidades atinentes a los municipios menores en los Países Bajos, donde es posible acumular (y mediante Real Decreto puede acordarse coactivamente) las funciones del burgomaestre y del secretario en los casos en que la población no llegue a 2.000 habitantes; lo mismo que en los municipios inferiores a 1.000 habitantes de varios municipios limítrofes (siempre que el total de los habitantes no supere los 10.000)[17].

En Italia, el dato de mayor relieve en este orden de cosas, antes de la reforma de 1990, seguramente estaba en la normativa sobre los consejos circunscripcionales, estando limitada a los municipios de población inferior a 40.000 habitantes[18] la posibilidad de optar por una descentralización basada en consejos circunscripcionales elegidos por sufragio directo y dotados de funciones decisorias[19].

Ahora, a este respecto, el nuevo ordenamiento de régimen local (Ley 142 de 1990, art. 13) dispone que todos los municipios capital de provincia y los municipios con población superior a 100.000 habitantes "articularán su territorio a fin de instituir dentro del mismo circunscripciones de carácter descentralizador, organismos de participación, consulta y gestión de los servicios básicos, así como de ejercicio de las funciones delegadas por el municipio", dejando, por otro lado, a la discrecionalidad de los propios municipios la decisión sobre si crear o no tales circunscripciones, cuando aquéllos, siendo superiores a los 30.000 habitantes, no alcanzaran los 100.000. En todo caso, los consejos circunscripcionales se eligen por sufragio directo.

A veces, por otra parte, las clasificaciones demográficas llevan aparejada una diferencia en lo que se refiere a las funciones. Así, la Ley Reguladora de las Bases del Régimen Local —que establece un núcleo de servicios que todos los municipios están obligados a prestar— hace una graduación de ulteriores categorías de servicios cuya prestación es obligatoria, en un esquema de ampliación progresiva de ámbitos, a municipios que superen respectivamente los 5.000, los 20.000 y los 50.000 habitantes; los propios municipios pueden, además, en el caso de graves dificultades derivadas de situaciones peculiares, solicitar de la Comunidad Autónoma la dispensa de esa obligación[20].

[17] *Vid.* los arts. 2 y 3 de la Ley municipal holandesa.

[18] Posibilidad que cabe extender a los municipios de menor dimensión, en los que las circunscripciones corresponden con las fracciones.

[19] *Vid.* el art. 3 de la Ley 278 de 8 de abril de 1976.

[20] Art. 26 de la Ley Reguladora de las Bases del Régimen Local, donde se incluyen, por ejemplo, entre los servicios que deberán prestar, en todo caso, los municipios por sí o asociadamente [letra a)], el alumbrado público, la recogida de residuos, el abastecimiento de agua potable, etc.; entre los servicios obligatorios en los municipios con población superior a 5.000 habitantes: parque público, biblioteca, mercado; entre los obligatorios en los municipios con

En Italia, una cierta flexibilidad en la distribución de las funciones parece ahora introducir la nueva Ley de ordenación de la autonomía local, cuyo artículo 3 prevé que "las leyes regionales se adecuarán a los principios establecidos por la presente ley en orden a la determinación de las funciones del municipio y de la provincia, identificando los intereses municipales y provinciales, en las materias y supuestos previstos en el art. 117 de la Constitución, según las características de la población y del territorio".

Apenas mención merece, en fin, la pequeña influencia que, algunas veces (como en el caso de Bélgica)[21], los criterios de la dimensión ejercen sobre el régimen de controles; y tampoco es necesario resaltar otras diferenciaciones del todo secundarias y sectoriales[22].

Por otro lado, ha de destacarse cómo el criterio demográfico puede en ocasiones, ser suavizado en atención a las características históricas, geográficas o económicas de los municipios.

---

población superior a 20.000 habitantes: protección civil, prestación de servicios sociales, prevención y extinción de incendios, instalaciones deportivas y matadero; entre los obligatorios en los municipios con población superior a 50.000 habitantes: transporte colectivo urbano de viajeros y protección del medio ambiente. Ciertas distinciones, en relación con las funciones, se preveían en Portugal por el Código Administrativo de 1940, modificado por Decreto-ley de 26 de septiembre de 1969 (cfr. arts. 59-65). Estas distinciones, sin embargo, no se recogen por el Decreto-ley de 1984 sobre atribuciones y competencias de las autarquías locales.

[21] En Bélgica, según el art. 87 de la Ley municipal (modificada por la Ley de 1º de marzo de 1977), correspondía el control de los municipios inferiores a 20.000 habitantes a los gobernadores de provincia (institución similar al prefecto) y al Rey, que a su vez podía anular la decisión adoptada por aquellos, en el plazo de un mes.

Ahora, la región flamenca (Decreto de 28 de junio de 1985) se vale del mismo límite demográfico, y atribuye el control de los municipios inferiores al gobierno regional (que a su vez puede delegarlo en el gobernador de la provincia para ciertos municipios), y el de los municipios superiores, al gobierno central y al gobernador de la provincia. La región valona, por su parte, también ha establecido un criterio análogo (Decr. de 2 de julio de 1987), fijando el límite en 10.000 habitantes. Sobre el sistema de controles en Bélgica, *vid. infra* 8, D).

[22] Así, por ejemplo, el número de habitantes de un municipio se utiliza a veces como criterio para establecer distinciones en el status del personal municipal y de los secretarios locales (casos de Italia y Francia).

Por otra parte, el orden público como competencia específica también da lugar a ciertas diferencias. En Francia, por ejemplo, en los municipios de más de 10.000 habitantes es una función reservada al prefecto. Después de realizada la descentralización, los municipios superiores a un determinado nivel demográfico pueden también exigir al Estado la implantación de un servicio de policía.

En los Países Bajos, en cambio, los municipios de más de 25.000 habitantes disponen de una fuerza propia de policía, mientras que los municipios menores pueden (o deben, si son inferiores a 10.000) valerse de la policía estatal.

En este sentido, la propia Ley Reguladora de las Bases del Régimen Local utiliza criterios de tradición administrativa, o de localización geográfica, o bien alude al carácter rural, o histórico-artístico, o prevalentemente turístico, industrial o minero, para consentir, en tales hipótesis, derogaciones de los límites demográficos previstos, por ejemplo, para la formación del concejo abierto, o para la determinación de reglas especiales por parte de los legisladores regionales[23]. Pero se trata de casos excepcionales, circunscritos sustancialmente al caso español.

D) *En particular, la cuestión de las áreas metropolitanas*

a) *Los niveles metropolitanos: soluciones unitarias y soluciones asociativas*. Problemas y exigencias específicas concurren cuando los centros urbanos alcanzan extensiones de población particularmente elevadas. Las dificultades propias de las áreas metropolitanas se corresponden, a menudo —también en países extraeuropeos—, con sistemas normativos propios y diferenciados. En los Estados de estructura administrativa de inspiración francesa, estos sistemas han asumido muchas veces connotaciones de impronta marcadamente estatalista, respondiendo al intento de dotar a los aparatos centrales de instrumentos reforzados y directos de intervención en la administración de las capitales y de los centros urbanos más importantes en este sentido, por ejemplo, estaba orientada la disciplina específica para París (donde, antes de la reforma de 1975, era el prefecto quien ejercía también las funciones que normalmente correspondían al alcalde)[24], así como las de Madrid y Barcelona (donde, hasta 1978, el alcalde era nombrado directamente por el jefe del Estado, a propuesta del Ministro del Interior)[25].

[23] Cfr., en particular, los arts. 29 y 30 de la citada Ley. Con base en el primero, el régimen del concejo abierto se aplica, además de a los municipios de menos de 100 habitantes, a los que tradicionalmente hayan disfrutado de este régimen singular y a aquellos cuya localización geográfica, mejor gestión de los intereses municipales u otra circunstancias, lo hagan aconsejable. Con base en el segundo precepto, las leyes de las Comunidades Autónomas podrán establecer regímenes especiales no solo para Municipios de pequeña dimensión, sino también para aquellos de carácter rural o que reúnan otras características que lo hagan aconsejable, como el carácter histórico-artístico o el predominio en su término de las actividades turísticas, industriales, mineras o semejantes. Sobre el concejo abierto, cfr. *supra*, nota 13.

[24] Cfr., en particular, para la regulación de la administración de París hasta la Ley de 31 de diciembre de 1975, las Leyes de 2 de agosto de 1962 y de 10 de julio de 1964.

[25] Cfr. los Decretos especiales para el municipio de Madrid, 1674 de 11 de julio de 1963, y, para el municipio de Barcelona, 1166 de 23 de mayo de 1960. La democratización de los órganos municipales ha sido llevada a cabo por la legislación que anticipa, en materia de régimen local, orientaciones recogidas en la Constitución española de 1978 (ver, en particular, la Ley 39 de 17 de julio de 1978, en materia de elecciones locales).

Hoy día —extendido a estos supuestos el sistema electivo de organización municipal—, las cuestiones vinculadas a las áreas urbanas de mayores dimensiones se plantean en términos bastante más complejos, y las respuestas institucionales adoptadas en los distintos países son muy diferentes[26].

Un dato que ha sido ya generalmente aceptado es la conciencia sobre las peculiaridades de fondo que caracterizan tales situaciones; peculiaridades que han llevado a los distintos ordenamientos —y en este punto la legislación italiana se encuentra en una fase particularmente atrasada— a buscar, ante todo, escalones más amplios, que comprendan toda la aglomeración metropolitana y a los que se puedan atribuir funciones de planificación así como de coordinación o, incluso, de gestión directa de determinados servicios y obras (transportes, protección del medio ambiente, tratamiento de residuos, grandes infraestructuras).

Estos escalones están, a veces, identificados con una estructura unitaria de área, un ente (provincia o región) que, en estas situaciones, se refuerza agregando a aquéllas que le son típicas, funciones que normalmente corresponden al municipio; en ocasiones asumen, en cambio, formas asociativas resultantes de un esquema federativo entre los distintos municipios interesados.

Un ejemplo significativo, en el primer sentido, está constituido por el caso de Madrid, donde (de acuerdo con una situación caracterizada por una notable concentración en el área urbana de la gran parte de la población residente en la provincia —alrededor del 85 por ciento—) se ha constituido una Comunidad Autónoma uniprovincial que asume también las competencias que normalmente corresponden a las provincias, así como las de carácter metropolitano (ante todo —si bien no exclusivamente— las competencias en materia de urbanismo)[27].

[26] Para una ilustración acerca de las soluciones adoptadas en distintas áreas, europeas y extraeuropeas, cfr. A. Norton, *Governo e amminitrazione delle aree metropolitane delle democrazie occidentali*, Milano, 1985; F. Merloni, *Il rebus metropolitano*, Roma, 1986; F. Wagener, "The administration of metropolitan áreas", en *XIX International congress of administrative sciences, IISA* (Berlín, 19-23 de septiembre de 1983), 1985; Actas del convenio *La gestione delle aree metropolitane, tendenze e prospettive* (Roma, 15-17 de octubre de 1985), Rimini, 1986; M. Cuchillo, F. Morata, *Formules de traitement des problèmes métropolitans*, Barcelona, 1987; E. Balboni, "Il riassetto delle aree metropolitane: problemi aperti, confronti di modelli ed esperienze internazionali", en *La nuova provincia nella reforma del governo locale,* bajo la dirección de F. Merloni, *Quaderni delle autonomie*, núm. 1, 1988; P. Urbani, *Governi metropolitani e interessi nazionali*, Padova, 1988.

[27] *Vid.* Madrid, *Comunidad Autónoma metropolitana*, dirigido por Eduardo García de Enterría, Madrid, 1983; *Estudios sobre el derecho de la Comunidad de Madrid*, Rafael Gomez-Ferrer (Coord.), Madrid, 1987.

En dirección semejante, cabe citar una disposición introducida por la Constitución belga (art. 107 quater) a través de la reforma de 1970 para la región de Bruselas, aunque todavía no ejecutada.

Aun con ciertos rasgos peculiares, unitario es también el modelo seguido para la ciudad de París, que se configura al mismo tiempo como municipio y como departamento[28]. Estos entes coinciden territorialmente y se gestionan por idénticos órganos (consejo y alcalde —a quien la Ley de 22 de julio de 1982 en su art. 15 reconoció también el papel de ejecutivo del departamento—), pero difieren en la disciplina, régimen de personal, patrimonial y presupuestario.

Modelos unitarios se detectan igualmente en los Países Bajos, donde leyes especiales han creado administraciones específicas para las áreas de Rotterdam y Eindhoven, con asambleas elegidas por sufragio directo (mientras los presidentes se nombran por la Corona) y misiones de planificación territorial y medioambiental, a las que se añaden —particularmente, en el primer caso— funciones en materia de transporte, tratamiento de residuos, protección civil, vivienda pública, tiempo libre, sanidad, educación. En cambio, para Amsterdam parece auspiciarse una solución basada en la institución de una provincia metropolitana, acompañada de una significativa descentralización del municipio mayor. En Bélgica, por otro lado, este tipo de problemas, que la reforma constitucional de 1970 trataba de acometer con la creación de aglomeraciones intermunicipales, parece haberse resuelto en alguna ocasión (como en Gante o Charleroi) con la técnica de las fusiones, que han extendido la circunscripción municipal hasta hacerla prácticamente coincidir con el área considerada óptima, en estos casos, para el ejercicio de las competencias metropolitanas.

Por último, el modelo unitario para las áreas metropolitanas prevalece asimismo en Italia —después de un largo y denso debate—, a partir de la Ley 142 de 1990, sobre el nuevo régimen de las autonomías locales. Esta Ley prevé la creación de un nuevo ente, la "ciudad metropolitana", en una serie de situaciones expresamente individualizadas (Torino, Milano, Venecia, Génova, Bologna, Florencia, Roma, Bari, Napoli). Llamada a sustituir a la provincia, aparte de las funciones propias de estas, se le atribuyen funciones que normalmente ejercen los municipios en materia, por ejemplo, de tráfico, planeamiento territorial, desarrollo económico, etc.

En concreto, será la ley regional la que establezca el reparto de funciones entre la nueva "ciudad" y los municipios que la integran. Y a la región también se le confía la tarea de delimitar el ámbito territorial de la "ciudad", que no tendrá por qué coincidir con la provincia preexistente, procediéndose en tal

[28] El mantenimiento de este peculiar departamento monomunicipal se debe a la necesidad de respetar el art. 72 de la Constitución, según el cual "los entes territoriales de la República son los municipios, los departamentos y los territorios de Ultramar" (cfr. G. VEDEL, P. DELVOLVÉ, *Droit administratif*, Paris, 1984, pág. 955).

caso a una nueva delimitación de las circunscripciones provinciales limítrofes o bien a la creación de nuevas provincias[29].

A estas situaciones se contrapone netamente el modelo asociativo, en el que las decisiones que afectan al conglomerado metropolitano se adoptan por uno o varios entes, a través de cuyos órganos se expresan los municipios que comprenden el área. Esta concepción inspiró, en Francia, los *districts* y las *communautés urbaines*. Los *districts* se establecieron por Decreto de 5 de enero de 1959, que se remitía ampliamente a los acuerdos fundacionales, ya sea para la determinación de la composición de su consejo, ya sea, en general, para la definición de sus funciones. Conservan todavía alguna manifestación de cierto relieve, como el caso de Montpellier[30] Las *communautés*, por su parte, están dotadas de importantes funciones, tanto por directa determinación de la ley (en materias como urbanismo y vivienda, vialidad, transportes, servicios contra incendios, colegios y centros, aguas, residuos, mataderos, etc.), como por la facultad que se les reconoce para asumir el ejercicio de ulteriores funciones municipales, ya sea de acuerdo con los propios consejos municipales implicados, ya sea independientemente de todo acuerdo, en determinadas materias (servicios sanitarios y sociales, zonas verdes, alumbrado público, centros deportivos, etc.). Se crearon por Ley de 31 de diciembre de 1966 (modificada en 1969 y 1977), para los casos de Burdeos, Lyon, Lille, Estrasburgo, extendiéndose después por iniciativa municipal a otros lugares (como Le Mans, Cherburgo, Dunquerque)[31].

No muy diferentes en el fondo son, en Bélgica, las *agglomérations*, introducidas mediante la reforma constitucional de 1970 (art. 108 bis) y reguladas por Ley de 26 de julio 1971. Con funciones de coordinación, planeamiento y gestión de determinados sectores (como transportes, residuos, vivienda, medio ambiente, servicios contra incendios, a los que, a petición de los municipios singularmente o por cierto número de ellos —al menos, la mitad, con tal de que representen como mínimo dos tercios de la población—, cabe añadir otros, como vialidad, aeropuertos, mercados, mataderos, aparcamientos, servicios turísticos), las *agglomérations* se rigen por un consejo elegido por sufragio directo, y por la misma Ley de 1971 se establecieron en las áreas de Cante,

[29] Cfr. el comentario a los arts. 17 a 21 de la Ley 142 de 1990, en L. Vandelli, *Il nuovo ordinamento delle autonomie locali*, cit.

[30] *Vid.* M. Bourjol, *Les districts urbaines*, Paris, 1964. Sobre la compleja experiencia del district de Montpellier, cfr. M. L. Pavia, "Le district de Montpellier. Son histoire devant le juge administratif", en *Intercommunalité dans le département de l'Hérault*, a cargo del CEPEL, texto mecanografiado, Montpellier, 1988, págs. 58 y ss.

[31] J. Hourticq, "Les Communautés urbaines", en *Revue administrative*, 1967, pág. 714; D. Collard, "Une structure supracommunale pour les grandes villes: les communautés urbaines", en *Actualité juridique*, 1967, pág. 449; A. de Laubadere, *Chronique*, ivi, 1977, pág. 431.

Charleroi, Amberes, Lieja y Bruselas. Esta fórmula asociativa se considera, sin embargo, generalmente superada por la política de fusiones, que, en efecto, vino a incidir notablemente en la organización de estas áreas, llegando en algún caso —como ya se ha mencionado— a aglutinar en un único municipio el territorio entero que, morfológica y funcionalmente, se correspondía con el área metropolitana[32]. Un caso particular es el de Bruselas, donde una *agglomération* ejerce las funciones propiamente metropolitanas, en espera de la (incierta) creación de la región, en virtud de lo dispuesto en el art. 107 quater de la Constitución. La *agglomération* de Bruselas, entre tanto —reflejando la peculiar situación social de la ciudad—, está dotada de una organización que busca equilibrar la presencia de los dos grupos lingüísticos existentes[33]. La experiencia no parece haber tenido especial vitalidad, pero ello no ha desanimado al legislador que ha realizado otros ensayos encaminados a revalorizar esta fórmula asociativa. Así, la reciente Ley de 21 de agosto de 1981, al revisar algunos de los aspectos relativos a la disciplina de las *agglomérations* (particularmente, la regulación de las elecciones), dedica varias disposiciones específicamente a la *agglomération* de Bruselas, entre otras cosas, transfiriéndole diversas funciones municipales, (en materia de suministro de agua, limpieza urbana, limpieza de la nieve, disciplina de la vialidad metropolitana, la informática de los municipios).

En una dirección decididamente asociativa se decanta también la disciplina que recoge la Ley Reguladora de las Bases del Régimen Local respecto de las áreas metropolitanas (art. 43), a las que configura como entidades locales integradas por municipios de grandes aglomeraciones urbanas entre cuyos núcleos de población existan vinculaciones económicas y sociales que hagan necesaria la planificación conjunta y la coordinación de determinados servicios y obras[34].

[32] Cfr. R. MAES, "Les grandes agglomérations et les réformes institutionnelles et administratives en Belgique", en *Administration publique*, 1983, págs. 124 y ss., en especial, pág. 135; así como C. VIGNERON-ZWETKOFF, *L'adminitration des grandes agglomérations belges*, ivi, págs. 141 y ss.

[33] El Consejo se compone, concretamente, de 52 francófonos y 31 flamencos. Elige un colegio ejecutivo de 12 miembros, regido por el principio de la paridad lingüística, y un presidente cuya elección debe ser aprobada por el Rey.

[34] Las áreas metropolitanas, por otra parte, se encuadrarían en la Constitución española, solamente en cuanto entidades intermunicipales, de acuerdo con un modelo cuasifederal: en este sentido, R. MARTÍN MATEO, *Entes locales complejos*, Madrid, 1987, págs. 224-225, con referencias al art. 141.3 (que prevé la creación de agrupaciones de municipios) y al art. 152.3 (mediante la agrupación de municipios limítrofes, los Estatutos podrán establecer circunscripciones territoriales dotadas de personalidad jurídica) de la propia Constitución. Cfr., del mismo autor *Las áreas metropolitanas*, en *Tratado de derecho municipal*, dirigido por S. MUÑOZ MACHADO, 1988, I, págs. 855 y ss. Sobre la posibilidad constitucional de crear entidades de este tipo, *vid.* Tribunal Constitucional, sent. de 19 diciembre 1985.

Un papel determinante se confía, con este propósito, a las comunidades autónomas. Según las previsiones de sus respectivos Estatutos, corresponde a estas —oída la Administración del Estado, la provincia y los municipios interesados— crear, modificar y suprimir, por medio de una ley, las áreas metropolitanas, determinando los órganos de gobierno y de administración de las mismas (órganos éstos en los que estarán representados todos los municipios que componen el área), el régimen económico y de funcionamiento (que garantizará la participación de todos los municipios en la toma de decisiones y una justa distribución de las cargas entre los mismos), así como los servicios y obras de competencia metropolitana, y el procedimiento para su ejecución.

En concreto, la Comunidad Autónoma Valenciana (por medio de la Ley regional 31, de 31 de diciembre de 1986) se ha valido de estos poderes para crear, en el área de Valencia, un *Consell metropolitá*, dotado de funciones de planificación y de gestión supramunicipal en materia de abastecimiento de agua, residuos, incendios, transportes e infraestructuras relativas.

Una solución distinta —ciertamente conflictiva y problemática— ha sido la adoptada por Cataluña para el área de Barcelona. En este caso, desde hacía tiempo (a partir de 1953), existía un órgano que, a partir de 1974, se configura como un ente con funciones de planificación y de gestión de obras y de servicios comunes (en concreto, transportes, agua, gas y electricidad, viviendas, residuos, servicios funerarios, incendios, mataderos y mercados), y con una organización (reformada, según los principios constitucionales democráticos, en 1979) basada en una asamblea representativa de los distintos municipios implicados. Con una decisión bastante controvertida[35], esta organización ha sido ahora desmantelada por la comunidad autónoma, que (por medio de una Ley regional 7, de 4 de abril de 1987) ha definido tres ámbitos territoriales distintos y parcialmente superpuestos: el más amplio (que comprende cinco comarcas) con fines de planificación, reservándose la propia Comunidad Autónoma sus funciones; un segundo ámbito (que comprende 32 municipios) establecido para la prestación de servicios hidráulicos y de tratamiento de residuos; un tercero, por fin, establecido para la prestación de servicios de transporte y que aglutina 18 municipios. Cada uno de estos dos últimos ámbitos territoriales está encabezado por un ente local no territorial, que está regido por un consejo metropolitano compuesto por representantes de los distintos municipios implicados.

[35] Considérese que por su relevancia demográfica y económica, el área metropolitana (regida por una mayoría socialista) era considerada como una especie de contrapoder respecto de la propia Comunidad Autónoma (de mayoría nacionalista catalana). Sobre los aspectos institucionales del fenómeno, cfr., además del ya citado estudio R. Martín Mateo, las distintas intervenciones y documentos publicados en *Autonomies. Revista catalana de dret public*, 1986, núm. 5, número monográfico sobre *L'organització territorial de Catalunya*.

En fin, en los lugares en que todavía no se ha adoptado una solución definida en esta materia, es de destacar cómo la cuestión está en el centro del debate y es objeto de viva controversia ya desde hace tiempo.

En Portugal, la necesidad de dotar a las grandes aglomeraciones urbanas de Lisboa y Oporto de una estructura administrativa propia se calificó como "problema político" en la reforma del tercer plan de desarrollo 1986-1971. Con posterioridad, las diferencias que en el período autoritario caracterizaron la organización de las dos grandes ciudades, fueron suprimidas; las peculiaridades que todavía subsisten (en orden, particularmente, a los poderes del ejecutivo, más reforzados que en otros casos), son en sustancia marginales. En el momento actual se ha creado una (tímida) fórmula asociativa voluntaria entre los municipios del área metropolitana de Oporto, y se han presentado algunas otras iniciativas al Parlamento[36]. La previsión constitucional expresamente establecida (art. 238, apdo. 3) con la reforma de 1982 —de que una ley ordinaria pudiera establecer en las grandes áreas urbanas fórmulas de administración territorial diversas de las generales, basadas en parroquias y municipios—, sigue sin llevarse a efecto; y en espera de la delimitación de las regiones administrativas, sigue sin saberse si aquéllas se configurarán o no en tales áreas como regiones-metropolitanas.

b) *La descentralización en el área metropolitana*. Dentro del área metropolitana, la generalidad de las experiencias realizadas sigue caracterizada por un persistente papel dominante de un gran municipio de cabecera. En ninguno de los países de tradición administrativa revolucionario-napoleónica ha prevalecido hasta ahora (aun cuando ésta sea la dirección en la que se mueve el proceso seguido en Amsterdam) la orientación favorable a una disolución de tal municipio, para sustituirlo por una serie de entes de dimensiones limitadas y más homogéneas respecto a las dimensiones de los demás municipios comprendidos en el área.

En este sentido, el problema central, dentro de la metrópoli, ha llegado a ser precisamente el de la determinación de los ámbitos y formas idóneos para subvenir, en alguna medida, al problema de la distancia que existe entre la Administración municipal y el ciudadano (en el sentido, por tanto, de un aumento del carácter democrático y participativo en el proceso de toma de decisiones) y/o en las dificultades, para esta Administración, de gestionar servicios de

[36] A este respecto, cfr. G. CANCIO MARTINS, "As áreas metropolitanas de Lisboa e Porto", en *Revista de administraçao publica*, 1985, núms. 29-30, pág. 373 y ss.; así como N. PORTAS, "A soluçao das áreas metropolitanas em Portugal", en *Cadernos municipais*, 1982, núms. 16-17, págs. 19 y ss. Sobre las pequeñas peculiaridades todavía vigentes (como la atribución de un mayor número de poderes al presidente del ejecutivo, la posibilidad por parte de este de valerse de funcionarios administrativos a los que puede delegar importantes funciones, o la existencia de uniones obligatorias entre las parroquias), *vid.* D. FREITAS DO AMARAL, *Curso de Direito administrativo*, págs. 500-501.

base que requerirían ser prestados en dimensiones limitadas (en el sentido de un aumento de la eficacia y de la eficiencia de las prestaciones).

En realidad, estos aspectos no siempre han sido tratados en conexión con la problemática metropolitana, bien porque no faltan casos, como el belga, en que el legislador, aun ideando soluciones a este nivel, nada ha dispuesto en orden a la descentralización dentro de los grandes municipios que, todo lo más, se ha desarrollado de hecho en formas todavía experimentales y tímidas (como la desconcentración de servicios —por ejemplo, el registro civil— y el reconocimiento a los eventuales consejos de barrio de funciones meramente consultivas)[37], bien porque subsisten casos, como el italiano, en que las instituciones de barrio no han sido configuradas (por la Ley 278 de 1976) como organizaciones reservadas a los municipios de mayores dimensiones, extendiéndose, por el contrario, a una amplísima gama de situaciones, a partir de un límite modesto de habitantes (al menos 40.000) y en relación con las cuales esta disciplina ha intervenido, por lo demás, prescindiendo de todo diseño institucional para el nivel metropolitano.

No muy distinta es, en este punto, la situación española, ya que si bien en el pasado (1960) este problema había sido tratado en el ámbito de las Leyes especiales de Madrid y Barcelona y, por tanto, con específica referencia a las mayores aglomeraciones urbanas, la disciplina de las áreas metropolitanas y de la descentralización inframunicipal se mueven hoy en planos independientes. Cualquier municipio puede ahora (sin distinción alguna en base a la población) "facilitar la participación ciudadana en la gestión de los asuntos locales y mejorar esta ... establecer órganos territoriales de gestión desconcentrada" (art. 24 de la Ley Reguladora de las Bases del Régimen Local, núm. 7 de 1985). La composición y las funciones de estos órganos han sido establecidas en reglamentos municipales; reglamentos municipales que se han orientado hacia fórmulas bien de tipo concejil (con consejos de distrito compuestos esencialmente por concejales), bien de tipo participativo (con presencia de ciudadanos designados por asociaciones y entes que operan en el ámbito del distrito); el presidente del distrito, por su parte, resulta en todo caso nombrado (normalmente entre concejales) por el alcalde o por la junta municipal. Las funciones que realizan estos órganos se refieren a materias como el comercio, obras públicas, deporte y tiempo libre, información a los ciudadanos, educación sanitaria y medicina preventiva, tercera edad, circulación y transportes, gestión y vigilancia urbanística[38].

Sobre previsiones de carácter general se basan también las experiencias descentralizadoras desarrolladas en Holanda, donde ya en 1964 una reforma

[37] Cfr. R. Maes, *Les grandes agglomérations*, cit., pág. 136; C. Vigneron-Zwetkoff, *L'administration des grandes agglomérations belges*, cit., págs. 146-147.

[38] Cfr. L. Morell Ocaña, *El régimen local español*, vol. I, Madrid, 1988, págs. 639 y ss.

de la Ley municipal introdujo la posibilidad de delegar a unidades descentralizadas de gobierno el ejercicio de todas las funciones municipales, a excepción de las atribuidas al alcalde, la aprobación del presupuesto y de las cuentas generales, las ordenanzas de policía y la imposición de determinados tributos.

Las experiencias más interesantes en los últimos años han tenido lugar, precisamente en el marco de las arcas metropolitanas. Es el caso de Amsterdam, donde desde 1978 lleva desarrollándose un proceso de descentralización que espera culminarse en 1991 (aunque sobre este punto parece haber un cierto escepticismo)[39], con la subdivisión de la ciudad en 16 circunscripciones dotadas de consejos electivos propios, la disolución del actual consejo municipal y la configuración de una nueva "provincia municipal" para el ejercicio de una significativa serie de amplias funciones. Por ahora, el experimento se ha efectuado en alguna circunscripción, por medio de una delegación bastante amplia, que aparte de funciones de tipo consultivo, comprende también diversas funciones decisorias en sectores como vivienda, tráfico, vialidad, parques, higiene, asistencia social, asilos y escuelas, policía local.

Estrechamente ligada a la problemática específica de las áreas metropolitanas aparece igualmente la regulación de los barrios en Francia. Dicha regulación (establecida por las Leyes 1169 y 1172 de 31 de diciembre de 1982) debe colocarse en el marco de una serie de medidas encaminadas a aproximar la administración de las grandes ciudades, medidas que van desde el aumento del número de consejeros hasta el fraccionamiento del municipio a fines electorales, desde la participación en los procesos locales de las asociaciones de vecinos hasta la creación, en todo barrio, de órganos elegidos por los propios ciudadanos del barrio[40].

Además de aplicarse a los municipios de más de 100.000 habitantes resultado de las fusiones, las citadas medidas se prevén específicamente para los casos de París, Lyon, Marsella. Municipios que, respectivamente, se subdividen en 20, 16 y 9 barrios, dotados cada uno de su propio consejo electivo, así como de alcaldes y asesores elegidos por los consejos.

El sistema electoral presenta una originalidad y un interés especial. El consejo de barrio se compone de todos los consejeros municipales elegidos en su ámbito, a los que se añaden, como regla, otros tantos consejeros de barrio, elegidos al mismo tiempo que ellos y siguiendo los mismos criterios para el reparto de los puestos, iniciándose —dentro de cada lista electoral— por el primero

[39] Sobre la situación y perspectivas de esta área, *vid.* P.J.S.M. BOOMSMA, "Il decentramento nella zona metropolitana di Amsterdam: dal consiglio circoscrizionale alla provincia municipale", en *La gestione delle aree metropolitane. Tendenze e prospettive*, cit., pág. 70 y ss.

[40] Además del mencionado F. LUCHAIRE, Y. LUCHAIRE, *Le droit de la décentralisation*, cit., págs. 399 y ss., cfr. J. MOREAU, "L'organization administrative de Paris, Marseille et Lyon", en *Actualité Juridique, Droit Administratif*, 1983, págs. 115 y ss.

de los no elegidos para el consejo municipal. De entre los consejeros municipales de barrio, el consejo elige un alcalde, junto a sus asesores.

Además de funciones de impulso y consulta (con la previsión de informes obligatorios para una relevante serie de materias), corresponde al consejo de barrio la gestión de las infraestructuras sociales y deportivas, y de las zonas verdes, así como las demás funciones que el consejo municipal le delegue con su consentimiento.

Aun no provistos de medios financieros particularmente relevantes, los consejos de barrio desempeñan un papel destacado en los procesos decisorios locales. El consejo de París, en particular, no ha adoptado nunca acto alguno sobre el que un barrio hubiese expresado una opinión negativa, ni se ha valido de la facultad de prescindir del informe pertinente cuando no se hubiese evacuado dentro del plazo establecido, pese a estar ello previsto en la ley[41].

En Italia, la solución adoptada por la reciente Ley 142 de 1990 descansa, en cambio, sobre los propios municipios, aunque una vez estos hayan sido reestructurados en el interior de la ciudad metropolitana por las regiones. Estas pueden asimismo (por lo que parece sugerir la ley, aunque sin imponerlo) subdividir el actual municipio capital en varios municipios (que pueden corresponderse con las circunscripciones existentes, o incluir también parte del territorio limítrofe, si se realizan las fusiones pertinentes con los municipios contiguos). A los municipios resultantes de estas operaciones corresponderán las funciones que la ley regional no haya expresamente atribuido a la ciudad metropolitana[42].

E) *Uniformidad, poderes regionales y poderes de autoorganización de los municipios*

a) *Régimen local y legislación regional.* A una lógica totalmente distinta obedece la diferenciación del régimen local con base en los poderes (legislativos) reconocidos a las regiones. A favor de esta diferenciación se sitúan evidentes exigencias de flexibilidad, adaptabilidad de las estructuras administrativas a las situaciones de las diversas áreas de un país, de acuerdo con las experiencias acaecidas en los sistemas federales clásicos. Se aducen también temores a ingerencias excesivas por parte de los órganos de gobierno regional, considerados demasiado próximos y, por tanto, excesivamente condicionados

[41] En este sentido, *vid.* los datos y consideraciones sobre el funcionamiento de los consejos de barrio en París, en A. F. Knapp, "Paris: le système politico-adminitratif local 1977-1987", en *Annuaire des collectivités locales 1987*, a cargo de GRAL, Paris, 1987, en especial, págs. 74 y ss. Cfr. también K. Haddab, *L'application de P.L.M. à Paris ou le centralisme à l'échelon d'arrondissement*, ivi, 1988, págs. 67 y ss., y J. de Soto, "L'arrondissement de Paris", en *Revue de droit public*, 1984, págs. 1301 y ss.

[42] L. Vandelli, *Il nuovo ordinamento delle autonomie locali*, pág. cit., comentario al art. 20.

en sus decisiones por las realidades políticas locales, con riesgos de favoritismo y de condescendencia o, por el contrario, de intrusiones y contraposiciones.

En la realidad, esta segunda perspectiva es la que ha prevalecido en las situaciones consideradas. Y si en Francia la reforma local —bien que estableciendo regiones sin poderes legislativos— se ha preocupado de excluir expresamente cualquier forma, incluso indirecta, de interferencia o de control regional sobre los municipios y departamentos[43], en otras situaciones, o se ha afirmado una reserva absoluta en favor del Estado, en materia de régimen local[44], o bien, también en los casos en que la competencia regional (de rango primario) encuentra una explícita sanción estatutaria (como sucede con las Comunidades Autónomas españolas que disfrutan del más amplio nivel de autonomía, o con algunas regiones especiales en Italia), el ejercicio de estas funciones ha sido circunscrito en un cuadro preciso definido por la legislación de Estado.

El rechazo del Tribunal Constitucional español al intento por parte de Cataluña de transferir las Diputaciones provinciales a la Comunidad Autónoma y las argumentaciones que acompañan a tales censuras (argumentaciones ampliamente reiteradas y desarrolladas, recientemente, en la sentencia 214/1989, sobre la LRBRL), son, a este propósito, significativas: "como titulares de un derecho a la autonomía constitucionalmente garantizada, las comunidades locales no pueden ser dejadas en lo que toca a la definición de sus competencias y la configuración de sus órganos de gobierno a la interpretación que cada Comunidad Autónoma pueda hacer de ese derecho... La garantía constitucional es de carácter general y configuradora de un modelo de Estado, y ello conduce, como consecuencia obligada, a entender que corresponde al mismo la fijación de principios o criterios básicos en materia de organización y competencia"[45].

[43] Cfr. la Ley 8 de 7 de enero de 1983, art. 2.

[44] En este sentido véase, por ejemplo, además de las frecuentes observaciones suscitadas por el gobierno en sede de reenvío de leyes regionales, las sents. 62 y 178 de 1973 de la Corte costituzionale italiana en relación a las regiones ordinarias. Para el debate doctrinal en torno al art. 128 de la Constitución, *vid.* A. Orsi Battaglin, *Le autonomie locale nell'ordinamento regionale*, Milano, págs. 382 y ss. Entre los planteamientos recogidos en otros países, cfr., en particular, el informe del Primer Ministro belga, acerca de la ley sobre las reformas institucionales de 1980, donde se afirmaba que, no obstante la posibilidad que tienen las regiones y las comunidades de determinar, en las materias transferidas, lo que es de interés municipal existe en todo caso un límite importante estando reservado al Gobierno nacional, al Parlamento nacional y a las leyes orgánicas todo lo que se refiere a la organización de los municipios y de las provincias (*vid.* R. Maes, *La décentralisation*, cit. pág. 116-117).

[45] Ver la sent. 32 de 28 julio 1981, del Tribunal Constitucional, que resuelve el recurso de inconstitucionalidad promovido contra la Ley catalana 6 de 17 de diciembre de 1980, por la que se regula la "transferencia urgente y plena de las Diputaciones Catalanas a la Generalidad".

Llegando todavía más lejos, la Corte Costituzionale italiana ha declarado la inconstitucionalidad de las leyes de la región siciliana (región esta que tiene asimismo reconocida estatutariamente la potestad legislativa exclusiva en lo que se refiere al régimen de los entes locales y de sus circunscripciones) que, aun sin intervenir directamente en la organización fundamental del gobierno del municipio, añadían (lo que ahora expresamente puede hacer el legislador regional español) órganos ulteriores, como órganos colegiados consultivos para la realización de determinados trabajos o consejos de barrio[46].

De este modo, incluso en los casos de máximo reconocimiento de competencias regionales, el régimen local presenta un carácter bifronte entre el Estado y las regiones o comunidades autónomas[47], estando en todo caso reservado al primero el papel dominante y esencial.

En estos términos, las atribuciones regionales o comunitarias, aun no pudiendo permanecer completamente extrañas al régimen local (entendido en una acepción amplia)[48], han influido generalmente de manera fragmentaria y limitada.

Aunque el grado de esta influencia merece alguna precisión y debe distinguirse según los diversos casos, el sistema italiano —más cauto que otros, como, por ejemplo, el español, en el reconocimiento de esferas de intervención a las regiones—, es suficientemente representativo de las tendencias más extendidas.

Como ya se ha mencionado, en Italia, ha quedado sustraída a las regiones la materia relativa a la organización de los entes locales, sea la conformación de dichos órganos, sea la distribución de competencias entre ellos.

Es distinto desde una perspectiva constitucional el tema de la configuración del mapa de los entes territoriales. A las regiones se les reconocen poderes

[46] Cfr., respectivamente, las sentencias de la *Corte Costituzionale italiana*, 16 de 1961 y 107 de 1976.

[47] V. M. SÁNCHEZ MORÓN, "La distribución de competencias entre el Estado y las Comunidades Autónomas en materia de Administración local", en *Tratado de derecho municipal*, dirigido por S. MUÑOZ MACHADO, cit., esp., págs. 151-152, con particular referencia a la sentencia de 23 de diciembre de 1982, núm. 84, del Tribunal Constitucional español, según el cual el régimen jurídico de las Corporaciones locales, incluso en aquellas que, como las catalanas, asumen el máximo de competencias a este respecto, es siempre el resultado de la actividad concurrente del Estado y de las Comunidades Autónomas.

[48] Para un interesante planteamiento que (con base en datos extraídos, específicamente del ordenamiento constitucional español, pero aplicables también en otros ordenamientos) niega la configuración del régimen local como materia, articulando de modo diferente los distintos aspectos de acuerdo con un esquema aquí adoptado, *vid.* L. PAREJO ALFONSO, *Estado social y Administración Pública. Los postulados constitucionales de la reforma administrativa*, Madrid, 1983, págs. 169 y ss. Cfr. también, del mismo autor (cuya reconstrucción ha encontrado eco en decisiones recurrentes de la jurisprudencia constitucional), *Garantía institucional y autonomías locales*, Madrid, 1981.

para crear nuevos municipios y modificar sus términos (aparte intervenir en vía consultiva en los procedimientos seguidos para la modificación de las provincias). La nueva ley pretende otorgar a las regiones un papel todavía más dinámico en este marco, encomendándoles la tarea de establecer un plan para la fusión de los municipios más pequeños y la modificación de los términos municipales. Por lo demás, a la ley regional se le confía la previsión de fórmulas de descentralización y de participación de la población de los municipios sujetos a un proceso de fusión.

En cuanto a la especificación de las funciones que corresponden a los diversos entes locales en relación con las materias previstas en el artículo 117 de la Constitución, y a su régimen jurídico, las regiones están dotadas, solamente, por virtud de la propia Constitución, de la facultad de delegar el ejercicio de sus funciones. La Ley 142 de 1990, sin embargo, amplía ahora sensiblemente su papel, habilitándoles para efectuar auténticas trasferencias de funciones en relación a sus propias materias, identificando "los intereses municipales y provinciales según las características de la población y del territorio" (art. 3)[49].

En el punto relativo a la regulación y funciones administrativas de las fórmulas asociativas desarrolladas entre los entes locales, es donde se han llevado a cabo las intervenciones de mayor relieve, incluso desde la perspectiva del propio principio de uniformidad de las entidades locales.

A una fase experimental ya superada, ha seguido ahora la Ley 142 de 1990, en virtud de la cual la región puede establecer, en materias de su propia competencia, la celebración de convenios obligatorios entre municipios y provincias (art. 24), disponer la ejecución de leyes estatales que prevean la constitución de consorcios obligatorios (art. 26), promover la unión entre los pequeños municipios, otorgando eventualmente contribuciones adicionales y pudiendo en tal caso —transcurrido un periodo de diez años— decretar la fusión obligatoria de los municipios implicados (art. 26), y constituir las comunidades de montaña determinando su ámbito territorial (art. 28).

Explícitamente figura además en la Constitución la previsión de atribuir a las regiones funciones de control sobre los entes locales. La opción resultó muy innovadora en su momento, pero se llevó a efecto en unos términos (el Estado mantuvo la regulación de los modos de constitución del órgano de control, y se omitió toda referencia a la competencia para regular los demás aspectos implicados en el control) que reducían de forma rigurosa su alcance. La reserva a la ley estatal vino así a abarcar la regulación completa del control, manteniéndose asimismo la vigencia de formas atípicas de intervención en relación a los actos de los entes locales. Por otra parte, la norma constitucional

[49] Sobre la discutida configuración del papel de las regiones en el art. 3 de la Ley 142 de 1990, *vid.* el comentario a este art. en L. Vandelli, *Il nuovo ordinamento delle autonomie local*, cit.

ha interpretado de forma muy restrictiva el alcance de la "regionalidad" de los comités de control, cuya reconocida autonomía (sobre este punto habrá ocasión de volver más adelante) les ha llevado a una posición de auténtica separación institucional con los órganos de la región, sobre todo; aunque frecuentemente también, de cara a las relaciones de los propios órganos de control entre sí.

Queda por tratar aún el aspecto financiero de los entes locales, fuertemente caracterizado por una dependencia directa y exclusiva del Estado. Es cierto que en algún caso (como transportes, sanidad) la región dispone de fondos especiales para los entes locales; pero su función se reduce a la de un simple filtro, que destina recursos sobre la base de los parámetros ya predeterminados por el Estado, sin un significativo margen para una maniobra financiera autónoma[50].

La reciente ley de reforma de las autonomías locales se limita por lo general a sentar algún principio general en la materia, remitiendo la regulación a futuras leyes, aunque atribuye a la región la misión de repartir los recursos para la financiación del plan de inversiones de los entes locales (art. 3), concurrir a la financiación de los entes locales para la realización del plan regional de desarrollo y de los planes de intervención, asegurando la cobertura financiera para las funciones transferidas o delegadas (art. 54), y adoptar los planes sobre cuya base se distribuyen los recursos para la realización de las inversiones previstas por leyes estatales (art. 54).

En términos semejantes a los examinados podría tratar de reconstruirse la situación de los demás países que cuentan con regiones, dotadas de poderes legislativos. Así, por ejemplo, Bélgica, donde las competencias de las regiones solo comprenden la regulación de las asociaciones intermunicipales y la organización y ejercicio del control sobre los actos de los entes locales (Ley de 8 de agosto de 1980, art. 6, párr. 1, VIII y 7). La peculiaridad más relevante es la de la financiación de los municipios, confiada ahora a las regiones (Ley de 8 de agosto de 1988, art. 4 párr. 12) tanto por lo que hace al desembolso de gastos generales como por lo que respecta al ejercicio de las funciones relativas a materias de competencia regional.

Asimismo, Portugal, donde la Constitución [art. 229 g) y h)] reconoce a las regiones autónomas insulares el poder de ejercer el control sobre los entes locales y de crear o extinguir las autarquías locales, así como de modificar los términos territoriales según lo previsto por la ley. Competencias que, en el Estatuto de las Azores (art. 33 b) se extienden expresamente a la "modificación de las atribuciones de los entes locales y de las competencias de sus órganos".

[50] *Vid.* las tajantes conclusiones de la *Corte Costituzionale* en su sent. 245 de 1984, debidas a la escasísima influencia de las regiones en los aspectos financieros implicados en la sanidad.

En este contexto, cobra especial interés la configuración de las relaciones que entre ordenamiento regional y régimen local ha establecido el sistema español. La Ley Básica de Régimen Local ha tratado —como afirma su propio Preámbulo— de superar la "vieja polémica entre uniformidad y diversidad en la organización local", estableciendo un cuadro general limitado "a lo estrictamente indispensable para satisfacer el interés nacional" y remitiendo cualquier otro aspecto a decisiones de tipo regional y local, según una ponderación de los intereses en juego. Se considera así prevalente el interés de las Comunidades Autónomas en lo relativo a la configuración del mapa territorial (modificación de los términos municipales y creación de nuevos entes territoriales), "mientras no sucede lo mismo en el plano de la organización interna de las entidades locales, plano en que procede reconocer la primacía del interés de la acomodación de aquélla a las características específicas de estas".

En concreto, la citada Ley reconoce al legislador autonómico, según las previsiones contenidas en sus respectivos Estatutos, poderes para la creación y supresión de los municipios, así como para la modificación de los términos municipales (art. 13); la creación y regulación (en vía subsidiaria, respecto a lo que disponen las ordenanzas municipales) de órganos complementarios a los regulados por la Ley estatal (arts. 20 y 32); la regulación del régimen de concejo abierto y de otros regímenes especiales para los municipios rurales, más pequeños o dotados de peculiares caracteres histórico-artísticos o en que prevalecen determinadas actividades económicas (arts. 29 y 30); el establecimiento y regulación de fórmulas de descentralización inframunicipal (barrios, fracciones, etc.: art. 45) y fórmulas asociativas intermunicipales, particularmente, las áreas metropolitanas, determinando sus ámbitos territoriales respectivos, así como la composición y funcionamiento de sus órganos (arts. 42-44). Corresponde también a las comunidades autónomas en el ámbito de sus propias competencias atribuir y delegar funciones a los entes locales, así como regular las relaciones de información, colaboración, coordinación, sustitución, y control entre la administración general y estos entes (arts. 55 y ss.); y no les faltan, en fin, poderes normativos municipales y provinciales, así como en materia de hacienda local (aunque, en este caso, de forma más matizada).

Todo ello, sin embargo, también se sitúa en el caso de España, dentro de un marco de profunda regulación general por parte del Estado, que, en algún caso, tiene, incluso, carácter exclusivo —en aspectos esenciales, que van desde la forma de gobierno al establecimiento del sistema electoral de los entes locales—. De modo que en todos los países de tradición administrativa de inspiración francesa se está bien lejos de la afirmación del principio (propio de otros sistemas) de la "interiorización" del régimen local por los poderes regionales[51].

[51] Cfr. M. Sánchez Morón, *La distribución de competencias*, cit. pág. 152, a quien se remite también para un mayor conocimiento de la distribución de competencias entre Estado y comunidades autónomas en materia de régimen local (págs. 165 y ss.).

b) *Poderes de autoorganización.* Si la diferenciación que los ordenamientos regionales pueden establecer en materia de régimen local es un tanto contenida o limitada, totalmente marginal se presenta la incidencia en esta materia de los poderes de autoorganización reconocidos a los propios entes locales. Poderes, como mucho, circunscritos sustancialmente a los ya mencionados aspectos relativos a la descentralización inframunicipal[52].

También bajo este perfil el sistema español recoge distintos aspectos de interés. Así sucede, por ejemplo, al atribuir a los reglamentos orgánicos de los municipios la posibilidad de prever un órgano colegiado ejecutivo —comisión de gobierno— en aquellos municipios de menos de 5.000 habitantes y de añadir, en cualquier caso, a los órganos necesarios de gobierno, otros órganos de carácter complementario [arts. 20.1.b) y c) y 20.2 de la LRBR; asimismo, el art. 32.2 en relación con las provincias]. El relieve de estos ámbitos de autoorganización ha quedado, en todo caso, modificado ahora por efecto de la sentencia 214 de 1989 del Tribunal Constitucional, que ha declarado contraria a la Constitución la precisión de que la ley de la comunidad autónoma solamente podrá establecer una organización complementaria del municipio "en todo aquello en que su reglamento orgánico no disponga lo contrario", y ha reconducido la autonomía organizativa municipal al ámbito de lo establecido por las leyes autonómicas.

En cuanto a la situación Italiana, el dato central que destaca ahora con la Ley 142 de 1990 es el reconocimiento de autonomía a municipios y provincias, siendo los estatutos de cada ente los que establecerán las "normas fundamentales para la organización del ente", determinando en particular las atribuciones de los órganos y las formas de descentralización. Esta autonomía —según las propias indicaciones de la ponencia—[53] está encaminada a abrir

---

Sobre los sistemas en los que los entes locales tienden a configurarse como elementos internos de los ordenamientos regionales, *vid. infra*, Cap. IV, 2 y 3.

[52] Sobre el criterio de la uniformidad y sobre la negación de espacios de autoorganización a los entes locales, resultan significativas algunas de las decisiones judiciales adoptadas en Italia, que anulan la creación de consejos de barrio realizada por determinados municipios, en el período anterior a la Ley 278 de 1976. En particular, *vid.* la sentencia 198 del TAR de Piamonte, de 25 junio 1975 (en *Foro amministrativo*, 1975, I, 2, pág. 1356), donde puede leerse: "El legislador italiano en el nuevo Estado unitario, a fin de garantizar la conservación de la cohesión nacional, ha optado por establecer un criterio uniforme y nivelador de todos los municipios, evitando diferencias estructurales entre los más grandes y los más modestos... Esta situación, en términos sustanciales, no ha experimentado cambios con la aprobación de la Constitución republicana". Esta, es más, ha garantizado "la uniformidad del modelo, mediante el establecimiento de una reserva de ley... De todo ello cabe deducir que las resoluciones impugnadas se han apoyado en un poder estatutario inexistente... habiendo la administración invadido la esfera de atribuciones constitucionalmente reservada al legislador".

[53] On. CIAFFI, en *Atti parlamentari*, Camera, X leg., 9 septiembre 1988, pág. 5.

"un proceso de reordenación, de reorganización de los entes locales, basada en la diversidad de tipologías, experimentaciones y grados". En realidad, particular interés tienen aspectos como la ordenación de los órganos y, en especial, la configuración del papel de los directivos, el funcionamiento de los servicios, la participación y los referéndums, el acceso a los actos de los entes locales y a la información en general, etc. (cfr. arts. 4, 6, 13, 23, 51). En lo que concierne a los órganos de gobierno, la propia ley contiene ya una regulación puntual y exhaustiva. Esta viene a confirmar la tradicional organización tricéfala fundada en el consejo, la junta y el jefe de la administración, y se preocupa de fijar con detalle el procedimiento de elección de estos últimos, así como los modos de presentación y voto de las mociones de censura constructiva (cfr. arts. 34 y 37). Se enumeran asimismo doce amplias categorías de actos reservados en todo caso a la competencia del consejo, sin posibilidad (a excepción de las particularidades que presenta, el régimen del presupuesto) de ser adoptados mediante la vía de urgencia por otros órganos, mientras a la junta corresponderá en todo caso la competencia residual (art. 32 y 35). La esfera reconocida a los estatutos locales resulta así muy exigua, ya sea en el reparto de competencia, ya en la determinación de la estructura de los órganos, en relación a la cual la autonomía estatutaria se reduce, en suma, a precisar el número de asesores dentro de los restringidos límites máximos fijados por el legislador (art. 33), establecer si el consejo podrá articularse en comisiones (cuya regulación en todo caso se remite al reglamento: art. 31), si a la junta podrán acceder ciudadanos que no sean miembros del consejo (art. 33, último párrafo), si cabe la destitución y censura constructiva de los administradores de hacienda e instituciones dependientes (art. 37).

En relación a la descentralización, además, se dispone directamente que los municipios superiores a 10,000 habitantes se articulen en circunscripciones dotadas de consejos elegidos por sufragio directo (según las normas establecidas para la elección de los consejos municipales con población superior a 5.000 habitantes: art. 13). Resulta así que para estos municipios el reconocimiento de autonomía estatutaria viene a traducirse paradójicamente en un mayor grado de uniformidad, cambiando el sistema precedente caracterizado por la elección entre tres alternativas (renuncia al establecimiento de una organización para los barrios; consejos circunscripcionales elegidos por sufragio directo y dotados de poderes decisorios; o consejos circunscripcionales de elección indirecta con funciones meramente consultivas) por un único modo de descentralización.

Desde esta perspectiva, sigue de actualidad la advertencia (ya avanzada por opiniones autorizadas con referencia a los proyectos elaborados a finales de los años setenta) del riesgo que supone la adopción de un modelo que viene acompañado de una minuciosa regulación de los poderes, lo que puede traducirse en realidad en una sustancial negación de la autonomía estatutaria, dando lugar a una "pseudo autonomía estatutaria" semejante a la desarrollada para las regiones[54].

F) *Tendencias del criterio de uniformidad*

Sujeto a críticas ya desde hace tiempo, el principio de uniformidad se encuentra en entredicho en el momento actual. En la doctrina destacadas opiniones han subrayado las profundas incongruencias existentes entre homogeneidad jurídica y heterogeneidad sustancial de las colectividades locales, las cuales cubren un campo que va desde los pequeños municipios de montaña, con una población de escasos centenares —incluso, decenas— de habitantes, hasta las grandes realidades metropolitanas[55].

Los Tribunales Constitucionales (y en esto se apartan de posiciones anteriores, manifestadas, especialmente, por la Corte Italiana)[56] tienden a rechazar las interpretaciones dirigidas a fortalecer el criterio de la uniformidad elevándolo al rango de principio constitucional[57].

[54] M. S. GIANNINI, "La lentissima fondazione dello Stato repubblicano", en *Regione e governo locale*, 1981, núm. 6, pág. 35. Ya en otro lugar, este autor había calificado la autonomía estatutaria regional como una "larva" para las propias regiones. *Vid.* "La delega agli enti local nel riassetto delle funzioni dei pubblici", en *Actas del congreso. La delega delle funzioni agli enti locali*, Pescara, 1974, págs. 21-22.

[55] Por todos, en la doctrina italiana, cfr. M. S. GIANNINI, *I comuni, Atti del convegno celebrativo del centenario delle leggi amministrative di unificazione*, Milano, 1967, págs. 31-33; A. M. SANDULLI, *Manuale di diritto amministrativo*, Napoli, 1982, pág. 437; M. NIGRO, *La reforma dell'amministrazione locale*, a cura della Fondazione Agnelli, Torino, 1978, págs. 35 y ss. En Francia, cfr. J. DE SAVIGNY, *L'État contre les communes*, Paris, 1971, cap. IV. Por lo que hace a España, A. NIETO, "La organización local vigente, uniformismo y variedad", en *Descentralización administrativa y organización política*, Madrid, 1973, vol. II, págs. 25 y ss.; S. MUÑOZ MACHADO, *Derecho público de las comunidades autónomas*, cit., vol. I, págs. 56-58; vol. II, págs. 201-204

[56] Además de las ya mencionadas, *vid.* en especial, las sentencias de la *Corte Costituzionale*, 61 de 1958 y 9 de 1967.

[57] En este sentido, por ejemplo, *vid.* el Consejo Constitucional francés que, en su resolución de 25 febrero 1982, a propósito de las objeciones formuladas al Estatuto de Córcega, afirmó que la Constitución de 1958 "no excluye en absoluto categorías de entes territoriales que no comprenden más que una sola unidad", recordando importantes precedentes a este respecto, a partir del Estatuto de la ciudad de París.

Todavía de forma más expresiva, el Tribunal Constitucional español, en su sent. de 27 febrero 1987, tras subrayar la reserva al Estado de los principios del régimen jurídico de las Administraciones Públicas, declaró que "la determinación de estos criterios fundamentales no debe implicar en caso alguno la constitución de un sistema uniforme para todos los entes locales del Estado, sino que, por el contrario, debe permitir opciones diversas". En sentido análogo, *vid.* con anterioridad la ya mencionada sent. 32 de 1981.

Y a ello hay que añadir que en el debate político-institucional tampoco son esporádicas y aisladas las opiniones en contra. En el curso de los trabajos parlamentarios llevados a cabo para la elaboración de la reforma local francesa, por ejemplo, no faltó quien reclamara el deber del legislador de definir situaciones diferenciadas cuando la desigualdad es evidente[58]. Por lo demás, en Francia, ya desde la posguerra la contestación a la uniformidad ha sido importante. Hasta el punto de que la propia Constitución de 27 de octubre de 1946 trató de afirmar expresamente —en una disposición (art. 89) que no llegó a aplicarse— la facultad del legislador de "prever", para algunas grandes ciudades, reglas de funcionamiento y estructura distintas de las de los pequeños municipios y establecer disposiciones especiales para determinados departamentos". Significativo es el hecho de que, en Italia, no solo los planteamientos de la oposición[59], sino los propios proyectos gubernativos de estos años afirman inspirarse de forma decidida en un criterio de superación de la uniformidad[60].

Si se pasa, sin embargo, del debate al análisis de la legislación, en ninguno de estos países parece haberse afirmado este modelo alternativo del que había quien había previsto su consagración por las recientes reformas[61]; lejos de ello, el criterio de la uniformidad demuestra un relevante grado de estabilidad.

Es más, amén de mantenerse perfectamente consolidado en sus niveles tradicionales —municipios y provincias—, el criterio parece extenderse tam-

[58] En particular, *vid.* la intervención del diputado Bonnemaison, que seguía afirmando que el establecimiento de diferencias "no solo es posible sino necesaria. La asimilación forzosa de todos los municipios es conservadora y conduce a la desigualdad" (*Ass. nat.*, 18 de enero de 1982).

[59] En primer lugar, cabe destacar las observaciones suscritas por Zangheri y otros, en las que se destaca la necesidad de una efectiva autonomía organizativa: "la cultura de la uniformidad producto del modelo administrativo napoleónico está sólidamente arraigada en nuestro país. La uniformidad organizativa resultante no permite la adecuación de las estructuras de gobierno y de gestión a realidades económicas, sociales, geográficas, culturales y políticas tan variadas, en especial, en el sistema italiano, y produce, en todo caso, efectos perversos de irresponsabilidad".

[60] La Ponencia redactada por Gava insiste en la idea de "dirigirse hacia un régimen local profundamente diverso del pasado, que, dando plena actuación al principio constitucional del pluralismo administrativo, permita la superación de la disciplina uniforme de los entes locales". Proyectos anteriores del gobierno se expresaban de forma aún más tajante, llegando a sostener la necesidad de "individualizar y establecer modelos diferenciados para el gobierno local, superando definitivamente el arraigado principio de la uniformidad". Para mayores referencias, cfr. L. VANDELLI, "Gli organi di governo dei comuni e delle province, in Ilnuovo ordinamento delle autonomie locali", en *Regione e governo locale*, 1986, núm. 1, en especial, pág. 47.

[61] "Entes de geometría variable" fue una afortunada expresión utilizada en Francia, en el curso de los debates suscitados a raíz de las recientes reformas (vid: J. TOUBON, *Ass. nat.*, 1º agosto 1981, pág. 691).

bién a los niveles regionales, cuya organización —incluso, en los casos que presentan situaciones fuertemente diferenciadas bajo el perfil étnico, lingüístico, social— mantiene generalmente una notabilísima homogeneidad. Así es en el caso de las regiones italianas que, aun dotadas de autonomía estatutaria, no han utilizado los márgenes de diversificación de que disponen a partir del preciso esquema (tradicionalmente basado en la asamblea, ejecutivo colegial y presidente) fijado por la Constitución. Lo mismo puede decirse de las regiones autónomas portuguesas y, pese a carecer de estrictos vínculos constitucionales, de las comunidades autónomas españolas. En fin, también, de Francia, pues las diferencias de tipo secundario que afectaban a alguna situación (en particular, Córcega y las regiones de ultramar) se han visto posteriormente reducidas con la legislación de 1986, encaminada por encima de todo a uniformar el régimen jurídico de todas las regiones francesas[62].

En este marco, donde el criterio de la uniformidad se ha puesto recientemente en discusión (como podrá constatarse inmediatamente) es en ese nivel de régimen local intermedio entre municipios y provincias. Aquí los poderes regionales sí que han podido intervenir de una forma más decisiva y, por otra parte, los mismos entes territoriales desarrollan un fuerte dinamismo propio, asociándose de diversas formas, con variedad de contenidos y de resultados.

La consideración es general y vale para las diversas situaciones a comenzar por la española, pero es especialmente clara en el caso italiano. En este país se han sucedido, en efecto, las experiencias regionales sobre entidades intermunicipales —en especial, hacia la mitad de los años setenta—, sea de modo espontáneo (recuérdense casos como los *circondari*, los *comprensori*, o los consorcios socio-sanitarios), sea en ejecución de leyes estatales (piénsese principalmente en las asociaciones-unidades sanitarias locales)[63]. Sin embargo, hay que apuntar que las experiencias primeramente mencionadas parecen ago-

[62] En particular, este era el objetivo de la Ley de 6 de enero de 1986: cfr. Y. Jegouzo, Ch. Sanson, "Décentralisation: la pause, pourquoi et comment?", en *Année administrative 1986*, Paris, 1987, págs. 37 y ss.

[63] Sobre la incidencia del sistema de la sanidad (de 1977 en adelante) en el criterio de la uniformidad del régimen local, *vid.* las consideraciones de M. S. Giannini, "Relazione di sintesi", en *Il servicio sanitario nazionale*, Milano, 1981, pág. 122; F. Levi, "L'unità sanitaria locale e l'amministrazione locale", en *Le Regioni*, 1978, págs. 363-365; F. Cipolla, *Prime riflessioni sul servicio sanitario nazionale e autonomie local*, ivi, 1979, págs. 161 y ss. y 117; G. Falcon, *L'associazione dei comuni e l'unità sanitaria locale, ivi.*, 1980, págs. 873-874.

Sobre las diferencias que en España van introduciéndose en los niveles intermedios, *vid.* el *Informe sobre las autonomías* y en especial el apartado significativamente titulado. *El nivel intermedio de la Administración local; fin de la uniformidad estructural* (págs. 101 y ss.) el cual analiza primero la situación en las diversas Comunidades Autónomas, y concluye destacando: "En definitiva, si por mucho tiempo se ha pensado especialmente en la situación del municipio, es ahora el nivel intermedio el que ofrece las mayores posibilidades de articular

tadas, mientras que el debate sobre la ordenación de la organización sanitaria (ahora, en particular, con la redefinición de las unidades sanitarias locales auspiciada por el Decreto-ley 111 de 25 de marzo de 1989) conduce objetivamente a un mayor grado de uniformidad, sustrayendo al legislador regional esferas de acción (de lo que, por otra parte, no parece que haya que lamentarse excesivamente si se considera que se trata de la reforma de un sector cuya organización institucional permanecía fuertemente condicionada por rasgos arcaicos e inadecuados).

La misma declaración de inconstitucionalidad de una ley provincial que establecía la elección por sufragio universal de las asambleas de las comarcas (*comprensori*) en la provincia de Trento está también en consonancia con la tendencia hacia una reducción de las esferas de acción reconocidas a los legisladores autónomos[64].

Ahora, además, la Ley 142 de 1990, de reforma de las autonomías locales, prevé (arts. 61 y 25-29) la supresión de las comarcas y la reconducción de las fórmulas asociativas antes apuntadas hacia otros esquemas, como las comunidades de montaña, los consorcios y las nuevas uniones de municipios, encaminadas hacia la fusión. A este fenómeno de reducción de la variada tipología de los niveles intermedios debe agregarse, por otra parte, una tendencia orientada hacia la búsqueda de fórmulas de colaboración más flexibles (que no den lugar al surgimiento de sujetos dotados de personalidad jurídica propia), como son los convenios (art. 24) o los pactos de programa (art. 27).

3. Creación de un municipio por cada colectividad local

A) *Problemas de la fragmentación municipal y propuestas de solución*

El criterio de erigir en municipio cualquier "*ville, bourg, paroisse, ou communauté de campagne*" llevó en Francia, según se ha puesto de manifiesto, a la máxima fragmentación del régimen municipal, hasta alcanzar un número de 44.000 municipios. Ningún otro país se ha acercado a este resultado, pero el criterio dejó su impronta en el mapa municipal de toda Europa occidental, con la única excepción de Portugal que, manteniendo la tradicional figura de la parroquia como Entidad local menor, dotó a los municipios de unas dimensiones bastante amplias[65]. En los demás países la fragmentación fue, sin embargo, notable. Los datos, a este propósito, resultan significativos:

organizativamente las diversas colectividades locales según las características específicas de cada una de ellas. Esta es una novedad histórica que debe ser valorada positivamente".

[64] *Corte Costituzionale*, sent. de 26 julio 1988, núm. 876.

[65] Los municipios en Portugal son 305 con una población media de cerca de 327.000 habitantes, mientras la población media de las 4.085 parroquias es inferior a 2.500 habitantes.

piénsese, por ejemplo, en los 8.027 Ayuntamientos existentes en España, con una población media que gira en torno a los 3.800 habitantes; en los 2.539 municipios en que, hasta la mitad de los años setenta, estaba repartida Bélgica, con una población media de aproximadamente 3.600 habitantes; o también en los 118 Ayuntamientos del pequeño Luxemburgo, con una población media en torno a los 2.700 habitantes. No es elevada tampoco la población media de los 8.090 Ayuntamientos italianos (cerca de 7.000 habitantes), ni aquella (decididamente superior, ya que gira en torno a los 16.000 habitantes) de los 714 Ayuntamientos de los Países Bajos y que es considerada todavía muy insuficiente por el Gobierno holandés. Por otra parte, téngase en cuenta que los municipios de menos de 2.000 habitante, si en Francia constituyen el 90 por 100 de los municipios actualmente existentes, representan asimismo en otros países un porcentaje muy considerable, aproximándose al 40 por 100 en Italia y al 90 por 100 en España y Luxemburgo.

En este marco, las crecientes demandas sociales que han tenido que afrontar los municipios de dimensiones insuficientes, las estructuras organizativas, los recursos financieros, han puesto en evidencia los problemas que lleva aparejada la fragmentación municipal, problemas que han determinado el que se baraje toda una serie de hipótesis y de intentos de solución.

Esquematizando, se puede afirmar, a este propósito, que en Europa se han contrapuesto, con desigual fortuna, dos tipos de planteamientos: uno inspirado en una concepción denominada "funcional" y otro inspirado en una concepción denominada "orgánica"[66]. Muy en síntesis, la concepción funcional considera que la respuesta a la crisis del municipio (consecuencia del hecho de que éste es muy pequeño, muy poco poblado y muy pobre desde el punto de vista financiero) ha de buscarse en fórmulas que consientan el ejercicio de funciones en un nivel superior, en un escalón de cooperación, de coordinación o de asociación.

La tesis orgánica, sin embargo, localiza la razón profunda de la crisis del municipio en su misma esencia, en su radical alejamiento de la comunidad social que debería estar representada por este. El municipio no es ya expresión de la misma; probablemente sí que lo era cuando se formó (en muchos casos incluso en el medioevo como comunidad social), pero con el tiempo esa comunidad cambió y el municipio no se acomodó a dicho cambio. De acuerdo con este último análisis, la solución no se obtiene con fórmulas de coligación intermunicipal, sino por medio de una transformación estructural del municipio; transformación que, concretando, se traduce en primer lugar en una serie de conspicuas fusiones.

[66] Para un examen de este debate, cfr. H. ROUSSILLON, *Les structures territoriales des Communes*, Paris, 1972, seguido por M. P. VIVIANI SCHLEIN, en *Problemi attuali del governo locale in alcuni Stati occidentali,* cit., págs. 207 y ss., que analiza y evalúa los dos planteamientos existentes en Francia de 1950 a 1970.

B) *Mantenimiento de las tradicionales entidades territoriales y fórmulas de colaboración entre municipios*

En Francia[67], a esta concepción se acomodaron en el pasado los diversos intentos encaminados a reestructurar las circunscripciones municipales. La Ley de 16 de julio de 1971, entre otras cosas, persiguió la realización de fusiones a través de incentivos financieros. Los resultados, sin embargo, fueron escasos, y todavía hoy subsisten 36.433 municipios.

En realidad, la Ley de 1971 seguía una línea un tanto ambigua: preveía, por una parte, un plan emanado unilateralmente por el prefecto; pero si el plan de fusiones se acordaba de manera unilateral, su ejecución se confiaba, en cambio, a los propios municipios. Estos mostraron una clara desconfianza y hostilidad hacia el objetivo pretendido.

Tras los primeros intentos ha terminado prevaleciendo el consabido "*espirit de clocher*". Ya durante el período 71-74, los sucesivos gobiernos habían actuado con extrema cautela, abandonando la aplicación de la normativa sobre fusiones[68] (el proceso vino, incluso, a desarrollarse en sentido inverso)[69]. Pero es que, aparte, la consideración de la fragmentación municipal como sólido baluarte de la democracia local —aun no exenta de alguna contestación[70]— terminó encontrando el apoyo de sedes autorizadas[71]. Es muy significativo el

[67] El texto de esta ley —con tablas y organigramas sobre los procedimiento previstos para la fusión de los municipios y para la constitución de fórmulas de colaboración— puede encontrarse en *Problemi di amministrazione pubblica*, 1976, núm. 1, págs. 101 y ss., precedido de un comentario de P. FERRARI.

[68] De forma significativa, una Circular del Ministerio del Interior de 28 de julio de 1971 exhortaba a los prefectos a evitar las decisiones unilaterales: "Desde el inicio del procedimiento es necesario establecer una estrecha colaboración con los administradores locales. Si bien la ley os confía la tarea de establecer el plan para la realización de las fusiones, es deseable que su elaboración sea obra común. No es preciso modificar a toda costa la situación existente".

Ya en 1974, el Ministerio del Interior (de la época de J. Chirac) tomó la decisión de abandonar la realización de la reforma. Como testimonio de la aplicación de la Ley de 1971 sobre las fusiones, cfr. A. TERRAZZONI, "Une expérience de fusions et regroupements de communes", en *Revue Administrative*, 1979, núm. 189, págs. 309 y ss.

[69] Gráficamente ha podido hablarse de un movimiento de "desfusión" (cfr. J. MOREAU *Administration régionale, départementale et municipale*, cit., pág. 44, que señala 53 casos de segregación durante el período 1975-1982).

[70] Cfr. las posiciones de P. BERNARD, J. DE SAVIGNY, seguidos por J. MOREAU, *op. cit.*, pág. 36.

[71] Sobre la tendencia que apunta hacia fórmulas de colaboración en lugar de las fusiones, *vid.* la Relación de la "Comisión para el desarrollo de las autonomías locales", creada por el entonces presidente Giscard (la denominada "relación Guichard", publicada con el título *Vivre ensemble*, Documentation française, 1976), que acuñó el lema "federar a los municipios para salvar a los municipios". Según declaraciones del propio Giscard en 1977, el elevado número de municipios es "un precioso recurso para la democracia local, que hay que mantener".

reciente documento aprobado por unanimidad en la convención nacional del partido socialista (29 de enero de 1989 y publicado el 2 de febrero siguiente). Este documento, si bien dibuja una completa y profunda reforma de las circunscripciones regionales (que se reducirían de 22 a una decena), no pone en discusión lo más mínimo la organización territorial ele los municipios.

En el momento actual, así, pues, toda idea de reducción unilateral del número de municipios ha quedado marginada en favor de soluciones de cooperación intermunicipal, que van desde las de tipo más estructurado, con la creación de un nuevo ente y el reconocimiento al mismo de personalidad jurídica propia (entre las que cabe citar especialmente los *syndicats* voluntarios entre municipios, fórmulas de colaboración que en la práctica han funcionado prevalentemente de forma sectorial)[72] hasta otras de carácter más abierto y flexible.

Estas últimas, en particular, han sido impulsadas de manera decidida por las reformas de los años 80. Sin hacer referencia alguna a las fusiones, la Ley de 7 de enero de 1983 ha tratado de dar los más amplios márgenes a las decisiones voluntariamente adoptadas por los propios entes locales. De un lado, se prevén las *conventions*, por medio de las cuales los entes locales "se comprometen a poner a disposición de otro ente local sus propios servicios y medios a fin de facilitar el ejercicio de competencias de éste" (art. 6); de otro lado,

---

Por otro lado, el partido socialista del actual presidente se ha mostrado desde siempre más proclive al desarrollo de acciones intermunicipales. Cfr. *Projet socialiste pour la France des années 80*, Paris, 1980, pág. 225; así como el Proyecto de Ley "para la descentralización del Estado", presentado a la Asamblea Nacional el 10 de diciembre de 1979 por Mitterrand y otros miembros del partido socialista, entonces todavía en la oposición (núm. 1557). El proyecto —abarcaba un amplio conjunto de cuestiones, descompuestas a su vez en una numerosa serie de proyectos de ley—, dedica notable atención a las fórmulas de asociación intermunicipal. Las fórmulas eran distintas según se trata de municipios rurales o urbanos (arts. 63-640, y su constitución se configuraba en todo caso como voluntaria, sujeta a la aprobación de los consejeros de los municipios implicados (art. 61).

[72] La mención va especialmente referida a los *syndicats intercommunaux à vocation multiple* (SIVOM), consorcios plurifuncionales previstos por la Ordenanza de 5 de enero de 1959, núm. 29. Allí donde se crearon (lo que no ocurrió en un número excesivo de municipios), han asumido en realidad funciones meramente sectoriales y monofuncionales y han tenido muchas veces como único objeto obtener las correspondientes ventajas financieras, así como evitar la imposición de decisiones unilaterales. La distinción, establecida con anterioridad, entre consorcios mono y plurifuncionales se suprimió por Ley 1297 de 31 de diciembre de 1970. De las fórmulas asociativas concebidas específicamente para las áreas urbanas (districts, communautés urbaines), *vid. supra* 2, D), a), en particular, notas 30-31. Sobre las diversas fórmulas de cooperación, *vid.* CH. BRECHON-MOULENES, "Les organisations intercommunales", en *Encyclopédie des collectivités locales*, dir. por F. P. BENOIT, Paris, vol. I, 1984, pág. 901. Un cuadro sobre su difusión, y sobre las funciones efectivamente desempeñadas por las diversas fórmulas de cooperación intermunicipal, en Y. MENY, *Profili di amministrazione locale*, cit., págs. 38 y ss.

se contemplan también las *chartes intercommunales*, encaminadas a definir "las perspectivas a medio plazo del desarrollo económico, social y cultural, determinar los correspondientes planes de acción, y precisar las condiciones de organización y de funcionamiento de las estructuras y servicios públicos".

De este modo, en aplicación del "principio de la libre asociación de municipios para elaborar y ejecutar las políticas intermunicipales"[73] se ha desarrollado una dinámica e interesante experiencia que cada vez va implicando mayor número de municipios, planificándose de este modo el desarrollo conjunto en una serie bastante variada y relevante de materias, como la agricultura, el comercio, la artesanía, el turismo, la industria, el urbanismo y las actividades sanitarias, sociales, culturales y deportivas"[74].

Por último, el documento elaborado por el partido socialista antes mencionado apuesta decididamente, para los municipios menores, por un fortalecimiento de la cooperación voluntaria, por medio de incentivos financieros y fiscales, así como por una relevante ampliación de las funciones encomendadas (también en sectores nuevos, como en la lucha contra la "desertización" o en la ayuda a la creación de actividades económicas).

Tendencias de fondo no muy distintas han caracterizado la situación española. También aquí —si bien no han faltado planteamientos de signo distinto[75]—

[73] Según la ponencia del diputado J. P. Worms a la Ley de 7 de enero de 1983. El principio de la máxima discrecionalidad para los entes locales se subraya también en una Circular del Primer Ministro de diciembre de 1984: "el contenido de las cartas se determina libremente por los municipios que deseen asociarse; nada puede imponérseles, regla alguna ni formal ni sustancial más allá de las expresamente previstas por la ley".

[74] Sobre esta experiencia, cfr. P. ALLIES, "Les chartes intercommunales et la planification décentralisatrice", en *Les Annales de la recherche urbaine 1985*, núm. 28, pág. 38, así como la amplia investigación dirigida por el CEPEL, *Intercommunalité dans le département de l'Hérault*, Montpellier, 1988 (texto mecanografiado). Recientemente, cabe mencionar en materia de cooperación intermunicipal la Ley 13 de 5 de enero de 1988, "para la mejora de la descentralización". Esta ley introduce nuevos elementos de flexibilidad, y permite a los municipios adherirse a un syndicat, aunque sea solo para la realización de parte de sus finalidades. En determinados casos, cabe, incluso, separarse unilateralmente. Sobre esta especie de *syndicalisme à la carte*, cfr. M. TULARD, *La loi d'amélioration de la décentralisation*, cit., págs. 198-200.

[75] Cfr. en particular, la posición de T. R. FERNÁNDEZ, recogida, por ejemplo, en Entre el derecho y la política, Madrid, 1987 (especialmente, págs. 122-124), donde, tras aludir a la insuficiencia demográfica y financiera de una gran parte de los municipios (insuficiencia que priva de significado al carácter representativo y un autogobierno de los referidos municipios), se sostiene que "la reforma del régimen local que los tiempos exigen requiere ante todo un cambio radical de las estructuras actuales que permita definir un número razonable de interlocutores válidos a nivel local..."; propone de este modo una reestructuración territorial que, tal como viene sugerido por la experiencia inglesa, "elimine la farsa de las 8.500 Administraciones Públicas actuales, cuya existencia como tales ... solo sirve para alimentar el mito de la incapacidad de los entes locales y la ineficacia de los esquemas descentralizados.

ha prevalecido un rechazo hacia toda operación quirúrgica sobre el mapa municipal que supusiese una reducción drástica del número de municipios[76].

En este sentido, la Ley Reguladora de las Bases del Régimen Local de 1985 —tras proclamar (art. 2) el principio de la máxima proximidad de la gestión administrativa a los ciudadanos— alude con gran cautela a posibles políticas que tiendan a la agregación de municipios, estableciendo que el Estado, sin perjuicio de las competencias de las comunidades autónomas, podrá establecer —de acuerdo con ciertos criterios geográficos, sociales, económicos y culturales— medidas destinadas a fomentar la fusión de municipios con el fin de mejorar la capacidad de gestión de los asuntos públicos locales (art. 13 de la citada Ley); por el contrario, se tiende a circunscribir la creación de nuevos municipios, que podrá realizarse solamente cuando se trate de núcleos de población territorialmente diferenciados y siempre que los municipios resultantes dispongan de recursos suficientes para el ejercicio de las competencias municipales y no se derive de ello una disminución de la calidad de los servicios prestados[77]. La legitimidad de la incentivación por parte del Estado, en las formas mencionadas, es reconocida en la citada sentencia del Tribunal Constitucional 214/1989.

Medidas de fomento, por otro lado, están previstas también en algunas leyes autonómicas[78], que no sin alguna excepción[79], se basan en un criterio

[76] Recientemente, *vid.* las conclusiones del *Informe sobre las autonomías*, dirigido por J. Tornos, E. Aja, T. Font, J. Perulles, E. Alberti, Madrid, 1988, especialmente págs. 100-101, donde se considera una decisión ciertamente sabia la renuncia a una política de incorporaciones y fusiones seguida por parte de las fuerzas políticas y sociales españolas, habida cuenta del coste político que un cometido de tanto alcance habría comportado.

[77] Sobre el art. 13 de la Ley Reguladora de las Bases del Régimen Local, *vid.*, especialmente, F. Sosa Wagner, P. de Miguel García, "La alteración de términos municipales en el nuevo derecho local", en *Revista de estudios de la vida local*, 1986, núm. 232, págs. 608 y ss.

[78] En particular, cfr. la Ley municipal y de Régimen Local de Cataluña, 8 de 15 de abril de 1987, donde se prevé (art. 20) que el Gobierno de la Generalidad podrá establecer medidas de fomento para la fusión o agregación voluntaria de municipios, medidas de fomento que podrán consistir, entre otras, en: a) ayudas económicas y técnicas a las iniciativas de fusión o agregación que se emprendan; b) previsiones especiales en los criterios de distribución o reparto del fondo de Cooperación Local de Cataluña; c) criterios prioritarios o especiales en la asignación de subvenciones finalistas; d) previsiones especiales para la realización de inversiones con cargo a la Administración de la Generalidad.

También. el art. 21 de la Ley asturiana de 7 de noviembre de 1986, núm. 10, reguladora de la demarcación territorial de los Concejos.

[79] Así, la citada Ley asturiana, tras haber afirmado el principio general del carácter voluntario de las funciones, prevé la posibilidad de prescindir de tal requisito de la voluntariedad municipal, en caso de necesidad perentoria de unificación administrativa de núcleos urbanos que pertenezcan a distintos municipios (municipios entre los cuales se haya producido una

general de voluntariedad de las fusiones, que se producirán en virtud de acuerdos de las corporaciones afectadas (acuerdos intermunicipales) que, entre otras cosas, podrán establecer medidas de territorialización de las inversiones y la constitución de núcleos de población separados, dotados de órganos propios de participación[80].

De acuerdo con este esquema, ante una situación de notoria insuficiencia e incapacidad del municipio para gestionar y satisfacer adecuadamente los intereses de la propia comunidad, la posición adoptada por el ordenamiento español ha sido, esencialmente, la de confiar al propio sistema local la satisfacción de las exigencias de responsabilidad y de eficacia administrativa, poniendo a disposición de los municipios una articulada gama de organismos locales supramunicipales[81]. Entre éstos se sitúan, en primer lugar, las mancomunidades, entidades locales creadas voluntariamente por los propios municipios para la ejecución en común de obras y servicios determinados, que entren dentro de su competencia[82] (forma, pues, de cooperación bastante difundida, fomentada ahora en muchos casos por la legislación autonómica), y las comarcas, circunscripciones —asimismo configuradas como entidades locales— instituidas por ley de las comunidades autónomas, que asimismo determinan su ámbito territorial, su organización, sus competencias y sus recursos económicos[83]. Esta figura —también por razones históricas— asume una posición central en la definición de la organización local catalana; en esa comunidad autónoma, una Ley regional (5 de 4 de abril de 1987), ha repartido el territorio en 38 comarcas, configurándolas como punto de referencia fundamental para la propia Comunidad Autónoma en la distribución de funciones en materia de urbanismo, sanidad, servicios sociales, cultura, deporte, enseñanza protección del medio ambiente. La creación de este nuevo nivel persigue, en Cataluña, la superación (o, cuando menos, el vaciamiento casi total) de la provincia: perspectiva que —como se verá— se ha establecido y se establece todavía en términos un tanto problemáticos; incluso por la circunstancia de que, en la difícil convivencia entre las comarcas (queridas por la Comunidad Autónoma) y las provincias (cuya existencia —según las afirmaciones de la jurisprudencia

---

confusión como consecuencia de su expansión urbanística), en el caso de insuficiencia notoria de recursos y de personal para atender separadamente la prestación de los servicios obligatorios exigidos por la ley, en el caso de una despoblación del territorio que no consienta el mantenimiento de una organización administrativa independiente y en el caso, en fin, de solicitud de incorporación a un municipio, por parte de la mayoría de los ciudadanos interesados. Cfr., también, el art. 21 de la citada Ley catalana.

[80] Art. 20, ap. 2 de la Ley regional catalana citada.

[81] Así, también, el referido *Informe sobre las Autonomías*, págs. 100-101.

[82] Art. 44 de la Ley Reguladora de las bases del Régimen Local, cit.

[83] Art. 42 de la citada Ley.

constitucional— está garantizada por el ordenamiento estatal, en su máximo nivel), estas últimas disponen de recursos incomparablemente más elevados.

Además de las comarcas —y además de las áreas metropolitanas[84]— pueden constituirse otras formas asociativas de acuerdo con la legislación autonómica o regional. Tampoco debe pasarse por alto el desarrollo, por parte de los propios municipios, de módulos de colaboración más flexibles, como los convenios o conciertos (*intese* y *accordi* en la terminología italiana)[85].

Aun sobre la base de una situación bastante peculiar, también las tendencias prevalentes en Portugal parecen descartar toda posibilidad de reducir el mapa local, lo mismo a nivel de parroquias que de municipios (cuyo número, es más, tiende a incrementarse a través de las peticiones y presiones de las diversas parroquias[86]). Se apuesta igualmente por una mayor difusión y utilización de las técnicas asociativas intermunicipales, técnicas fundamentalmente de planificación y de gestión, que se concretan esencialmente en las *associaçoes* y *federaçoes*, que los municipios pueden constituir para "la realización de intereses comunes"[87]. Estas fórmulas, ya previstas por el antiguo Código Administrativo, se recogen en la propia Constitución en su artículo 254. Es significativo, sin embargo, que el segundo párrafo de este artículo —en virtud del cual "la ley podrá establecer la obligatoriedad de la federación"— ha sido derogado por la reforma constitucional de 1982[88].

[84] *Vid. supra*, 2, D).

[85] Sobre las distintas fórmulas de colaboración, orgánicas y funcionales, véanse ahora las numerosas aportaciones en el ámbito de la investigación sobre *Las relaciones de colaboración entre entes locales*, coordinada por J. Tornos, Barcelona, 1989 (texto mecanografiado).

[86] Paralelamente, cabía advertir una cierta presión por parte de las pequeñas comunidades, para la creación de nuevas parroquias; de modo que la Asamblea de la República, a fin de poner orden en la materia, aprobó la Ley de 19 de marzo de 1982, que fija una serie de requisitos mínimos (como el de que el número de electores no sea inferior a 500).

[87] Cfr. Decreto-ley de 15 de septiembre de 1981, núm. 266, el cual ignorando la figura de las *federaçoes*, precisa que las *associaçoes* son entes dotados de personalidad jurídica pública y pueden "tener por objeto la realización de cualquier interés comprendido dentro de las atribuciones de los municipios, a excepción de aquellos que por su naturaleza o por expresa disposición de la ley, deban realizarse directamente por los propios municipios". Por su parte, según el Código Administrativo de 31 de diciembre de 1940 (modificado por Decr.-ley 49.479 de 30 de diciembre de 1969, y Decr.-ley 614 de diciembre de 1971), las funciones de las *federaçoes* atañen a la gestión de los servicios susceptibles de municipalización, a la elaboración y ejecución de los planes de desarrollo urbanístico, y a la administración de bienes y derechos comunes (art. 178). El propio Código Administrativo afirma la obligatoriedad de las *federaçoes* en las principales áreas urbanas (art. 188-195).

[88] *Vid.* el art. 192 de la reforma constitucional de 30 de septiembre de 1982, cuyo texto (aprobado por unanimidad) induce a considerar no conformes con la Constitución las *federaçoes* obligatorias. No faltan, sin embargo, interpretaciones más matizadas: cfr. D. Freitas do Amaral, *Curso de dirito administrativo*, cit., págs. 493 y ss., según el cual habría que mantener al menos las federaciones de Lisboa y Oporto, objeto de una disciplina específica.

Entre los países ajenos a toda operación reductora del número de municipios cabe citar igualmente Italia, donde, el número, incluso, va en constante aumento[89].

No han faltado autorizadas opiniones a favor de una profunda reforma en este campo, como presupuesto preliminar para poder proceder a cualquier reforma del régimen local[90]; ni tampoco puede olvidarse la posición asumida hace algunos años por el entonces presidente del gobierno (Craxi) y por el partido que lo apoyaba[91]. Pero la postura dominante en el debate institucional se inclina en sentido diverso: apunta más bien hacia un proceso gradual de fusiones, para el que se prevé una fórmula específica de agregación intermunicipal ("unión de municipios"). Esta solo puede ser producto de una iniciativa absolutamente voluntaria de los municipios, y queda automáticamente sin efecto si a partir de los diez años de su constitución no se procede a la realización de las fusiones correspondientes (art 26). Un papel relevante tienen, a este respecto, las regiones, las cuales deben elaborar un plan de fusión de pequeños municipios (art. 11); mediante ley, pueden asegurar a la población de los municipios sujetos a un proceso de fusión el mantenimiento de un punto de referencia institucional propio, con la creación de una nueva figura (denominada por la legislación italiana *municipio* como contrapunto al tradicional *commune*) (art. 12), destinar incentivos —adicionales a los estatales— para la fusión de pequeños municipios, y fomentar la unión de municipios, estando autorizados —en el caso en que haya desembolsado contribuciones especiales— para decretar la fusión obligatoria de los municipios asociados, transcurridos

[89] En la etapa de creación de las regiones, el número de municipios sumaba en Italia 8.056, los cuales aumentaron en una treintena durante el primer decenio (de los datos ISAT de 1980, resultan 8.085 municipios) y todavía en alguna unidad más en el período posterior (8.092, en diciembre de 1987).

[90] Téngase presente el planteamiento sostenido por M. S. GIANNINI en varios escritos; cfr. "Il riassetto dei poteri locali", en Rivista trimestrale di diritto pubblico", 1971, págs. 467-458; y también en *I Comuni, Atti del congreso celebrativo del centenario delle leggi amministrative di unificaziones*, Milano, 1967, págs. 46-47, donde se subraya la gravedad de determinados problemas de fondo sobre la cuestión de la autonomía municipal, preguntándose en primer lugar: "¿Qué es lo que los pequeños municipios pueden representar, qué criterios autónomos de dirección pueden darse a sí mismos en un marco en el que dependen cada vez más de la acción de otros sujetos similares y no similares? Cfr. E. ROTELLI, en "La riforma delle autonomie: politica e cultura (1976-1986)", en *Una riforma per le autonomie*, a cargo del ISAP, ISGRE, ISR, Milano, 1986; *La non riforma. Le autonomie locali nell'età dei partiti*, Roma, 1981; *Riforme istituzionali e sistema político*, Roma, 1983.

[91] *Vid.* las declaraciones (y la polémica surgida en torno a ellas) aparecidas en la prensa en el período de 16 de octubre a 15 de noviembre de 1986, así como el resumen del debate recogido en *Nuova Rassegna*, 1987, núm. 1, págs. 113-114, con comentario a cargo de C. PANTANI.

diez años sin que estos hayan pedido espontáneamente la fusión (art. 26). Por último, al objeto de fomentar las fusiones, se contemplan también incentivos económicos (art. 11).

C) *Una amplia reestructuración territorial: el caso belga*

Muy diferente a los casos hasta ahora examinados, es la tendencia prevalente en Bélgica, país donde —particularmente entre los años sesenta y setenta— se ha llevado a cabo una evolución en cierto modo completamente inversa respecto a la desarrollada, en torno a los mismos años, en Francia.

En efecto, poco antes de que la línea favorable a las fusiones encontrase en Francia su (efímero) éxito con la aprobación de la Ley de 16 de julio de 1971, en Bélgica predominaba un planteamiento de tipo "funcional", que había alcanzado su máxima expresión con la inserción en la propia Constitución (arts. 108 bis y ter) de ciertas disposiciones dirigidas a resolver los problemas de los municipios ubicados en las grandes áreas urbanas y los problemas de los pequeños municipios, mediante sendas fórmulas asociativas, respectivamente denominadas *agglomérations* y *fédérations*. La reforma constitucional fue aprobada a finales de 1970, y una Ley marco (de 26 de julio de 1971) vino mediatamente después a completar el panorama[92].

La ley confiaba una amplia serie de tareas a estas nuevas aglomeraciones y federaciones —que venían a añadirse a las asociaciones intermunicipales ya previstas por el art. 108 de la Constitución, en su último apartado, intentando superar sus límites y defectos—[93]. En particular, el traslado de funciones de

[92] Tras la reforma constitucional de 24 de diciembre de 1970 y de la Ley de 26 de julio de 1971, la organización de aglomeraciones y federaciones se articula en torno a un consejo, elegido por sufragio directo y mediante sistema proporcional; un colegio ejecutivo, compuesto proporcionalmente por los consejeros de todas las listas; y, finalmente, el presidente del colegio, elegido por el consejo mediante acuerdo sujeto a la ratificación del Rey.

Estas reglas se apartan de manera notable del sistema tradicional (*vid. infra* 4), especialmente, porque evitan que la mayoría asuma la totalidad del ejecutivo (en este están representadas también las minorías), y porque prevén un presidente, que no es designado ya por el Rey (como ocurre con el burgomaestre), sino elegido, quedando el papel del ejecutivo central limitado a una mera ratificación que, en todo caso, no puede negarse por razones políticas.

[93] Según el último párrafo del art. 108 de la Constitución, introducido por reforma constitucional de 24 de agosto de 1921: "las provincias y los municipios pueden asociarse y establecer vínculos mutuos, según las condiciones y formas establecidas por la ley, para regular o gestionar en común sectores de interés provincial. Sin embargo, las provincias y los municipios no pueden adoptar acuerdos en común".

En aplicación de esta disposición, una Ley de 1922 sentó las bases para el establecimiento de personas jurídicas de carácter intermunicipal, esencialmente monofuncionales, con posibilidad de que en las mismas participan también otros sujetos públicos y privados. De hecho,

los municipios a las aglomeraciones y federaciones afectaba a materias como el planeamiento del territorio y urbanismo, transporte, protección del medio ambiente, recogida y tratamiento de residuos, servicios contra incendios. A este núcleo fundamental, podían añadirse otras en base a singulares y específicos acuerdos entre municipios y con el consentimiento de la aglomeración de la federación[94]. Por otra parte, además de las funciones transferidas por los municipios, el Estado y las provincias podían atribuir otras competencias adicionales a las aglomeraciones y federaciones.

La mayor parte de este amplio planteamiento, sin embargo, quedó sobre el papel. Actualmente —después de algún que otro precario intento— no existe federación alguna, mientras que las aglomeraciones se reducen exclusivamente al área de Bruselas[95].

Precisamente, durante los años en que se aprobaba la regulación que iba a ejecutar los artículos 108 bis y ter de la Constitución, el Parlamento aprobaba

---

se han constituido 200 entes de este tipo, en sectores como los servicios sociales y culturales, la intervención en la economía, o la distribución de la energía. Ello ha dado lugar a críticas nada desdeñables, sobre todo por su separación del municipio y por la falta de un control democrático efectivo F. Delpérée, *L'autonomia locale in Belgio, Lussemburgo e nei Paesi Bassi*, cit., págs. 306-307, que retoma opiniones ya formuladas en Union des Villes Communes belges, *L'autonomie communale en droit belge*, prólogo de P. de Visscher, Bruselas, 1986.

[94] Por ejemplo, son materias transferibles el turismo, los campamentos, los aparcamientos, los mataderos, los aeropuertos, los servicios de asistencia técnica a los municipios, la transferencia se extiende a todos los municipios comprendidos en la aglomeración o federación, siempre que sea aprobada, al menos, por la mitad de ellos, con tal de que, al menos, representen dos tercios de la población. A falta de esta mayoría, las transferencias pueden realizarse en todo caso para municipios concretos. También es de notar que en todas las materias de competencia de los municipios se atribuye a aglomeraciones y federaciones tareas generales de coordinación.

[95] A la aglomeración de Bruselas se dedica específicamente el art. 108 de la Constitución, cuyo objeto es garantizar el equilibrio entre las poblaciones de lengua francesa y holandesa. El consejo de la aglomeración se reparte así en dos grupos lingüísticos; el colegio ejecutivo es de formación paritaria, a excepción de su presidente; y dos comisiones —compuestas por el mismo número de miembros, elegidos respectivamente por el grupo lingüístico francés y el holandés— tienen a su cargo la gestión y administración de toda la problemática relativa a la cultura (las competencias se extienden a cada comunidad lingüística y conciernen, en particular, a la enseñanza, actuaciones pre y post escolares, culturales, etc.). Se establecen asimismo garantías procedimentales para cada grupo lingüístico.

La aglomeración de Bruselas, creada por Ley de 26 de julio de 1971, comprende 19 municipios. En ausencia de la región prevista para la zona por el art. 107 quater de la Constitución (cfr. *infra*, cap. III, 6, D), y además de las funciones que la ley obligatoriamente le transfiere, realiza servicios de limpieza viaria para algunos municipios. No han podido efectuarse transferencias posteriores, por no haberse alcanzado las mayorías a que se hace mención en la nota anterior.

otra ley, inspirada en una lógica y unos objetivos bastante distintos[96]. Esta ley, en síntesis, preveía la posibilidad de proceder, mediante Real decreto, a la fusión de municipios, en atención a "razones de carácter geográfico, económico, social o financiero" y según un procedimiento —que promovido a iniciativa del ministro del Interior, y sujeto a los informes de los consejos municipales implicados y de las diputaciones permanentes del consejo provincial[97]— concluía con la ratificación por parte del Parlamento de los decretos adoptados por el Consejo de Ministros[98].

Auspiciada por la Ley de 23 de julio de 1971, esta opción venía a contraponerse a la solución asociativa que la Constitución y la Ley de 26 de dicho mes habían adoptado. Las dos alternativas eran, pues, posibles, según los casos, y en función de las características particulares de las diversas situaciones territoriales.

En realidad, sin embargo, la primera opción entró en un ocaso casi total en los años inmediatos. Las propias dudas de los entes locales hacia fórmulas asociativas excesivamente complejas, el temor a una incorporación coactiva a ellas (por decisión del gobierno), la preocupación de los pequeños municipios por encontrarse en posición de debilidad respecto a aquéllos otros que hubieran apostado por la fusión, todo ello dio lugar a un fortísimo movimiento a favor de las fusiones, dándose lugar así a un proceso de una amplísima magnitud, el cual, culminado en 1975, conduciría a una drástica reducción del número de municipios, que pasan de 2.539 a 589[99]. Bélgica se convertía de este modo en un caso paradigmático de la aplicación de la tendencia "orgánica", aun cuando no sin ciertas dudas, puesto que, varios años después de efectuada la reordenación, no ha sido llevada a efecto todavía la descentralización de funciones

[96] Ley de 23 de julio de 1971, sobre fusión de municipios. El texto de la ley puede consultarse también en *Problemi di amministrazione pubblica*, 1976, núm. 3, págs. 121 y ss., precedida por un cometario de G. Latour, *L'esperienza belga di fusioni di comuni*.

[97] Informe que, en virtud de la ley, se presume favorable, si municipios y provincias no se pronuncian sobre la propuesta, respectivamente, en el plazo de noventa y de cien días. A estos informes, además, habría debido agregarse el del consejo regional, previsto por la Ley de 1º de agosto de 1984, en todas las disposiciones relativas a la organización municipal; pero no se ha exigido en el procedimiento puesto en marcha en 1975. Ahora, en virtud del art. 80 de la Ley de 8 de agosto de 1980, el Estado solo puede proceder a la realización de fusiones, de conformidad con el Ejecutivo regional.

[98] Los decretos solo entrarían en vigor después de ser aprobados por las Cámaras, en virtud del art. 3 de la Constitución, según el cual los términos municipales no pueden ser alterados si no en base a una ley.

[99] *Vid.* Real Decreto de 17 de septiembre de 1972, aprobado por Ley de 30 de diciembre de 1975. Cfr. también Real Decreto de 3 de octubre de 1975, que regula las modalidades y consecuencias de las funciones previstas en el mismo (este último puede encontrarse en *Problemi di amministrazione pubblica*, cit., pág. 125).

a los municipios. Considerada la descentralización obstaculizada, o incluso, impedida por la excesiva fragmentación existente, este era el objetivo de fondo o, al menos, el complemento necesario para retener completada la operación[100].

Los recelos frente a las fórmulas de colaboración intermunicipal, por su parte, han seguido subsistiendo, y ello ha provocado la intervención del legislador. Primero, por Ley de 22 de diciembre de 1986, se estableció una nueva disciplina para las "intermunicipales", asociaciones voluntarias, dotadas de personalidad jurídica de derecho público, con fines relevantes "de interés municipal". Después, mediante Ley de 21 de agosto de 1987, se modificó amplia y

[100] F. DELMARTINO, *La régionalisation de la Belgique*, cit., subraya que el abandono de todo intento de reforma de carácter funcional, así como la adopción de determinadas medidas financieras, pone de evidencia el escaso interés de los sucesivos gobiernos por llevar a cabo una reestructuración territorial completa, reestructuración que, en cualquier caso, ha provocado notables consecuencias en el plano de la representatividad de los municipios. El grado de influencia que ejercen los partidos nacionales (en la elección o la fijación de programas), por otra parte, vendría a amenazar el "significado mismo de la autonomía local".

Sobre los resultados de las fusiones, cfr. M. SOMERHANSEN, "L'évolution du système comunal en Belgique", en *Administration*, 1980, núm. 108, págs. 88 y ss. (trad. italiana en *Quaderni della rivista Problemi di amministrazione pubblica*, 1981, núm. 4, spec. págs. 26-27), crítico también al valorar los efectos financieros causados por una reestructuración impuesta mediante procedimientos poco conformes con el espíritu de la Constitución.

R. MAES, *La décentralisation territoriale*, cit., págs. 75-78 y *Les grandes agglomérations*, cit. pág. 136, lamenta la falta de reformas de carácter funcional dirigidas a reforzar las atribuciones municipales en conexión con la reforma territorial.

Y. LEJEUNE, "La gestion des intérêts généraux par les communes", en *Administration publique*, 1986, pág. 143, anota que "muchos municipios resultantes de las fusiones resucitan en su interior el respeto de los particularismos locales ignorados por la autoridad nacional en la reestructuración del mapa municipal".

Problemático es el balance trazado por C. VIGNERON-ZWETKOFF, *L'administration des grandes agglomérations belges*, cit., págs. 150 y ss., el cual señala, por un lado, como no se han conseguido los resultados esperados en materia de hacienda local (destacando, con B. JURION, *Les fusions des communes en Belgique: leurs motivations, leurs résultats*, Liège, 1979 que el aumento de la dimensión del municipio, si bien puede servir para introducir economías de escala en algunos casos, puede ocurrir perfectamente lo contrario en otros), mientras que, por otro lado, considera, al menos, parcialmente positivos, los efectos sobre la calidad y distribución del personal, y sobre la eficacia y eficiencia de los servicios, favorecidos por la posibilidad de coordinación y planificación que las fusiones ofrecen.

Una experiencia diversa en orden a reducir drásticamente el número de los municipios anteriores, fuera del área administrativa de derivación francesa, ha sido la de Gran Bretaña, sobre la que particularmente crítico es el juicio de L. J. SHARPE, "The failure of local government modernization in Britain. A critique of funcionalism", en *Canadian Public Administration*, 1981, núm. 1, págs. 90 y ss. (trad. it "L'insuccesso della riforma del governo locale in Gran Bretagna: una critica del funzionalismo", en *Problemi di amminitrazione pubblica*, 1982, núm. 1, págs. 39 y ss.

profundamente la Ley de 26 de julio de 1971, al objeto de racionalizar y hacer más funcional las aglomeraciones y federaciones de municipios, sea desde el aspecto orgánico que desde el punto de vista del ejercicio de las competencias.

D) *La reducción del número de municipios: el caso de los Países Bajos y Luxemburgo*

Las orientaciones que han condicionado y caracterizado las vicisitudes del régimen local han ejercido una incidencia notable en la experiencia y debate actual por el que atraviesan los Países Bajos. En este país las tendencias hacia la reducción del número de municipios deben situarse en un marco en el que la fragmentación municipal ha estado tradicionalmente bastante contenida y en el que, en todo caso, una continua y creciente reducción de dicho número se ha llevado a cabo desde el inicio de este siglo hasta hoy[101], habiendo alcanzado los municipios una proporción media decididamente elevada en el contexto europeo (sustancialmente equiparables a las realizadas en Bélgica, solo después de 1975).

El panorama resultante, sin embargo, sigue considerándose por el gobierno inadecuado todavía para conseguir una gestión racional de las tareas locales y un eventual fortalecimiento del papel de los municipios. Así, el Proyecto del gobierno sobre reorganización de la Administración Pública de 1976 (al igual que el posterior "Informe sobre reagrupación de municipios" presentado por el ministro del Interior en 1984) trató de lograr una drástica reducción del número de municipios, estableciendo en 10.000 habitantes la dimensión mínima necesaria, y subordinando a una reestructuración territorial de este tipo cualquier posibilidad de transferencia de funciones[102]. Este planteamiento gubernativo encontró, sin embargo, una decidida oposición por parte de los municipios que, mediante su influyente Asociación, vendrían a sostener tesis

[101] La fusión de municipios se ha llevado a cabo en los Países Bajos a un ritmo de cerca de 4 al año (con alguna subida 10-15) hasta 1970. Con posterioridad, el número de fusiones aumentó a 20 o más (A. BOURS, *La réforme de l'adminitration locale aux Pays-Bas*, cit., pág. 177). De una tendencia pasada, pero continua de fusiones, habla W. KONIJNENBELT, "L'administration dans le débat politique aux Pays-Bas", en *Annuaire Européen d'Administration Publique*, 1982, CNRS, Paris, 1983, pág. 98. Los municipios holandeses eran 1.121 en 1900, 1.078 en 1930, 990 en 1960, 773 en 1982 y 714 en 1988.

[102] Sobre el particular, V. A. BOURS, *La réforme de l'administration locale aux Pays Bas*, cit., págs. 180-181; y A. HOOGERWERF, *Relations between central and local govermments in the Netherlands*, Twente, 1982, págs. 24 y ss. que destaca, por lo demás, un significado pasaje del Ministerio de Interior: "la posibilidad de atribuir funciones y competencias a los niveles más bajos de gobierno, particularmente a los municipios, no puede llevarse a cabo en muchos casos, simplemente porque no todos los municipios son iguales entre sí".

opuestas, pues en la opinión de éstos la dimensión óptima de los municipios, es una cuestión relativa, pudiendo cambiar de lugar a lugar[103].

Así las cosas, aunque la Constitución de 1985 (art. 123) ha tratado de hacer más flexibles los procedimientos, permitiendo que, de acuerdo con las reglas establecidas por la ley, la modificación de los términos municipales, pudiera efectuarse por decisión del Gobierno o de la provincia, la política de fusiones parece haber encontrado de hecho mayores resistencias en los últimos años.

Por otra parte, en base a la Ley de 1º de abril de 1950, los municipios han procedido al desarrollo de una densa red de entes asociativos mediante "pactos comunes" (*gemeenschappelijko regelingen*), en los que pueden participar también las provincias y otros sujetos. Producto de iniciativas voluntarias, estas fórmulas de colaboración, dotadas de personalidad jurídica propia, perseguían en su origen el objetivo único de facultar la gestión a nivel supramunicipal de servicios específicos, pero lo cierto es que en los últimos años, como se ha mencionado, han asumido una amplia pluralidad de tareas, viniendo así a alcanzar un significado más general, y a convertirse en auténtica alternativa a las fusiones. El fenómeno ha provocado la reacción de quien teme que por esta vía pueda subrepticiamente constituirse un nuevo nivel de administración territorial. En esta óptica se ha movido alguna iniciativa asumida al respecto por el gobierno[104].

En Luxemburgo también se ha tratado de llevar a cabo una profunda reestructuración del mapa municipal. Un importante intento se realizó en 1976 por el ministro del Interior, cuya propuesta, entre otras cosas, preveía un plan para aglutinar los 126 municipios existentes (frecuentemente minúsculos) y reducir su número a 39, dotando a estos de unas dimensiones lo más homo-

[103] En su comentario a estas posiciones, A. HOOGERWERF, *op. cit.*, pág. 27 ironiza sobre el "mágico" límite de 10.000 habitantes (cuya aplicación haría disminuir el número de municipios), y agrega que posiciones distintas difícilmente pueden convencer a los interlocutores, por estar fundadas en teorías políticas que carecen de toda verificación empírica. De modo análogo, W. KONIJNENBELT, "Pays-Bas", en *Annuaire Européen*, cit., 1984, pág. 575, refiriéndose a dicho límite, señala: "es evidente que el criterio puramente cuantitativo del número de habitantes no puede ser el único, ni el decisivo". A. BOURS, *La réforme*, cit. pág. 184 observa como la ciencia política y la ciencia de la administración no han sabido conducir este proceso; y, escéptico sobre la utilidad de una solución de tipo belga, concluye: "la posibilidad de una reorganización de carácter funcional debe prevalecer sobre la reforma territorial, contrariamente a la orientación seguida en otros países". Sobre las tendencias más recientes, cfr. J. BREUNEUSE, "Riforma delle autonome local in Europa", en *Annuario delle autonomie*, cit., 1988, pág. 452.

[104] Estas "pequeñas regiones" surgidas a iniciativa de los municipios son más de 50, abarcando cerca de tres cuartos de los municipios y un porcentaje de población solo ligeramente inferior al de la totalidad de Países Bajos. Sobre las iniciativas del gobierno encaminadas a evitar la aparición de un cuarto escalón administrativo, junto al estatal, provincial y municipal, *vid.* A. BOURS, *La réforme*, cit. págs. 178-182.

géneas posibles[105]. No se ha realizado hasta hoy una reordenación territorial de tan vastas proporciones; solo se ha procedido en los años 1977-1978 a la realización de alguna fusión de carácter voluntario. En concreto, se trató de una agrupación limitada que afectaba a una decena de municipios, cuyo número vino a reducirse a cuatro[106].

Muy importantes aún para conseguir una implicación de los municipios en el desarrollo de servicios que requieren áreas de acción más amplias que las actuales circunscripciones municipales, siguen siendo las fórmulas asociativas intermunicipales. Reguladas por una Ley de 1900, últimamente modificada en 1981[107], estas fórmulas consisten, especialmente, en los *syndicats*, dotados de personalidad jurídica, y constituidos sobre la base del acuerdo de dos o más consejos municipales dirigido a expresar "la voluntad de asociar los municipios respectivos, en vista a realizar obras y servicios de interés intermunicipal"[108]. Estos acuerdos se trasmiten al Ministerio del Interior y, en su caso, por decreto, y previo informe del Consejo de Estado, se autoriza la creación de la asociación. Los *syndicats* realizan servicios de diverso tipo; destacan en la práctica asociaciones para la distribución de agua potable, recogida de residuos, transportes públicos, servicios educativos y sanitarios, Los municipios, por otra parte, pueden concluir entre sí o con otros sujetos, públicos o privados, convenios para la gestión de cualquier servicio de interés municipal, sujetos a la aprobación del Ministerio del Interior[109].

E) *Dimensiones municipales y fórmulas de colaboración: tendencias*

A diferencia de cuanto ha sucedido fuera del área considerada —de Gran Bretaña a Alemania Occidental, de Austria a Suecia, Noruega, Dinamarca, Finlandia— en los países de tradición administrativa francesa, la tendencia para afrontar los problemas que resultan de las pequeñas dimensiones de los municipios mediante operaciones radicales de fusión ha sido, hasta este momento, decididamente minoritaria. La experiencia belga, por su parte, no es, ciertamente, una experiencia central en un contexto que se caracteriza por

[105] Proyecto de Ley-marco de agosto de 1976, que establece los principios y procedimientos para la realización de las fusiones de carácter voluntario, así como un plan para llevarlos a cabo. Cfr. S. Beissel, voz "Luxemburg", en *Annuaire Européen d'Administration Publique*, 1978, págs. 487-488.

[106] Cfr. Leyes de 31 de octubre de 1977, de 27 de julio de 1978 y de 23 de diciembre de 1978.

[107] Cfr. Ley de 14 de febrero de 1900, modificada por Ley de 13 de diciembre de 1958 y de 29 de julio de 1981.

[108] Art. 1 de la Ley citada. El *syndicat*, en virtud del art. 3 de la Ley, es administrado por un comité compuesto por dos delegados por cada municipio, y elegido mediante sufragio secreto por los consejos municipales implicados.

[109] Art. 14 de la Ley citada.

la permanencia de una marcada fragmentación municipal como sucede en España, Italia y (sobre todo) en Francia.

En los países comprendidos en nuestro estudio, las fracciones locales que adquieren un cierto relieve demográfico, económico, social, reivindican la creación de un municipio propio y diferente. Por el contrario, cuando las colectividades locales empiezan a confundirse entre sí en sus aspectos urbanísticos y se multiplican las relaciones en ámbitos comunes (residenciales, laborales, comerciales, etc.), no se producen las correspondientes modificaciones en el seno de las organizaciones administrativas existentes, ajenas así a toda mutación en sentido centrípeto. De este modo —y en esto existe alguna diferencia en los países de dimensiones más reducidas (Países Bajos y Luxemburgo)—, hay una contenida, pero significativa, tendencia hacia el aumento del número de municipios.

Precisamente en Italia, en España y en Francia, la problemática de la colaboración intermunicipal ha asumido una importancia cada vez mayor en el debate, en las intervenciones legislativas y en la práctica, en la experimentación de fórmulas alternativas, así como en una multiplicación de modelos que se extienden desde las tradicionales fórmulas de carácter intermunicipal, preferentemente monofuncionales (en particular: *syndicats*, mancomunidades, *consorzi*), a estructuras de más amplio ámbito, caracterizadas por el desarrollo de una pluralidad de funciones (comarcas, *associazioni*, *comprensori*), hasta llegar a modelos más flexibles (como las chartes intercomunales, *convenzioni*, *intese*, o la misma participación en sociedades mixtas); fórmulas estas que, casi en todas partes, se manifiestan con una vitalidad relevante.

4. Carácter electivo de los consejos y organización municipal

El principio, afirmado durante la Revolución francesa, que postulaba el carácter electivo de los órganos municipales, mediante elecciones basadas en criterios territoriales y excluyendo, por tanto, el sistema corporativo, ha sufrido vicisitudes alternas en los diversos países influidos por el modelo administrativo francés.

Actualmente, el panorama que ofrecen los distintos ordenamientos exige una distinción preliminar entre los modos de formación de los consejos municipales y los modos de formación de los demás órganos del municipio (alcalde, colegio ejecutivo).

A) *Modos de formación de los consejos*

Aunque en algunos casos se trata de una conquista relativamente reciente[110], el carácter electivo, con base territorial, de los consejos municipales puede

[110] Obviamente, nos referimos a los procesos de democratización español y portugués iniciados a mediados de los años setenta.

considerarse hoy plenamente recibido y sólidamente arraigado en todos los países examinados.

Sin excepción, los consejos se eligen por sufragio directo, como expresión de la comunidad territorial, según un criterio que encuentra su máxima garantía, a nivel constitucional, en la generalidad de los ordenamientos considerados (Const. fr., art. 72 párr. 2; Const. esp., art. 140; Const. bel., art, 108 párr. 2, núm. 1; Const. hol., art. 129 párr. 1; Const. port., art. 107 párr. 2)[111].

En la ejecución del principio, sin embargo, ya hay diferentes planteamientos, que producen consecuencias importantes de cara a la homogeneidad política del consejo, o a la representatividad de la oposición y de las fuerzas menores de la sociedad.

Justamente, sobre estos perfiles, y aun con notable cautela, ha tratado de incidir la reforma llevada a cabo por Mitterrand en Francia en 1982.

Anteriormente, la elección se basaba en un sistema mayoritario de doble vuelta (con algunas diferencias, por razón de las dimensiones demográficas de los municipios), encaminado a garantizar —sobre todo, en los grandes centros— la máxima homogeneidad en la composición de los consejos, asignando en sustancia a la lista vencedora el control de la asamblea[112].

Ahora, con la Ley 974 de 19 de noviembre de 1982, el escrutinio mayoritario se realiza solo en los lugares más pequeños (en concreto, en los municipios inferiores a 3.500 habitantes, para los cuales el régimen electoral sigue siendo sustancialmente el mismo que antes)[113], mientras que en los demás casos[114] se aplica un mecanismo mixto, que combina rasgos del sistema mayoritario anterior con características propias del escrutinio proporcional.

[111] La Constitución portuguesa proclama, además, el principio en relación a las parroquias (art. 246, 1º), siendo la asamblea municipal en dicho país un órgano de composición mixta, que comprende también a los presidentes de las parroquias.

[112] En las ciudades superiores a 30.000 habitantes se aplicaba un sistema de listas cerradas. Presentadas a la primera vuelta y sin posibilidad de introducir modificaciones con posterioridad, era elegida en su totalidad la lista que hubiese obtenido, o bien la mayoría absoluta de los sufragios emitidos (con un número de votos, al menos, igual a 1/4 de los electores inscritos) en primera vuelta, o bien, el número más alto de votos alcanzados en la segunda, en la que solo podían participar las listas que en la primera hubiesen conseguido más del 12.5 por ciento de los electores. Para los municipios inferiores a 30.000 habitantes se aplicaba un sistema mayoritario uninominal, en que se elegían en primera vuelta los candidatos que hubiesen obtenido la ya mencionada mayoría cualificada, repartiéndose los puestos restantes entre los candidatos que hubiesen obtenido el número más elevado de votos. En estos municipios (siempre que fuesen superiores a 2.500 habitantes), las papeletas contenían los nombres de los candidatos, pero los electores podían cancelar aquellos no deseados o sustituirlos por otros (*panachage*).

[113] Art. 2 de la Ley 974 de 19 de noviembre de 1982: "Los miembros de los consejos de municipios menores de 3.500 habitantes se eligen mediante sistema mayoritario". Sobre las polémicas que han acompañado la fijación de este límite, vid *supra* 2, C), nota 11.

[114] Con alguna variación en lo que concierne a Paris, Marsella, Lyon (art. 19 de la Ley 194, citada).

Este mecanismo sigue centrado en un sistema de elección a dos vueltas, de las cuales la segunda (que solo se desarrolla si ninguna lista alcanza la mayoría absoluta en la primera) se reserva a las listas que han superado un determinado porcentaje (10 %) de los votos. Ahora, sin embargo, la lista que ha obtenido la mayoría absoluta en la primera vuelta o, en todo caso, el más alto número de votos en la segunda obtiene la mitad del número de puestos, mientras que la mitad restante se reparte entre las diversas listas según el sistema de la media más fuerte, quedando excluidas las listas que no hayan alcanzado el 5 por ciento de los votos[115].

La composición de las listas también presenta alguna novedad digna de relieve. Si en el sistema anterior eran cerradas y no había posibilidad alguna de modificarlas, después de la reforma cabe introducir variaciones entre la primera y segunda vuelta, mediante la inserción de nombres anteriormente no incluidos, siempre que se trate de candidatos ya insertos en listas que no se presenten a la segunda vuelta, habiendo obtenido en la primera al menos el 5 por ciento de los votos.

De este modo, se ha tratado de facilitar, en lo sustancial, un acercamiento entre listas afines. Es significativo que se impida a los candidatos comprendidos en la misma lista de la primera vuelta comparecer en la segunda en listas distintas[116].

En su conjunto, la nueva regulación intenta aumentar la operatividad y capacidad de decisión de los consejos, asegurando una mayoría sólida, pero atemperándola en cierta medida y dotando a los consejos de mayor representatividad, de forma que la oposición pueda ahora desarrollar, en el interior de la organización municipal, un papel específico de control y de estímulo[117].

En cierta medida, el régimen electoral de los municipios franceses[118] parece reducir las distancias que clásicamente lo separan de los demás países comprendidos en nuestro estudio, en los que los sistemas más extendidos se inspiran en reglas proporcionales (incluso, en algún caso, sancionadas a nivel

[115] Art. 262 del Código Electoral, modificada por Ley 974.

[116] A este fin, el responsable de la lista en la primera vuelta debe comunicar al prefecto la lista donde los candidatos van a ser incluidos en la segunda vuelta.

[117] El art. 9 de la Ley 974 trató de hacer más representativos los consejos, aumentando el número de consejeros. Sobre los distintos aspectos de la reforma electoral, *vid.* también J. Boulouis, "La loi 82-974 du 19 novembre 1982", en *Actualité Juridique Droit administratif*, 20 de febrero de 1983, págs. 74 y ss.

[118] También podría configurarse como "escrutinio mayoritario con representación de las minorías" (cfr. "Le nouveau mode de scrutin municipal", en *Regards sur l'actualité*, Paris, 1983, pág. 13, seguido por M. Volpi, *Le riforme elettorali in Francia. Una comprazione con il caso italiano*, Roma, 1987, págs. 48-49 a quien se remite también para mayores indicaciones bibliográficas sobre el tema).

constitucional, como en los Países Bajos y Portugal)[119], aunque a veces se suavizan, como en el método D'Hont, aplicado, por ejemplo, en Italia, o como en el método "belga"[120], y se descarta su aplicación en los municipios más pequeños. Para estos últimos se utilizan con cierta frecuencia sistemas mayoritarios, como sucede en Italia, por debajo de 5.000 habitantes, o en Luxemburgo, donde —como en Francia— el límite se fija en 3.500.

Un sistema de corte mayoritario (plurinominal) se adopta también en España, para los municipios de proporciones reducidas (inferiores a 250 habitantes[121], mientras, en general, se aplica un sistema D'Hont, matizadamente, pues una cláusula excluye de la asignación de puestos a las candidaturas que no alcanzan el 5 por ciento de los votos válidos en la circunscripción[122].

El sistema proporcional (D'Hont) se aplica también a la elección de los consejos de las parroquias en Portugal, así como a los miembros electivos de la asamblea municipal, que, en una peculiar fórmula de composición mixta, se sitúan junto a los presidentes de las parroquias "en número no inferior a ellos"[123].

B) *Modos de formación de los ejecutivos*

Si en lo que hace a los consejos, las diferencias son pequeñas, no se produce la misma homogeneidad en el área examinada en los demás aspectos de la organización municipal.

Cabe encontrar todavía claros rasgos del modelo administrativo napoleónico, tanto en los propios modos de designación del ejecutivo del ente local, como en la superposición al mismo de un órgano individual nombrado por el poder central.

Descartada esta posibilidad en Francia tras las recientes reformas, incluso en los niveles superiores (provinciales y regionales), continúa, sin embargo, caracterizando la organización municipal de los tres países del Benelux, donde el nombramiento del alcalde sigue reservado al jefe de Estado.

[119] Cfr. art. 129.2 de la Constitución de Países Bajos; art. 241.2 de la Constitución de Portugal.

[120] Sobre los diversos métodos, *vid.* con multitud de datos, F. LANCHESTER, *Sistemi elettorali e forma di governo*, Bologna, 1981, en especial, págs. 98 y ss.

[121] Más exactamente, entre 100 y 250 habitantes, dado que, como se ha visto, por debajo de ese límite no se produce la elección, sustituyéndose el consejo por un sistema de asamblea popular (*concejo abierto*).

[122] Cfr. art. 80 de la Ley orgánica de 19 de junio de 1985, modificada por Ley orgánica de 2 de abril de 1987. Sobre el sistema aplicado a los municipios inferiores, *vid.* ivi., art. 184.

[123] Art. 135 de la Constitución de Portugal.

Existen, con todo, diferencias sustanciales. En Bélgica, el nombramiento se efectúa por lo general[124] teniendo en cuenta los resultados de las elecciones municipales y las designaciones oficiosas de la mayoría de los consejos[125] y en Luxemburgo, la propia Constitución, después de la reforma de 1979, reduce la decisión del Gran Duque a los consejeros municipales[126]. En los Países Bajos prevalece, en cambio, una práctica que privilegia los nombramientos externos al consejo y a los vecinos, con una incidencia muy marginal de las indicaciones provenientes del consejo[127] lo que tiende a configurar un peculiar burgomaestre, funcionario de carrera, que, en los municipios pequeños puede asumir también las funciones del secretario y cubrir el mismo puesto en varios municipios limítrofes[128].

[124] Art. 9 de la Ley de 30 de diciembre de 1887, ahora sustituido por el art. 1 de la Ley de 2 de junio de 1987, que, recogiendo lo que, en alguna medida, ya sucedía en la práctica, establece que "el Burgomaestre es nombrado por el Rey entre los miembros del consejo municipal, los cuales pueden presentar candidaturas. La presentación debe trasmitirse al gobernador de la provincia, y debe estar suscrita por la mayoría de los elegidos en la misma lista que el candidato al cargo". Se admite, sin embargo, un nombramiento ajeno al consejo, entre ciudadanos del municipio mayores de veinticinco años, posibilidad a la que el Rey solo puede recurrir si concurre informe favorable de la diputación permanente del consejo provincial (en tal caso —precisa el artículo—, el burgomaestre preside el consejo municipal, aunque dispone solo de voto consultivo). Cfr. la decisión del Consejo de Estado de 10 de agosto de 1984, IV, núm. 22.459, en *Administration Publique*, 1983, pág. 111: "Si la mayoría del consejo presenta un candidato al cargo de alcalde, el ministro puede considerar suficiente la presentación para efectuar el nombramiento. Ello no significa que deba ser nombrado en todo caso el candidato de la mayoría. El ministro toma su decisión, no en base a sus preferencias personales, sino en razón de la buena administración del municipio. Una buena administración exige una mayoría estable".

[125] Cfr. F. Delpérée, *L'autonomie locale in Belgio, in Lussemburgo e nei Paesi Bassi*, cit., pág. 296-297.

[126] Cfr. art. 107 de la Constitución de Luxemburgo. Antes de la reforma de 13 de junio de 1979, la decisión podía recaer sobre ciudadanos ajenos al consejo. En tal caso, se aplicaba, también aquí, la regla de que el burgomaestre preside el consejo, aunque dispone solo de voto consultivo (Ley de 10 de julio de 1963).

[127] *Vid.* art. 131 de la Constitución holandesa, que equipara el burgomaestre al comisario de Rey, y se limita a afirmar que ambos se nombran por real decreto. En cuanto a la incidencia del consejo municipal en el nombramiento, *vid.* art. 65 de la Ley municipal, según el cual el comisario del Rey, antes de transmitir sus indicaciones, solicita al consejo municipal la comunicación de sus preferencias en cuanto a la competencia e identidad del burgomaestre idóneo para el cargo.

[128] Cfr. F. Delperee, L'autonomia locale, cit., págs. 338-340. El nombramiento del burgomaestre (según una Circular del Ministro de Interior, recogida en síntesis por W. Konijnenbelt, Pays-Bas, en *Annuaire Européen*, cit., 1983, págs. 609-610, se realiza mediante el procedimiento siguiente: a) publicación del cargo vacante; b) a propuesta del comisario de la reina, el consejo municipal redacta un "perfil de funciones", que precisa las actitudes y

En los demás ordenamientos, solo Portugal tiene un sistema de elección directa del ejecutivo municipal, según un método proporcional, y quedando en todo caso la presidencia atribuida al primer candidato de la lista más votada[129]. En lo que hace a los países donde la elección del ejecutivo se confía al consejo municipal, hay, sin embargo, diferencias relevantes que en mayor o menor medida conectan las opciones electorales de los ciudadanos con la elección del alcalde y sus asesores.

En este sentido, en Francia, a la previsión legislativa de una elección de tipo indirecto del "maire", por obra del municipio, sigue en la práctica un sistema que tiende a mantener en los ciudadanos la elección de fondo, dado que el elector (cuando menos, en los municipios de una cierta importancia) puede presumir, con cierta razonabilidad, que quien encabeza la lista ganadora será elegido alcalde. Este, por tanto, contará normalmente con una sólida mayoría en el pleno; por su parte, los *adjoints* (asesores), elegidos en virtud de un mecanismo análogo por el municipio desempeñan, en comparación con aquél, un papel claramente auxiliar y subordinado.

Aun sin llegar al grado de eficacia incisiva del sistema francés, el ordenamiento español no adolece de técnicas que tratan de garantizar una cierta correspondencia entre la elección de los ciudadanos y la designación del alcalde, así como un cierto grado de estabilidad del ejecutivo municipal.

De acuerdo con estos objetivos, la Ley electoral española[130] establece que la corporación (en la que la fragmentación de los distintos grupos políticos viene limitada de acuerdo con una cláusula de contención) elige al alcalde

---

competencia que ha de reunir el candidato al puesto; c) el Consejo envía el perfil a aquellos que han presentado la solicitud; d) el consejo municipal puede nombrar una Comisión de confianza, para que, sobre la base de la selección efectuada por el comisario y eventualmente después de oídos los interesados, exprese sus propias valoraciones, las cuales se acompañan a la "recomendación" presentada por el comisario al Ministerio del interior; e) si se aparta de ellas, el Ministro debe explicar las razones a la comisión.

En la práctica, la influencia del consejo municipal depende esencialmente del comisario. Algunos consejos —según W. Konijnenbelt— tiene tan poca confianza en ser tenidos en cuenta por aquel que rehúsan incluso nombrar la comisión de confianza. En cuanto al debate actual en el Parlamento, mientras democristianos y liberalconservadores son favorables al mantenimiento de la discrecionalidad del Gobierno en el nombramiento, los partidos de izquierda consideran que debe reconocerse una influencia determinante al consejo municipal. En la doctrina también se discute si el actual alcalde-funcionario debe o no ser sustituido por un alcalde elegido. *Vid.* W. Lambrechts, "Sens et contresens de la tutelle administrative", en *Administration publique*, 1981, en especial, pág. 171; que, por lo demás, se muestra partidario del alcalde-funcionario.

[129] Art. 252 de la Constitución de Portugal. Cfr. D. Freitas do Amaral, *Curso de direito administrativo*, cit., págs. 474 y ss.

[130] Arts. 196 y ss. de la Ley orgánica del Régimen Electoral general, 5 de 19 de junio de 1985.

entre los concejales que encabezan las correspondientes listas, siendo elegido aquel que obtenga la mayoría absoluta de los votos; si ninguno de ellos obtiene dicha mayoría, se elegirá al concejal que encabece la lista que haya obtenido mayor número de votos populares. En este sentido, se ha operado una especie de superposición de una fórmula mayoritaria al sistema proporcional, introduciendo una corrección a *posteriori* de los resultados de este último; al mismo tiempo, la proclamación automática como alcalde del concejal que encabece la lista más votada, para el caso de que ningún candidato haya obtenido la mayoría absoluta en la votación de la corporación, puede servir como freno a la prolongación indefinida de situaciones de incertidumbre[131].

Por lo demás, con el fin de reforzar la estabilidad del ejecutivo, se ha previsto un mecanismo de censura constructiva, estando prohibido, por lo demás, el que un mismo concejal suscriba, durante su mandato, más de una moción de censura[132].

Asegurar una mayor incidencia en la elección de los ciudadanos, mayor claridad en las alianzas y rapidez en la formación de los ejecutivos, así como estabilidad para estos últimos, son todos objetivos presentes desde hace algún tiempo en el debate institucional en Italia, sin que hasta la fecha se haya producido resultado alguno. La cuestión sigue así regulada por una legislación que simplemente confía al consejo —elegido, por encima de 5.000 habitantes, como ya se ha mencionado, por un sistema proporcional, sin cláusula de contención— la elección del alcalde y de la junta. La práctica ha puesto de evidencia el relieve determinante que asumen las negociaciones postelectorales distantes del ciudadano, las cuales a veces llevan muchísimo tiempo y producen cambios de composición de las mayorías y de las juntas en el curso del mandato, sin que los electores tengan modo de expresar sus propias orientaciones.

La nueva Ley de reforma de las autonomías locales número 142 de 1990 no ha entrado en las disfunciones realmente existentes, limitándose sus disposiciones a tratar de corregir solo algún elemento de incertidumbre e inestabilidad. Se fija en este sentido un plazo de sesenta días para la elección por el consejo del alcalde y de la junta, so pena de disolución (arts. 34 y 39), y se introduce el voto de censura constructiva.

En el sistema electoral, se mantienen todavía divergencias importantes. La elección directa del alcalde, sostenida, por algunos, bien limitadamente a las áreas metropolitanas, bien en correspondencia a una improbable utilización de idéntico método para la elección del Jefe de Estado, parece descartada. Por otro lado, las propuestas de elevación del límite demográfico para la aplicación del sistema mayoritario o la adopción en los municipios grandes de un sistema

[131] Cfr., en estos aspectos, las observaciones de L. MORELL OCAÑA, *El régimen local*, cit., especialmente, págs. 559-560.

[132] *Vid.* art. 197 de la Ley del Régimen Electoral General.

proporcional corregido, con indicación de la composición de la coalición y de la persona del alcalde, siguen encontrando todavía resistencias nada desdeñables[133]. En fin, para terminar, resaltar el dato de que se ha presentado por parte de más de 500.000 electores, de acuerdo con el artículo 75 de la Constitución, una petición de referéndum, cuya aprobación comportaría la extensión a todos los municipios del sistema mayoritario actualmente vigente para los municipios inferiores a 5.000 habitantes.

C) *Criterios de formación de los órganos: tendencias*

Sólidamente arraigado en los consejos municipales, el principio electivo actualmente parece extenderse a niveles superiores. Es paradigmático a este respecto, y sin entrar en las tendencias encaminadas a dotar a determinados niveles intermunicipales de consejos elegidos por sufragio directo, el caso francés, donde las reformas de los años 1980 han extendido la elección de primer grado a los consejos regionales, reconociéndoles, por otra parte, lo mismo que a los consejos departamentales, la función de elegir a los órganos ejecutivos.

No se trata, sin embargo, de un dato consolidado. En los países del Benelux siguen firmes los criterios tradicionales, que reservan al poder central —en diversos modos y con diversos grados de incidencia— el nombramiento del órgano puesto al vértice de la administración municipal. Las recientes reformas (en particular, la Ley de 2 de junio de 1987, en Bélgica; la Constitución de 1983, en los Países Bajos; y la reforma constitucional de 1979, en Luxemburgo), aun acompañadas de propuestas y debates novedosos, se han limitado a precisar el tipo de intervención de los consejos en el procedimiento, cuya fase terminal continua, en todo caso, estándoles sustraída.

En cuanto a los sistemas en que el ejecutivo municipal se configura como expresión propia de la colectividad local, la elección por sufragio directo prevista en el sistema portugués es del todo peculiar. Atípica asimismo puede considerarse, por otro lado, la ausencia existente en el sistema italiano de cualquier regla dirigida a asociar, siquiera sea en mínima medida, la voluntad expresada por los electores con la composición de los ejecutivos, asegurando a éstos, al mismo tiempo, la necesaria estabilidad.

5. Funciones municipales "propias" y funciones estatales "delegadas"

A) *Funciones municipales "propias"*

a) *Funciones propias e intereses locales.* El esquema, delineado por el Decreto de 14 de diciembre de 1789, en virtud del cual se atribuyen a los

[133] Indicaciones sobre las diversas alternativas surgidas en el debate italiano se recogen en *Materiali per la riforma elettorale*, a cargo de de R. Ruffilli, Bologna, 1987 (*vid.* especialmente A. Barbera, págs. 129-137, con particular referencia a los niveles locales, y el propio R. Ruffilli, págs. 277-278, así como las referencias bibliográficas recogidas en págs. 285-286).

municipios, por un lado, funciones propias —que se corresponden con los intereses de naturaleza municipal—, y, por otro, funciones que ejerce por cuenta de la administración estatal —en correspondencia, en este caso, con los intereses nacionales— ha dejado trazos evidentes en los ordenamientos contemporáneos.

Por lo que se refiere a las primeras, es prácticamente constante, en los sistemas considerados, la afirmación expresa de una competencia general de los municipios de acuerdo con el alcance de los intereses perseguidos.

En este sentido, el criterio se encuentra sancionado por fórmulas semejantes en el sistema francés (el municipio adopta sus acuerdos en los asuntos de su interés: art. 121-26 del Código de los municipios, la misma fórmula es adoptada, ahora, en la Ley de 2 de marzo de 1982, en relación al departamento y la región)[134] así como en el belga (en el que la Constitución fija el principio de la atribución a las provincias y a los municipios de todo aquello que es de interés provincial y municipal)[135] o en el holandés (la competencia para reglamentar y administrar los asuntos internos de las provincias y de los municipios corresponde a las Administraciones provinciales y municipales)[136] y luxemburgués (los municipios constituyen colectividades autónomas... que gestionan con órganos propios su patrimonio y sus intereses)[137].

En otros casos, el ámbito de los intereses viene referido más propiamente a las poblaciones respectivas: así sucede en el ordenamiento portugués (las autarquías locales son personas jurídicas territoriales dotadas de órganos representativos, que persiguen el cumplimiento de los fines de las respectivas poblaciones[138], y en el español (los municipios... gestionan con autonomía los intereses propios de las correspondientes colectividades)[139], ordenamiento este último en el que, por lo demás, el principio ha sido sancionado en distintos preceptos[140].

[134] Ver arts. 23 y 59 de la Ley 213 de 2 de marzo de 1982, de los cuales el primero repite la conocida fórmula contenida en el art. 61 de la Ley de 5 de abril de 1984 (el consejo general —del departamento— regula con sus propias deliberaciones los asuntos del departamento), mientras el segundo extiende esa proclamación a la región. Cfr., asimismo, el art. 27 del Estatuto de Córcega.

[135] Art. 108 de la Constitución belga. Cfr. art. 31.

[136] Art. 124 de la Constitución holandesa.

[137] Art. 107 de la Constitución luxemburguesa.

[138] Art. 237 de la Constitución portuguesa, cuya formulación es adoptada por el art. 1 del Decreto-ley 100 de 29 de marzo de 1984, sobre atribuciones y competencias de los entes locales.

[139] Art. 1 de la Ley 7 de 2 de abril de 1985, cuyo apartado segundo extiende la fórmula a la provincia y a la isla.

[140] Así, el art. 137 de la Constitución española afirma que los municipios, las provincias y las Comunidades autónomas gozan de autonomía para la gestión de sus respectivos intereses.

En Italia, la fórmula literal sigue un criterio meramente territorial. El artículo 312 del Texto Refundido de la Ley municipal y provincial de 1934 permitía a municipios y provincias la realización de "gastos facultativos" siempre y cuando tuviesen por objeto "servicios de utilidad pública, dentro de la respectiva circunscripción administrativa".

Ha terminado prevaleciendo[141], sin embargo, ya desde hace algún tiempo, una interpretación que reconoce legitimidad a las actuaciones que superen el ámbito estrictamente municipal, siempre que se mantenga su conexión con los intereses de la población municipal, lo que hace que el tratamiento de la cuestión en Italia no se aparte mucho de las líneas afirmadas en otros ordenamientos. Fórmulas semejantes a las que estos establecen se encuentran ya en la Ley de reforma del régimen municipal y provincial de 1990, donde el municipio se define como ente autónomo que "representa a la comunidad local, vela por sus intereses y promueve su desarrollo", y se precisa asimismo que "corresponden al municipio todas las funciones administrativas de interés municipal... salvo lo que no esté expresamente atribuido a otros sujetos...").

Hay que recordar que el criterio de la entidad de los intereses no es ajeno a la Constitución italiana, la cual —bien que desde una perspectiva distinta— hace referencia a ellos en el art. 118 para permitir que el Estado pueda atribuir directamente a los entes locales, en el ámbito de las materias generalmente reservadas a las regiones, funciones susceptibles de calificarse como de "interés exclusivamente local". En la práctica, este núcleo de funciones fue absolutamente ignorado en la primera fase de las transferencias realizadas por los Decretos de 1972, aunque después experimentaría un notable aumento hasta comprender, mediante el Decreto del Presidente de la República 616 de 1977, la mayor parte de los servicios sociales. La tendencia parece destinada todavía a posteriores y más importantes desarrollos.

Parece, pues, claro que la entidad del interés ocupa un papel central en los regímenes locales comprendidos en nuestro examen. Estos, fieles a la misma tradición y a idénticas concepciones, se atienen al criterio según el cual el ámbito de las competencias municipales[142] se delimita, no por una definición material de su objeto, sino por su conexión con la entidad del interés implicado,

---

Cfr., asimismo, el art. 2 de la citada Ley de 2 de abril de 1985, donde se establece que "para la efectividad de la autonomía garantizada constitucionalmente a las Entidades locales, la legislación del Estado y la de las Comunidades autónomas, reguladora de los distintos sectores de acción pública..., deberá asegurar a los municipios, las provincias y las islas su derecho a intervenir en cuantos asuntos afecten directamente al círculo de sus intereses...".

[141] Por todos, *vid.* U. BORSI, "Le funzioni del comune", en *Trattato di diritto amministrativo*, vol. II, dirigido por V. E. ORLANDO, Milano, 1915, págs. 453-454.

[142] En muchos casos, también en relación con los entes territoriales más amplios. Por lo que concierne a las provincias, cfr. *infra*, 6.

interés que viene así a constituir el título jurídico que atribuye al municipio un derecho de acción o de iniciativa, que habrá de desarrollarse con posterioridad para determinar, tanto las materias sobre las que cabe intervenir, como el modo concreto de intervenir en relación a ellas[143].

A resultas de la aplicación del criterio del interés, el ámbito de actividad reconocido a los municipios está inicialmente indeterminado. Ello permite notables márgenes de flexibilidad y capacidad de adaptación a la evolución de las exigencias de la sociedad local —basta al respecto reparar la distancia que separan los limitadísimos contenidos originariamente atribuidos a las funciones "propias" del poder municipal, respecto a la amplitud de materias que van afirmándose después en las realidades concretas[144]— y exige al intérprete (así como a los órganos encargados del enjuiciamiento de los actos municipales en vía administrativa o jurisdiccional) la delicada tarea de valorar si en los supuestos concretos el interés perseguido se configura o no como un interés municipal, o es o no un interés propio de la colectividad de habitantes de un determinado municipio[145].

De la variadísima casuística a que ello ha dado lugar en los diversos países, puede servir como botón de muestra el caso de Francia, país donde se han suscitado casos controvertidos, como, por ejemplo, la expropiación municipal de un inmueble para alquilarlo después para la prestación de un servicio estatal (de correos)[146], la impugnación por un municipio del decreto que declara de interés público los trabajos para la construcción de una central nuclear en el territorio del municipio vecino[147], el apoyo explícitamente acordado por un consejo municipal a un colectivo de trabajadores en huelga[148], el recono-

[143] J. Falys, P. Orianne, *Les communes belges et leur avenir*, Bruselas-Paris-Lovaina, 1974, págs. 104-105, asumidas también por Y. Lejeune, "La gestion des intérêts généraux par le communes", en *Administration publique*, 1986, pág. 133.

[144] La importancia de la evolución operada por la cláusula de competencia general ha sido subrayada por F. y Y. Luchaire, *Le droit de la décentralisation*, cit., especialmente, pág. 43.

[145] Estas interpretaciones —que, pese a examinarse con relación a Italia, podrían tener alcance más general— no excluyen la legalidad de las acciones desarrolladas fuera de los límites municipales, con tal de que estén conectadas a los intereses de la población del municipio. Cfr. interpretaciones del interés municipal en este sentido, por ejemplo, en sentencia del Tribunal de Casación belga de 6 abril 1922 (cit., por Y. Lejeune, *op. cit.*).

[146] Cfr. la Decisión de 1 de abril de 1977, en *Actualité juridique-Droit Administratif*, donde el Consejo de Estado francés reconoció que la expropiación estaba, en todo caso, dirigida a satisfacer las exigencias de la población del municipio expropiante. A los ejemplos señalados, añádase, a propósito de Francia, la amplia reseña contenida en J. M. Pontier, *L'État et les collectivités locales*, Paris, 1978, págs. 113 y ss.

[147] *Vid.* la sentencia del Consejo de Estado francés de 23 diciembre 1981, en *Recueil Lebon*, pág. 484, donde se declara admisible el recurso.

[148] *Vid.* sentencia del Consejo de Estado francés de 20 noviembre 1985, en *Actualité juridique du droit administratif*, 1986, pág. 116, con nota de J. Moreau, donde aparecen casos análogos resueltos igualmente en sentido negativo.

cimiento, ya antiguo por parte de la Casación belga, de la legitimidad de la participación de los municipios en sociedades mercantiles[149], etc. Igualmente, en Italia, recientemente se han planteado cuestiones como la existencia o no de límites para la conclusión de pactos de hermanamiento con municipios de otros Estados[150], o la admisibilidad del reembolso a los administradores municipales de los gastos ocasionados por la participación en los funerales del secretario de un partido nacional.

La lista de supuestos que puede extraerse de la jurisprudencia —administrativa o contable— y de los pronunciamientos de los órganos de control, pone de evidencia las dificultades de fondo que subsisten para reconducir a criterios objetivos la identificación concreta de los intereses municipales, identificación que con frecuencia resulta opinable y que, en ocasiones, conduce a los órganos titulares del control de legalidad a extralimitarse y extender sus propias valoraciones al plano de la oportunidad de las decisiones adoptadas.

Este tipo de consideraciones (a las que podrían sumarse ejemplos de leyes que han atribuido, según los objetivos perseguidos en cada caso, los contenidos más variados a las fórmulas que nos ocupan; e igualmente, la evolución extensiva registrada, particularmente, con el Decreto de la Presidencia de la República 616 de 1977, por la cláusula de los "intereses exclusivamente locales" previstos por la Constitución italiana) parecen avalar las objeciones que, desde las más variadas partes, van suscitándose en relación a nociones como "asuntos locales" o "intereses municipales", consideradas meras abstracciones cada vez más inaprehensibles y ambiguas, cuando la realidad está cada vez más claramente condicionada, por el contrario, por las implicaciones recíprocas entre los intereses de distinto nivel. En definitiva, habría que descartar abiertamente todo criterio potencialmente de interés "municipal" o "local", en negativo, todo aquello que no resulte expresamente reservado a la competencia de otros sujetos y haciendo referencia más simple y abiertamente a conceptos como "libertad de iniciativa" o "poder de iniciativa"[151].

Las fórmulas vinculadas a la entidad de los intereses aparecen, de todas formas, fuertemente arraigadas en las expresiones del legislador encontrando confirmación puntual en las leyes aprobadas, y en los proyectos debatidos, en períodos recientes[152].

b) *Funciones "propias" por determinación expresa.* El reconocimiento, a favor de los municipios (y de otros entes territoriales), de una competencia

[149] *Vid.* sent. de 6 abril 1922, cit. en la nota núm. 145.

[150] Cfr., por ejemplo, la sentencia 118 del TAR Toscana de 13 febrero 1976, y la del Tribunal de Cuentas de 4 enero 1984.

[151] Cfr., también para mayores referencias, J. M. FAVRESSE, *Déconcentration et décentralisation*, cit., pág. 38, en especial, nota 91; Y. LEJEUNE, *La gestion*, cit., en especial págs. 135-136.

[152] F. LUCHAIRE, Y. LUCHAIRE, *Le droit de la décentralisation*, cit., pág. 40.

general apta para legitimar cualquier iniciativa, no reservada a otros sujetos y reconducible a un interés propio de la población municipal, no excluye, sin embargo, la atribución concreta a los municipios de determinadas funciones por expresa atribución legislativa.

Estas funciones —que conceptualmente no son sino especificaciones de cuanto ya estaría legítimamente atribuido al ente, en base a la competencia general, para la persecución de intereses municipales[153]— tienen por objeto, muchas veces, poner de manifiesto que el municipio no solo está facultado, sino también obligado al ejercicio de determinadas actividades[154]; otras veces, pueden servir para la regulación de las relaciones con otros entes territoriales dotados de competencia general, en el ámbito de sus respectivos intereses (intereses de los que, en principio, deben sustraerse las tareas positivamente reclamadas a los municipios); y, en cualquier caso, permiten eludir cualquier controversia en torno a la legalidad de una acción municipal emprendida en tales sectores, creando, frente a cualquier oscilación jurisprudencial, una especie de presunción *ex lege* de correspondencia entre la acción misma y el interés municipal[155].

[153] Que se trata de una mera especificación de cuanto ya formaba parte de las atribuciones municipales con base en el criterio de la dimensión de los intereses es algo que se destaca de manera expresa: por ejemplo, cfr. el art. 2 del Decreto-ley portugués de 29 de marzo de 1984, según el cual "forma parte de las atribuciones de las autarquías locales aquello que se refiere a los intereses propios, comunes y específicos de las poblaciones respectivas, y, en especial...". Ello no excluye, en absoluto, que puedan configurarse funciones que comprendan intereses "mixtos" insusceptibles de ser reducidos exclusivamente al interés municipal, y atribuidos por el legislador a los municipios como funciones "propias": cfr. F. Luchaire, Y. Luchaire, *Le droit*, cit., págs. 256 y ss; Y. Lejeune, *La gestion*, cit., pág. 136.

[154] Y. Lejeune, *La gestion des intérês généraux*, cit., pág. 139. La afirmación es válida con carácter general, y prescinde de distinciones más precisas, presentes en distintos ordenamientos, con efectos y consecuencias específicas. Así, en Francia, la noción de "gastos obligatorios" dibujada por el art. 221 del Código de municipios, y confirmada, en su esencia, por el art. 11 de la Ley de 2 de marzo de 1982 (según el cual "solo son obligatorios para los municipios los gastos necesarios para satisfacer las deudas y los expresamente establecidos por la ley") está vinculada a un procedimiento especial que, implicando al Tribunal regional de Cuentas, puede determinar su consignación de oficio. Cfr. *infra*, 8, A).

En Italia, la distinción entre gastos obligatorios y facultativos figuraba en los arts. 90-92 y 143-145 de la Ley municipal de 1934, que exigía autorizaciones especiales para los gastos facultativos. Actualmente, sin embargo, estos gastos han sido abolidos: cfr. el art. 7 del Decreto-ley de 1º de noviembre de 1978, núm. 702, convertido en Ley de 8 de enero de 1979, núm. 3, que —al menos a estos efectos— ha eliminado la distinción.

[155] J. Chapuisat, "Les affaires locales", en *Actualité juridique du droit administratif*, 1976, págs. 470 y ss.; G. Burdeau, *Traité de science politique*, vol. II, Paris, 1967, págs. 382-383; S. Flogaïtis, "La notion de décentralisation en France", en *Allemagne et en Italie*, Paris, 1979, especialmente págs. 246-247; J. Baguenard, *La décentralisation territoriale*, cit., en especial,

Según un diseño cuyos rasgos ya fueron esbozados en los orígenes del modelo revolucionario, puede encontrarse, todavía de forma bastante extendida en los diversos ordenamientos, el establecimiento de una lista de funciones municipales "propias", de acuerdo con unos esquemas que en lo sustancial no presentan diferencias de relieve.

B) *Funciones "de administración general"*

a) *Funciones "de administración general" desdoblamiento funcional del alcalde.* En plano conceptual distinto se sitúan las funciones que se corresponden con los intereses propios de la Administración del Estado y que por este son "delegadas" a los municipios. Estos vienen aquí a considerarse como piezas o "engranajes", elementos integrantes del Estado y, en cuanto tales, sujetos al poder jerárquico de este[156].

Su peculiar posición de sujeción viene, además, reforzada por la calificación que reciben los administradores en el ejercicio de estas funciones, los cuales, en una especie de desdoblamiento funcional, actúan no ya como representantes del municipio, sino como "agentes del Estado" o como "oficiales del gobierno".

En esta condición —que afecta particularmente al alcalde—, los agentes municipales ("prestados" al Estado, según una afortunada expresión)[157] se encuentran subordinados jerárquicamente a los órganos estatales, a empezar por el prefecto, y están sujetos a órdenes vinculantes, controles particulares y estrictos poderes disciplinarios.

Los rasgos fundamentales que caracterizarían este planteamiento están perfectamente definidos en el ordenamiento francés hoy en vigor, el cual sitúa al alcalde "bajo la autoridad del representante del Estado en el departamento" (cuyas órdenes está, pues, obligado a ejecutar)[158]. La legislación de 1982 se preocupa asimismo de mantener expresamente las peculiaridades del régimen de control sobre los actos emanados por el alcalde como agente del Estado[159].

págs. 118 y ss. J. M. FAVRESSE, "Déconcentration et décentralisation. Reflets d'un monde disparu?", en *Administration publique*, 1984, págs. 43-46 y 59; así como J. M. PONTIER, *L'État et les collectivités locales*, cit., en especial, págs. 148-160 y ss., 308.

[156] Cfr. J. M. FAVRESSE, *Déconcentration et décentralisation*, cit., en especial, pág. 59.

[157] P. DUEZ, G. DEBEYRE, *Traité de droit administratif*, Paris, 1952, núm. 182.

[158] Arts. 122-123 del Código de los municipios. Cfr. J. M. BECET, "Dossier: le maire, statut et pouvoirs", en *Pouvoirs*, 1982, núm. 24, pág. 155. Sobre la naturaleza propiamente jerárquica de la relación con el prefecto, en este ámbito, cfr. Recueil sent. del Consejo de Estado francés de 11 junio 1982, "Recueil Lebon", pág. 221.

[159] Art. 2, apdo. 4º, de la Ley 623, de 22 de julio de 1982, que precisa las nuevas condiciones para el ejercicio del control administrativo sobre los actos de las autoridades municipales, departamentales y regionales: "los actos dictados por la autoridad municipal en nombre del Estado... no están sometidos a las disposiciones de la presente ley y siguen

Es semejante la posición del burgomaestre en Bélgica, país que mantiene una estricta fidelidad al esquema trazado por los artículos 50 y 51 del Decreto revolucionario de 14 de agosto de 1789, allí todavía vigente, lo mismo que en Luxemburgo. La atribución de funciones de administración general constituye, por lo demás, un argumento clásico esgrimido a favor de la reserva a la autoridad central (al rey) del poder de nombramiento del burgomaestre llamado a representar (también) los intereses nacionales[160].

En Italia, la doble condición del alcalde viene a confirmarse totalmente en la Ley 142 de 1990, de reforma de las autonomías locales (arts. 10 a 38)[161]. En el ámbito de los denominados "servicios de competencia estatal" figura la expresa calificación del alcalde como oficial del gobierno, la cual viene acompañada de la atribución al prefecto de poderes de inspección y de nombramiento de comisarios, así como de emanación de órdenes y resoluciones por vía sustitutoria[162].

b) *La individualización de las funciones de administración general.* Entre las competencias configuradas como "de administración general" o de "competencia" del Estado, es común la referencia a sectores como el registro civil, registro de población, censos, listas electorales, reclutamiento militar, expedición de certificados, autentificación de firmas.

Las peculiares características de este clásico núcleo de funciones han inducido a parte de la doctrina a subrayar la ausencia de discrecionalidad como rasgo destacado de las funciones ejercidas por el municipio por cuenta del Estado[163]. Sin embargo, al margen de cualquier otra consideración, no pocas

---

regulados por las disposiciones específicas que les atañen". El apartado siguiente añade: "las disposiciones que preceden no constituyen un obstáculo para el ejercicio, por parte del representante del Estado en el departamento, del poder de sustitución que le corresponde, especialmente en materia policial, en base a los arts. 131-13 y 131-14 del Código de los municipios, ni para el ejercicio de su poder jerárquico sobre los actos del alcalde, allí donde este actúe, en aplicación de los arts. 122-14 y 122-23 del Código de los municipios, como representante del Estado en el municipio".

160 Para mayores referencias, cfr. J. M. Favresse, *Déconcentration*, cit., págs. 30-31. El art. 152 de la Ley municipal y provincial de 1915, en su último apartado extiende la calificación de oficial de gobierno a los consejos municipales que sustituyen al alcalde.

161 En especial, cfr. el art. 38 de la Ley 142 de 1990, según el cual el prefecto, en caso de que el alcalde no cumpla sus obligaciones de oficial del gobierno, puede nombrar un comisario para el cumplimiento de dichas funciones. Sobre este aspecto, cfr. *infra*, 7, E).

162 *Vid.* el art. 38 de la Ley de 1990, donde se precisa, entre otras cosas, que en el ámbito de los servicios de competencia estatal, "el prefecto puede disponer inspecciones para velar por el funcionamiento regular de dichos servicios, así como para recopilar datos y noticias de interés para otros servicios de carácter general".

163 P. de Visscher, nota a la sentencia del Tribunal de Casación belga de 21 de octubre de 1954, en *Revue juridique du droit administratif*, 1954, págs. 309-310, así como las posteriores

de las actividades tradicionalmente incluidas dentro de las de administración general implican el ejercicio por las autoridades municipales de poderes discrecionales, pudiendo llegar hasta la emanación de resoluciones —ordenanzas de carácter urgente— que otorgan los más amplios márgenes en la valoración de las circunstancias y en la determinación de los contenidos de la intervención[164].

En realidad, la gama de funciones de administración general es variada y cambia. En el ordenamiento francés se ha incluido entre ellas —hasta la redefinición de las competencias locales operada en 1983— el otorgamiento de licencias de construcción[165]. En Bélgica se incluyen la concesión de becas de estudio[166], mientras que, por el contrario, las funciones de policía local tienden a colocarse generalmente entre las competencias del alcalde como jefe de la administración del municipio, a pesar de que se desarrollan al margen de toda relación con el consejo municipal y bajo el específico control del prefecto. Esta configuración parece consolidada en Francia[167], pero ha dado lugar a un áspero

---

referencias que aparecen en Y. Lejeune, *La gestion*, cit., págs. 140, 141-145. Al respecto, sin embargo —además de las objeciones de este último autor— con buen número de argumentos y ejemplos, cfr. J. M. Favresse, *Déconcentration*, cit., págs. 39 y ss.

[164] Por ejemplo, *vid.*, en Bélgica, el art. 79.2 del Real Decreto de 28 de febrero de 1963, en materia de protección de la población y de los trabajadores contra los peligros de las radiaciones iónicas, según el cual "los burgomaestres que constaten una situación que ponga en peligro la salud o la seguridad de los trabajadores o de la población, adoptarán las medidas adecuadas para superar dicho peligro".

En Italia, recuérdese en especial el art. 38 de la Ley 142 de 1990, según el cual "el alcalde, como oficial de gobierno, puede... adoptar, mediante resolución motivada y con pleno respeto a los principios generales del ordenamiento jurídico, medidas urgentes en materia de sanidad e higiene, edificación y policía local con el fin de prevenir y eliminar graves peligros que pudiesen amenazar la incolumidad de los ciudadanos". Por tanto, también desde el punto de vista de la evolución del ordenamiento parece confirmarse la configuración clásica de este tipo de resoluciones. En la fase actual, de todos modos, no faltan las incertidumbres, y el Consejo de Estado, en alguna resolución reciente ha situado las ordenanzas urgentes (especialmente en materia de sanidad) entre los actos adoptados por el alcalde como jefe de la administración municipal, cambiando una dirección sólidamente arraigada (Consejo de Estado (sec. iv), sent. 605 de 6 diciembre 1985 y (sec. v), sent. 568 de 27 octubre 1986). Sobre estas tendencias, cfr. A. Bardusco, "Il potere di ordinanza in materia di igiene e sanità", en *Sanità pubblica*, 1988, págs. 842 y ss.

[165] Según el art. 421-2 del Código de urbanismo, el permiso de obra era otorgado por el Estado. Ahora, la Ley de 7 de enero de 1983, arts. 58-59, establece que el permiso se otorga "en nombre del municipio".

[166] Consejo de Estado belga, sent. de 8 julio 1969, cit., por J. M. Favresse, *Déconcentration*, cit., págs. 27-28.

[167] Art. I. 131-1 del Código de municipios. Cfr. J. M. Becet, *Dossier: le maire*, cit., págs. 152-155.

y conflictivo debate en Bélgica[168], lo mismo que en Italia, donde el tema, ante las ambigüedades mostradas por el legislador, ha exigido una intervención (cuando menos parcial) clarificadora de la Corte Constitucional[169].

Es evidente que a los legisladores no les ha preocupado mucho la resolución de este problema sustancial, indicando, expresamente, al atribuir determinadas actividades a las autoridades municipales, la naturaleza de las funciones a desarrollar por aquellas (como agentes del Estado o como representantes del municipio). La calificación de las funciones como de "administración general" y de los órganos municipales como "agentes del Estado" debería revestir carácter excepcional[170], de modo que en ausencia de elementos precisos en este sentido, hay que presumir que tales órganos operan en representación del municipio, y en el ejercicio de funciones municipales. No obstante, en muchas situaciones, doctrina y jurisprudencia se muestran extremadamente inseguras y divididas.

[168] Cfr. J. Dembour, *Les pouvoirs de police administrative des autorités locales*, Bruselas, 1956, págs. 41 y ss.; A. Buttingenbach, *Le bourgmestre, agissant dans l'exercice de ses pouvoirs de police est-il organe de l'État ou de la commune?*, nota a la sentencia del Tribunal de Casación de 19 noviembre 1964, ivi. 1966, págs. 262 y ss. Sobre los vaivenes de la jurisprudencia, cfr., J. M. Favresse, *Déconcentration*, cit., pág. 56 (en especial, nota 148) y ss. En el curso del debate del Proyecto de ley sobre policía municipal (convertido en ley el 11 de febrero de 1986), el Consejo de Estado belga consideró que en esta materia "el legislador puede elegir entre dos soluciones. En la primera estimará... que las consideraciones de interés general son preponderantes... En este caso, puede delimitar estrechamente las competencias de las autoridades municipales, y reservar al poder ejecutivo central distintas posibilidades de intervención directa. Y puede también instituir procedimientos de control específicos, que le permitan obviar cualquier negligencia o cualquier decisión inoportuna de la autoridad local... La segunda solución supone que el legislador admita que las materias de la organización y de la gestión de las fuerzas de policía local siguen siendo materias de interés municipal... En este caso, la institución de una tutela específica... no está justificada. El ejercicio del control y de la organización de los procedimientos siguen siendo competencia de las regiones" (Decisión del Consejo de Estado, par. 9 marzo 1984, en *Doc. parl., Chambre*, ses. 1984-1985, núm. 1009/1, cit. por Y. Lejeune, *La gestion*, cit., págs. 146-147).

[169] Nos referimos, en concreto, a los arts. 19 del Decr. 616 de 1997 de la Presidencia de la República, considerado constitucionalmente legítimo, en la parte que permite al ministro del Interior impartir instrucciones que vinculan a los alcaldes para el ejercicio de la policía administrativa, de conformidad con las exigencias de la seguridad pública, cuya tutela está reservada al Estado; y considerado inconstitucional, en cambio, donde preveía que la denegación de una serie de licencias y medidas solo era eficaz si el prefecto daba su conformidad: *Corte Costituzionale*, sent. 77, de 24 marzo 1987, respecto a la cual cfr. las observaciones de M. Colucci, "La Corte giudica l'art. 19 del d. P.R. 616/1977; una motivazione non appagante per un dispositivo impeccabile", en *Le Regioni*, 1987, pág. 1033; y las de F. Staderini, "I principi constituzionali delle autonomie locali: davvero un guscio vuoto?", en *Cons. stato*, 1987, II, págs. 728 y ss.

[170] Cfr. Y. Lejeune, *La gestion*, cit., págs. 138-139, 143.

Entre las funciones atribuidas a los entes locales en interés del Estado, cobran relieve especial, por los aspectos financieros implicados, las contribuciones exigidas para la prestación de servicios que siguen siendo gestionados directamente por el Estado. Es frecuente en los diversos sistemas la existencia de leyes que imponen a municipios y provincias la carga de ofrecer locales y equipamiento para oficinas judiciales, así como para cárceles, albergues militares, escuelas, prefecturas, etc.

Se trata de una práctica antigua, extendida[171] hasta el punto de suscitar, sobre todo en Francia, una cierta controversia entre los administradores locales, pues, en la práctica, muchas veces, esto ha terminado traduciéndose en la asunción de una serie de gastos importantes al que no ha seguido un efectivo incremento del papel y de los poderes de los entes locales. De forma significativa —y precisamente a fin de superar desconfianzas de este tipo—, entre los principios fundamentales que han inspirado las resoluciones de los años 1982-1983, está el rechazo expreso de las transferencias que lleven consigo el traspaso de cargas financieras[172]. En esta línea, las Leyes de 2 de marzo de 1982 y de 7 de enero de 1983 se preocupan, por ejemplo, de suprimir toda participación municipal en los gastos para sufragar la policía estatal, así como cualquier carga relativa a locales para oficinas judiciales[173].

Este tipo de problemas es perfectamente conocido en Bélgica, donde las leyes colocan entre los gastos a consignar obligatoriamente cada año en los presupuestos municipales y provinciales los relativos a los locales para las diversas jurisdicciones[174]. Lo mismo que en Italia, donde la legalidad de este tipo de disposiciones, aun cuestionadas por autorizadas opiniones, ha sido admitida por la Corte Constitucional, que, sin profundizar en exceso, ha considerado compatibles con los principios autonómicos de la Constitución la utilización por el Estado de los órganos de los entes territoriales "en la lógica y en la tradición del Estado unitario". La propia Corte subraya, además, que "en el estado actual del ordenamiento" la hacienda local constituye "en gran parte una hacienda derivada"[175]. En fin, tampoco se admite que las regiones

[171] J. M. Pontier, *L'État et les collectivités locales*, cit., en especial, págs. 246 y ss.

[172] J. M. Pontier, "Les principes de la répartition des compétences", en *Les nouvelles compétences locales*, a cargo de F. Moderne, Paris, 1985, en especial, págs. 14-15.

[173] Cfr., respectivamente, los arts. 95 de la Ley de 2 de marzo de 1982 y 87 de la Ley de 7 de enero de 1983 (y la Ley 1290 de 9 de enero de 1986): *vid.* F. Luchaire, *Le droit de la décentralisation*, cit., págs. 279 y ss. Sobre la imputación a los entes locales, tradicional en el ordenamiento francés, de los gastos instrumentales para el desarrollo de los servicios estatales, cfr. el análisis crítico de J. M. Pontier, *L'État*, cit., en especial, págs. 246 y ss.

[174] Art. 131 de la Ley municipal 8 y art. 69 de la Ley provincial 2, modificados por la Ley de 10 de octubre de 1967.

[175] *Corte Costituzionale*, sent. 150, de 27 junio 1986, sobre la que puede verse la nota de G. di Gaspare, "L'atribuzione dei servizi statali ai comuni tra autonomía locale e buon

puedan suplantar con sus propios fondos las carencias financieras de los municipios[176], lo que en esta lógica viene a suponer el establecimiento de un vínculo directo Estado-entes locales, que deja completamente al margen a los poderes regionales.

c) *Las relaciones entre administración estatal y alcalde: responsabilidad, controles, posiciones procesales.* En el esquema trazado, si una determinada función se considera de "administración general" y el alcalde oficial del gobierno, una serie de consecuencias de relieve deberían producirse, en orden a los poderes de los órganos del Estado (de dirección, control, sustitución y decisión sobre los recursos); la asunción de los gastos: la imputación de eventuales responsabilidades; o la determinación de las pertinentes posiciones procesales.

Las respuestas dadas por los diversos sistemas se mueven, sin embargo, en el plano de la incertidumbre y de la incongruencia. Así, por ejemplo, si se considera que se trata de funciones de interés estatal desempeñadas por un órgano inserto en dicha organización[177], el Estado parece que debería asumir los gastos correspondientes, así como, por otro lado, las responsabilidades que pudieran derivar de su ejercicio. Sin embargo, en lo que hace a la primera cuestión, en Italia, el legislador ha hecho recaer las cargas sobre el municipio, mientras que en Bélgica prevalece la solución contraria, aunque no sin divergencias jurisprudenciales[178]. En cuanto a la segunda cuestión, la imputación de la responsabilidad al Estado, sobre la base del planteamiento francés tradicional[179], es negada en Italia por la doctrina y la jurisprudencia, después de una larga discusión[180]; lo mismo que por el legislador belga en materia de

---

adndamento", en *Giurisprudenza costituzionale*, 1986, pág. 1140. La cuestión de constitucionalidad —en relación con los arts. 5 y 128 de la Constitución— de la Ley 392 de 24 de abril de 1941 y del art. 91, letra a. n. 1. de la Ley municipal y provincial, en lo que hace a la asignación a los municipios de la tarea de proveer, equipar y custodiar los locales para las oficinas judiciales fue suscitada por el Consejo de Estado (Ordenanza de 12 febrero 1980), por el Tribunal de Apelación (Ordenanza de 8 abril 1983), y por el Tribunal de Roma (Ordenanza de 13 enero 1978).

[176] Cfr. en especial, la devolución por el gobierno, con fecha 17 diciembre 1986, de la Ley regional del Lacio en materia de contribución a los municipios para la adquisición, reestructuración, localización y funcionamiento de las oficinas de conciliación.

[177] Al respecto, cfr. las consideraciones de F. Staderini, *Diritto degli enti local*, Padova, 1986, págs. 286-287.

[178] *Vid.* las referencias que aparecen en J. M. Favresse, *Déconcentration*, cit., págs. 56-57, en especial, notas 149-150.

[179] A. de Laubadere, *Traité de droit administratif*, vol. i, Paris, 1976, pág. 166.

[180] TAR Toscana, sent. 1273 de 16 noviembre 1979; Tribunal de Casación Civil (Sección I), sent. 92 de 5 enero 1966. La orientación opuesta, según la cual la responsabilidad corresponde al Estado puede verse, por ejemplo, en la sent. 3537 de 29 octubre 1958, del Tribunal de Casación Civil (sección ii).

policía local, en virtud de una Ley de 11 de febrero de 1986, que actúa, sin embargo, en un contexto caracterizado todavía por notables discrepancias[181].

Igualmente podría ser incoherente la identificación del municipio, y no del Estado, como administración demandada en sede procesal[182].

En la configuración de los controles, sobre los órganos y sobre los actos, sí que existen diferencias de fondo, al preverse en el ámbito de las funciones de interés estatal relaciones de tipo Jerárquico, ajenas, en cambio, al área de las funciones propias[183] Coherentemente a esta idea, una disposición ya mencionada de 1982 excluye los actos emanados del alcalde como agente del Estado del ámbito de aplicación del nuevo régimen de controles[184]. En cambio, el mismo ordenamiento francés regula de igual forma y sin hacer distinciones el poder de sustitución, así como la suspensión y destitución del alcalde[185]. Quizás en este punto, la importancia tradicionalmente atribuida a la figura del alcalde como agente del Estado puede haber ejercido una cierta influencia en la formulación de estas reglas, no siempre respetuosas con los principios autonómicos[186].

En el sistema belga, por otra parte, no hay diferencias en el control sobre los actos, recayendo la "tutela general" sobre la totalidad de los actos de las autoridades municipales, se dicten éstos en el ámbito de las funciones propias o en el de las de interés general, mientras que las "tutelas específicas" se ejercen en actividades determinadas caso por caso, mediante expresas previsiones

[181] Y. Lejeune, *La gestion*, cit., págs. 141-142.

[182] Cfr. J. M. Favresse, *Déconcentration*, cit., pág. 56, en especial, nota 54; Y. Lejeune, *La gestion*, cit., pág. 133.

En Italia, la jurisprudencia considera habitual la notificación de los recursos contra los actos adoptados por el alcalde como oficial del gobierno en la propia sede del ayuntamiento y en la abogacía del Estado. El que el acto haya sido emanado con dicho carácter no afecta a la legitimación del ayuntamiento para acudir a juicio: cfr. Consejo de Estado (sección v), sent. 568 de 27 octubre 1986 y (sección iv), sent. 72, de 7 febrero 1978, así como sent. 1273 del TAR Toscana de 16 noviembre 1979.

[183] Sobre los distintos aspectos de estas relaciones, y con especial referencia al ordenamiento italiano, cfr. *infra*, 7, E). Sobre la legalidad del nombramiento de un comisario por un prefecto para el cumplimiento de las funciones de oficial de gobierno de un alcalde, con fines no sustitutivos sino sancionatorios, en relación a actividades realizadas por el alcalde como jefe de la administración municipal, *vid.* del Consejo de Estado (sección v), sent. 78, de 31 enero 1969.

[184] *Vid. supra*, nota 159.

[185] Cfr. arts. 122-14 y 122-15 del Código de los municipios.

[186] Aludimos, en particular, a la ausencia en la regulación de cualquier precisión respecto a los motivos que pueden determinar la suspensión y la destitución del alcalde: lo que limita al mínimo —como revelan G. Vedel y P. Delvolvé, *Droit administratif*, Paris, 1984, págs. 974-975— el juicio que cabe ejercer en sede jurisdiccional.

del legislador (estatal o regional)[187]. Tampoco los poderes de sustitución, igualmente previstos por normas puntuales, coinciden con el área de tareas gestionadas en nombre del interés general[188].

Incertidumbres y discrepancias cabe destacar también en la legitimación del alcalde como órgano de la administración general para recurrir en vía judicial las resoluciones adoptadas por autoridades jerárquicamente supraordenadas[189], o la posibilidad de delegar funciones de estas características[190].

d) *Funciones de administración general y funciones delegadas: el caso español.* Al esquema mencionado se ha ceñido fielmente el ordenamiento español hasta hace pocos años. La Ley de Régimen Local de 1955[191] atribuía al alcalde no solo la condición de jefe de la Administración municipal, sino también de oficial del gobierno, con competencias y funciones bastante parecidas a las establecidas en el modelo francés. Ahora bien, la vigente Ley Reguladora de las Bases del Régimen Local de 1985, y el Texto refundido que se aprueba a continuación, además de derogar la Ley de 1955, no contienen ninguna referencia a esta figura.

[187] Sobre la distinción entre tutela "general" y tutela "específica" en el ordenamiento belga, cfr. *infra*, 8, D).

[188] *Vid.* J. M. Favresse, *Déconcentration*, cit., págs. 18-20 y 34-35.

[189] En la jurisprudencia italiana, contrastan, por ejemplo, las sentencias del Consejo de Estado (sección v) 544, de 26 marzo 1955 y (sección iv), 981, de 4 diciembre 1953. Esta última —que rechaza la legitimación del alcalde para impugnar el acuerdo del prefecto de suspensión, en virtud del art. 159 de la Ley municipal y provincial de 1915, de sus funciones como oficial de gobierno— es criticada por V. Caianiello, *I comuni*, Torino, 1977, pág. 72, quien considera esta solución "en manifiesto contraste con los arts. 113, 103 y 24 de la Constitución".

En Bélgica prevalece, en la jurisprudencia, la tesis negativa; pero el propio Consejo de Estado ha admitido el recurso en algunas ocasiones de cierta relevancia. Cfr., J. M. Favresse, *Déconcentration*, cit., págs. 16 y 56-57.

[190] Según una difundida —aunque nada pacífica— opinión, las funciones del alcalde en Italia como oficial del gobierno no pueden delegarse a sus asesores: cfr., por ejemplo, sent. 344 del TAR Emilia Romagna de 10 de junio de 1976; sent. 208 del TAR Campania de 18 de febrero de 1976; sent. 785 del Consejo de Estado (sección v) de 30 de septiembre de 1980. En sentido contrario, *vid.* sent. 396 del TAR Toscana, de 13 noviembre 1975; Consejo de Estado (sección v), sent. 403 de 1º septiembre 1986. Se admite expresamente, sin embargo, una delegación de este tipo a los presidentes de los consejos circunscripcionales (art. 2 de la Ley 278 de 8 de abril de 1976); y, por otra parte, ya la Ley de 1915 (art. 157) preveía que el delegado del alcalde en barrios y parroquias con patrimonio y gastos separados ejerciese las funciones de oficial de gobierno.

[191] Arts. 59 y 117-118 del Texto articulado y refundido de las leyes de Bases de Régimen Local de 17 de julio de 1945 y de 3 de diciembre de 1953, aprobado por Decreto de 24 de junio de 1955.

El modelo que surge de esta reciente normativa se basa esencialmente en la delegación: técnica mediante la cual la Administración del Estado, así como la de las comunidades autónomas y otras entidades locales, podrán delegar en los municipios el ejercicio de competencias en materias que afecten a sus intereses propios, con el fin de mejorar la eficacia de la gestión pública y de alcanzar una mayor participación ciudadana. La delegación, según el artículo 27 de la Ley Reguladora de las Bases del Régimen Local, requiere la aceptación por el municipio interesado, salvo que por ley se imponga obligatoriamente (en cuyo caso, la referida ley deberá prever también la correspondiente dotación económica para poder llevarla a cabo). El alcance, contenido, condiciones y duración de la delegación vienen determinados en la disposición o acuerdo de delegación, que debe contemplar también los controles reservados al delegante y los medios —personales y económicos— que este transfiere; en todo caso, la administración delegante podrá, para dirigir y controlar el ejercicio de los servicios delegados, emanar instrucciones técnicas de carácter general y recabar, en cualquier momento, información sobre la gestión municipal; también podrá enviar comisionados y formular los requerimientos pertinentes para que se adopten las medidas necesarias para subsanar las deficiencias observadas. En caso de incumplimiento de las directrices, denegación de las informaciones solicitadas o inobservancia de los requerimientos formulados, podrá revocar la delegación o ejecutar por sí misma la competencia delegada, en sustitución del municipio. Los actos de este último podrán, por lo demás, ser impugnados ante los órganos competentes del propio ente delegante. En la definición de las técnicas de dirección y control incluso de oportunidad, se reconoce, pues, al delegado, una amplia discrecionalidad, con un límite de fondo: según el principio establecido por el artículo 7 de la referida Ley, tales técnicas habrán, en todo caso, de respetar la potestad de autoorganización de los servicios de los entes locales.

Surge, de acuerdo con este cuadro, un flexible y robusto sistema de articulación de las funciones; y si se considera que, de acuerdo con la tradición y la praxis legislativa, para la doctrina no existe ninguna razón para mantener... el carácter prevalente local de la materia como requisito imprescindible para la delegación[192], tal vez haya que preguntarse dentro de qué límites puede identificarse, en el vigente ordenamiento español, una categoría peculiar de funciones, confiadas a los entes locales para la gestión de servicios propios de las Administraciones superiores, actuando tales entes como meros órganos y por cuenta de estas, con sujeción a poderes propiamente jerárquicos. En todo caso, la clasificación de las funciones locales seguida, en este sentido, por algún reciente manual[193], se basa esencialmente en un precepto de la Ley

[192] Así, F. Sosa Wagner, *Manual de derecho local*, Madrid, 1987, pág. 71.

[193] En este sentido, F. Sosa Wagner, *Manual*, cit., págs. 74-77, quien en todo caso, reconstruye la distinción entre funciones delegadas y funciones de gestión de servicios propios

Reguladora de las Bases de 1985, que, al igual que la Ley sobre el Proceso Autonómico de 1983, se refiere exclusiva y específicamente a la relación entre comunidades autónomas y provincias[194]. El diseño que inspira, sin embargo, el ordenamiento positivo español, atribuye al régimen local un carácter que ha sido definido como "bifronte" entre el Estado y las comunidades autónomas[195], y la Constitución permite (como subraya en varias ocasiones la citada sentencia del Tribunal Constitucional 214 de 1989) que el Estado mantenga relaciones directas con los entes locales[196].

La concreta configuración de tales relaciones y, por tanto, la modulación de los poderes reservados a los órganos del Estado en relación con determinadas actividades del alcalde, parece, pues, que han de valorarse de acuerdo con las leyes que regulan las respectivas competencias. Si la figura del alcalde oficial del gobierno ha desaparecido de la legislación reguladora del régimen local, sin embargo, continúan vigentes determinadas disposiciones de la legislación sectorial en que se partía de esa misma configuración para atribuirle competencias. Por otro lado, la propia Ley Reguladora de las Bases del Régimen Local ha incardinado entre las competencias del alcalde algunas que en el pasado le fueron confiadas en cuanto última ramificación de la autoridad gubernativa del Estado[197].

---

de las Administraciones superiores sobre la base de elementos o de criterios (por ejemplo: voluntariedad de las primeras y obligatoriedad de las segundas) establecidos en términos *de lege ferenda*; sin ignorar, por tanto, de que estos no solo son en ocasiones ignorados, sino también contradichos por el ordenamiento positivo.

[194] La Ley del Proceso Autonómico, de 14 de octubre de 1983, dispone en su art. 5 que "las Diputaciones Provinciales podrán asumir la gestión ordinaria de los servicios propios de la Administración autónoma [regional] en el territorio de la provincia, en los términos que los Estatutos y dichas leyes establezcan". La Ley Reguladora de las Bases del Régimen Local, por su parte, añade en su art. 37 que "las comunidades autónomas podrán delegar competencias en las Diputaciones [provinciales], así como encomendar a estas la gestión ordinaria de servicios propios... En este último supuesto las Diputaciones actuarán con sujeción plena a las instrucciones generales y particulares de las Comunidades. El Estado podrá asimismo, previa consulta e informe de la Comunidad autónoma interesada, delegar en las Diputaciones competencias de mera ejecución...".

[195] *Vid. supra* 2, E), a).

[196] S. Muñoz Machado, *Derecho público de las comunidades autónomas*, vol. II, Madrid, 1984, págs. 226-227. El Tribunal Constitucional español ha afirmado que la Constitución admite relaciones directas entre el Estado y las entidades locales (cfr., especialmente, sent. de 23 diciembre 1982).

[197] L. Morell Ocaña, *El régimen local*, cit., pág. 574, refiriéndose específicamente, de un lado, a las funciones de orden público atribuidas al alcalde, que las ejercita bajo la autoridad y la dirección del gobernador civil de acuerdo con lo que establece la Ley de 1959 que regula esta materia, Ley todavía vigente; de otro lado, a la adopción (personalmente y bajo la propia responsabilidad... informando inmediatamente al municipio), de las medidas necesarias en

En este sentido, de acuerdo con esas leyes de sector, parece que podría perfilarse un ámbito (distinto de la delegación, que respeta la naturaleza de las autoridades implicadas) de gestión ordinaria de los servicios estatales o regionales, en el que la autoridad local opera como órgano del ente superior, sometido a los poderes jerárquicos de éste que, además, sería el centro de imputación de los actos y de las relaciones jurídicas entabladas.

Pero la configuración de esta forma de relación (y su transposición del ámbito de las relaciones entre comunidades autónomas y provincias, ámbito este expresamente contemplado por la legislación, a aquel de las relaciones entre Estado y municipios) presenta contornos que no son en absoluto nítidos. Tampoco parece determinante, en ese propósito de una mayor nitidez, la remisión a la figura italiana de la utilización de las dependencias (*uffici*) de las entidades locales[198]. De este modo, mientras ciertos hábitos tradicionales y determinadas leyes de sector continúan ejerciendo alguna influencia, la ausencia de una disciplina definida de carácter general deja abierto un margen de duda no despreciable.

C) *Criterios de configuración de las funciones: tendencias*

En diversos países, la bipartición de las funciones municipales, delineada por la legislación revolucionaria, parece mantener un notable grado de actualidad.

Esta afirmación se hace, ante todo, en relación con la configuración de las funciones propias, caracterizada por la existencia de una cláusula general de competencia, en favor de los municipios, para todo lo que se refiera a intereses locales: configuración que, si bien con fórmulas no siempre afortunadas, se encuentra sancionada en los ordenamientos vigentes de todos los países considerados. No es que no exista en el debate doctrinal conciencia acerca de los márgenes de incertidumbre y de ambigüedad que resultan de la aplicación de la referida cláusula; pero la hipótesis de sustituirla, según el modelo típico de los ordenamientos anglosajones, por un sistema basado en atribuciones precisas y explícitas, aparece como marginal en el debate, y constantemente rechazada por

---

casos de urgencia, competencia esta que, prevista ahora por la Ley Reguladora de las Bases del Régimen Local, estaba antes (de acuerdo con la Ley de Régimen Local de 1955) atribuida al alcalde como oficial del gobierno.

[198] Para la reconstrucción de la gestión ordinaria en los términos referidos, son la disposición de la autoridad local como órgano del ente superior, sujeto a los poderes jerárquicos de este, cfr. S. Muñoz Machado, *Derecho público*, cit., págs. 232-233, donde utilizando una expresión clásica, se hace referencia a un fenómeno de "préstamo" de órganos. Acerca de las dudas que la figura de la gestión ordinaria comporta, ver ahora L. Ortega, *El régimen constitucional de las competencias locales*, Madrid, 1988, págs. 146-151, con referencias concretas a las doctrinas española e italiana.

los legisladores, incluso en sus intervenciones más recientes[199]. Una notable estabilidad parecen mostrar, por otro lado, en los vigentes ordenamientos, la configuración de las funciones de administración general y la calificación que lleva aparejada del alcalde como agente del Estado.

Son frecuentes los juicios favorables a este sistema; así, por ejemplo, en Bélgica, algún autor encuentra en ello un elemento de revitalización de las colectividades locales[200], de modo que el mismo esquema se va introduciendo en las relaciones entre las regiones y los entes locales[201]. Los politólogos franceses, por su parte, consideran el mecanismo ventajoso, no solo para el Estado, sino para los propios alcaldes, que en virtud de su integración en la Administración estatal, tendrían una doble legitimación[202]. Mientras, en Italia —cuya Constitución, al proclamar el principio de autonomía local en el marco del nuevo ordenamiento regional, parecía seguir una lógica del todo distinta— el diseño examinado ha ido confirmándose hasta encontrar en la reciente Ley 142 de 1990 su más puntual y expresa sanción.

En este marco, particularmente innovadora y anómala es la desaparición de toda referencia a la figura del alcalde como oficial del gobierno en la Ley Reguladora de las Bases del Régimen Local, ya que, en España, no resultan extrañas a la legislación de sector (en algunos casos estrechamente vinculada todavía a la configuración tradicional) las previsiones de intensos poderes de intervención de órganos del Estado respecto de la actividad del alcalde, que puede encontrarse situado, por esta vía, en una posición de sustancial subordinación jerárquica.

En conjunto, por tanto, si se tiene conciencia de los posibles efectos del modelo (modelo que debe buscar difíciles puntos de equilibrio, en relación a estas actividades, entre la Administración estatal y el ente local; que presenta, en múltiples aspectos, dificultades interpretativas y que se presta fácilmente a descargar sobre la hacienda local cargas económicas que prescinden totalmente de las decisiones del municipio), esta conciencia parece traducirse, hoy día,

199 Quizás, sin embargo, la matización se impone en el caso de los Países Bajos, donde, para algunos, hay que diferenciar, de un lado, las competencias atribuidas a los municipios en términos amplios y genéricos en virtud de la Constitución y de las leyes; y de otro lado, las que aparecen definidas en términos estrictos y precisos:... Sobre la posibilidad de abandonar la tradicional cláusula general de competencias en beneficio de un sistema de atribuciones específicas, cfr. J. M. Pontier, *L'État et les colletivités locales*, cit., págs. 572 y ss., que, en todo caso, concluye en sentido negativo.

200 R. Maes, *La décentralisation territoriale. Situations et perspectives*, cit., págs. 144-145; Y. Lejeune, *La gestion*, cit., pág. 148.

201 Cfr. Y. Lejeune, *op. cit.*, en especial, págs. 127 y ss.

202 Cfr. A. Mabileau, P. Sadran, "Administration et politiqueau niveau local", en *Administration et politique sous la IVe République*, a cargo de la *Fondation nationale des sciences politiques*, Paris, 1982, pág. 261.

no tanto en una superación del propio modelo, como en tendencias hacia una mejor definición de los ámbitos de las funciones de administración general (unas veces dándoles una nueva dimensión, otras veces aclarándolas)[203].

6. El escalón provincial

Concebido no solo para fines administrativos, sino también como órgano de representación, en tanto que circunscripción electoral fundamental, el departamento empezaría a ser diseñado ya por el constituyente de 1789. Atendiendo a la necesidad de superar las viejas circunscripciones, su creación se inspira, por un lado, en criterios geométricos; por otro, en criterios estrechamente vinculados a exigencias prácticas como eran los medios de transporte de la época (de modo que "*de tout les points du département on puisse arriver au centre de l'administration en une journée de cheval*").

En realidad, estos criterios no fueron aplicados en términos rígidos y puntuales. En varias ocasiones, tanto en Francia como en otros lugares, se produjeron adaptaciones y compromisos; pero los rasgos que caracterizaron los planteamientos originarios fueron en buena parte mantenidos, dando así paso a encendidas protestas, contrarias al carácter artificial de esta distribución territorial. Así, por ejemplo, la provincia fue definida por Gladstone como un desafío al sentido común; Cavour, por su parte, la considero como una catástrofe geográfica. Tan es así que si hoy la provincia tiene una fisonomía propia, incluso como grupo social territorial, ello es debido a la evolución histórica que ha experimentado y a pesar de la artificiosidad de sus orígenes[204].

Por otro lado, este escalón territorial constituyó el cuadro esencial en el que se estructuró la robusta articulación del Estado llevada a cabo por Napoleón. El prefecto se configura como órgano ejecutivo de la provincia, y se hace de ésta la circunscripción de base para la desconcentración de los servicios periféricos estatales.

Los dos motivos de fondo del planteamiento antiprovincialista —el carácter artificial de la provincia y su configuración como factor de centralización

[203] La reforma francesa apuesta por la primera opción, mientras que, para la segunda, cfr. el Texto de reforma elaborada por la Primera Comisión de la Cámara italiana, sobre todo, en lo que se refiere a la calificación de determinados *poteri di ordinanza* del alcalde.

[204] Cfr. las consideraciones de M. S. Giannini, para quien "no existe un solo caso en el que la creación de una provincia haya estado vinculada al hecho de que se reconociese la existencia de un grupo local unitario... Sin embargo, por una de esas vicisitudes de la Historia, también es verdad que las provincias, creadas de acuerdo con los intereses del gobierno central, han terminado por asumir una fisonomía propia, incluso como grupos sociales territoriales. Aun cuando las provincias existen en virtud de hechos históricos artificiales, no es menos cierto que el hecho artificial ha terminado produciendo consecuencias que no son artificiales" ("Il riassetto dei poteri locali", en *Rivista Trimestrale di Diritto Pubblico*, 1971, págs. 454-455).

estatal— se remontan, por tanto, a los orígenes. Dicho planteamiento, difundido y recurrente en todo el área de tradición administrativa de inspiración francesa, ha encontrado en estos últimos decenios ocasión de particular relieve para expresarse como consecuencia de la difusión de la regionalización; regionalización que inevitablemente volvía a plantear el problema del número de escalones o niveles, entre los cuales la provincia aparecía como aquel al que se le reprochaban más importantes vicios de origen, presentándose en la posición más débil y discutible.

A) *La permanencia del escalón provincial y la regionalización*

El proceso de creación de las regiones (comunidades autónomas, en España) ha ido acompañado, casi en todas partes, de un debate sobre el mantenimiento de la institución de la provincia, considerada en muchos casos sustancialmente incompatible, y, sobre todo, inoportuna, en relación con el nuevo diseño institucional que se iba dibujando.

Los ordenamientos positivos, sin embargo, se orientaron en un sentido claramente contrario a todo planteamiento de contraposición entre la creación de las primeras y la permanencia de las segundas. La única excepción a este respecto la constituye Portugal, donde la Constitución de 1976 establecía la supresión de los distritos al mismo tiempo que se llevaba a efecto el ordenamiento regional[205]. La conexión entre un evento y otro en ese vecino país ha demorado la efectiva consolidación de las regiones que no han sido todavía actuadas en todo el territorio continental de Portugal; no se debe tampoco olvidar que la clase política se ha resistido a prescindir o a renunciar a estas circunscripciones para la elección al Parlamento nacional[206], pues constituyen ámbitos de consolidado arraigo.

En sentido bien distinto se han orientado las opciones adoptadas en otros países.

Es palmario el caso de Francia. En los años sesenta las posibilidades de instaurar un escalón regional aparecían estrechamente vinculadas a la supresión del departamento. La reforma de Mitterrand ha supuesto, en cambio, la permanencia del nivel provincial, que, además, como elemento importante de una descentralización basada en tres planos"[207], ha salido incluso reforzado.

[205] Precepto de la Constitución portuguesa significativamente trasladado al grupo de las disposiciones transitorias, tras la reforma constitucional de 1982. Tradicionalmente configurados como entes autárquicos, y de base territorial coincidente con las gobernaciones civiles (prefecturas), los distritos son de naturaleza incierta, después de la Constitución de 1976, pudiéndose sostener, incluso, su carácter de órganos desconcentrados del Estado. *Vid.* D. Freitas do Amaral, *Direito administrativo*, cit., págs. 534-535.

[206] Cfr. J. Campinos, *I poteri locali in Portogallo*, cit., págs. 42-43.

[207] A este propósito, *vid.* el texto del mensaje dirigido por Mitterrand a la Asamblea de los consejos de departamento, en el curso de la elaboración de las reformas (*Le Monde*, de 17

Desde luego, en cuanto al carácter representativo de sus órganos, ya que el papel ejecutivo que antes cumplía el prefecto se ha transferido ahora a un presidente elegido por el consejo. Pero también en cuanto a sus atribuciones, que, sobre todo, tras la Ley de 7 de enero de 1983, se han extendido a nuevas funciones en materias como servicios sanitarios y sociales, vivienda residencial, intervención sobre zonas rurales, colegios, transportes. El departamento, según una difundida valoración, se presenta así como el "principal beneficiario" de las transferencias, recibiendo a cambio dotaciones financieras importantes[208].

De otra parte, ya la Ley de 2 de marzo de 1982 (arts. 23 y 32) había reconocido al departamento un importante papel en orden a la asistencia —técnica, jurídica y financiera— de los municipios. Dicho reconocimiento venía a confirmar una práctica consolidada de apoyo y sostenimiento a los municipios, en especial, a los de carácter rural (por ejemplo, en materia de limpieza, aguas, vialidad)[209].

En otro plano distinto, hay que recordar también que el departamento, a diferencia de la región, encuentra la garantía de su existencia y de su autonomía en la Constitución misma (art. 72), y que, además, está privilegiado en la composición del Senado, cámara de representación de las colectividades territoriales, de la que por el momento siguen excluidas las regiones.

Esta circunstancia se manifiesta de forma más evidente en los casos en que la regionalización se ha insertado en el marco de un sistema que ha pretendido mantener, precisamente con las provincias, huellas evidentes de una tradición de impronta federal.

Así, por ejemplo, en Bélgica, donde —pese a la regionalización auspiciada, incluso, por disposiciones de rango constitucional— los consejos provinciales

---

de septiembre de 1981). En dicho texto, el presidente de la República —saliendo al paso de ciertas preocupaciones— afirmaba su confianza en el futuro del departamento, al que configuraba como elemento fundamental de la descentralización llevada a cabo.

[208] Datos significativos y alguna afirmación polémica, en B. PERRIN, *Perspectives d'évolution des niveaux intermédiaires*, en Actualité juridique Droit administratif, 20 de febrero de 1985, pág. 59. Obsérvese que el departamento conserva un papel de notable relieve. Es frecuente decantarse por los cargos departamentales, con renuncia, incluso, a cargos regionales. Cfr. P. SADRAN, *Les premières élections régionales. Remarques sur une espérance trahie*, en Actualité juridique Documentation administrative, 20 de abril de 1986, pág. 231.

[209] Son significativos los datos aportados sobre este punto por V. HOFFMANN-MARTINOT, *Le cas de la France: liberté, légalité, multiplicité*. Ponencia al Congreso sobre *Coopération intercommunale*, IEAP, Atenas, 4 de marzo de 1987, texto mecanografiado, pág. 4 donde puede leerse: "más de la mitad de la inversión proveniente de los departamentos corresponde a los municipios inferiores a 2.000 habitantes, que reciben por esta vía un apoyo financiero superior al doble de los de los servicios estatales". Por otro lado, se destaca como por parte de los departamentos se ha desarrollado también una acción importante de impulso y de difusión de las fórmulas de colaboración intermunicipal en las zonas rurales.

(que, por lo demás, tienen poderes que llegan a la misma función jurisdiccional: cfr. art. 99 Const.) siguen siendo los que eligen una parte relevante del Senado. Por otra parte, las provincias conservan en dicho país su importancia en el ejercicio de las funciones administrativas. Ni el espectacular aumento de las dimensiones de los municipios llevada a cabo mediante las fusiones realizadas en los primeros años setenta, ni la transferencia de poderes operada en 1980 a favor de regiones y comunidades, ha conseguido detener la fuerte tendencia a acrecentar el número de sus funciones. Dotadas de competencia general, las provincias actúan en una amplia gama de materias, como obras públicas, enseñanza, servicios sanitarios y sociales, cultura o turismo; también en los últimos años ha recibido del Estado nuevas funciones en materia de protección del patrimonio histórico-artístico y urbanismo[210].

En cuanto a su organización, el sistema belga mantiene aún —como el holandés— la tradicional presencia del gobernador, que preside el colegio ejecutivo (diputación permanente del consejo provincial). Sin embargo, una Ley de 1987 ha tratado de reequilibrar las relaciones entre el gobernador y los órganos directivos, garantizando a estos últimos un funcionamiento más eficaz. Así, en particular, se atribuye a la diputación permanente la tarea de supervisar la instrucción de cualquier asunto de interés provincial, así como de ejecutar sus propios acuerdos y los del consejo, pudiendo delegar en uno y otro caso estas atribuciones en miembros concretos[211].

Más incierta y controvertida es la situación que la provincia está atravesando en los últimos años en España e Italia.

En el primer caso, la Constitución de 1978 ha querido sancionar la existencia de la provincia (art. 141.1), en su doble naturaleza de división territorial para el ejercicio de las actividades del Estado y, sobre todo, de ente local dotado de personalidad jurídica, con un gobierno y una administración autónomas confiadas a Diputaciones o a otros órganos de carácter representativo.

[210] Multitud de datos y referencias en Cl. Gesche-Strauven, "La province, niveau intermédiaire dans la structure de l'État", en *Administration publique*, 1982, págs. 167 y ss.; R. Maes, *La décentralisation territoriale*, cit. págs. 347 y ss., cfr., ivi, págs. 116-117. Las relaciones entre los nuevos poderes regionales y los provinciales se suscitaron en el curso de los trabajos preparatorios de la ley sobre la reforma institucional de 1980 y, en particular, en el planteamiento efectuado por el primer ministro, quien destacó como en el ámbito de las materias transferidas, regiones y comunidades podrían determinar "lo que es de interés provincial o municipal", "sin que este concepto constitucional pueda ser vaciado hasta el punto de dejar a las provincias sustancialmente privadas de competencias" (planteamiento cercano, por otro lado, al que ha prevalecido en el debate en España).

[211] Ley de 6 de julio de 1987, en especial, art. 8. También, la Ley de 6 de enero de 1984, que modifica la ley provincial, a fin de asegurar al consejo de la provincia un funcionamiento más regular, eficaz y respetuoso con los derechos de los consejeros y de las minorías.

Esta disposición ha planteado problemas especialmente acentuados en Cataluña, donde, sobre la base de una arraigada tradición favorable a las comarcas y hostil a las provincias, la Comunidad autónoma aprobó en 1980 una ley que disponía la transferencia plena y urgente de las Diputaciones provinciales a la propia Comunidad autónoma[212]. Esta ley fue censurada por el Tribunal Constitucional, que afirmó que la Constitución garantiza la existencia de la provincia, como elemento no disponible para el legislador ordinario, legislador ordinario al que no le está impedida cualquier sustracción de atribuciones a la provincia, pero sin que ello pueda llegar a poner en peligro su esencia institucional.

Siguiendo estas indicaciones, la Ley Reguladora de las Bases del Régimen Local, al definir en términos bastante circunscritos o vagos las competencias que en cualquier caso deben ser reservadas a las provincias[213], deja un amplio margen de discrecionalidad a los legisladores autonómicos, habilitados, por lo tanto, en función de las distintas opciones institucionales, tradiciones históricas y exigencias de los respectivos territorios, a reforzarlas o, por el contrario, a reducirlas sensiblemente en su alcance.

La constitucionalidad de las leyes regionales que transfieran a las comunidades autónomas funciones relevantes de las provincias, ha sido, actualmente, reconocida por el Tribunal Constitucional[214], sin que, por lo demás, esto pueda constituir un elemento de cierre definitivo del debate y de las tensiones que lo acompañan.

Y es, una vez más, el caso catalán el que pone de manifiesto las contradicciones de la situación que se ha creado, ya que, como consecuencia de nuevas intervenciones del legislador autonómico han sido transferidas importantes competencias provinciales, y creadas las comarcas[215], pero estas se añaden a las provincias que, aunque vaciadas de una serie de funciones, se presentan dotadas (gracias a un sistema financiero basado esencialmente en transferencias

[212] Ley catalana 6, de 17 de diciembre de 1980, declarada inconstitucional por sent. de 28 julio 1981, del Tribunal Constitucional.

[213] Art. 36 de la Ley Reguladora de las Bases de Régimen Local de 1985, según el cual son competencias propias de las provincias las que les atribuyan, en este concepto, las leyes del Estado y de las comunidades autónomas en los diferentes sectores de la acción pública y, en todo caso: a) la coordinación de los servicios municipales...; b) la asistencia y la cooperación jurídica, económica y técnica a los municipios, especialmente los de menor capacidad económica y de gestión; c) la prestación de servicios públicos de carácter supramunicipal y, en su caso, supracomarcal; d) en general, el fomento y la administración de los intereses peculiares de la provincia.

[214] Tribunal Constitucional, sent. 27, de 27 febrero 1987, dictada en relación con una ley valenciana.

[215] Leyes catalanas 6 y 7, de 4 abril 1987.

directas del Estado) de recursos incomparablemente más importantes que los que puede disponer ese nuevo nivel intermedio.

Por lo demás, si la experiencia catalana ha puesto en clara evidencia las dificultades para llegar a soluciones coherentes de superación de la provincia, esta permanece, en el resto de España, en una situación sólida, y según el planteamiento afirmado en 1981 por el "Informe de la Comisión de Expertos sobre las autonomías", presidida por EDUARDO GARCÍA DE ENTERRÍA (así como por los pactos autonómicos y por la Ley 12, de 14 de octubre de 1983, que derivaron del mismo[216] comúnmente aceptada como componente importante del Estado de las Autonomías.

En cuanto a Italia[217], la situación de las provincias es incierta en la actualidad, a resultas del proceso de regionalización, que, considerado por algunos como alternativa a las provincias, viene a imponer un replanteamiento global de su papel.

En espera de una reforma del régimen local, se produjo —sobre todo, después de los años 1976-1977— un vivo debate en torno a la superación o revitalización de las administraciones provinciales, mientras que, en la práctica seguían instaurándose —particularmente, por la acción de algunas regiones— nuevos niveles institucionales de carácter intermedio.

Si se repara en la evolución experimentada por la legislación, resulta claro que por mucho tiempo el Parlamento ignoró la provincia —incluso, para acometer acciones en sectores específicos—. Ello es manifiesto durante el período en que se produce el alumbramiento y creación de las regiones ordinarias, aunque empieza ya a atenuarse a mitad de los años setenta, momento en que la provincia vuelve a merecer la atención del legislador estatal —aunque sea con ausencia de todo diseño armónico y para aspectos de tipo secundario—[218].

La legislación regional ha actuado de una forma muy semejante. Después de una fase en que las regiones parecían constituirse como posible alternativa a las provincias tradicionales, a partir de los años 1982-1983 han dejado de crear nuevos organismos de ámbito supermunicipal, con competencia general y de carácter marcadamente plurisectorial. Cambio de planteamiento del que es buena muestra la derogación de las Leyes sobre los *comprensori*, así como de las Leyes que habían apostado por una acentuada plurifuncionalidad de las

[216] *Vid. supra*, cap. III, 4, C).

[217] Sobre las vicisitudes de la provincia italiana, *vid.* últimamente V. ONIDA, "La provincia ente intermedio nella legislazione staale e regionale: analisis e prospettive", en *Nuovo governo locale*, 1988, núm. 1, págs. 3 y ss.

[218] Referencias legislativas en "Una provincia oggi", en *Regione e governo locale*, 1984, núms. 1-2, en especial, págs. 15-16.

asociaciones[219]. Justamente, las beneficiarias de la delegación de funciones en el área intermedia y, en alguna ocasión, del papel general planificador antes confiado a los *compresori* y las asociaciones, son ahora las provincias, que han visto revitalizado su papel en materias como caza, pesca, lucha contra la contaminación, acciones sobre las tierras sin cultivar, formación profesional, etc.

Estas tendencias, por último, han encontrado amplio reconocimiento en la Ley 142 de 1990, del nuevo régimen de las autonomías locales, donde a la provincia se le asigna un papel significativo en la planificación intermedia (art. 15), así como en la gestión y administración directa en una amplia serie de sectores, como medio ambiente, vialidad, transportes, caza y pesca, tratamiento de residuos, servicios sanitarios, higiene y salud pública (art. 14).

B) *El nivel provincial como circunscripción para la Administración del Estado*

La conexión entre administración estatal y provincia mediante la atribución al prefecto del papel de ejecutivo de esta última se suprimió en Italia por las reformas crispinas en 1889[220]; en España por la legislación democrática postfranquista y en Francia, recientemente, por el proceso de descentralización desarrollado por Mitterrand. Subsiste solo —y no sin alguna atemperación, como ya se ha mencionado— en Bélgica y Países Bajos.

Lo que, en cambio, sí permanece de forma casi general es la identificación del ámbito territorial de la provincia como circunscripción fundamental para la desconcentración de los aparatos administrativos del Estado.

La creación de las regiones no ha afectado en sustancia a este dato, sin llegar a imprimir por lo general el impulso suficiente como para provocar la regionalización de la Administración periférica del Estado, que muestra en todos los países examinados una notable capacidad de resistencia, no solo frente a quienes tratan de poner en cuestión su existencia, sino también de cara a los intentos por adecuar sus estructuras a las nuevas entidades institucionales[221].

[219] Es significativa la Ley de la región Emilia-Romagna, de reordenación institucional, núm. 6 de 1984, o en relación a las asociaciones, la Ley de la región Toscana, núm. 12 de 1986.

[220] Sistema sancionado por la Ley municipal y provincial de 1915, interrumpido en la época fascista por la Ley 2962 de 27 de diciembre de 1928.

[221] Cfr. la significativa contribución del *Groupe d'études préfectoral,* "L'administration de l'État aux niveaux régional et départemental", en *Administration*, 1987, pág. 118 y ss., donde en nombre de la influyente asociación del cuerpo de prefectos, se afirma que "la asociación continúa siendo departamentalista y considera que los poderes del Estado deben ejercerse a ese nivel. Consideramos en particular, un error cualquier desconcentración de la gestión a nivel regional".

No ha faltado, sin embargo, alguna iniciativa favorable a la desconcentración a nivel regional en Francia. *Vid.* el estudio apenas citado, págs. 119-120, así como J. F. Lorit, "Décen-

C) *El nivel provincial como circunscripción electoral*

Arraigada está la configuración de la demarcación provincial como circunscripción electoral.

En todos los países, las elecciones a la Cámara Baja se basan en la provincia, criterio, que en algunas ocasiones, incluso, ha sido sancionado expresamente en disposiciones de rango constitucional[222]. Es frecuente que también influya en la elección del Senado[223].

Pero todavía cabe decir más, ya que la asociación histórica entre provincia y circunscripción electoral ha tenido tal vitalidad y capacidad de expansión que se aplica igualmente a las nuevas elecciones de carácter regional, cuya legitimación viene así a basarse en un escrutinio efectuado con carácter provincial[224].

La motivación que ha determinado este planteamiento en Francia es bien elocuente: "la configuración del departamento como circunscripción electoral —según las declaraciones del ministro del Interior al Parlamento en el curso de los trabajos[225] preparatorios de la ley sobre la organización de las regiones— obedece a la voluntad del gobierno de conciliar una realidad bien conocida por los electores, como el departamento (noción verdaderamente arraigada en nuestras costumbres...) con otra realidad menos conocida e incluso ignorada, la región".

---

tralisation et déconcentration. Vers un renforcement de l'échelon régional de l'administration de l'État?", en *Revue Administrative*, 1986, en especial, págs. 31-32.

Sobre la falta de reforma del aparato periférico del Estado en España, cfr. el *Informe sobre las autonomías* donde el problema es abordado en el capítulo VI, especialmente incisivo: "la imprescindible operación de transformación radical de la Administración del Estado se ha visto frenada por una sólida acción conjunta de políticos y burócratas". *Vid.* ivi. también las indicaciones bibliográficas.

En cuanto a Italia, la necesidad de proceder a una reordenación del conjunto de los aparatos del Estado y, en particular, de poner fin a la correspondencia entre circunscripción provincial y circunscripción periférica del Estado es tema frecuente en el debate, al cual, por otro lado, gobierno y Parlamento han prestado muy poca atención. Sobre los problemas relativos al aparato periférico del Estado, *vid.* también *infra*, 7.

[222] Cfr. por ejemplo, el art. 68, apdo. 2, de la Constitución española; art. 48 de la Constitución belga.

[223] Art. 69, ap. 2, de la Constitución española y art. 53, núm. 1, de la Constitución belga, a los que se pueden añadir también las distintas formas de elección indirecta de senadores, por parte de diputados provinciales o, en todo caso, con participación de estos, y en el ámbito provincial; cfr. art. 55 de la Constitución holandesa, art. 24 de la Constitución francesa y art. 53, núm. 2 de la Constitución belga.

[224] Groupe d'études préfectoral, *L'administration de l'État*, cit.

[225] Journal Officiel, *Assemblée nationale, débat*, 26 aprile 1985, pág. 496.

Decisiones de este tipo —ya adoptadas, en particular, en Italia y España— han suscitado algunas críticas. Los regionalistas franceses ven en ello un intento de fortalecer el papel del departamento, lo que termina obstaculizando el establecimiento de una auténtica dimensión política a nivel regional (que se refleja en las propias estructuras de los partidos), tendiendo a reproducirse así los circuitos habituales[226].

D) *Ubicación y papel de los niveles provinciales en las nuevas organizaciones institucionales: tendencias*

A pesar de las transformaciones que han tenido lugar en el cuadro institucional en el que operan, la posición de las provincias aparece, todavía hoy en los ordenamientos considerados, sólida y estable.

Las propias Constituciones protegen su existencia y, en distintas formas, su autonomía[227], preocupándose además, tanto en Francia como en España, en Bélgica como en los Países Bajos, de sancionar la elección directa de los correspondientes órganos colegiados representativos[228] y de fijar límites y garantías frente a los intentos de modificar sus circunscripciones, sometidas a reserva de ley[229], reserva de ley que es a veces reforzada con procedimientos que exigen mayorías cualificadas o determinadas implicaciones de los propios entes territoriales[230]. En el plano de los hechos, el mapa de las provincias muestra un notable grado de continuidad, respetando sustancialmente, en muchos casos, opciones tomadas hace ya dos siglos[231].

[226] En particular, cfr., P. SADRAN, *Les premières élections régionales.*

[227] Cfr., especialmente, art. 72 de la Constitución francesa, art. 128 de la Constitución italiana, arts. 141 y 137 de la Constitución española, arts. 1 y 31 de la Constitución belga y arts. 129 y 124 de la Constitución holandesa. Este último artículo, al igual que el citado art. 31 de la Constitución belga, constitucionaliza de forma explícita el ya conocido criterio de la competencia general, reconociendo a las Administraciones provinciales (así como a las municipales) la competencia para regular y administra los asuntos internos de la provincia.

[228] Art. 141.2 de la Constitución española; art. 72.2, de la Constitución francesa; art. 108, núm. 1, de la Constitución belga; art. 129.1, de la Constitución holandesa.

[229] Art. 3 de la Constitución belga: art. 123 de la Constitución holandesa.

[230] Nos referimos, en concreto, a la reserva de ley orgánica contenida en el art. 141.2, de la Constitución española; y, obviamente, al complejo procedimiento (Ley estatal, adoptada a iniciativa de los municipios, oída la región) previsto en el art. 133 de la Constitución italiana.

[231] En algunos casos (como Bélgica), estas decisiones tenían en cuenta a su vez delimitaciones anteriores. Y la estabilidad del mapa (particularmente acentuada en Francia y España) se confirma también donde se ha tratado de alcanzar una reordenación global y generalizada del mismo. Caso de Países Bajos, donde a partir de la mitad de los años setenta, el gobierno avanzó una serie de propuestas que implicaba un aumento del número de provincias de 11 a 24. Después de un largo debate, sin embargo, el proyecto *Provinces nouveau-style* ha quedado

Por lo demás, al mantenimiento de estas opciones contribuye la permanente identificación de las circunscripciones provinciales como circunscripciones electorales. Criterio este que —incluso allí donde no ha sido sancionado a nivel constitucional[232]— se presenta, en cualquier caso, ampliamente consolidado; hasta el punto que los mismos sistemas que regulan las elecciones regionales, o autonómicas aparecen hoy, como hemos puesto de manifiesto, provincializados.

El mismo criterio de coincidencia entre ámbitos provinciales y divisiones territoriales de base para la desconcentración de las Administraciones estatales revela una gran capacidad de resistencia a cualquier exigencia de reordenación.

En este contexto, las provincias parecen salir reforzadas o, por lo menos, en posición nada débil, de las transformaciones que han tenido lugar en Europa con los procesos de regionalización y de descentralización, obteniendo (como, de modo especial, ha sucedido en Francia) un consistente incremento de atribuciones o estando, en cualquier caso, en grado de sostener significativas reivindicaciones en ese sentido; configurándose además, en la actualidad, en buena parte de los casos, como único ente intermedio de carácter general (o, en cualquier caso, acentuadamente plurifuncional), después de la quiebra de una serie de intentos en este sentido; pudiendo además ostentar una legitimación electiva que se corresponde con una clase de administradores sólidamente insertos en el sistema político, la provincia se presenta hoy como un interlocutor imprescindible para el propio escalón regional.

El problema se plantea en términos particularmente complejos: y es que si bien el arraigo del escalón provincial en el tejido institucional y en el sistema político parece innegable en el conjunto del área considerada (y los mismos acontecimientos portugueses —donde la previsión de la desaparición del distrito en concordancia con la institución de las regiones ha constituido una rémora nada marginal a la operatividad de las mismas— constituyen una eficaz confirmación de ello), y si parece con carácter general despejada cualquier hipótesis que suponga la consideración de la regionalización como alternativa a la supervivencia de tal escalón, determinadas cuestiones de fondo se plantean a la hora de buscar una nueva modulación del papel de la provincia en el contexto regional, como consecuencia de los procesos de transformación que han tenido lugar.

---

marginado (W. Konijnenbelt, voz *Pays-Bas*, en *Annuaire européen d'administration publique*, 1982, págs. 614-617; 1983, págs. 605-606; 1984, pág. 575). La única actuación, realizada en 1986, se ha limitado a añadir una sola provincia (Flevoland) a las 11 existentes. Sobre ello, *vid.* A. Bours, *La réforme de l'administration locale aux Pays-Bas*, cit., págs. 179 y ss.; así como J. Breuneuse, "Riforma della autonomie locali in Europa y Olanda", en *Annuario delle autonomie locali*, 1984, págs. 584-585; 1986, págs. 448; 1987, pág. 410.

[232] *Vid. supra*, nota 222.

Un papel que —sin renunciar al mantenimiento o a la reivindicación de significativas competencias de gestión y de administración directa— parece desarrollarse particularmente en relación a los entes locales inferiores (infraprovinciales), como centro de planificación, asistencia técnica, coordinación, estímulo e incentivo a las formas de cooperación.

7. El prefecto

La figura del prefecto, como pieza esencial de una red institucional dirigida a establecer una relación más estrecha y un control más robusto entre el centro y la periferia, fue articulada en correspondencia con el ámbito departamental, con un cometido multiforme: representa al Estado, y como tal está colocado en una posición de supremacía sobre el conjunto de los aparatos periféricos del Estado y, por tanto, sobre el propio alcalde, en los casos en que éste actúe como oficial del gobierno; controla, también en su condición de representante del Estado, los entes locales inferiores, y particularmente los municipios, respecto de los cuales dispone de penetrantes poderes de tutela; se configura asimismo como el órgano ejecutivo del departamento, con funciones que, en realidad, lejos de consistir en la mera ejecución de los acuerdos del órgano colegiado y de la comisión departamental, conllevan una acción relevante de impulso, propuesta e instrucción respecto de estos.

A) *El prefecto y la Administración periférica del Estado*

En principio, todos estos rasgos que responden a la lógica de la arquitectura administrativa napoleónica se han mantenido, en Francia, hasta los años ochenta, aun cuando procesos no marginales habían modificado su modo de comportarse y, en algún aspecto, su sustancia: en concreto, su papel de representante del Estado. Si tal papel implicaba, en el esquema originario, una relación directa y exclusiva con el gobierno y particularmente con el Ministro del Interior (así como con los distintos ministros del sector, según la materia afectada), sobre tal esquema se ha consolidado ahora una tendencia a la proliferación de aparatos ministeriales periféricos (sanidad, trabajo, industria, comercio y artesanado, comercio exterior, asuntos culturales, correos y telégrafos, etc.), con impulsos centrífugos respecto de la órbita del prefecto, quien es dejado al margen del desarrollo de los acuerdos directos entre estos aparatos y las administraciones centrales de los correspondientes ministerios.

Esta tendencia no es, en absoluto, peculiar a la situación francesa habiéndose incluso desarrollado, en ciertos casos, con notable anticipación tal como ha sucedido en Italia o en España[233]. La referida tendencia, por lo demás, ha

[233] Sobre la evolución en Italia, ver por todos, S. Cassese, "Il prefetto nella storia amministrativa", en *Rivista trimestrale de diritto pubblico*, 1983, núm. 4, especialmente, págs. 1453 y ss.

suscitado ciertas reacciones: en este sentido, por lo que se refiere a España, en el Estatuto de los Gobernadores civiles de 1980 se percibe ya una cierta orientación hacia la recuperación por el prefecto (en este caso, por el gobernador civil) de un papel más activo respecto a las Administraciones estatales[234]; orientación que ha asumido en Francia un significado más profundo en la reforma de 1982, donde se presenta como una especie de contrapeso a la disminución de la influencia de los prefectos en el ámbito del régimen local[235].

En España, el fenómeno ha sido puesto de manifiesto, recientemente, por V. Boix Reig, "Significación de la provincia en la distribución territorial del poder por la Constitución española", en *Revista de Administración Pública*, 1988, núm. 115, pág. 353.

Una situación distinta se plantea en Portugal, donde el papel de representante del gobierno reconocido al gobernador civil, si bien le permite tratar directamente con todos los ministros y también, por encargo específico, inspeccionar y controlar cualquier servicio público del Estado, no ha albergado nunca, una función general de dirección ni de coordinación respecto de los aparatos periféricos sectoriales. *Vid.* D. Freitas do Amaral, *Curso de direitto administrativo*, cit., págs. 408-409; que prevé, además, una evolución del sistema portugués en este sentido.

En Bélgica, el gobierno se encuentra también privado de poderes directos respecto de los servicios sectoriales del Estado (de modo que los directores provinciales no dependen más que del ministerio del ramo): cfr. M. Dandelot, "Réflexions sur l'organisation provinciale de la Belgique", en *Administration*, 1981, núm. 114, págs. 51-52.

[234] Cfr. el Estatuto de los gobernadores civiles aprobado por Real Decr. 3117 de 22 de diciembre de 1980, según el cual el gobernador "en su condición de primera autoridad de la Administración Civil del Estado, ejerce la superior dirección de todos los servicios periféricos de la misma..." (art. 1), La Exposición de Motivos del Decreto afirma que "el gobierno provincial se organiza en torno a la figura del gobernador como representante permanente del gobierno de la Nación en la provincia y eje de todos los servicios civiles periféricos en el territorio de su jurisdicción...". con los Decretos de transferencia de 24 de julio de 1981 núm. 1801, y de 4 de mayo de 1983, núm. 1223, al prever la supresión de las direcciones provinciales de los distintos ministerios, se disponía, por lo demás, que las funciones y los servicios periféricos no transferidos serían desarrollados por las unidades correspondientes de las direcciones provinciales suprimidas, que quedarían adscritas a los respectivos gobiernos civiles de los cuales dependerían orgánicamente, dejando a salvo su dependencia funcional de cada ministerio. En consecuencia, la supresión de las direcciones provinciales se resuelve en un crecimiento de los gobiernos civiles, en los que se insertan todas las dependencias y las funciones residuales de la Administración periférica del Estado. La tendencia de cada ministerio a disponer de una propia articulación periférica reaparece ya, no obstante, en el Real Decreto de 4 de mayo de 1983, con la previsión de los directores delegados, funcionarios de confianza del ministro de sector: ver, una vez más, L. Morell Ocaña, *El régimen local*, cit., págs. 107-110, que concluye sobre este punto subrayando la continuidad de la solución concretamente adoptada, que reproduce el esquema de una dependencia de los órganos periféricos respecto de los órganos centrales de los ministerios, y una conexión atenuada con la autoridad territorial de carácter general.

[235] Véanse, a este respecto, las declaraciones del presidente de la República, de 17 de septiembre de 1981, según el cual los prefectos, alejados de la administración corriente de la

Esta es la configuración que resulta de algunas disposiciones, según las cuales el comisario de la República "representa a todos los ministros y dirige los servicios del Estado en el departamento" (a excepción de los supuestos que expresamente pueden establecerse por decreto) y es "el único habilitado para expresarse en nombre del Estado ante el consejo departamental"[236]. Cuando menos tendencialmente, así pues, los prefectos aparecen como la única autoridad que en el ámbito provincial representan al Estado en su conjunto. Ha seguido a ello una notable ampliación de sus poderes que, en relación a algunos servicios, dejan de ser de mera "coordinación" para convertirse en poderes de "dirección".

Esto supone que los prefectos pueden ejercer su autoridad directamente sobre los responsables de los diversos servicios. Y asimismo, que sean los únicos con capacidad para ordenar los gastos del Estado en la periferia, y los únicos a los que los ministros pueden delegar algunas de sus funciones. La propia correspondencia entre los aparatos centrales y periféricos de un mismo ministerio debe pasar por el prefecto.

B) *El prefecto y la tutela sobre los entes locales*

Aun cuando el examen de las trasformaciones experimentadas por los mecanismos de tutela sobre los entes locales vaya a tratarse más adelante, parece conveniente anticipar ahora algún dato. Debe destacarse, ante todo, que estas trasformaciones han incidido de manera muy particular en las funciones tradicionalmente otorgadas al prefecto. En concreto, éste va a verse sustraído de los poderes de anulación de los actos ilegales, de ciertas facultades que le estaban reconocidas en el plano de la oportunidad y del control de los actos, en su conjunto transferido a nuevos sujetos. El prefecto, sin embargo, no va a dejar por ello de desempeñar una función importante. Incluso, en países como Italia, donde la atribución del control en régimen de exclusividad a los órganos regionales es una decisión constitucional, existe una clara tendencia hacia la recuperación de la figura del prefecto, para diversos aspectos.

---

región y del departamento, dispensados de una tutela municipal en ocasiones absorbente, podrán dedicarse mejor a aplicar las leyes, a administrar los asuntos del Estado y a garantizar los intereses nacionales. Y tendrán autoridad sobre el conjunto de los servicios ministeriales del Estado.

[236] Art. 34-I de la Ley 213 de 1982. Los poderes de los prefectos en los departamentos están puntualmente definidos en el Decr. 389 de 10 de mayo de 1982. A este respecto, cfr. J. F. Auby, *Le commissaire de la République*, Paris, 1983, págs. 70 y ss. Sobre las dificultades que, por otro lado, van manifestándose en la práctica con la aparición de las nuevas reglas, cfr. el estudio elaborado por el *Conseil d'État, Section du rapport et des études*, sobre *Structures gouvernementales et organisation administrative,* Paris, 1986, en especial, págs. 26-28 y 46-50.

Por lo demás, es de destacar que el prefecto conserva su tradicional función de asistencia a los entes locales (estrechamente vinculada en su origen al control). Esta función comprende tanto el estudio de problemas administrativos como la gestación puntual de determinados actos. Práctica desempeñada ya desde hace mucho tiempo, la asistencia ha permitido a las prefecturas establecer vínculos especiales y ha ejercido una influencia notable en las decisiones adoptadas por los entes locales (sobre todo, en los de modestas dimensiones).

En Francia, una orientación distinta cabe deducir de la Ley 213 de 1982, que permite expresamente al departamento, a los municipios y a los entes intermunicipales constituir entre sí una agencia departamental (con naturaleza de ente público), al objeto de suministrar a los entes locales que lo demanden una asistencia de carácter técnico, jurídico y financiero[237]. Por lo que parece, sin embargo, las agencias efectivamente constituidas han sido muy pocas[238], mientras que, en cambio, las prefecturas (a las que los entes locales se dirigen, incluso, preventivamente, a fin de evitar, como después se verá, posibles impugnaciones de sus propios actos) han visto aumentados sus órganos y el personal adscrito a su servicio.

La institución, por otro lado, es igualmente conocida en otros países, como, por ejemplo, en Bélgica y en los Países Bajos, donde está muy arraigada; y en otros, como en el caso italiano, existe una clara tendencia hacia su revitalización y potenciamiento[239].

[237] Art. 32 de la Ley 213 de 1982. Por otro lado, *vid.* también art. 34-II, que ha tratado de prever de manera expresa el intercambio recíproco entre prefectos y entes locales de las informaciones necesarias para el ejercicio de sus respectivas funciones.

[238] Según los datos suministrados por V. Hoffman-Martinot, *Le cas de la France: liberté, égalité, multiplicité*, cit., pág. 10, solo son 4 los departamentos que han constituido una agencia en el sentido de la Ley de 1982.

[239] El Ministerio del Interior ha solicitado en varias ocasiones a los prefectos que se muevan en esa dirección. Por ejemplo, la Circular núm. 3/81, Nº 25000-26-19 recuerda que "la ampliación de funciones conlleva la imprescindible necesidad de una presencia unificante", y exhorta a los prefectos a favorecer "los encuentros de todo tipo con los administradores locales a fin de estimular a éstos a valerse del apoyo de los servicios estatales". Estos encuentros podrán asumir "la forma de conferencias periódicas sobre temas de interés para los administradores locales". En definitiva, el Ministerio, "consciente de la complejidad de los problemas que deben ser afrontados por los administradores locales y de la fragilidad de las estructuras de numerosos municipios, en especial de aquellos de pequeñas dimensiones", "renueva su voluntad de ofrecer, por medio de Vds., a los entes locales cualquier tipo de colaboración, sea coadyuvándoles en la interpretación de las normas jurídicas que puedan dar lugar a dificultades en su aplicación, sea convirtiéndose en promotores de eventuales iniciativas. En esta óptica, Vds. proveerán a la designación de funcionarios particularmente cualificados con la misión específica de mantener positivos y constantes contactos con los administradores de los entes locales y con los secretarios municipales y provinciales a fin de garantizar la resolución de las cuestiones relativas a los entes locales" (la Circular se publicó en *Nuova rassegna*, 1980, pág. 1929; en sentido análogo, cfr. las Circulares recogidas ivi 1980, págs. 2007-2008 y 1981, págs. 2430 y 2440).

C) *El prefecto y su función como órgano ejecutivo del departamento*

La reforma francesa de 1982 trae como máxima novedad la ruptura de la identificación clásica del prefecto como órgano ejecutivo del departamento.

El prefecto ha visto sustraída su antigua función como ejecutivo del departamento, la cual se atribuye ahora a un presidente elegido por el propio consejo del departamento[240]. Rodeado de asesores, han pasado a ubicarse directamente bajo la autoridad de este último importantes servicios antes asignados a la prefectura, como son la preparación y ejecución de los acuerdos del consejo departamental, así como el ejercicio de los poderes y competencias conferidos al ejecutivo del departamento[241].

La coordinación entre los servicios departamentales y los servicios del Estado en el departamento se confía conjuntamente al presidente y al representante del Estado[242].

Así, aquella soldadura entre un colegio deliberante electivo y un ejecutivo burocrático, que había representado un elemento cardinal de todo el sistema y que había constituido uno de los puntos de mayor influencia del prefecto en la vida administrativa local, ha desaparecido también del ordenamiento francés, al igual que, con cierta antelación, había desaparecido del ordenamiento italiano y del español[243] y la propia Constitución, en el caso de España, al encomendar a órganos de carácter representativo la administración y el gobierno de la provincia (art. 147) se ha preocupado de excluir cualquier hipótesis de retorno a fórmulas de este tipo.

Fieles al modelo tradicional en este punto, quedan solo Bélgica y Países Bajos, donde el gobernador y el comisario de la reina, respectivamente, continúan presidiendo la diputación permanente (junta provincial) y, aun sin voto decisorio, el propio consejo. Velan por la instrucción de los asuntos sometidos a la aprobación de los órganos colegiados y por la ejecución de sus acuerdos, y actúan igualmente como portavoz y representante de la provincia ante los órganos centrales[244].

[240] Art. 25 de la Ley 213 "El presidente del consejo departamental es el órgano ejecutivo del departamento. Prepara y ejecuta los acuerdos del consejo departamental. Ordena los gastos y recauda los ingresos departamentales... Es el jefe de los servicios del departamento... gestiona el demanio del departamento".

[241] Art. 26 de la Ley 213. La Ley contenía diversas reglas transitorias (arts. 26-30), sobre los servicios puestos bajo la autoridad directa del presidente, el recurso por éste a los servicios periféricos del Estado en caso de necesidad, la posición de los funcionarios estatales en la ejecución de competencias departamentales, y el reparto de los fondos otorgados.

[242] Art. 29 de la Ley 213.

[243] *Vid. Supra*, 6, B).

[244] Cfr. C. Gesche-Straurven, *La province*, cit. pág. 168. Obsérvese que el acuerdo suscrito sobre estos aspectos entre los partidos del gobierno en Bélgica el 7 de junio de 1977 (el

D) *El prefecto y el ámbito regional*

Tradicionalmente ligada a la circunscripción provincial, la figura del prefecto no podía quedar al margen de la progresiva afirmación de los niveles regionales.

Las relaciones entre región y prefecto se han articulado de forma variada y, frecuentemente, con problemas.

Francia, por ejemplo, ha procedido a la creación de la figura del prefecto de la región, regulada por Decreto de 14 de marzo de 1964.

Al mismo tiempo que prefecto del departamento principal, el prefecto de la región tenía, al principio, solo poderes para impulsar la fase preparatoria de la planificación, a lo que, a partir de 1970, se añadió la distribución de determinados fondos[245]. Cuando, sin embargo, la región se convirtió en ente público en 1972, el prefecto pasó a ser su órgano ejecutivo[246].

Más adelante, con la reforma de 1982, el prefecto ha experimentado una transformación paralela a la efectuada a nivel provincial. Exonerado de las tareas que le eran atribuidas como ejecutivo de la región (confiadas ahora al presidente del consejo regional), representa a todos los ministros en su nivel y dirige, salvo, excepciones puntuales, los servicios regionales del Estado; vela igualmente por los intereses nacionales, el respeto a las leyes y por el control administrativo (según un sistema que se examinará después).

Siguiendo también el esquema establecido entre prefecto departamental y departamento (caracterizado, fundamentalmente, por el hecho de que aquel

---

llamado "pacto comunitario" o "pacto de Egmont") afirmaba que "la división territorial en provincias se mantiene, lo mismo que el papel del gobernador, con sus actuales funciones".

Ello no significa que en el momento actual no haya propuestas de reordenación global del sistema. Así, en particular, el Informe de R. Maes al Ministerio del Interior subraya: "¿cabe imaginar que un funcionario de Estado actué a fin de para promover la política provincial, algo de lo que solo los administradores electos son verdaderamente responsables ante los ciudadanos?... Habría que redefinir las funciones del gobernador, limitándolas como máximo a la dirección de los debates. Incluso, se podría pensar en una reforma más radical, atribuyendo la presidencia a un consejero" (*La décentralisation territoriale*, cit., pág. 247. *Vid.* ivi el texto del pacto de Egmont, de 80). Recientemente, como se ha dicho, el legislador belga ha tratado de reforzar el papel de los administradores electos en el ámbito de la provincia; aunque se confirma, sin embargo, que "la diputación es presidida por el gobernador". *Vid.* la Ley de 6 de julio de 1987, art. 5, que modifica el art. 104 de la Ley provincial.

[245] En el ejercicio de sus atribuciones, el prefecto de la región es auxiliado por dos colegios consultivos: la conferencia administrativa regional, de composición burocrática (prefecto, tesoreros, inspectores de economía) y la comisión de desarrollo económico regional, de composición mixta (con representantes de organizaciones socioeconómicas y de entes locales).

[246] Art. 16 de la Ley de 5 de julio de 1972, núm. 619: "El prefecto de la región prepara las cuestiones sujetas al consejo regional y ejecuta sus acuerdos".

tiene en este la representación del Estado en exclusiva), se establece un vínculo idéntico entre prefecto regional y región[247].

Las relaciones, por su parte, entre estos dos niveles dentro de la propia Administración estatal, aparecen marcadas por las notas de la prudencia y de la flexibilidad. El prefecto de la región solamente tiene sobre los prefectos de los departamentos funciones de "estímulo y coordinación" para la ejecución de las políticas gubernativas concernientes al desarrollo económico y social así como para la organización del territorio de la región[248].

Por lo demás, la Constitución de la V República es la única que hace referencia al nivel departamental (art. 72 párr. 2), al prever un "delegado del gobierno" con la tarea de velar por los intereses nacionales, el control administrativo y el respeto a las leyes.

Opciones muy distintas han efectuado las Constituciones italiana y española, donde se ha ignorado la tradicional figura del prefecto (considerada ya en vía de superación y, en todo caso, extraña a la materia constitucional), siendo únicamente a nivel regional donde ha querido hacerse una referencia a la misma mediante la institución de un representante gubernativo. A este representante del Gobierno, que recibe la denominación de *commissario del Governo* en la Constitución italiana, se le atribuye la competencia de vigilar las funciones administrativas ejercidas por el Estado y coordinarlas con las ejercidas por la región (art. 124 de la referida Constitución), de acuerdo con una fórmula en la que se ha inspirado también la Constitución española, al establecer que "un delegado nombrado por el gobierno dirigirá la Administración del Estado en el territorio de la comunidad autónoma y la coordinará, cuando proceda, con la administración propia de la comunidad" (art. 154). Pero el hecho de que el constituyente español se haya inspirado en la disposición italiana no quiere decir, en absoluto, que haya procedido a una pura imitación, o que la haya reproducido al pie de la letra. La sustitución, en estos términos, de la función de vigilancia por una función de dirección, no es ciertamente casual, y responde a una distinta concepción, en virtud de la cual la Constitución española permitía organizar jerárquicamente las Administraciones del Estado en el ámbito periférico, dando a estas una organización en la cual los gobernadores civiles (admitido que no estuviesen destinados a desaparecer)

[247] Arts. 79 y ss. de la Ley 213, en términos sustancialmente idénticos a los del art 34, ya mencionado en notas 236 y ss. Los poderes del comisario de la República se definen en el Decr. 390 de 10 de mayo de 1982.

[248] Art. 4 del Decr. 390. Sobre la figura del prefecto de región, cfr. J. F. Durantin, "L'avenir du corps préfectoral", en *Actualité juridique-Droit administratif*, 20 de mayo de 1988, págs. 310, 313, 314. Sobre las relaciones entre este y los prefectos de los departamentos, cfr. también J. F. Auby, *Le commissaire de la République*, cit., págs. 81-82.

habrían asumido una posición de subdelegados jerárquicamente dependientes del delegado del gobierno[249].

Por lo demás, la normativa que concierne a los gobernadores civiles ha continuado inspirándose en criterios propios del pasado y ha organizado la unidad estructural y funcional de la Administración periférica del Estado, no en torno a la figura constitucional del delegado del gobierno, sino en torno a aquella tradicional del gobernador civil. Este último, incardinado en la estructura del Ministerio del Interior, continúa —según se establece en el Estatuto de los gobernadores civiles de 1980—, recibiendo órdenes y directivas del gobierno y de sus miembros[250]. Mientras tanto, la ley que en 1983 ha regulado la figura de los delegados del gobierno en las comunidades autónomas ha reconocido a éstos una mera función de coordinación, limitándose a regular las relaciones entre los dos escalones disponiendo que "para el cumplimiento de las funciones de dirección de la Administración del Estado a que se refiere esta ley, podrá constituirse una comisión que, presidida por el delegado del gobierno, estará integrada por los gobernadores civiles de las provincias comprendidas en el territorio de la comunidad autónoma[251].

En cuanto a la situación italiana, la práctica pone de evidencia las extraordinarias cautelas con que son utilizadas expresiones como "supervisión" y "coordinación", fórmulas que empleadas, a su vez, de manera muy prudente, son las que la Constitución atribuye al prefecto en relación a las "funciones administrativas ejercidas por el Estado".

En este aspecto concreto, cabe adivinar una cierta tendencia a vaciar de contenido el papel del comisario; lejos del establecimiento de vínculos de tipo jerárquico, se evita incluso hacer referencia a funciones que hasta la más prudente doctrina considera dentro de la supervisión (por ejemplo, la propuesta para la asignación y el empleo de los fondos que la administración central pone a disposición de los aparatos periféricos, o la resolución por la vía de urgencias de cuestiones de competencia entre los órganos de circunscripción regional).

[249] Cfr., en la primera fase de actuación de la Constitución, J. Salas, "Hacia una reestructuración de la Administración periférica del Estado", en *Documentación Administrativa*, 1979, núm. 182, págs. 221 y ss.; E. Linde Paniagua, *El delegado del gobierno*, *ibidem*, págs. 255 y ss.

[250] Arts. 1, 5, 11 y 12 del Estatuto de los Gobernadores Civiles de 22 de diciembre de 1980.

[251] Art. 7 de la Ley 17, de 16 de diciembre de 1983, sobre los Delegados del Gobierno en las comunidades autónomas. La Exposición de Motivos, traduciendo en coordinación la función de dirección prevista por la Constitución, afirma expresamente que "la ley está inspirada en el criterio de no crear un nuevo "escalón" en la pirámide organizativa de la Administración del Estado, eludiendo, por tanto, cualquier regulación que, por pormenorizada, pudiera ir en detrimento de la necesaria actividad y eficacia en la tarea de coordinación en la que, en definitiva, se concreta la función del delegado".

Por lo demás, durante muchos años el cargo se otorgaba al prefecto principal de la región, mediante un sistema de unión personal que reducía sensiblemente las posibilidades del comisario y limitaba a éste a un papel meramente accesorio en relación a los prefectos. En los años ochenta se ha optado, sin embargo, por escindir los dos cargos, correspondiendo a funcionarios del Ministerio del Interior, pero no identificados ya en la persona del prefecto. Esta solución pone de manifiesto de forma todavía más acusada el carácter marginal de las funciones del comisario y las incertidumbres (si no las tensiones) existentes en torno a la ubicación de la figura, que sigue oscilando entre la Presidencia del Consejo de Ministros[252] y el Ministerio del Interior[253].

La reciente Ley sobre la regulación de la actividad del gobierno y ordenación de la Presidencia del Consejo de Ministros (de 23 de agosto de 1988, núm. 400, art. 13), al tratar de definir los caracteres de la institución, vino a confirmar en sustancia su ubicación en el ámbito de la Administración del Estado[254] en un lugar, concretamente, no muy diferente del que ya cabía deducir de la práctica y de normas anteriores.

Valga como ejemplo la expresa confirmación de la posibilidad de compatibilizar las funciones de comisario de gobierno y las de prefecto principal de la región. Además, en lo que hace a las tareas de supervisión, la ley se preocupa de precisar que se ejercen "con la colaboración de los prefectos", limitándose a establecer que el comisario convoca las conferencias entre los responsables de los aparatos descentralizados de las administraciones estatales, como medio de coordinarlos, debiendo la Administración Central del Estado comunicarle las directivas e instrucciones por ella impartidas.

Debe hacerse también alguna referencia, ya para terminar, a las poco claras relaciones entre gobernador civil y representante del gobierno en Portugal. La Constitución, como ya se mencionó, hace referencia en el art. 295 —relativo a los distritos, en vías de supresión— al gobernador civil, reconociéndole la función de representar al gobierno y de ejercer la tutela; y prevé, por otra parte, la existencia de un representante del gobierno en cada región, "cuya

[252] Del que el comisario del gobierno depende y bajo el cual se sitúa generalmente *fuori ruolo,* así como el personal a su servicio: art. 31 del Decr. 170, de la Presidencia de la República de 31 de marzo de 1972.

[253] El cual, por lo demás, incide de forma fundamental —a partir de su participación en la determinación del número de personas asignadas a las oficinas del comisario, de conformidad con el presidente del gobierno— sobre los medios organizativos y materiales a disposición del comisario.

[254] Sin tomar, por tanto, en consideración aquí las funciones más típicamente relacionadas con las regiones, entre las que de hecho continua revistiendo el máximo relieve la de presidente de la comisión de control en la región (incluso en el plano puramente cuantitativo: cfr. la investigación dirigida por M. di Raimondo, *Il commissario del governo*, Padova, 1983, págs. 96-97).

competencia se ejerce igualmente sobre las autarquías locales existentes en su respectivo territorio" (art. 262).

Parece, pues, que, una vez instituidas las regiones, el representante del Gobierno en las mismas está destinado a sustituir al gobernador civil, incluso en el ejercicio del control sobre los municipios y parroquias; pero este extremo no es en absoluto pacífico[255].

E) *Ubicación y papel del prefecto en las nuevas entidades institucionales: tendencias*

Sujeta a críticas de fondo ya desde hace tiempo y puesta radicalmente en discusión con la afirmación de los valores autonómicos en la Constitución y el inicio de los procesos de regionalización, la figura del prefecto sigue estando presente en los países del área de influencia napoleónica. Desde luego, han sido importantes las trasformaciones operadas, en especial, por lo que concierne a su posición en relación con los entes locales. Su papel como ejecutivo de la provincia se ha visto también notablemente reducido, lo mismo que sus tradicionales poderes de control (poderes que, como se verá más adelante, se han transferido, además, a las autonomías regionales en muchos casos).

Aunque el establecimiento de representantes del gobierno a nivel regional solo de manera muy relativa ha influido en la configuración de los prefectos (en cualquier caso, de forma inferior a la que se suponía, estando en curso de elaboración las reformas), es evidente que ha prevalecido una concepción restrictiva de las funciones que estos órganos deben desempeñar, sea en lo que hace a su ubicación en la organización interna de la Administración del Estado (es frecuente que las disposiciones constitucionales o legislativas actúen con mucha cautela, la cual se refleja de forma más evidente todavía en su ejecución y aplicación), sea en el aspecto relativo a las relaciones con los entes territoriales (lejos de todo esquema "de cascada" a partir del nivel regional, los sistemas de relaciones regiones-provincias-municipios, por un lado, y comisario regional-prefectos-administraciones periféricas, por otro, se desarrollan en dos planos independientes, y tendencialmente incomunicados). Examinados en su conjunto, los elementos delineados parecen mostrar una indiscutible tendencia a una reducción del papel del prefecto, en relación a la amplitud de funciones que desempeñaba en la fase anterior al desarrollo de los procesos de regionalización y de descentralización.

Sin embargo, hay que añadir inmediatamente que no parece que la citada tendencia vaya a superar determinados límites. Difícilmente va a llegar hasta el punto de poner en discusión la existencia misma del instituto.

[255] D. FREITAS DO AMARAL, *Curso de direito administrativo*, cit., págs. 536-537.

Ciertamente, no faltan, por ejemplo, en España propuestas, incluso recientes, dirigidas a suprimir esta figura, manteniendo, en su lugar, a un simple delegado del Ministerio del Interior para el cumplimiento de las competencias propias de este Ministerio[256]; pero si nos limitamos aquí a la observación de la situación actual, existen elementos de permanencia que parecen prevalecer[257]. La misma circunstancia de haber sobrevivido, en todas partes, a regionalizaciones que se habían propuesto, a menudo, objetivos de radical y general transformación de la organización administrativa, puede constituir un índice significativo de la estabilidad de esta institución del prefecto; institución que, por lo demás parece mostrar una relevante capacidad de recuperación.

Esta tendencia ha prevalecido especialmente en Francia. Si bien la reforma de 1982 sustrajo al prefecto algunos de sus tradicionales instrumentos de influencia sobre los entes locales[258], la experiencia posterior parece demostrar que el instituto está en condiciones de conservar un papel importante. El propio presidente de la República se encargó rápidamente, mediante la realización de la oportuna convocatoria, de asegurar a los prefectos la relevancia de su papel, poniendo límites precisos y terminantes al proceso de descentralización[259]. La exigencia de un aumento de sus poderes, por otra parte, cuenta con el apoyo de los administradores locales[260].

[256] Ver, en particular, las propuestas contenidas en el varias veces citado *Informe sobre la autonomías*, págs. 131 y 218. Cfr., también, V. Boix Reig, *Significación de la provincia*, cit., pág. 353.

[257] Cfr. el parágrafo de L. Morell Ocaña titulado significativamente *Continuidad de la estructura de poder político y administrativo*, donde se concluye: "el espíritu de la vieja Administración periférica reencarna ahora en un conjunto político y burocrático casi idéntico. Una interpretación de los preceptos constitucionales —arts. 103, 141.1 y 154— más favorable a la sociedad civil y su expresión a través de las instituciones que le son más inmediatas, las corporaciones locales, parece quedar relegada para un futuro que, por el momento, no se ve llegar" (*El régimen local*, cit., págs. 109-110).

[258] Aludimos a la pérdida de su papel de ejecutivo del departamento y no a la supresión de la tutela, puesto que, pese a dicha supresión, el prefecto ha mantenido, a través del poder de impugnación, una influencia relevante sobre la actividad de los entes locales, como más adelante se verá.

[259] *Vid.* la intervención de F. Mitterrand, presidente de la República francesa, con ocasión de la recepción dada en honor al cuerpo de prefectos, Palacio del Eliseo, 23 de noviembre de 1983: consciente de los "recelos suscitados por las reformas entre muchos de Vds. y de ciertas nostalgias perfectamente comprensibles, el papel de los prefectos es considerado "esencial". Se prometen nuevos poderes desconcentrados por el Estado central, se garantizan los medios adecuados para el ejercicio de las funciones encomendadas a los prefectos y se recuerda cómo en la actualidad ningún ministro puede intervenir en el departamento sin pasar por el trámite previo del prefecto. Las negociaciones efectuadas por los ministros, incluso, no pueden concluirse sin su presencia, ni comprometer al Estado. En cuanto al proceso de descentralización, queda tajantemente excluido que pueda "irse más allá".

[260] Por ejemplo, cfr. las posiciones manifestadas en la Conferencia de Presidentes de los Consejos regionales de 18 de septiembre de 1987 (en *Le Monde*, del día siguiente).

Las propias actitudes del cuerpo de prefectos, superadas las alarmas iniciales[261], denotan una clara adaptación a las nuevas reglas[262]. Es significativa, por lo demás, la mejora de los servicios a disposición de las prefecturas, producto de la reforma[263].

También invita a la reflexión la evolución de la figura del prefecto experimentada en Italia, donde, si bien nunca ha alcanzado los niveles de prestigio y autoridad que en Francia, fue objeto, en una primera etapa de los trabajos constituyentes, de firme contestación[264], para después entrar en crisis con la puesta en marcha del proceso de regionalización y la transferencia a las regiones de los controles sobre los entes locales.

Sorprende la escasa atención que la doctrina dedica a los prefectos. En general, se les considera un residuo del pasado y los pocos estudios aparecidos en los últimos años parecen centrarse en los perfiles históricos del instituto.

Sin embargo, pese a ello, no faltan elementos[265], como antes se destacó, que apuntan hacia la revitalización del prefecto y de su influencia sobre la realidad local.

Cabe encontrar algún indicio en esta dirección, en la legislación, que, a partir de la mitad de los años setenta, parece someter a reconsideración la figura del prefecto en diversos sectores, mientras que, en el período inmediatamente anterior, en espera de la regionalización, se omitía hacer todo tipo de referencia

[261] Como muestra del tono fuertemente contestatario de las intervenciones de los prefectos en los años 82-83, cfr. M. DOUBLET, "La République et le préfet", en *Revue administrative*, 1982, pág. 459; J. E. VIE, *Adieu à la préfectorale*, ivi, pág. 462; *idem*, *La décentralisation trois ans après les textes de base*.

[262] Es interesante, a este respecto, seguir las intervenciones que han venido sucediéndose durante y después de la reforma en la Revista del cuerpo de prefectos "Administration". *Vid.* ivi la visión de la reforma efectuada en el número monográfico 139 de 1985, *La décentralisation trois ans après les textes de base*.

[263] Cfr. J. C. BONZELY, "La réforme des moyens de fonctionnement des préfectures", en *Revue administrative*, 1986, núm. 230, pág. 170.

[264] *Vid.* los debates "Ass Cost", de 16 de julio de 1947, págs. 2672 y ss., donde volvió a suscitarse de manera expresa el tema de la supresión de los prefectos, cuestión que, ya planteada ante la segunda Subcomisión, terminó considerándose sin relevancia constitucional, remitiéndose, en consecuencia, la decisión al legislador ordinario.

[265] En la dirección apuntada, *vid.* las agudas observaciones de M. CAMMELLI, "Relazioni tra prefettura e amministrazione provinciale", en *Regione e governo locale*, 1984, núms. 1-2, págs. 56 y ss. También M. DI RAIMONDO, "La nuova disciplina della figura e delle funzioni del commissario del governo. E i prefetti?", en *Nuova rassegna*, 1988, núm. 19, pág. 1951, que resalta: "a nivel local se ha producido de hecho una recuperación del papel de los prefectos, que en su conjunto tienden a situarse como representantes del gobierno y como interlocutores frente a todos los sujetos institucionales.

a esta figura[266]; también en la jurisprudencia, que ha considerado vigentes, en algunas ocasiones, disposiciones antiguas que reconocían a los prefectos y a las juntas provinciales poderes con incidencia variada sobre las autonomías locales[267]; e igualmente en la práctica, donde, al menos en varios casos, algunas prefecturas registran un dinamismo que merece especial atención.

[266] En materia de orden público, son numerosas sus intervenciones y no es posible mencionarlas ahora, aunque por su especial incidencia sobre el alcalde, habría que recordar lo dispuesto en el art. 15 de la Ley 121 de 1º de abril de 1981; en materia de obras públicas, Ley 1 de 3 de enero de 1978; en protección civil, Decr. 66 de la Presidencia de la República de 6 de febrero de 1981 (materia en que son frecuentes las Órdenes dictadas por el Ministerio para la coordinación de la protección civil, como las de 8 de abril y 22 de agosto de 1966, en "Gazetta ufficiale" de 10 de abril y de 25 de agosto de 1986); en la represión de las infracciones despenalizadas, en especial, Ley 689 de 24 de noviembre de 1981; en el tratamiento de residuos tóxicos y nocivos, Decr.-ley 829 de 12 de noviembre de 1982, convertido en Ley 938 de 23 de diciembre de 1982, Decr. 915 de la Presidencia de la República de 10 de septiembre de 1982, Orden ministerial de 8 de abril de 1986 (con referencia a esta última, y al papel reconocido al prefecto, vid el recurso a la *Corte Costiuzionale* de la región de Lombardía en *Gazetta ufficiale*, de 2 de julio de 1986, núm. 31). También, en materia de hacienda local, Decreto-ley 316 de 1º de julio de 1986 y Circulares 16/86 de 9 de agosto de 1986 y F.L. I/87, de 15 de enero de 1987, donde, aparte de las funciones de control sobre los entes locales se subraya la exigencia de que las prefecturas organicen, especialmente en esta materia, un servicio de apoyo y asistencia a los entes locales. En el campo del urbanismo, el Decr.-ley 146 y la Ley 298 de 1985 precisan que la comunicación de las informaciones de los secretarios municipales al Ministro de obras públicas ha de producirse a través de la prefectura competente.

Una visión de las funciones atribuidas al prefecto por la legislación vigente, en V. MAZZARELLI, "Prefetto e preffettura", en *Enciclopedia del diritto*, vol. XXXVII, págs. 965 y ss.; así como P. SANTAMARIA, "L'istituto del prefetto, oggi", en *Nuova rassegna*, 1983, núm. 8, págs. 839 y ss.

[267] Por ejemplo, cfr. *Corte Costituzionale*, sent. 90 de 30 mayo 1977 y del Consejo de Estado, Sec. 5ª, sent. 226, de 4 mayo 1979, sobre el poder de convocatoria del consejo municipal (previsto en el art. 124 de la Ley municipal y provincial de 1915); *Corte Costituzionale*, sents. 104, de 5 julio 1973, sobre el poder de sustitución de los actos de los entes locales dictados en el ejercicio de funciones descentralizadas; 757 de 30 junio 1988, sobre el poder de control y de reducción de los contratos mutuos para la cobertura del presupuesto deficitario; Consejo de Estado (Sec. 1ª), sent. 430 de 9 enero 1976, sobre el poder de inspección de la actividad del alcalde como oficial del gobierno y de cualquier actividad municipal y provincial, en el marco de las funciones de control (reservadas al Estado: *Corte Costituzionale*, sents. 24 de 1957 y 64 de 1972). También, Consejo de Estado, Sección 1ª, sent. 1718/81 de 26 marzo 1982 y 369 de 2 marzo 1984, sobre el poder de las giunta provinziale amministrativa en materia de recursos contra la denegación de certificados y atestados y contra los errores en ella contenidos (art. 63 de la Ley municipal y provincial de 1934) (C. BARBATI, "Il fantasma della giunta provinziale amministrativa", en *Le regioni*, 1986, pág. 1228); Consejo de Estado, Sec.

Todo ello se ha llevado a cabo, por un lado, mediante una interpretación extensiva y actualizada de los poderes unilaterales del prefecto (piénsese, en particular, en sus poderes de intervención sobre los trabajadores en huelga, o en materia de tráfico urbano)[268]; y, por otro lado, mediante un activo ejercicio de las funciones de información y, sobre todo, a través de esa serie de indefinidas y flexibles tareas diversamente denominadas en la tradición del instituto, como "impulso", "estímulo", "influencia", "arbitraje", "mediación", "síntesis", etc.[269], acciones "informales y *extra ordinem*" que, precisamente en los ordenamientos de base compuesta y plural, encuentran nuevas y relevantes razones de ser[270]. La función de información, además, ha recibido un nuevo impulso con la creación, por Decreto del Presidente de la República de 24 de abril de 1982 núm. 340, de la Dirección General para la Documentación en el Ministerio del Interior, con la tarea de "fomentar, recoger y elaborar las informaciones para la sistemática y actualizada representación socio-económica del país".

1ª, sent. 1295/82 de 17 diciembre, sobre el poder de subrogación, caso de inactividad de un consejo municipal o provincial ante la dimisión de un consejero (art. 158 del Decr. 297 de 1911); Consejo de Estado, sec. 2ª, sent. 178/81, de 26 marzo 1982, sobre el poder de constatar los daños ocasionados a un ente local por sus administradores o empleados, a fin de obtener de la autoridad judicial medidas de conservación (art. 264 de la Ley municipal y provincial). Cfr. L. Martino, "La giunta provinziale amministrativa nella storia en el vigente ordinamento e le sue residue competenze", en *Nuova rassegna*, 1988, núm. 9, pág. 970.

268 Por lo demás, no cabe considerar en desuso los poderes unilaterales sobre los entes locales (recuérdese entre los casos más famosos la suspensión de funciones decretada por el prefecto de Livorno contra el alcalde de Porto Azzurro por no haber actuado correcta y regularmente sus tareas institucionales; a este propósito, *vid.*, el polémico artículo de G. Pausa, "Prefetti di ferro e sindaci-straccio", en *L'Espresso*, 13 settembre 1987, la colaboración di A. de Martino, en *Amministrazione italian*, 1987, núm. 10. Mantienen también su influencia en los casos en que, aun careciendo de poderes efectivos, pueden formular enérgicas reclamaciones e intimaciones formales a los órganos locales (para un caso de notable repercusión, cfr. *La Repubblica*, 19-30 de noviembre de 1987.

269 Ya en sus orígenes, *vid.* la configuración del "gran papel" de los prefectos en la famosa Circular de Luciano Bonaparte, Ministro del Interior (recogida, por ejemplo, en P. Bernard, *L'État et la décentralisation. Du préfet au commissaire de la République*, cit., págs. 34-35. Sobre esta indefinida función del prefecto, *vid.* actualmente, P. Bernard, cit., en especial, págs. 80-81 e 186-187, J. F. Durantin, *L'avenir du corps préfectoral*, cit., pág. 311, e J. F. Auby, *Le commissaire de la République*, cit. (págs. 4, 68-70, 124-127), que subraya en varias ocasiones el "papel de mediación y de arbitraje que nunca ha definido texto alguno, pero que no ha cesado de reforzarse en el curso del tiempo", P. Legendre, "Le régimen historique des bureaucraties occidentales", en *Revue internationale de science administrative*, 1972, págs. 373-375, describe al prefecto como "un observador, un oyente, un negociador, es decir, el principal agente diplomático del gobierno en la provincia".

270 C. Meoli, *Il prefetto nell'ordinamento italiano*, Florencia, 1984; P. Padoin, "Il ruolo delicato e difficile del prefetto", en *Nuova rassegna*, 1986, núm. 1, pág. 72; P. Santamaria, *L'istituto del prefetto, oggi*, cit., pág. 839.

En cuanto al papel de arbitraje, mediación e impulso, quizás sea suficiente prestar atención a las crónicas de los periódicos locales, para contar con una casuística variada en la que el prefecto —siguiendo indicaciones del Ministerio del Interior[271]— aparece como medio de coordinación y promotor de reuniones entre entes territoriales, administraciones estatales y demás sujetos públicos y privados[272], lo mismo que como elemento de composición de conflictos sociales, centro de referencia para las consultas formuladas por los propios entes territoriales, o promotor de "encuestas informales" para estos últimos, interviniendo de modo diverso en problemas de gran importancia para las comunidades locales, como la ocupación y el empleo, el medio ambiente, alojamiento y vivienda y asistencia a la tercera edad[273].

[271] Cfr. las Circulares citadas, *supra*, nota 239.

[272] Son interesantes las observaciones que acompañan estas iniciativas, que a veces reproducen expresiones clásicas de la tradición francesa. La prefectura se propone como la "sede idónea para la profundización y resolución de cuestiones de interés local" y como lugar de presentación de instancias para las sedes centrales (por ejemplo, cfr. la nota de la prefectura de Bologna de 16 de abril de 1989, recogida en la prensa local del día siguiente, relativa a la convocatoria de un conjunto de reuniones con los administradores locales).

[273] Este tipo de intervenciones puede producirse, por ejemplo, en materia de asistencia a los ancianos, *La Repubblica*, Bologna, 6 de agosto de 1988, o a causa de la contaminación causada por la crianza de cerdos L'Unità, Módena, 18 de octubre de 1988. También, frente a las continuas protestas de los estudiantes en torno a una *beca* para el derecho al estudio "La Repubblica-Bologna", 3-3-1988. O de los ciudadanos en relación a locales públicos ivi, 21 de octubre de 1988. Igualmente, para el tratamiento e algas contaminadas. "Il resto del Carlino Faeuza", 31 de octubre de 1988, la asistencia carcelaria, "Il resto de Carlino", Bologna, 2 de agosto, 1988, o ante la falta de personal de apoyo a los médicos en los hospitales ivi, 10 y 18 de septiembre de 1988, 11 de diciembre de 1988.

Cabe asimismo destacar alguna intervención del prefecto en defensa de las minorías del consejo de un municipio, como medio de protesta ante la inercia de la mayoría, y a fin de hacer frente al problema de la acomodación de transeúntes "L'Unitè", Roma, 27 de julio de 1988, lo mismo que ante la insistente ilegalidad de los comportamientos adoptados por la Junta y por la mayoría *La Repubblica*, Roma, 13 de julio de 1988. Algunos casos han resultado polémicos, como, por ejemplo, la inspección de un dormitorio público en precarias condiciones de higiene y habitabilidad, o la "encuesta informal" efectuada en torno a la decisión de ciertos alcaldes de apagar por unos minutos la iluminación pública como protesta por los cortes realizados a las transferencias de los municipios (cfr. las crónicas locales de la región de Emilia 11-14 de abril de 1989).

Por otro lado, tampoco están en desuso los poderes de convocatoria del consejo municipal (art. 124 de la Ley municipal y provincial de 1915), el envío de comisarios cuando los administradores locales "no pueden funcionar por cualquier razón" (art. 19 de la Ley municipal y provincial de 1934, modificado por Ley núm. 277 de 8 de marzo de 1949) o la suspensión o destitución del alcalde por motivos graves de orden público —particularmente en casos vinculados a la mafia— (art. 149 de la Ley municipal y provincial de 1915).

Por otro lado, hay que señalar la acción desarrollada —también aquí, a instancias del Ministerio del Interior, y también aquí, en una tendencia hacia la recuperación del papel clásicamente asignado al prefecto[274]— por las prefecturas para una mejor relación con los ciudadanos, abriendo (sobre la huella dejada por los experimentos desarrollados por los entes locales) oficinas de "asistencia burocrática", ampliando el horario de apertura de las ventanillas, etc.[275]. También se reivindica para el prefecto una función de verdadero "defensor cívico"[276].

En este contexto, una serie de recientes Decretos (14 de abril de 1989) del Ministro de la Función Pública han atribuido al Prefecto de Milano —apoyado ahora por un comité metropolitano compuesto por representantes de todas las administraciones locales— un papel particular de coordinación. Por un lado, debe constatar la operatividad, eficiencia y productividad de la Administración periférica del Estado, formulando propuestas para la modificación de los procedimientos existentes e indicando, en su caso, si deben derogarse las normas vigentes, así como fomentar y ejecutar proyectos concretos operativos para la organización de los servicios, utilizando a este fin los recursos necesarios destinados a ellos y constatando los resultados en que se traducen tales iniciativas. Por otro lado, debe también individualizar las exigencias de la Administración periférica, estableciendo las necesidades de personal, formulando las plantillas pertinentes y participando en los procesos de selección de las personas.

[274] Sobre esta función de "encuentro, asesoramiento o información" atribuida a los prefectos, cfr. P. Bernard, *L'État et la décentralisation*, cit., especialmente, pág. 187 (*vid.* ivi, pág. 260, también alguna noticia sobre la campaña emprendida desde esta perspectiva por el gobierno francés *Administration à votre service*).

[275] Experiencias de este tipo (especialmente, de Bologna, pero con mención de otros ejemplos) pueden consultarse en las crónicas recogidas en *Il resto del Carlino*, de 9 de junio de 1988 y *La Repubblica*, de 12 de agosto de 1988. Significativa es también la entrevista dada a este último periódico por el prefecto de Bologna, en la que este ilustra sobre su estilo "intervencionista". No es raro, por lo demás, la presentación de reclamaciones por asociaciones, grupos y hasta ciudadanos al prefecto, ni tampoco faltan intervenciones de este sobre organizaciones locales (por ejemplo, las Unidades Sanitarias Locales), a instancia de usuarios o trabajadores (un caso significativo, en *Libertà*, de 5 de diciembre de 1987.

[276] En particular *vid.* R. Ricci, "Le funzioni del prefetto, oggi", en *Amministrazione e contabilita*, 1987, núms. 5-6, pág. 131; en "Il prefetto nello stato delle autonomie", en *Tribunale amministrativo regionale*, 1984, pág. 249, donde el papel de los *ombudsman* regionales, definidos como "típicos órganos de relaciones públicas", se contrapone al del prefecto, que "en cambio, como defensor cívico puede hacer mucho más, porque como proyección del gobierno y del Estado democrático, tiene la autoridad, el prestigio, el espíritu y los conocimientos técnicos necesarios para guiar al ciudadano en la "selva salvaje" del ordenamiento normativo y ayudarlo a conocer sus propios derechos". Cfr. A. Tranfaglia, "Il ruolo del ministerio del interno e del prefetto", en *Nuova rassegna*, 1987, núm. 1, pág. 18.

Los decretos antes mencionados se han adoptado de forma experimental, pero la extensión de estas medidas a otras prefecturas parece inminente.

Estas tendencias del gobierno y de los propios prefectos orientadas a reafirmar la presencia de un representante del Estado en los diversos aspectos de la vida local, cuenta también con el apoyo de declaraciones y documentos de autorizada proveniencia. Estos reclaman para el prefecto una función que no se limite a la esfera del orden público, y que se traduzca en una acción global de relanzamiento general de la Administración pública, dirigida a constituir un punto de "síntesis, colaboración, coordinación" y un "vínculo entre las actividades del Estado, las de sus órganos periféricos y la vida cotidiana de los ciudadanos", tal como se encuentra delineada en términos explícitos, incluso, en manifestaciones concretas del jefe del Estado y del presidente del gobierno[277].

La Ley 142 de 1990, de reforma de las autonomías locales, por último, avanza claramente en este sentido. Si con anterioridad cabía detectar una clara divergencia en orden a la presencia del Estado en el ordenamiento local entre los proyectos gubernativos y los presentados por los partidos[278], al final, la recuperación del papel del prefecto (y del Ministerio del Interior) se ha recogido en numerosas disposiciones de la ley. Siguiendo el planteamiento del Proyecto del Gobierno, se confirman los tradicionales poderes del prefecto en relación a los servicios de competencia estatal y los del alcalde como delegado del gobierno (arts. 10 y 38), así como los poderes de suspensión de los administradores por la vía de urgencia (art. 41), y los de convocatoria del consejo (art. 36).

Parece así que ha desaparecido del debate institucional cualquier especulación sobre la supresión de las prefecturas. Las propias regiones, al avanzar sus propuestas de reforma del Título v de la Constitución, se apresuran a

[277] En este sentido, *vid.* la intervención del presidente Cossiga el 26 de julio de 1985 dirigida a los prefectos. Se asocia su función, en el marco de los grandes problemas estructurales sin resolver, a la necesidad de un aparato nervioso capaz de advertir con rapidez los puntos de crisis, y de proponer y ejecutar soluciones válidas. Los prefectos, pues, "no pueden y no deben agotar sus funciones en la tutela del orden público" y "no pueden y no deben permanecer ajenos a una acción de relanzamiento de la Administración Pública". En términos no muy distintos, el mensaje a los prefectos del presidente Craxi, con ocasión de la celebración del 40 aniversario de la "República" el 2 de enero de 1986 (publicado en *Nuova rassegna*, 1986, núm. 5). Cfr. también las apreciaciones del Subsecretario de Interior Spini, recogidas en síntesis. ivi, 1987, núm. 1, pág. 12.

[278] La discrepancia se subraya en el *Dossier sulle autonomie local*, a cargo del Ministerio del Interior, Roma, 1982 (*vid.* Mazzarelli, *Prefetto*, cit., pág. 970). Recuérdese que a finales de los años 70, la supresión de los prefectos estaba expresamente prevista en el proyecto socialista, mientras el comunista encomendaba a una ley delegada la tarea de estructurar y simplificar el apartado de la prefectura, reduciendo sus tareas al campo de la tutela del orden público y de la protección civil, siempre bajo la responsabilidad del comisario del gobierno en la región.

manifestar, ya desde hace tiempo, que la citada reforma (y, en particular, la reivindicada derogación del art. 129) no comportaría consecuencia alguna para el tema que nos ocupa[279].

8. Los controles

A) *La jurisdiccionalización del control: el sistema francés*

La reforma aprobada por las Leyes 213 de 2 de marzo de 1982 y 623 de 22 de julio de 1982 (esta última procedió simplemente a una reelaboración de los contenidos de la primera, sobre la base de las objeciones puestas por el Consejo Constitucional) está inspirada y consagra una serie de principios radicalmente distintos de los que habían venido caracterizando la tradición administrativa francesa. Introduce un control exclusivamente *a posteriori*, excluye cualquier tipo de control de oportunidad, reserva al juez administrativo la eventual anulación de los actos, configura una distinción entre los actos más importantes (expresamente indicados) que deben comunicarse al representante del Estado y los demás, directamente eficaces desde su publicación o notificación, y prevé, en fin, un control especial para los actos financieros, con intervención de las nuevas cámaras regionales de cuentas[280].

Por lo común, los actos de los municipios, departamentos y regiones[281] son ejecutivos desde el momento en que se publican o notifican a los sujetos interesados. No obstante, aunque la publicación o notificación sea en general una condición necesaria y suficiente, los actos de mayor relieve —los actos adoptados por los consejos o por delegación de estos; los actos del alcalde en el ejercicio de sus poderes de policía; los actos de naturaleza reglamentaria; los convenios relativos a mercados, préstamos y servicios públicos locales; los nombramientos, ascensos, sanciones disciplinarias y despido de empleados;

[279] Así, el documento de la Conferencia de Presidentes de las regiones y provincias autónomas presentado en enero de 1985 a la Comisión parlamentaria para las reformas institucionales, el cual concluye afirmando: "la abolición del art. 129 no comporta la supresión de las prefecturas. Las regiones reclaman de los comisarios de gobierno una actividad efectiva de coordinación, incluso en relación con los propios prefectos".

[280] Los principios informadores y los criterios de aplicación de la Ley de 22 de julio de 1982 están expuestos en la Circular emanada en la misma fecha por los Ministerios del Interior y de Descentralización (en *Journal officiel*, de 23 de julio de 1982).

[281] Exceptuando solo los actos adoptados por las autoridades municipales en nombre del Estado y los actos de Derecho privado, explícitamente excluidos del ámbito de aplicación de la Ley (cfr. art. 2 de la Ley 82-213, modificada por la Ley 82-623), así como algunos actos en materia de urbanismo (en virtud de la Ley 8, de 7 de enero de 1983).

las licencias de construcción y otros actos de utilización del suelo— exigen también como requisito para su eficacia su comunicación al prefecto[282].

Este último dispone de dos meses de plazo a partir de la fecha de la comunicación, para impugnar ante el tribunal administrativo los actos que considere ilegales, dando noticia de ello a la autoridad que los haya dictado. Si, por el contrario, estima no haber razones para presentar el recurso, debe ponerlo en conocimiento del ente local[283].

Por otra parte, el recurso al tribunal administrativo puede promoverse también por el propio sujeto lesionado. Cabe impugnar directamente el acto conforme a las reglas generales del sistema, y cabe también formular una reclamación ante el prefecto, para que éste, en el plazo de dos meses desde el momento en que el acto es ejecutivo, lleve a cabo las acciones pertinentes ante el juez administrativo. Ello, siempre y cuando exista obligación de comunicar el acto y no haya expirado el plazo concedido al prefecto para promover el recurso, porque, en otro caso, para los demás actos, el plazo, que es también de dos meses, empieza a contar a partir de la presentación por el sujeto lesionado de la iniciativa contra el acto[284]. El prefecto puede impugnar también estos actos, que no hay obligación de comunicar, con independencia de la iniciativa de los sujetos lesionados, siempre que hayan llegado por cualquier medio a su conocimiento[285].

[282] Art. 2 antes citado, aunque hay que completar la lista, por lo que hace a los actos adoptados en materia de urbanismo, con la Ley 8 de 1983. Para la comunicación no se establece plazo alguno, de modo que la puesta en marcha del procedimiento —observa la Circular— se confía al interés de la propia autoridad local por notificar sus actos lo más rápidamente posible, dado que mientras tanto no pueden ejecutarse.

[283] El procedimiento en cuestión —observa la Circular de 22 de julio de 1982— crea solo una "constatación meramente provisional", que tiene solo alcance temporal y que no prejuzga la legalidad del acto. Ello, para el caso de que el sujeto lesionado presente su correspondiente recurso ante el juez, pero también si el propio representante del Estado reexamina su posición y presenta recurso después de efectuar un nuevo análisis sobre la legalidad del acto. Esta interpretación ha sido confirmada por la jurisprudencia administrativa (cfr. sentencia del Tribunal Administrativo de París de 17 de octubre de 1984, núms. 50-150).

[284] Cfr. art. 4 de la Ley 82-213, modificada por la Ley 82-623.

[285] Por ejemplo, si el acto ha sido comunicado por cualquier medio por el propio ente local, o si ha sido puesto en conocimiento por un tercero, que no pueda calificarse como sujeto directamente lesionado: Circular de 22 de julio de 1982. En general, hay que considerar aplicables en este ámbito los principios que ya habían permitido a la jurisprudencia reconocer la facultad de interponer recurso contra los actos que escapaban al poder de anulación del prefecto (cfr. ya la sentencia de Consejo de Estado de 24 noviembre 1911, en *Recueil Sirey*, 1912, 3, pág. 1, con nota de M. Hauriou, cit. por F. Luchaire, Y. Luchaire, *Le droit de la décentralisation*, cit. pág. 191).

El recurso no supone de por sí la suspensión de la ejecutividad; pero, a petición del prefecto recurrente, el tribunal administrativo la dispone "si uno de los motivos adoptados en el recurso parece lo suficientemente serio en un examen preliminar y sea de naturaleza tal que justifique la anulación"[286]. La decisión adoptada, siempre susceptible de apelación ante el Consejo de Estado, debe dictarse en un plazo especialmente breve, cuando el acto impugnado pueda comprometer el ejercicio de una libertad pública o individual[287].

La regla de la ejecutividad inmediata, a partir del momento de la comunicación del acto al representante del Estado, rige también en relación a la aprobación del presupuesto. Sin embargo, en materia contable, la reforma francesa ha configurado un mecanismo distinto basado en órganos especiales, las cámaras regionales de cuentas. Mecanismo que, partiendo de la consideración de las peculiares exigencias propias de esta materia, y de la muy escasa eficacia que, por otro lado, tendría el poder de anulación, puede conducir a intervenciones de tipo sustitutorio.

Los supuestos fundamentales previstos por la ley para que ello suceda son:

a) Presupuestos no adoptados en los plazos previstos[288].

b) Presupuestos en que no haya paridad efectiva[289].

c) Presupuestos ejecutados con un déficit superior a determinado límite[290].

d) Falta de consignación de algún gasto obligatorio[291].

También en tales casos, el procedimiento se inicia a instancia del prefecto, y sobre su recurso, las cámaras de cuentas efectúan sus propias valoraciones[292]

[286] Esta es la única condición a la que se sujeta el otorgamiento de la suspensión, por lo que la posición del prefecto es más favorable de la que resultaría de tener que aplicarse las reglas comunes, en virtud de las cuales hay que demostrar también que la ejecución del acto implicado comporta consecuencias difícilmente reparables.

[287] Art. 3 de la Ley citada.

[288] Normalmente, antes del 31 de marzo del ejercicio al que el presupuesto se refiere (art. 7). Después de esa fecha, el acuerdo adoptado sería ilegal (cfr. Circular del gobierno de 19 de abril de 1983, Tribunal Administrativo de Montpellier de 5 de julio de 1983). La Ley 97 de 25 de enero de 1985 (art. 28) precisa que la presentación de recurso ante la Cámara regional de cuentas suspende, en este caso, los acuerdos eventualmente adoptados, hasta producirse el decreto del prefecto aprobatorio del presupuesto.

[289] Art. 8 de la Ley citada.

[290] Art. 9 de la Ley citada.

[291] Art. 11 de la Ley citada, que define como obligatorios los gastos necesarios para la extinción de los créditos exigibles, así como los gastos a los que la ley otorgue expresamente dicho carácter.

[292] Las Cámaras de cuentas solo pueden actuar, por lo general, a instancias del representante del Estado, excepción hecha del supuesto mencionado en último lugar (falta de consignación de un gasto obligatorio), en cuyo caso el recurso puede presentarse también por la intervención implicada o por cualquiera con interés.

que, sin embargo, solo pueden concretarse en propuestas para la formulación o reformulación del presupuesto. La intervención propiamente sustitutoria, si se mantiene la falta o el inadecuado cumplimiento de las medidas solicitadas[293], corresponde al prefecto, que, llegado el caso, establece y hace ejecutivo el presupuesto, mediante decreto propio, teniendo en cuenta las propuestas de la cámara de cuentas; pero pudiendo también apartarse de ellas, sin motivar expresamente las razones del cambio de criterio.

Con la Ley de "reforma de la descentralización" de 5 de enero de 1988, el ámbito de aplicación del procedimiento que acabamos de examinar se ha reducido, quedando fuera los pequeños municipios (no superiores a 2.000 habitantes), para los que se prevé ahora una intervención puntual de los miembros del cuerpo de contabilidad del tesoro, formalmente bajo la responsabilidad de la cámara regional de cuentas, que disponen de un plazo de seis meses para ejercer poderes de avocación y de reforma[294].

En definitiva, la reforma ha insertado en el circuito del control dos nuevos sujetos (de los cuales uno, la cámara regional de cuentas, se ha creado especialmente para este fin) y ha sustraído en buena medida la decisión final al prefecto. No obstante, aun sin el poder de decretar por sí mismo la anulación de los actos ilegales, el prefecto conserva un papel determinante y es interlocutor imprescindible para el ente local. El prefecto es el que "debe informar a la autoridad implicada y comunicar cualquier indicación que sirva para corregir el acto"; el que, a petición del alcalde, manifiesta la intención de no impugnar el acto, sin que, sin embargo, ello vincule su propio comportamiento posterior[295]; el que exige completar los elementos, cuando considere insuficiente la puesta en conocimiento del acto, en cuyo caso éste no adquiere ejecutividad[296]; el que impugna el acto cuando lo considera ilegal; el que decide

[293] Arts. 8 y 11 de la Ley citada.

[294] Sobre estas reglas, cfr. M. J. TULARD, *La loi d'amélioration de la décentralisation*, cit., págs. 201 y ss.

[295] *Vid. supra*, nota 283.

[296] Cfr. Tribunal administrativo Basse-Terre, sent. 168 de 15 septiembre 1985; Tribunal administrativo de París, sent.. 34.785, de 1 febrero 1984.

La petición formulada no suspende el plazo de dos meses cuando tenga por objeto solicitar aclaraciones sobre los vicios de legalidad detectados, según sentencias del Tribunal Administrativo de Montpellier 12.107, de 5 marzo 1984, y del Consejo de Estado, 51.693, de 7 diciembre 1984. En todo caso, actualmente, el papel de asesoramiento y de interlocución atribuido al prefecto está experimentando un fortalecimiento: Consejo de Estado, sent. de 18 abril 1986, comentada en la Circular de 17 noviembre 1986, según la cual, si el prefecto remite observaciones antes del transcurso del plazo para la presentación del recurso, el plazo se prolongará por dos meses más a partir de la recepción de la respuesta.

eventualmente sobre la renuncia al recurso; y el que apela ante el Consejo de Estado las resoluciones desfavorables dictadas por el tribunal administrativo.

Por lo demás, en cuanto al control financiero, el prefecto no solo tiene facultades análogas en orden a la impugnación ante la cámara regional de cuentas, sino que también, en último término, retiene la decisión de proceder a la consignación de oficio de los gastos obligatorios[297], así como a la definición y adopción del presupuesto.

En la práctica, y no obstante algún intento encaminado a reducir el papel del prefecto, considerándolo obligado a la impugnación y sin legitimación, por tanto, para renunciar posteriormente al recurso[298], la realidad muestra que solo en un porcentaje bastante limitado de casos el control llega a los Tribunales[299], mientras que predominan ampliamente la realización de negociaciones en fase preliminar[300].

[297] Sobre el carácter discrecional del acto del prefecto que ordena la consignación obligatoria del gasto —en este marco, la intervención de la Cámara de cuentas solo tiene carácter preparatorio—, *vid.* recientemente Consejo de Estado, sent. de 10 febrero 1988.

[298] En este sentido, *vid.* Tribunal Administrativo de Lyon, sent. de 10 julio 1984 (Actualité juridique Droit administratif, 20 octubre 1984, pág. 570, con nota de D. Chabanol), que no obstante la renuncia al recurso presentada por el prefecto, anula igualmente el acto impugnado. Es evidente que este planteamiento tiene por objeto exaltar el momento jurisdiccional en el nuevo sistema de controles (cfr. las explícitas observaciones en este sentido de D. Chabanol, Vicepresidente del Tribunal de Lyon), impidiendo —como lamenta el Informe anual del Gobierno en materia de controles para 1984— "la solución extrajudicial de determinadas cuestiones" y desincentivando "el diálogo con las autoridades locales una vez presentado el recurso". En sentido distinto a las tesis del Tribunal administrativo de Lyon, cfr. M. Levy. *Le désistement du déféré du commissaire de la République*, ivi, 20 marzo 1985, pág. 136. La tesis de la naturaleza reglada del poder del prefecto se apoya sobre todo en el uso por la ley del verbo indicativo ("el representante del Estado impugna ante el Tribunal"), pero ciertamente los presupuestos a los que el poder se asocia ("los actos que éste considere ilegales") son, al menos, subjetivos y en buena medida inescrutables. Por otro lado, tampoco cabe considerar agotada la mediación del prefecto, basada en su poder de influencia, con la presentación del recurso. Debe admitirse siempre la posibilidad de que el conflicto termine, si se produce una revisión del acto por el ente local, y el prefecto puede apelar ante el Consejo de Estado una sentencia eventualmente contraria, dictada en primera instancia.

[299] Según el Informe anual presentado por el gobierno en materia de controles, los recursos presentados por los prefectos fueron 809 entre abril 1982 - marzo 1983; 1239, en 1983-1984; 2042, en 1984-1985; 1753 núm. 1985-1986; 1760 en 1986. Comparados con los actos comunicados (entre 2.700.000 y 3.800.000 al año), los recursos representan un porcentaje mínimo (entre 0.30% y 0.60%). Por otra parte, las renuncias al recurso fueron 684 en 1986, 724 en 1985-1986 y 751 en 1984-1985.

[300] Ha surgido en la doctrina la duda sobre si el traslado del control del juez al prefecto, al margen de lo que dicen los textos, comporta una especie de restauración de la tutela, J. C. Helin, "La régulation administrative du contrôle de légalité et de droit", en *Revue française*

Por lo demás, es significativo el esfuerzo organizativo realizado por el Ministerio del Interior y de la Descentralización después de la entrada en vigor del nuevo sistema de control, con una reordenación de conjunto de las prefecturas, dotadas ahora de oficinas específicas de control, con estructuras especiales para la materia urbanística y, en las prefecturas mayores, con oficinas propias para el control sobre los presupuestos. Estos aparatos tiene encomendada la tarea de asegurar la unidad de criterio en los controles y de preparar y llevar a término la fase contenciosa; mientras que "el primer nivel" del control sobre los actos de los municipios y la negociación con los administradores locales se ha desconcentrado, por lo general, en las subprefecturas[301].

B) *Jurisdiccionalización del control y autonomías regionales: el sistema español*

Precediendo en pocos meses a la reforma francesa, que atribuía a los tribunales administrativos, a instancia del prefecto, la eventual anulación de los actos municipales o departamentales, también el legislador español se ha situado en una línea de jurisdiccionalización del control sobre los entes locales. Ha sancionado, con carácter general, el criterio de la inmediata ejecutividad de los actos, pero dejando a salvo la facultad, que conservan las autoridades de control, de recurrir ante la jurisdicción contencioso-administrativa[302]. Este recurso no podía configurarse como de monopolio estatal, por cuanto se inserta

---

de droit administratif, 1987, pág. 765; J. F. LACHAUME, *Le contrôle a posteriori de la légalité des actes des autorités locales décentralisées*, ivi, 1985, pág. 529. En este sentido, cfr. también alguna observación de P. LEGENDRE, "La France entre deux centralismes", en *Le Monde*, de 3 noviembre 1983. La importancia de la concertación entre prefectos y autoridades locales se subraya en todos los Informes remitidos por el gobierno al Parlamento en materia de controles, en los que el bajo número de recursos se vincula al buen funcionamiento del procedimiento de información que se abre con carácter previo a la presentación de cualquier recurso ante la jurisdicción administrativa, debiendo el prefecto en tal caso, según las indicaciones del gobierno, comunicar a los entes locales "cualquier precisión útil a fin de que puedan corregir la legalidad de los actos controvertidos". También "el elevado número de renuncias al recurso por los prefectos —observa el Informe de 1986— demuestra que la presentación del recurso no pone fin a los procedimientos de concertación y que estos continúan en el curso del juicio. En la mayor parte de los casos, los prefectos renuncian después de la reforma o revocación del acto impugnado".

[301] Sobre la organización del control, cfr. las Circulares de 1º julio 1983 y 26 marzo 1984, cuya aplicación cabe verificar puntualmente a través de los Informes anuales presentados por el gobierno en esta materia.

[302] Ley 40 de 28 de octubre de 1981, precedida por el Real Decreto-ley 3 de 16 de enero de 1981, convalidado el 25 de febrero sucesivo por el Congreso de los Diputados y presentado entonces como Proyecto de Ley (cfr. art. 86 de la Constitución española). También, el Real Decreto 2513 de 24 de julio de 1982.

en un sistema caracterizado por la existencia de autonomías regionales constitucionalmente garantizadas, con competencias también legislativas extendidas al régimen local; y, en efecto, se ha optado por un reparto del papel del control entre el Estado y las comunidades autónomas en el ámbito de sus respectivas competencias.

Redefinido por la Ley Reguladora de las Bases del Régimen Local, el procedimiento de control se pone en marcha con la remisión a la Administración del Estado y de la comunidad autónoma[303] de copia o, en su caso, extracto comprensivo de los actos de los entes locales, los cuales, por otra parte, y dejando a salvo los casos expresamente previstos por la ley, son inmediatamente ejecutivos[304]. En el plazo de quince días desde la recepción de la comunicación, la Administración del Estado o de la correspondiente comunidad autónoma, en el ámbito de sus respectivas competencias, pueden, mediante instancia motivada, intimar o requerir a la entidad local para que anule el acto, cuando lo consideren contrario al ordenamiento jurídico. El cómputo del plazo se interrumpe en aquellos casos en que la Administración del Estado o la de las comunidades autónomas solicitan ampliación de la información, debiendo remitirse tal información en el plazo máximo de veinte días hábiles.

La impugnación del acto o acuerdo de la Entidad local podrá realizarse directamente ante la jurisdicción contencioso-administrativa, una vez recibida la comunicación del referido acto, o bien una vez transcurrido el plazo señalado en el requerimiento dirigido a la Entidad local[305].

Un procedimiento particular se prevé en relación con los actos de las Entidades locales que invadan atribuciones del Estado y de las comunidades autónomas, interfieran en su ejercicio o excedan de las competencias de dichas entidades, de acuerdo con una serie de reglas específicas y más favorables para el recurrente por lo que se refiere a la suspensión del acto (que, en todo caso, será concedida por el Tribunal, cuando hubiere mediado petición expresa[306]; sin embargo, cuando el acto de la entidad local atente gravemente

[303] "... en los plazos y formas que reglamentariamente se determinen": art. 56 de la Ley Reguladora de las Bases del Régimen Local, donde se define la comunicación como obligación de cuyo cumplimiento son responsables los presidentes y, de forma inmediata, los secretarios de las Corporaciones locales.

[304] Art. 51 de la citada Ley.

[305] Art. 63-65 de la citada Ley.

[306] Art. 66 de la citada ley, donde se añade, entre otras cosas que "en el caso de que [el recurso], además contuviera petición expresa de suspensión del acto o acuerdo impugnado, razonada en la integridad y efectividad del interés general o comunitario afectado, el Tribunal, si la estima fundada, acordará dicha suspensión en el primer trámite subsiguiente a la presentación de la impugnación. No obstante, a instancia de la entidad local y oyendo a la Administración demandada, podrá alzar en cualquier momento, en todo o en parte, la suspensión decretada, en caso de que de ella hubiera de derivarse perjuicio al interés local no justificado

al interés general de España, el Delgado del gobierno, previo requerimiento, podrá suspenderlo y adoptar las medidas pertinentes a la protección de dicho interés, debiendo impugnarlo ante la jurisdicción contencioso-administrativa en el plazo de diez días desde la suspensión[307].

Basándose, por tanto, en el criterio de la inmediata ejecutividad de los actos y en un procedimiento de impugnación jurisdiccional que deja cierto espacio a la negociación (negociación que tiene aquí su plasmación en la previsión del requerimiento)[308], así como en una reserva al juez de la suspensión de la eficacia del acto impugnado (con la única excepción de los actos o acuerdos que atenten gravemente al interés general de España)[309], el sistema de control español se caracteriza por la concurrencia que se produce, en lo relativo a la facultad de recurso, entre el Estado y la comunidad autónoma, cada uno en el ámbito de sus respectivas competencias. La aplicación de esta fórmula de reparto no resulta en absoluto simple: admitiendo que ésta haga referencia al tipo de norma estatal o regional violada[310], sería necesario concluir que, de hecho, ambas administraciones estarán normalmente legitimadas, puesto que son bastante raros los casos de competencia exclusiva en sentido estricto[311].

---

por las exigencias del interés general o comunitario hecho valer en la impugnación". Sobre las distintas dudas que suscita la ley acerca la relación y las diferencias entre el procedimiento del art. 66 y el general establecido en el art. 65, *vid.* las observaciones críticas de A. Nieto, "La impugnación jurisdiccional de actos y acuerdos de las entidades locales", en *Revista de Administración Pública*, 1988, núm. 115, pág. 7. Sobre los distintos elementos que facilitan el otorgamiento de la suspensión, por relación a lo previsto en el caso del recurso contencioso ordinario, *vid.* J. A. Santamaria Pastor, *Apuntes de derecho administrativo*, vol. I, Madrid, 1986, pág. 753.

307 Art. 66 de la citada Ley.

308 Cfr. también, el art. 215 del Reglamento de Organización, Funcionamiento y Régimen Jurídico de las Entidades Locales, de 28 de noviembre de 1986, según el cual "la entidad local, en virtud del requerimiento, y en el plazo señalado para ello, podrá anular dicho acto o acuerdo...".

309 *Vid.* sent. 27 de 27 febrero 1987, del Tribunal Constitucional, donde, declarando la inconstitucionalidad de una norma de una comunidad autónoma que reconocía poderes de este tipo al ejecutivo regional, se afirma que la vigente legislación estatal no solo no ha previsto, sino que, antes bien, por contraposición a la normativa anterior (Ley 40 de 28 de octubre de 1981), ha querido excluir efectivamente la suspensión administrativa de actos de las administraciones locales sujetos a control de legalidad por parte de otras administraciones superiores (la del Estado y la de las comunidades autónomas), reservando a los tribunales, esa decisión sobre la suspensión o no de tales actos.

310 Lo que no es en absoluto pacífico en la doctrina; cfr., por ejemplo, en sentido distinto. F. González Navarro, "El procedimiento administrativo de las corporaciones locales", en *Tratado de derecho municipal*, dirigido por S. Muñoz Machado, cit., págs. 488-489, según el cual la disposición haría referencia a la competencia territorial.

311 Así, siquiera sea dubitativamente, A. Nieto, *La impugnación*, cit., págs. 20-21.

Por lo que se refiere a los órganos legitimados para recurrir en el caso del Estado, éstos parecen identificarse, ante todo y dejando a salvo, una vez más, la reserva a favor del delegado del gobierno en el caso de grave atentado al interés general de España, en los gobernadores civiles, a quienes corresponde, con carácter general, promover el planteamiento de los recursos y el ejercicio de las acciones necesarias para la tutela de la Constitución y el ordenamiento jurídico[312]. En el ámbito de las comunidades autónomas, la determinación de los órganos legitimados corresponde a la legislación de las propias comunidades, que pueden adoptar las opciones más variopintas, estableciendo incluso una dependencia burocrática de la organización autonómica[313].

Igualmente repartida entre el Estado y la comunidad autónoma se encuentra la competencia para adoptar (previo requerimiento) medidas de control sustitutivo en caso de incumplimiento, referido al ejercicio de atribuciones de la Administración estatal o de aquélla regional, respectivamente[314].

Por otra parte, no falta, en el ordenamiento español, una fiscalización contable, confiada al Tribunal de Cuentas, supremo órgano del control de las cuentas y de la gestión económica del Estado, así como del sector público (art. 136 CE); pero se trata de una fiscalización que se refiere esencialmente a la actividad económico-financiera en su conjunto, y no a actos concretos, y cuyos resultados (que podrán, en su caso, llevar a la adopción de medidas de responsabilidad contable respecto de administradores y funcionarios) están encaminados a una función de información del Parlamento, función de información que cumplimentan los informes periódicos o extraordinarios sobre aspectos concretos[315].

C) *Regionalización del control y jurisdiccionalización: el sistema italiano. Propuestas de reforma*

Rechazada expresamente esta posibilidad por la reciente legislación francesa[316], la atribución del control de los entes locales menores a las colectivi-

[312] Real Decr. 3117 de 20 de diciembre de 1980. La legitimación corresponderá, sin embargo, al delegado del gobierno en el caso previsto por la Ley 17 de 16 de noviembre de 1983, en su art. 11, según el cual este último "podrá asumir y ejercer las funciones propias del gobernador civil de la provincia en que radique su sede cuando así se determine en el real decreto de nombramiento".

[313] Así, por ejemplo, la impugnación corresponde en Canarias al director general de administración territorial (art. 105 del Decr. canario 462 de 14 de diciembre de 1985).

[314] *Vid.* art. 60 de la citada Ley; y art. 27.2 en materia de competencias delegadas.

[315] *Vid.*, en particular, A. Fanlo, *El tribunal de Cuentas y las Corporaciones Locales.*

[316] El art. 2 de la Ley 8 de 7 de enero, trata de excluir que una colectividad territorial pueda "establecer cualquier tipo de tutela sobre otra colectividad territorial". Lo que no impide, naturalmente, el establecimiento de mecanismos de cooperación, planificación y asistencia técnica,

dades territoriales de tipo intermedio responde a un esquema que, teniendo sus orígenes en los Decretos de 1789, tiene precedentes en algunos países comprendidos en nuestro examen.

En Bélgica, por ejemplo, el control ha estado tradicionalmente atribuido a las provincias; en los Países Bajos, las provincias también tienen todavía poderes importantes de control sobre los municipios, en particular, en los aspectos financieros y urbanísticos. Solución a la que tampoco es completamente ajena la historia administrativa italiana.

Ahora, en un contexto muy distinto, en los procesos de trasformación institucional operados a partir de los años setenta, las regiones han pasado a constituir punto de referencia para la ubicación de las funciones de control.

Aparte de España, en que el papel de las comunidades autónomas se sitúa, como ya se ha visto, dentro de una tendencia general hacia la jurisdiccionalización del control, la atribución a las regiones de un control de naturaleza exquisitamente administrativa es la solución que ha prevalecido en Italia, Bélgica y también en Portugal, para las regiones autónomas.

En Italia, la Constitución dispone la transferencia a las regiones del control sobre los actos de los entes locales, aunque actúa a este respecto con enormes cautelas. Apartándose de lo que ya estaba establecido por los Estatutos para las regiones de autonomía diferenciada, el artículo 130 de la Constitución, concretamente, precisa que el órgano regional competente estará "constituido según el modo establecido en una ley de la República".

La Corte Constitucional afirmó en una primera fase que ello implicaba una reserva exclusiva a favor del Estado para regular cualquier aspecto relativo al control[317]. La rigidez resultante, sin embargo, no se llevó a efecto del todo, admitiéndose, aun en el ámbito de la regulación fijada por ley estatal, ciertos márgenes de intervención a favor de las regiones ordinarias, pudiendo estas, por ejemplo, determinar el modo de funcionamiento de los órganos de control, establecer módulos de coordinación entre tales órganos, introducir en el procedimiento la audiencia de los representantes de los entes controlados, y definir, incluso, el ámbito de actividades sustraído al control necesario y preventivo[318].

---

mecanismos que para una parte de la doctrina francesa pueden concluir a nuevas formas de tutela (entendida en sentido amplio), Cfr., J. F. Auby, "La décentralisation fait-elle naître de nouvelles tutelles?", en *Actualité juridique-Droit administratif*, 20 de julio de 1984, pág. 412.

[317] *Corte Costituzionale*, sent. 40 de 3 de marzo de 1972. Pese a admitir que "el tenor literal del art. 130" pude suscitar "ciertas dudas", el Tribunal afirmó que "todo lo relacionado con los controles queda excluido de las competencias normativas regionales". En sentido análogo, sentencia. 738 del Consejo de Estado (sec. IV) de 27 septiembre 1979.

[318] Sobre este último punto, cfr. Ley 12 de la región Lombardía de 8 de febrero de 1982, art. 4 y Ley 28 de la región de Emilia Romagna de 12 diciembre 1985, art. 7.

Resulta así que todas las regiones están hoy dotadas de una normativa propia, sin que ello haya suscitado particular oposición por parte del gobierno.

La propia jurisprudencia constitucional adopta ahora una posición más flexible, reconociendo en cierta medida la legalidad de este tipo de acciones[319]. Por último, las posibilidades de intervención de las leyes regionales están expresamente reconocidas por la Ley 142 de 1990, de reforma de las autonomías locales (arts. 44 y 46). Pasando ya al campo de los aspectos concretos, la reserva al Estado en materia de "constitución" del órgano de control ha sido utilizada por el legislador para establecer un régimen de composición de tipo mixto, de modo que junto a los expertos provenientes de parte del consejo regional, se contempla un elemento (de la Administración de Interior) designado por el comisario de gobierno. Por lo demás, las opciones que conserva el consejo regional son limitadas, ya que sobre los otros cuatro miembros que éste elige entre determinadas categorías de personas (abogados, economistas, funcionarios, directivos jubilados, profesores universitarios, etc.), dos deben elegirse en el ámbito de las ternas formadas por los colegiados profesionales competentes (art. 42 de la Ley 142 de 1990), lo que, en su conjunto, hace que los órganos de control de las regiones ordinarias, en radical diferencia a lo que ocurre con los de las regiones especiales[320], están clara y nítidamente separados de los órganos de gobierno de la propia región[321].

En orden a la naturaleza y modalidades de control, la decisión fundamental adoptada por el constituyente se atiene al juicio de oportunidad (*merito*), que, previsto sólo bajo la forma de requerimiento para el reexamen del acto, permite al ente controlado hacer prevalecer, mediante un nuevo acuerdo, su propia decisión. En la práctica, este control no ha demostrado especial utilidad. Oportunamente, la Ley de reforma de las autonomías de 1990 ha dispuesto su supresión.

[319] Cfr. *Corte Costituzionale*, sent. 244 de 20 diciembre 1976, sobre los entes de carácter sectorial que operan en el marco de las competencias regionales; lo mismo que la sent. 211 de 22 julio 1985, que reconoce legitimación a la región para regular "una serie de aspectos estructurales y orgánicos" relativos a los órganos de control, los cuales "deben remitirse, a fin de que se produzcan las adaptaciones oportunas, a la reglamentación regional, en virtud de los arts. 117, apdo. 1 y 123 de la Constitución".

[320] Al respecto, además de los tratados generales, como L. Giovenco, A. Romano, *L'ordenamento comunale*, Milano, 1987, págs. 670 y ss. *vid.* G. Barone, "Aspetti teorici e pratici dei controllo nella Regione siciliana", en *Regione e governo locale*, 1984, núms. 5-6, pág. 150.

[321] Sobre los aspectos relativos a la posición de los órganos de control, *vid.*, en particular. E. Zecca, "Esperienza dei comitati regionali di controllo e ipotesi di riforma", en *Regione e governo locale*, 1984, núms, 5-6, pág. 64, así como las consideraciones de quien esto escribe con ocasión de la investigación realizada en torno a las experiencias que han tenido lugar en Lombardía sobre esta materia ("Il controllo sugli enti local dopo le regioni: la Lombardia", en *Le relazioni centro-periferia*, Archivo ISAP, núm. 2. Milano, 1984, I, pág. 547), y en Emilia Romagna ("I controli sugli enti local", en *Regione Emilia Romagna*, 1986, núm. 2).

En cuanto al control de legalidad, hay que observar que al debate de estos años no han sido ajenas las tendencias hacia la jurisdiccionalización prevalentes en países vecinos. En particular, el sistema adoptado por la reforma francesa ha suscitado notable interés, no solo en el plano propiamente científico, sino incluso para conocer experiencias concretas de cara a futuros proyectos.

La afinidad con las normas adoptadas en Francia es notable en los diversos Proyectos elaborados en los últimos años. En el Proyecto de Ley del Gobierno de 1983, se atribuye al prefecto la facultad de impugnar ante el tribunal administrativo regional, en el plazo de sesenta días, cualquier acto de un ente local, siempre que éste haya sido previamente requerido y no haya habido ni revocación ni reforma, y exista un interés público para su remoción[322]. Lo mismo cabe decir de las propuestas de reforma de los controles elaboradas por la comisión instituida en la Presidencia del Gobierno —la llamada Comisión Piga—. Entre las diversas alternativas manejadas, destaca la que recoge eliminación del requerimiento, y la previsión de un procedimiento sumamente rápido[323]. En un texto de 1985 gestado en la Comisión de Asuntos Constitucionales del Senado, el poder de promover recurso pasa al gobierno que a su vez puede delegarlo en el Ministerio del Interior[324]. Por último, el Proyecto propuesto por la Comisión de la Cámara Baja retoma textualmente en este punto concreto el Proyecto gubernativo de 1988, y prevé que el gobierno, en el plazo de sesenta días a partir de la fecha de ejecutividad de las resoluciones, pueda "por medio de su representante en la provincia... impugnar en vía

[322] *Vid.* lo establecido en el Decr. leg. gubernativo 311, presentado al Senado el 16 de noviembre de 1983, art. 70.

[323] Art. 69 del Texto elaborado por la "Comisión Piga" (publicado en *Regione e governo locale*, 1984, núm. 4). Según este precepto, el prefecto, que recibe —en un plazo de diez días— los actos que han superado el control del comité regional, puede interponer recurso dentro de un plazo de treinta días. El proceso se caracteriza por su especial celeridad: pronunciamiento sobre la petición de suspensión en un plazo de diez días a partir de la interposición del recurso; fijación de audiencia por la vía de urgencia; reducción a la mitad de todos los plazos establecidos para el desarrollo del proceso ante el TAR; apelación en un plazo de veinte días al Consejo de Estado, donde todos los plazos sufren una reducción análoga. Reglas especiales prevén la posibilidad de extender el proceso a los particulares implicados en el acto impugnado. Por otra parte, el ámbito del recurso se circunscribe a los actos "que infringen las normas que imponen una disciplina necesariamente uniforme o aquéllos cuya ejecución pueda comportar graves consecuencias para la hacienda pública". La referencia al modelo francés es clara, cuando se afirma haber intentado "introducir en el ordenamiento italiano la solución ya adoptada en otros países (por ejemplo, en Francia)".

[324] *Vid.* el art. 77 del Texto elaborado por la Comisión de asuntos constitucionales del Senado (publicado, y ampliamente comentado, en "Le regioni", 1985, núm. 5). La impugnación al tribunal administrativo, limitada a los "vicios de incompetencia o de violación de ley, no sometidos al control preventivo de legalidad", sustituye al poder del gobierno de anular los actos locales previsto en el art. 6 de la Ley municipal y provincial.

judicial los actos considerados ilegales adoptados por los entes locales por infracción de la ley y solo para la protección de intereses difusos".

Esta previsión, sin embargo, fue eliminada del texto definitivo de la Ley 142 de 1990, evitando así ambigüedades y equívocos entre el control judicial y el control administrativo del comité, con un recurso al tribunal administrativo tendente, según los casos, a yuxtaponerse o superponerse al control regional, duplicándolo o constituyendo una especie de prolongación de hecho o de segunda instancia. Así configurada la jurisdiccionalización, el prefecto habría desempeñado bajo una nueva apariencia un papel que ya le es conocido (elemento condicionante e interlocutor principal de los entes locales, con los que mantener negociaciones a fin de evitar el recurso, tal como la experiencia francesa ha puesto de evidencia de manera eficaz). Se habrían suscitado en tal caso serios problemas, si no desde el plano de la legalidad constitucional (aunque si la impugnación estatal se configura como un verdadero control, tal como ha afirmado el Consejo Constitucional francés, debería necesariamente suscitarse el problema de su compatibilidad con el art. 130), cuando menos en el plano de la coherencia global de la organización de un Estado regional.

D) *La regionalización del control: el sistema belga*

Aunque no está directamente establecida por la Constitución, la atribución del control sobre los entes locales se prevé en Bélgica por la Ley de reforma constitucional de 17 de julio de 1980, en virtud de la cual "la organización y el ejercicio de la tutela administrativa puede ser regulada por los consejos de las comunidades y de las regiones", de acuerdo con una ley aprobada en el Parlamento por mayoría cualificada de los grupos lingüísticos[325].

En aplicación de esta previsión, la Ley sobre las Reformas Institucionales de 8 de agosto de 1980 (art. 7 párr. 1 a) traza una distinción de fondo entre la tutela "ordinaria", prevista con carácter general por la Ley municipal y provincial[326], y la tutela "específica", que comprende varias fórmulas de control establecidas por la regulación sectorial. La tutela ordinaria se atribuye a las regiones, con potestad para regular su organización y procedimiento (pudiendo, pues, determinar el órgano competente y, por ejemplo, los plazos para el ejercicio del control)[327], mientras a la legislación del Estado se reserva la indicación

[325] Según el procedimiento que, mediante reforma constitucional de 24 de diciembre de 1970, prevé ahora el art. 1, último apartado, de la Constitución, "la mayoría de cada grupo lingüístico en ambas cámaras, siempre que la mayoría de los miembros de cada grupo esté presente y que el total de los votos favorables emitidos en los dos grupos lingüísticos alcance los dos tercios de los votos".

[326] Y por la Ley de 26 de julio de 1971, para aglomeraciones y federaciones.

[327] La Ley de 8 de agosto de 1980 no es aplicable, sin embargo, a la región de Bruselas, la regulación del control ser reserva al legislador estatal, mientras que su ejercicio se distribuye

de los actos impugnables y el tipo de control a que se someten (necesario o eventual, preventivo o posterior, sólo de legalidad o también de oportunidad).

En el ejercicio de esta facultad, las Leyes de 3 y 4 de diciembre de 1984, de modificación de la Ley municipal y provincial, han reducido los actos sujetos a autorización o aprobación (en cuya valoración cabían, incluso, consideraciones de oportunidad) a favor de un eventual control a *posteriori*, con poderes solamente de suspensión y anulación[328]. Esta última, según la legislación regional, se adopta por el gobierno de la región (o por el miembro en el que ésta haya delegado) para los municipios grandes, mientras que para los de dimensiones menores, continúa en manos del gobernador[329], a quien en todo caso se le reconoce el poder de suspender la eficacia del acto por un cierto plazo, dentro del cual podrá procederse a su anulación.

En cuanto a la tutela específica, esta puede establecerse puntualmente por el sujeto competente al regular una determinada materia. De este modo, el Estado y las Comunidades pueden valerse de este procedimiento para sustraer el control a las regiones, siempre que, por supuesto, se trate de materias que entren dentro de su competencia[330].

E) *La regionalización del control en ámbitos limitados: el sistema portugués*

El sistema de control establecido en Portugal refleja la clara distinción existente entre las regiones autónomas de Azores y Madeira y el territorio conti-

---

entre la autoridad nacional (municipio de Bruselas) y el comité ministerial de la región (los 18 municipios retantes). Sobre este punto, cfr. O. Daumont, "Des particularités de la tutelle sur les actes de l'agglomération et des communes bruxelloises", en *Revue communale*, marzo-abril de 1984, pág. 50; así como sentencia del Consejo de Estado de 23 mayo 1984, ivi, agosto de 1984, pág. 135.

[328] Sobre los perfiles de este sistema, cfr., W. Lambrechts, "Sens et contresens de la tutelle administrative et de la jurisprudence administrative", en *Administration publiqu*", 1981, pág. 158; J. M. Leboutte, *L'évolution, depuis 1980, de la tutelle sur les actes des autorités comunales*, ivi, 1986, pág, 112; J. Sohier, *La tutelle sur les communes*, ivi, 1986, pág. 17, a los que se remite para mayores indicaciones bibliográficas.

[329] En Valonia, el Decr. del Consejo regional de 15 de diciembre de 1983 establece el límite de la competencia del gobernador en 10.000 habitantes. El límite de 20.000 habitantes —ya adoptado por la legislación estatal al delimitar los respectivos ámbitos del gobernador y del Rey— permanece, sin embargo, en Flandes, según el Decr. de 28 de junio de 1985. A propósito del papel confiado al gobernador, un Dictamen del Consejo de Estado de 31 de enero de 1984 alude a esta especie de "doble ciudadanía" del órgano y precisa que el gobernador continúa ateniéndose a las instrucciones de la autoridad central, "salvo en el caso de que reciba instrucciones de la Región relativas al ejercicio de la tutela ordinaria o a la organización de los correspondientes procedimientos": cfr. F. Delpérée, "Riforma delle autonomie local in Europa", en *Annuario delle autonomie locali*, cit., 1986, pág. 442.

[330] Cfr. Consejo de Estado belga (Sec. vi), sent. 23.519 de 5 octubre 1983, en *Administration publique*, 1984, pág. 127.

nental. En este último, el ejercicio de la tutela se reserva todavía al gobernador civil[331]. El control se desempeña bajo la supervisión del Ministerio del Interior y del de Hacienda, y se limita, ahora constitucionalmente, a la legalidad de los actos[332].

En las islas de Azores y Madeira, el control se atribuye, en cambio, al gobierno regional[333], el cual tiene también competencia directa sobre los propios órganos municipales, pudiendo disponer, mediante decreto y previo informe de la asamblea regional respectiva, su disolución.

F) *De la tutela al control: tendencias*

Pese a su notable variedad, los sistemas de control actualmente adoptados por los países de tradición administrativa revolucionario-napoleónica presentan una serie de elementos comunes que parecen poner de evidencia una crisis global del tradicional modelo de tutela.

Así, sobre todo, es común la tendencia a reservar al legislador la determinación de los supuestos y procedimientos de control, lo cual constituye un núcleo de garantías que trata de evitar posibles ingerencias normativas del ejecutivo[334].

Un segundo elemento sustancialmente general es el retroceso experimentado por el control sobre la oportunidad del acto, limitado a la sola hipótesis de contraste con el interés general en Bélgica, Holanda, Luxemburgo[335] y

[331] Al menos, mientras subsista el distrito. Una vez llevada a efecto la regionalización del territorio continental, no está nada clara la transferencia del control al delegado del Gobierno en la región: *vid. supra*, 7, D).

[332] Art. 243, apdo. 1º, de la Constitución portuguesa, modificado mediante reforma constitucional de 1982: "la tutela administrativa sobre las autarquías locales versa sobre el respeto a la ley por parte de los órganos autárquicos...".

[333] Art. 229 h) de la Constitución.

[334] Art. 243 de la Constitución portuguesa (modificado por reforma de 1982): "la tutela... se ejerce según los casos y en las formas previstas por la ley"; art. 108 de la Constitución belga: "la ley determina la aplicación de los siguientes principios:.. 6) Intervención de la autoridad de tutela..."; art. 132, apdos. 2 y 3, de la Constitución holandesa: "la ley regula el control de municipios y provincias. Sus actos solo pueden estar sujetos al control preventivo en los casos previstos por la ley"; art. 107, último apartado, de la Constitución luxemburguesa: "la ley regula el modo de supervisión de la actividad municipal. Cabe someter determinados actos de los órganos municipales a la aprobación de la autoridad de control, e incluso prever su anulación o suspensión...". Cfr. también art. 130 de la Constitución italiana y art. 55 y ss. de la Ley 62 de 10 de febrero de 1953.

[335] Cfr. art. 108, núm. 6, de la Constitución belga; art. 132, apdo. 3, de la Constitución holandesa; art. 107, último apartado, de la constitución luxemburguesa. Todos ellos, valiéndose

expresamente suprimido en los sistemas establecidos en Francia, España, Portugal[336] y, por último, en Italia[337].

El propio control de legalidad, por lo demás, ha visto reducida, bien su extensión, bien los modos de su ejercicio. El control *a posteriori*, cuya puesta en marcha no implica siquiera la suspensión de la eficacia ya adquirida por el acto, va sustituyendo progresivamente las anteriores fórmulas de control preventivo y necesario. Por otro lado, el desarrollo del control tiende a realizarse en plazos breves[338].

Un dato parece acercar más aún la pluralidad de opciones efectuadas sobre el plano organizativo, y atiende al retroceso que registran los aparatos administrativos estatales y, particularmente, el prefecto, en el ámbito de los controles. Dato que resulta evidente en los países en que se ha operado una transferencia de conjunto a favor de las instituciones autonómicas o regionales, pero que también puede constatarse en los demás, pues el representante del Estado que considera ilegal un acto no puede obtener su remoción, a no ser por la vía de la persuasión al propio ente local, y privado así de todo poder para disponer directamente su anulación, tiene la carga de impugnar el acto ante la jurisdicción administrativa competente, si quiere llegar al resultado antes apuntado.

Esta "recesión", sin embargo, no significa que el Estado haya quedado marginado en materia de control. Al Estado se le reservan, en la práctica totalidad de los países, importantes poderes de regulación[339], así como una variada

---

de una fórmula análoga, limitan expresamente el control a los casos de violación de la ley y de contraste con el interés general.

[336] A la supresión del control de oportunidad, ha seguido una cierta tendencia encaminada a extender los márgenes del control de legalidad que, incluso donde está confiado a los órganos jurisdiccionales, incluye fácilmente consideraciones de oportunidad (en Francia, por ejemplo, multiplicando las posibilidades de recurrir a la noción de *erreur manifeste d'appréciation*: cfr. J. F. Auby, *La décentralisation, fait-elle naître de nouvelles tutelles?*, cit., págs. 413-414).

[337] Según el art. 130, apdo. 2º de la Constitución italiana. En cualquier caso, también la Ley 142 de 1990 ha suprimido la posibilidad de realizar un control de oportunidad (que la Constitución prevé, si bien no de manera obligatoria).

[338] Al menos, en los sistemas donde el control mantiene un carácter propiamente administrativo: piénsese en los veinte días de plazo previstos por la Ley 62 de 1953 en Italia, o en los treinta establecidos por la legislación regional en Bélgica. En los sistemas de control "jurisdiccionalizado", una cierta preocupación por asegurar la agilidad del procedimiento inspira la regulación de la fase preliminar en España, donde se prevé un plazo de quince días para la intimación al ente local o para la petición de mayor información, que deberá ser trasmitida en un plazo de veinte días.

[339] Aunque no siempre en relación al mismo objeto: nótese, por ejemplo, la diferencia entre la solución adoptada en Bélgica, donde se reserva al Estado la determinación de los actos y del tipo de control a los que están sometidos los entes locales, y donde se exige a los le-

serie de poderes de intervención, como la facultad de impugnar los actos de los entes locales (reconocida a los prefectos en Francia y a los gobernadores civiles, parcialmente, en España, y propuesta, por ahora sin éxito, en Italia), los intensos instrumentos de control jerárquico mantenidos casi sin excepciones sobre los actos del alcalde como oficial del gobierno, la adopción tanto de medidas puntuales en sectores determinados (particularmente relevantes en el sistema de tutela específica adoptado en Bélgica) como de medidas generales de carácter excepcional (como el poder de anulación extraordinario atribuido al gobierno italiano, en base al art. 6 de la Ley provincial), así como la disolución y suspensión de los órganos de los entes locales, reservadas al ejecutivo estatal en todo el área examinada, con la sola excepción de las regiones autónomas de Azores y Madeira.

Muy difundida está también la tendencia a delinear o reforzar los instrumentos y las formas de intervención sobre la gestión financiera de los entes locales. Instrumentos y formas que comprenden varias experiencias, como las cámaras regionales de cuentas en Francia, el tribunal de cuentas en España, o incluso la sección de los entes locales del tribunal de cuentas de Italia[340]. Solo pueden considerarse instrumentos de "control" en sentido muy amplio, pues su objeto fundamental es la recogida de datos y el suministro de informaciones en orden a asegurar el adecuado uso de los recursos financieros por parte de municipios y provincias. Solo en el caso francés estos mecanismos se asocian directamente a la adopción eventual de medidas sustitutorias, mientras en los demás supuestos confluyen, sobre todo, en la elaboración de relaciones de carácter informativo, sin que ello excluya, en su caso, la puesta en marcha de fórmulas de responsabilidad contable sobre los administradores.

gisladores regionales la regulación de la organización y del procedimiento, y la adoptada en Italia donde, al contrario, el constituyente se ha preocupado de reservar expresamente al legislador estatal, sobre todo, los aspectos relativos a la organización del control.

[340] Sobre este tema, cfr. el número monográfico de la revista *Confronti*, 1985, núm. 3, dedicado a *Nueva funzione della Corte dei conti-Controlli sui conti degli enti locali*, con trabajos de V. Onida, F. Garri, S. Ristuccia, B. Baroni y fichas con referencias bibliográficas.

Capítulo cuarto

CONCLUSIONES

1. Estabilidad del sistema administrativo de influencia francesa: resultados de una comparación "por afinidad"

A partir del excurso realizado por los ordenamientos locales que más directamente han experimentado la influencia del modelo administrativo de inspiración francesa, parece posible valorar —en términos sintéticos y de conjunto— si (y en qué medida) los elementos que caracterizaron dicho modelo siguen vigentes en las diversas experiencias, o si, por el contrario, han sido transformados y netamente superados.

A) *Elementos adquiridos*

Parece evidente que algunos de los caracteres afirmados en 1789 son hoy valores adquiridos, datos consolidados en la extendida conciencia institucional contemporánea (y no solo en los países aquí considerados). Este es el caso de la generalización del ámbito municipal y del carácter electivo de los consejos, mientras que, en cuanto a los órganos ejecutivos, la propia tradición administrativa explica de algún modo la anacrónica reserva al Gobierno central de poderes, a veces meramente formales, de nombramiento.

B) *Elementos contestados, pero todavía presentes*

Más compleja es la ubicación actual, en los sistemas locales, de otros elementos. Entre estos, algunos han sido objeto de críticas nada desdeñables, como el criterio de la uniformidad, desde hace tiempo clara y autorizadamente puesto en cuestión y acusado de unas rigideces que conducen, en un contexto muy diferente a las exigencias históricas en que se afirmó, a resultados ineficaces y, en definitiva, inicuos.

Sin embargo, si se consideran las opciones de fondo hasta aquí adoptadas, incluso en períodos recientes, por los países influidos por esta tradición administrativa, parece evidente que las diferenciaciones organizativas, o se han desarrollado en la vertiente de los niveles o escalones intermedios entre el municipio y la provincia, o se han referido a situaciones y aspectos del todo marginales. Mientras tanto, el núcleo esencial de las reglas que se refieren a la organización del gobierno municipal (con una rigidez todavía más marcada, bajo ciertos aspectos provincial) sigue siendo rigurosamente homogéneo y fundamentalmente insensible a la variación de las dimensiones demográficas, de las tradiciones históricas, de las exigencias sociales y políticas, de las características económicas y de los poderes regionales. En este sentido, en Italia y en la misma España, la observación sigue siendo válida: el criterio de la uniformidad de los órganos municipales de gobierno aparece escasamente afectado por los espacios de diversificación previstos solo para situaciones secundarias y menores (piénsese, en primer lugar, en el régimen del concejo abierto), o únicamente matizado por la posibilidad de introducir variaciones en las organizaciones de las estructuras auxiliares respecto de tales órganos (organización denominada complementaria). Los legisladores de las comunidades Autónomas por lo demás, no parecen hasta ahora haberse mostrado particularmente interesados en desarrollar tales oportunidades.

Por otra parte, es el ordenamiento español el que muestra los ámbitos más significativos de diversificación en lo que se refiere a la atribución de funciones, que en este caso tienen en cuenta las distintas dimensiones municipales. Pero también en este punto (sobre el que los poderes regionales de delegación —y de atribución— apenas han tenido vigencia) parecen todavía prevalecer los elementos homogéneos. Así lo confirman, en la actualidad, las indicaciones del Tribunal Constitucional en su sentencia 214 de 1989, ya citada, en la que, entre otras cosas se recuerda que "como titulares de un derecho a la autonomía constitucionalmente garantizada, las comunidades locales no pueden ser dejadas en lo que toca a la definición de sus competencias y a la configuración de sus órganos de gobierno a la interpretación que cada Comunidad Autónoma pueda hacer de ese derecho".

En cuanto a las posibilidades que a la legislación regional reconoce en Italia la Ley 142 de 1990 de establecer diferencias en las funciones atribuidas a los entes locales (el art. 3 de la Ley antes mencionada otorga a la ley regional la tarea, en orden a la determinación de las funciones del municipio y de la provincia, de identificar "en las materias y en los casos previstos por el art. 117 de la Constitución los intereses municipales y provinciales según las características de la población y del territorio"), se trata de una previsión demasiado reciente para poder hacer todavía alguna valoración en torno a su incidencia real, aunque la parsimonia con la que las regiones han recurrido por lo general a la técnica de las delegaciones induce a considerar que los cambios efectivos en la atribución de las funciones a los entes locales solo podrán llegar a desarrollarse cuando se produzca un auténtico y significativo cambio en las actitudes y sensibilidad de las regiones hacia estos problemas.

Por lo demás, pequeña es la incidencia que las reformas llevadas a cabo han producido sobre la organización territorial municipal heredada de la aplicación del criterio de la correspondencia entre municipios y colectividades locales, incluso, menores. Las propias modificaciones acaecidas de hecho en el curso de estos dos siglos y particularmente en los últimos decenios, han llevado a la creación de municipios autónomos a partir de las fracciones que iban asumiendo cierto relieve, sin que, al contrario, se haya producido la fusión entre aquellos municipios cuyas colectividades también de hecho terminaban confundiéndose. En general, el mapa municipal y la fragmentación que lo caracteriza muestra una continuidad notable. En esto sigue siendo una excepción la radical reforma operada en Bélgica, mientras que tampoco la evolución registrada en los Países Bajos, que apunta a una progresiva reducción del número de municipios, ha encontrado paralelo en otros países.

Por otra parte, es importante señalar que todavía es posible hallar, casi en todas partes, una distinción entre funciones municipales propias y funciones ejercidas en interés del Estado, así como la doble condición del alcalde (doble condición vinculada a aquella distinción), como jefe de la Administración municipal y como oficial del gobierno. También en este punto, el ordenamiento español presenta —tras la aprobación de la Ley Reguladora de las Bases del Régimen Local de 1985— las mayores novedades. Los elementos de confirmación y de consolidación de este esquema caracterizan, asimismo en el momento actual, las tendencias legislativas en Francia y en los países del Benelux, así como en Italia.

C) *Elementos revisados*

En otros aspectos, la modificaciones que experimentan los caracteres o los rasgos clásicos del modelo han tenido más incidencia.

Así sucede, sobre todo, en lo que se refiere al régimen de los controles, ámbito en el que se ha producido, por una parte, una evolución importante que ha llevado, casi en todas partes, a una profunda modificación del control de oportunidad de los actos (en varios casos, a partir del sistema francés de control de oportunidad que ha sido suprimido por la reciente legislación). Por otra parte, se ha producido una superación del monopolio de la Administración del Estado en lo relativo a los controles sobre los entes locales, bien como consecuencia de la jurisdiccionalización de los controles mismos (como en Francia), bien como consecuencia de procesos de regionalización (como en Bélgica o en Italia), o como consecuencia de la adopción de sistemas mixtos, que conjugan ambas perspectivas (como en España). La organización del sistema español se centra, precisamente, en la peculiar conexión entre el control jurisdiccional y el control regional en este punto.

Desde otro punto de vista, el cometido asignado a los prefectos y a las provincias ha sufrido cambios significativos, como consecuencia de una sucesión de fases que, en sus líneas fundamentales, se ha producido de modo paralelo en varios países. En este sentido, una vieja reivindicación que vino seguida de una progresiva reducción de poderes (piénsese, a este respecto, en la pérdida por parte del prefecto de su papel de quicio, situado en una posición de supremacía en relación a toda la organización periférica del Estado; o piénsese en la siempre mayor sectorialización de competencias sufrida, en muchos casos, por las provincias), se ha visto acompañada, a partir del momento en que se crean las autonomías regionales, de una amplia solicitud de supresión de estas instituciones. Instituciones que, precisamente después del fenómeno de las regionalizaciones, han sufrido una restricción ulterior, en favor del nuevo nivel, en sus funciones, en tanto que los legisladores —inseguros acerca de su utilidad en un Estado caracterizado por la importancia de los poderes regionales— evitaban tomarlas en consideración para la atribución de funciones nuevas. Las últimas tendencias parecen señalar, sin embargo, una superación de los momentos más críticos, un cierto dinamismo —por parte de las provincias y de los propios prefectos— dirigido a demostrar vitalidad y potencialidad, una orientación por parte de los legisladores a confirmar su permanencia, con sucesivos intentos para conseguir que recobren un papel no marginal en el nuevo orden institucional.

También en este punto, España presenta peculiaridades propias. Concretamente por lo que se refiere al gobernador civil, que —dejando a un lado el sector del orden público— no parece conseguir niveles de presencia significativa, mientras no faltan propuestas de supresión de la institución.

En cualquier caso, si bien todos estos elementos (controles externos, provinciales, prefectos) no han sido eliminados por el sistema administrativo (ni parecen, de acuerdo con las tendencias que resultan del contexto actual, destinados a ser suprimidos), los cambios en el cuadro institucional en que operan han dejado una profunda huella en su fisonomía.

2. Identidad del sistema administrativo de influencia francesa: apuntes para una comparación "por contraste"

Si el examen de los países comprendidos en el área más directa y marcadamente influida por los esquemas administrativos de derivación revolucionaria y napoleónica, evidencia un relevante grado de permanencia y de estabilidad en los elementos que constituyen sus fundamentos típicos desde los orígenes, queda por verificar, por otro lado, si estos mismos elementos son también idóneos para singularizar en su conjunto estas administraciones respecto a los sistemas adoptados en otros países. Se sigue aquí, aunque se trate de meros apuntes, no ya un método de comparación por afinidad, sino más bien un método por contraste, que permite captar si (y en qué medida) los ordenamientos históricamente derivados de tradiciones administrativas diversas se han asimilado entre sí o presentan todavía diferencias de relieve.

Este método, por lo demás, puede ayudar a recolocar desde otra perspectiva los perfiles hasta aquí considerados, reduciendo quizás la diversidad a que conduce un análisis centrado sobre el comportamiento de las instituciones en ordenamientos que se han desarrollado sobre la base de fundamentos comunes[1].

Dirigiendo la atención a los sistemas adoptados en otros lugares y particularmente a los que de modo excesivamente simple y esquemático han sido agrupados en el denominado modelo anglo-germánico, en un esfuerzo de mayor aproximación, en un modelo anglosajón, diferenciado del modelo germánico, se puede señalar que en su devenir histórico no han faltado puntos de contacto. La propia cultura jurídica ha propiciado una cierta relación e influencia recíprocas de aspectos de las distintas concepciones (concepciones fundadas sobre nociones en absoluto unívocas y compactas, como son aquéllas del *self-government, Selbstverwaltung, pouvoir municipal*, autonomía local, *decentramento.* etc.), asimilando, por esta vía, algunos valores, motivaciones, inspiraciones de fondo[2], mientras bastante más contenida ha aparecido, tradicionalmente, la recíproca influencia en los criterios de articulación concreta de la Administración local.

Si comparamos ahora sistemas de tradición administrativa distinta, asumiendo como puntos de referencia aquellos elementos que fueron fundamentales en la configuración del orden revolucionario-napoleónico, parece poder deducirse que:

a) Divergencias de gran alcance se mantienen, sobre todo, en relación a los sistemas que se inspiran en criterios de diferenciación del régimen local, con reconocimiento a los legisladores descentralizados de la potestad de definir tipologías y ordenaciones fundamentales de los entes locales. En este sentido,

[1] Para hacer clara y explícita la metodología a que se alude en el texto (parafraseando y adaptando un pensamiento de Malraux, significativamente recogido en la apertura del estudio de R. RODIERE, *Introduction au droit comparé*, Paris, 1979), nada mejor que poner un ejemplo. Es perfectamente posible que la imagen del prefecto francés produzca curiosidad al observador italiano, al compararlo con el prefecto que conoce y que le es familiar. Dicho observador, sin embargo, podrá captar mejor los elementos de fondo de esta institución, si mira a los ordenamientos que desconocen completamente la figura del prefecto o que no contemplan a este, al menos, como parte integrante de la Administración del Estado. Sobre estos problemas metodológicos, y sobre la utilidad de las comparaciones "por contraste", *vid.* también G. DE VERGOTTINI, *Diritto costituzionale comparato*, cit., en particular, págs. 32-43.

[2] Sobre las distintas interconexiones que existen entre estas concepciones, y sobre las distintas lecturas a las que cada una de ellas ha dado lugar, cfr. F. ROVERSI MONACO, *Profili giuridici del decentramento*, cit.; S. FLOGAITIS, *La notion de décentralisation en France, en Allemagne et en Italie*, cit.; P. MAHON, *La décentralisation administrative. Étude de droit public français, allemand et suisse*, Lausana, 1985. Particularmente significativa es la influencie ejercitada sobre la cultura jurídica alemana, desde los inicios del siglo XIX, por el planteamiento del *pouvoir municipal*, primero, y del *local government*, después. A la influencia francesa nos hemos referido ya en el capítulo segundo por lo que se refiere a la influencia británica, es necesario referirse a la obra clásica de R. VON GNEIST (Cfr. *Das heutige englische Verfassungs und Verwaltungsrecht*, vol. 3, Berlín, 1857-1863; *Selfgovernment, Communalverfassung-und Verwaltumgsgerichte in England*, Berlín, 1871), que fue autorizado promotor de la recepción del *local government*.

los propios elementos de flexibilidad que han sido introducidos recientemente en el sistema español (sistema que, desde esta perspectiva, se presenta ahora como el más innovador en el área de inspiración revolucionario-napoleónica) parecen insignificantes si se comparan con los rasgos que caracterizan, por ejemplo, el régimen local americano. El dato de fondo que singulariza al régimen local americano consiste, precisamente, en la presencia de una gran variedad y diversidad de entes en un número muy elevado (alrededor de 80.000). En cierto sentido[3], todas estas unidades de gobierno local están organizadas de cincuenta maneras distintas, porque las leyes que las regulan derivan de cincuenta Constituciones estatales diferentes y de la legislación posterior aprobada por cada Estado. En casi la mitad de los Estados, además, se consiente un grado tal de *home rule* (autonomía), que las comunidades locales pueden aprobar por sí mismas el estatuto regulador de sus unidades de gobierno. Los esquemas organizativos fundamentales de tales unidades muestran una gama de hipótesis muy amplia: desde soluciones basadas en un alcalde electivo (*mayor*), dotado de muy relevantes poderes, a casos en que se privilegia decididamente el papel de los órganos colegiados (*council, commission*), o en que un profesional (*manager*) se configura como responsable ejecutivo de la gestión municipal[4].

No son menores, por lo demás, la diferencias que, desde esta perspectiva, existen en países como la República Federal Alemana[5] o la Confederación Helvética[6]. Incluso, en sistemas mucho más cautos en cuanto a los módulos

[3] V. Osrom, R. Bish, E. Osrom, *Il governo locale negli Stati Uniti*, Milano, 1984, pág. 13 (*vid.*, también, las indicaciones bibliográficas allí citadas, págs. 35 y 285 y ss.).

[4] Cfr., una vez más, por todos, V. Osrom, R. Bish, E. Osrom, *Il governo locale*, cit., págs. 68 y ss., donde se define junto a la estructura tradicional (con un alcalde dotado de escasos poderes), un esquema *consiglio-sindaco* o con amplios poderes, un esquema *commissione*, y un esquema *consigliomanager*.

[5] Considérese, por ejemplo, la distancia que separa los sistemas municipales del Baden-Wuttemberg o de Baviera (caracterizados por la presencia de un burgomaestre elegido directamente por el pueblo, y dotado de un papel administrativo muy incisivo), del de Renania Septentrional Westfalia (donde el burgomaestre se limita sustancialmente a presidir el órgano colegiado del cual, por lo demás, es representante, mientras la función de Jefe de la Administración está confiada a un funcionario —Oberstadtdirektor— contratado a plazo). El esquema seguido en la Baja Sajonia es, en ciertos aspectos afín a este último, con la particularidad de que en la Baja Sajonia, el burgomaestre y el *Oberstadtdirektor* componen, junto a algunos concejales, un órgano colegiado administrativo dotado de relevantes funciones.

[6] Las diferencias que caracterizan los distintos tipos de organización municipal en Suiza están vinculadas al reconocimiento de poderes de autoorganización a los propios municipios, así como a criterios de carácter demográfico (aplicándose normalmente en los municipios de menores dimensiones, según las diversas legislaciones cantonales, un sistema de landsgemeinde, en el cual a falta de un municipio, las funciones de este son asumidas por una asamblea compuesta por todos los ciudadanos activos), pero sobre todo a la reserva a los cantones de competencias en materia de régimen local. Así, en particular, las elecciones del órgano colegiado ("grosser Gemenderat", "conseil") se inspiran, bien en criterios proporcionales, bien en crite-

y niveles de descentralización (así, en el caso de Austria), aspectos como, por ejemplo, el reparto de atribuciones entre los órganos municipales o la elección del burgomaestre y la composición y duración en sus funciones del órgano colegiado ejecutivo presentan diferencias significativas dentro de un esquema organizativo esencial fijado directamente por la Constitución[7].

Distinta naturaleza y configuración presentan, por otra parte, las variedades de formas organizativas del sistema local del Reino Unido (variedades considerables, en nuestra opinión, a partir de las recientes reformas). En este sistema, a las diferencias que existen (en el número de escalones del régimen local, en el reparto de funciones que les corresponden, y en el régimen aplicable a las áreas urbanas y a las rurales)[8] entre los ordenamientos inglés, galés,

---

rios mayoritarios; el órgano colegiado ejecutivo (compuesto por un número de miembros que oscila entre 3 y 11 y que recibe distintas denominaciones: "gemeinderat", "Stadrat", "conseil administratif", etc.), es elegido, bien por sufragio directo, bien por el municipio; alternativa que se repite también en la elección del presidente del ejecutivo ("Gemeindepraesident", "Gemeindeamman", "syndic", "maire", etc.), el cual por otro lado puede también ser elegido por los miembros del propio ejecutivo. Este último, por lo demás si bien incluye, normalmente, representantes de los más diversos partidos, presenta en ocasiones mayor homogeneidad política. En cuanto al papel del presidente, está limitado al de un *primus inter pares*; pero también en este punto faltan excepciones.

[7] Así, en particular, varían, de *Land* a *Land*, los criterios de composición del órgano colegiado ejecutivo ("Gemeindevorstand"), sea en relación a la posibilidad de incluir miembros externos al municipio, sea en relación a la determinación del número de componentes del propio órgano colegiado (en algún caso establecido por la ley cantonal, en otros casos remitido al estatuto municipal), cuyo mandato, por lo demás, no siempre tiene la misma duración que aquel del municipio (como sucede en el Tirol, donde este último desempeña sus funciones durante seis años, mientras el ejecutivo cesa transcurridos tres años). Las atribuciones reconocidas al órgano colegiado ejecutivo son diversas, y solamente en algunos casos los miembros de este órgano son opuestos al frente de los departamentos municipales. El burgomaestre es elegido normalmente (pero no siempre) por el municipio entre sus miembros, y, según algunas legislaciones regionales puede configurarse como el vértice de la Administración municipal, en lugar de la Junta. El propio burgomaestre, por otro lado, está dotado, por regla general, de facultades de veto respecto de los acuerdos del municipio, pudiendo además en algunos *Länder*, en el caso de que el municipio haya confirmado con una nueva votación el acuerdo que fue objeto de veto, acudir a órganos de control externo (normalmente, el "Bezirkshauptmann", comisario de distrito). La legislación regional puede, además, prever órganos ulteriores.

[8] Tras las reformas de 1974 a 1980, Inglaterra y Gales presentan una estructura de gobierno local basada esencialmente en dos escalones, los condados y los distritos; pero en una parte de las áreas rurales permanecen las parroquias, con poderes ahora reforzados. En las áreas urbanas, los consejos de distrito son sustituidos, como escalón administrativo de base, por los consejos de burgo, dotados de particulares funciones, sobre todo en los que se refiere a servicios sociales, cultura, enseñanza. Y no obstante la abolición del consejo del Gran Londres, el gobierno de la capital presenta todavía peculiaridades no despreciables como la presencia en los doce burgos centrales de una autoridad educativa (*Inner London Education Authority*), elegida por sufragio directo. En escocia, subsiste un único escalón de Administración local en tres grupos de islas (Orkney, Shetland, Islas Occidentales), mientras en tierra firme subsisten regiones y distritos, y allí donde estos últimos hayan asumido la iniciativa

escocés e irlandés, se añaden diversas modulaciones de un orden en el que la Administración está fundamentalmente confiada a comités estructurados y compuestos de acuerdo con criterios reservados, según una antigua costumbre, a poderes de autoorganización de las propias comunidades locales[9].

b) Particularmente problemática se presenta la comparación de la situación de los países comprendidos en nuestro estudio con la de países de distinta tradición administrativa, en lo que se refiere al criterio de creación de un municipio por cada colectividad local, incluso menor. Las razones que inducen a un sistema al mantenimiento o a la superación de una fragmentación de las organizaciones territoriales de base, son demasiado variadas y complejas como para consentir la identificación con actitudes y tendencias propias del área de inspiración administrativa francesa. No obstante, puede tal vez señalarse que, en el seno de un extenso movimiento que ha llevado recientemente a realizar operaciones de fusión en países como la República Federal Alemana o Noruega, Gran Bretaña o Suecia, el núcleo fundamental de los países que forman parte de ese área (Francia, España e Italia) ha mostrado enorme resistencia a cualquier cambio radical de las estructuras actuales, o, lo que es lo mismo a cualquier reestructuración radical del espacio territorial. No parece aventurado suponer que, entre las diversas causas de este fenómeno (a partir de aquellas más propiamente vinculadas a intereses de las clases políticas), alguna influencia ha tenido el arraigo, en estos países, de una fragmentación municipal que había encontrado en buena medida sus orígenes en la aplicación de los principios de 1789.

c) Ningún valor especial cabe atribuir al carácter electivo de las administraciones locales, siendo este uno de los valores fundamentales que ponen en común tradiciones administrativas distintas, como expresión imprescindible de la autonomía, así como del *self-government* local, o de la *Selbstverwaltung*.

d) Respecto a la configuración y articulación de las funciones otorgadas a la Administración local, la tradición francesa presenta una notable diferencia con las concepciones propias del sistema británico. Sistema este al que es extraño el reconocimiento de una competencia general propia de los entes lo-

---

correspondiente, consejos de comunidad privados, a diferencia de las parroquias inglesas, de funciones administrativas y recursos financieros propios. En Irlanda del Norte no subsisten más que las autoridades de distrito, mientras algunas importantes funciones son deferidas a entes y organismos de sector que dependen del Gobierno central (si bien no falta alguna forma de conexión con los propios distritos).

[9] La potestad de autoorganización permite definir de las maneras más diversas el número, las competencias, la composición de los comités, donde pueden normalmente participar, además de los concejales, miembros externos (en porcentaje no superior a un tercio). Bastante amplia, por lo demás, es la variedad de fórmulas de organización de las estructuras administrativas, así como de interrelación entre miembros electivos y funcionarios de carrera. Entre estos, destaca, normalmente, la figura de un dirigente ("*town clerk*"), que coordinando los distintos Departamentos vigila la ejecución de las deliberaciones colegiales.

cales para todo aquello que se considere que corresponde a un interés local, así como la delegación de funciones de interés estatal. En este sentido, las autoridades locales británicas no ejercen más que las competencias que le son expresamente atribuidas por las normas; y las ejercen en todo caso, como funciones propias[10].

Ciertas analogías existen, sin embargo, con el sistema alemán, en el que, en base a una antigua influencia de los Decretos de 1789[11], se contempla, entre otros aspectos, el esquema del doble título de ejercicio de las funciones, con una subordinación, por lo que se refiere a las funciones delegadas, a las directivas e instrucciones de las autoridades superiores. Pero las analogías se desdibujan notablemente cuando se analizan los caracteres del conjunto del sistema; caracterizado, sobre todo, por la reserva a los *Länder* de la materia relativa al régimen local, de forma que el esquema se aplica en las relaciones ente entidades locales y regionales, y solamente cuando y en la medida en que la propia legislación regional lo prevé. En realidad, una parte importante de los Länder (Renania septentrional-Westfalia, Hesse, Baden-Wurttemberg, Schleswig-Holstein) ha abandonado la tradicional y discutida distinción entre funciones propias (Selbstverwal-tungsangelegenheiten), y funciones delegadas (Auftragsangelegenheiten), disponiendo que las autoridades municipales operen, en todo caso, como tales y con responsabilidad propia, estando todo lo más sujetas, siempre que exista una expresa previsión legislativa y en ámbitos concretos (Weisungsaufgaben), a directivas estatales[12].

[10] Cfr., por todos, LORD REDCLIFF-MAUD, B. WOOD, *English Local Government reformed*, Londres-Oxford-Nueva York, 1974, págs. 10-11: el sistema local inglés no reconoce un derecho propio de asumir cualquier función particular. Solo el Parlamento puede decidir qué Administración debe ser responsable de una función pública, ya sea un departamento del Gobierno central, ya una autoridad local electiva, ya algún tipo de ente funcional. Nótese que no falta, en el área de tradición administrativa francesa, alguna posición favorable a una aplicación de la solución británica, sustituyendo el reconocimiento de una competencia general para la satisfacción de intereses locales (siempre opinables e inciertos), por un sistema basado en atribuciones expresas, de las cuales se subrayan los valores de certeza, de más adecuada respuesta a las actuales exigencias, y, en definitiva, de una garantía más sólida para los propios poderes locales: cfr., en este sentido, ampliamente, J. M. FAVRESSE, *Déconcentration et décentralisation: reflets d'un monde disparu?*, cit., págs. 43 y ss.

[11] Así, en particular, el Edicto sobre los municipios bávaros de 24 de septiembre de 1808, que evidenciaba importantes influencias de los Decretos franceses de 1789, afirmaba: el fin social atribuye a los municipios dos tipos de funciones; por un lado, aquéllas que estos deben realizar como órganos del Estado en su conjunto, y, por otro, aquéllas que se refieren a la responsabilidad social que les es propia.

[12] *Vid.*, también, las consideraciones críticas en relación al esquema de las funciones delegadas, N. ROSEN HOEWEL, *Gemeinderecht mit Kommunalen Verbandsrecht*, Stuttgart, 1972, pág. 45; G. C. UNRUH, *Gemeinderecht*, en AA. VV., Besonderes Verwaltugsrecht, Bad Homburg, 1969, pág. 101; F. L. KNEMEYER, "L'autonomie administrative des communes en Allemagne fédérale", en *Revue internationale de sciences administratives*", 1983, especialmente págs. 183-185; G. KISKER, *Federation and Laender in West Germany Competing for the Control of*

e) El hecho de que, por encima del escalón de base, exista un ámbito intermedio de Administración local, es un dato bastante extendido común a sistemas distantes: de los *contee* ingleses a los *Kreisen* alemanes, la gama de situaciones que presentan un segundo escalón, regido a menudo por órganos electivos y destinado al ejercicio de funciones de cierta amplitud, es bastante amplia.

Las características propias de estas instituciones son intrínsecamente distintas, sin embargo, de aquellas que caracterizan a los departamentos y provincias. El ya subrayado rechazo de los criterios de uniformidad en la ordenación del régimen local sirve para diferenciar la situación de estos escalones intermedios.

Así, en el ordenamiento alemán, el *Kreis* no se extiende normalmente a las áreas urbanas, cuyas funciones son asumidas por las ciudades correspondientes (*Kreisfreie-Stadt*). Un esquema no muy distinto se da en Austria (donde 15 municipios de estatuto especial son, también, al mismo tiempo Bezirken). Análogamente, resultan extrañas a las circunscripción de las *contee*, asumiendo su papel, las principales ciudades de los Estados Unidos, donde, por lo demás, la misma división en *contee* no siempre se da (Connecticut, Rhode Island). Por otro lado, en el Reino Unido, como hemos señalado, Irlanda del Norte presenta actualmente un gobierno local basado en un único nivel. En Suiza, por su parte, la presencia de un solo nivel constituye la regla, pero en los cantones de Schwyz y de los Grigioni subsisten ámbitos intermedios.

Y la misma consideración clásica (propia de la tradición administrativa francesa) del departamento (o provincia), además de como entidad local, como circunscripción de la Administración periférica del Estado y como ámbito fundamental de representación (es decir, como circunscripción de base para las elecciones al Parlamento nacional) no tiene sentido en el sistema británico, donde el Gobierno central no dispone normalmente de una estructura propia de aparatos periféricos, dependiendo, en buena medida, en la realización de las propias directivas en materia administrativa, de las autoridades locales, que, por otra parte, no operan nunca como agentes del Gobierno. En el sistema británico, además, el sistema mayoritario uninominal que, en virtud de una

---

Local and County Government, Informe al Congreso *Regioni ed enti locali, Il ruolo regionale di coordinamento del governo locale*, cit., texto mecanografiado, pág. 9 (donde se señala la tendencia, en la fase actual, a una modificación de los poderes de los *Länder* en estos ámbitos de actividad de los entes locales). También en el ordenamiento alemán, la aplicación del esquema de las funciones delegadas, con una relación directa entre burgomaestre y autoridades estatales que excluye (jurídicamente) al municipio, no deja de dar lugar a inconvenientes, tensiones y ambigüedades: cfr., también con referencia a algún episodio, R. MUSSNUNG, "Amministrazione statale e locale nella Repubblica, Federale Tedesca", en *Comune democratico*, 1982, págs. 131 y ss. En términos distintos se configuran las funciones delegadas en Austria, donde la propia Constitución, en su art. 119, las prevé no solo en las relaciones entre el Estado central y los municipios. sino también entre *Länder* y municipios, disponiendo, en tales casos, la obligación de los municipios delegados de operar según las directivas que hayan emanado, en el ámbito de sus respectivas atribuciones, el Estado o el Land delegante.

arraigada costumbre, es adoptado para la elección de los miembros de la Cámara de los Comunes, conlleva la existencia de circunscripciones electorales (en un número idéntico al de los escaños a asignar: 650) de dimensiones muy distintas de las demarcaciones de las *contee*, siendo frecuentemente más restringidas que las de los propios escalones o niveles de base del gobierno local.

f) Tampoco puede ignorarse en la caracterización de los sistemas administrativos de inspiración francesa, la configuración de los aparatos periféricos del Estado con un nivel de desconcentración relevante, particularmente en la circunscripción provincial y la presencia, en el ámbito de esta, de un representante del Estado.

La modificación de poderes sufrida por los gobernadores civiles (y, en distinta medida, por los prefectos o comisarios del Estado, en los diversos países) atenúa la importancia de este aspecto como elemento de distinción. Pero si se compara la situación de los países comprendidos en nuestro estudio con sistemas que (como el británico) están privados de una organización periférica uniforme para la ejecución de actividades estatales y, en concreto, de la figura del representante del Estado en una circunscripción coincidente con aquélla de la institución local de nivel intermedio[13], la distancia no parece despreciable.

Mayores elementos de afinidad pueden localizarse en el sistema alemán, que contempla esquemas de relación entre la Administración del Estado y los entes locales basados en un órgano periférico (*Regierungs-praesident*) de competencia tendencialmente general, dotado, por lo demás, de poderes de supremacía sobre las autoridades locales, en los casos en que estas operan como agentes del gobierno, así como de poderes de control sobre los actos municipales. Para diferenciar, sin embargo, su sacrificado papel, se configura el *Ragierungs-praesident* como órgano del *Land* y no como órgano del Estado central; configuración esta que sitúa sus funciones en la bien distinta problemática de la articulación organizativa de los escalones o niveles regionales y del encuadramiento en el ordenamiento de estos de los entes locales, mientras el Estado, en virtud del principio federalista de ejecución (según el cual corresponde a los *Länder*, en general, la ejecución de las propias leyes federales; cfr., art. 83 de la *Grundgesetz*), no dispone de un propio aparato administrativo dentro de los *Länder*. Los poderes, el ámbito de competencia, la misma previsión de la figura (que, en efecto, se da únicamente en algunos *Länder* —Baden-Wurttemberg, Baviera, Renania-Palatinato, Baja Sajonia, Assia—) dependen de las opciones adoptadas por los concretos ordenamientos regionales.

[13] Cfr. L. J. SHARPE, “Il decentramento in Gran Bretagna”, en R. MAYNTZ, L. J. SHARPE, B. DENTE, *Il governo locale in Europa*, Milano, 1977, págs. 103 y ss. Para un análisis puntual de los elementos del sistema británico que conservan profundas diferencias respecto de los ordenamientos europeo-continentales, *vid.*, ahora, la investigación de M. CUCHILLO FOIX, *La reforma del régimen local en Inglaterra y Gales*, Madrid, 1987, págs. 42 y ss.

Un modelo semejante se aplica a los prefectos suizos, agentes de los cantones descentralizados en distritos, con funciones de vigilancia sobre los municipios.

g) Por lo que se refiere al sistema de controles, la diferencia de la situación de los países influidos por la tradición administrativa francesa respecto de aquélla de los países como la República Federal de Alemania, Estados Unidos, Suiza, reside, una vez más, en la distinta colocación de los entes locales en el ordenamiento regional. En los comprendidos en nuestro examen, el Estado central ha mantenido —si bien en el cuadro de una implicación importante de las regiones en el ejercicio de los controles— poderes relevantes (de disciplina, impugnación, intervención en vía extraordinaria, control sobre los órganos, etc.). En los restantes sistemas, por el contrario, el Estado central permanece completamente ajeno a cualquier intervención tanto normativa como de ejercicio en la materia. En este último caso, el ejercicio de los controles es llevado a cabo (mediante poderes de intervención directa y no de simple impugnación) por órganos del gobierno regional (ministro del interior, preferentemente), o, como se acaba de señalar, por representantes periféricos de este. A menudo, funciones de este tipo son confiadas a órganos sectoriales (así, en Suiza), dependiendo de la materia (urbanismo, enseñanza, etc.).

Una considerable sectorialización caracteriza la disposición de los controles en el Reino Unido, donde la importante facultad de inspección, el otorgamiento de autorizaciones y aprobaciones (en particular: reglamentos, planes, programas), así como la activación de intervenciones sustitutivas o, incluso, la decisión de los recursos contra los actos locales corresponde a los departamentos ministeriales competentes según la materia. Particulares poderes (incrementados por la legislación de los años ochenta) son reconocidos en lo relativo al control del gasto local al Ministro del Medio ambiente y del Gobierno local, competente para autorizar contratos que suponen gastos que excedan determinados límites, pudiendo además imponer sanciones a las autoridades locales que hayan superado el techo de gastos fijado por el Gobierno a través de una disminución de las subvenciones estatales. Asimismo, resulta significativo el control confiado a los censores, que comporta la posibilidad de declarar la nulidad de los gastos no autorizados, exigiendo de los responsables la restitución de los correspondientes importes, así como la posibilidad de excitar un pronunciamiento jurisdiccional a este respecto. Tras la *Local Government Finance Act* de 1982, los censores no son ya designados por las autoridades locales, sino por una nueva Comisión nacional (*Audit commission*) nombrada por el Ministro de Medio ambiente. También bajo esta perspectiva, la situación del sistema británico —donde los mecanismos de control consienten a menudo valoraciones sobre la oportunidad de las opciones adoptadas— parece difícilmente asimilable a la de los países de tradición administrativa francesa, donde la afirmación de la autonomía (y la desconfianza hacia una tutela tradicionalmente utilizada como instrumento de centralización) ha llevado a una búsqueda de rigurosas garantías formales en relación con los controles, que tienden a limitar su ámbito a los solos aspectos de la legalidad formal de los actos (con supresión sustancial de los controles de oportunidad, abandono de los controles de inspección, cautelas en las formas de control sobre la gestión).

3. Peculiaridades y notas comunes a los sistemas de influencia francesa

De modo especial en los países que presentan un análogo grado de desarrollo, las Administraciones locales han tenido que afrontar recientemente problemáticas paralelas, cuestiones comunes y condiciones técnicas y económicas similares, en la búsqueda de soluciones adecuadas.

No son diferentes las demandas de los ciudadanos a las administraciones locales, que se ven así inducidas a extender su acción y ámbitos de competencia. Estas, aun diversamente distribuidas entre los varios niveles, presentan afinidades relevantes. Afirmación que vale, por lo demás, para el modo mismo en que se presentan las demandas, instando a una más directa intervención en la formación y control de las decisiones de las instituciones locales. Temáticas como las relativas, por ejemplo, a consultas populares y al acceso a los documentos administrativos parecen suscitar una viva atención en la realidad local de un área bastante extensa y variada[14].

La expansión y el cambio de los intereses perseguidos también se deja sentir sobre las instituciones locales, colocadas ante la exigencia común de definir ámbitos y módulos apropiados para el ejercicio de funciones cada vez más complejas, subsanando las amplias insuficiencias de los tradicionales niveles o escalones de base, volviendo a diseñar el papel de los entes intermedios y situando las autonomías locales en el contexto de los nuevos ordenamientos regionales. De este modo, incluso en sistemas muy distantes, los debates y las elaboraciones en torno a materias, como las áreas metropolitanas o el agrupamiento de los entes de menores dimensiones, se asemejan[15]. Por otra parte, la creciente influencia del ordenamiento de la Comunidad Económica Europea que incide sobre las Administraciones Públicas de los distintos países, conlleva inevitablemente un acercamiento entre planteamientos y costumbres

[14] Hay múltiples referencias a las normativas y experiencias de diversos países en los números monográficos de la revista "Regione e governo locale" dedicados, respectivamente, al Referendum y democracia directa o nivel local, 1986, núms. 3-5 (con estudios sobre España, Francia, Bélgica, Países Bajos, Suiza, Alemania Federal, Estados Unidos, Canadá, Países socialistas), y al *acceso a los actos de los entes locales*, 1988, núm. 1 (que incluye documentos sobre el Consejo de Europa, Francia, España, Alemania Federal, Estados Unidos). Importante material sobre este último tema puede encontrarse también en B. Selleri, *Il diritto di accesso agli atti del procedimiento amministrativo*, Napoli, 1984.

[15] Rivero, *Vers un droit commun européen*, cit., pág. 500; S. Cassese, *I caratteri originari e gli sviluppi attuali dell'amministrazione pubblica italiana*, cit., pág. 463; A. M. Sandulli, Prólogo a *Le autonomie local nei paesi della Comunità económica europea*, cit., págs. 4 y ss.

administrativas distintas. Sin embargo, la influencia unificadora de estos elementos es todavía limitada y los sistemas más claramente inspirados en la tradición administrativa francesa, mantienen peculiaridades de fondo. En síntesis, podemos afirmar que:

— En un plano horizontal, las nuevas exigencias y tendencias no han reducido más que en una mínima medida la distancia entre la homogeneidad organizativa de los entes locales propias de los ordenamientos de inspiración francesa y la variedad de tipologías, organizaciones y formas de gobierno que se percibe en los sistemas tradicionalmente definidos como federales, o incluso, en términos distintos, en los sistemas en los que la configuración de la autonomía local se encuentra históricamente vinculada a una flexibilidad fundamental de estructuras.

— En un plano vertical, las relaciones entre los distintos niveles o escalones de los poderes territoriales se ajustan a directrices distintas de las de países como Estados Unidos, la República Federal de Alemania o Suiza. En estos últimos, predomina un esquema de relaciones en cascada en que el escalón regional tiende a configurarse como único interlocutor territorial del Estado central y, al mismo tiempo, como referencia institucional de todo el sistema local, sistema del cual regula la ordenación, las funciones, y los recursos. En el caso de los primeros, por el contrario, el Estado central, también cuando se hubieran creado o instituido poderes regionales fuertes tiende a mantener importantes instrumentos de relación directa con los entes locales, colocándose así en el centro de un esquema de relaciones en forma de "estrella", en el que las relaciones Estado-municipios y Estado-provincias constituyen ámbitos claramente separados del ámbito de las relaciones Estado-regiones[16].

Por otra parte, también allí donde, como en España, planteamientos de sistemas como el alemán han ejercido una influencia importante no solo sobre la doctrina, sino también sobre la elaboración normativa y la jurisprudencia constitucional, y donde, además, se han alcanzado los niveles más amplios de reconocimiento de poderes regionales de intervención en materia de régimen local, se puede afirmar que este régimen permanece lejos de aquella posición que caracteriza la disposición de los entes locales en la República Federal de Alemania, ya que a las Comunidades Autónomas no se les reconoce, en definitiva, más que una competencia concurrente destinada a operar dentro de un marco normativo estatal sólido[17].

[16] El esquema seguido en las dos situaciones sigue siendo, en estos términos, fundamentalmente distinto, aunque la praxis muestra cómo el distanciamiento del Estado federal respecto al régimen local no debe considerarse absoluto, pudiendo este (por ejemplo, mediante la concesión de *contributi a destinazione vincolata, grants in aid* o mediante la regulación de materias a este constitucionalmente reservadas) influir, en algún caso, sobre la actividad (pero, normalmente, no sobre la organización) de los entes locales.

[17] En concreto, ha tenido aceptación, no solo en la doctrina sino también en la jurisprudencia del Tribunal Constitucional, en España, el planteamiento de la "Kommunalen Selbstverwal-

Es característico en los ordenamientos de inspiración francesa el modo en que están estructurados los aparatos del Estado. A nivel central, algunas veces (particularmente, en Italia, donde son diversos los órganos gubernativos competentes para las regiones, por un lado, y para los entes locales, por otro). A nivel periférico, casi siempre: existe un rechazo general a adoptar un criterio que atribuya al Estado un papel esencialmente legislativo y que descentralice en las autonomías territoriales el conjunto de la actividad administrativa (tanto en las materias atribuidas a la potestad legislativa estatal, como en las que actúa la legislación regional, de acuerdo con el planteamiento de la ejecución federal), a lo que hay que agregar el mantenimiento de una organización administrativa estatal ramificada en ámbitos locales, ámbitos que, por lo demás, coinciden en los países examinados —en términos desconocidos en otras partes— con las circunscripciones de los entes territoriales (en particular, la provincia).

A esta organización administrativa (y especialmente, al prefecto) hay que asociar la acción desempeñada por los entes locales en el ejercicio de funciones "de interés general", que determina, entre otras cosas, la doble naturaleza del alcalde, y la posición subordinada que este asume cuando actúa como oficial deI gobierno.

Después de estas notas, la sensación de diversidad y de distancia presente en los estudios más serios realizados por los anglosajones sobre los sistemas locales de Europa continental[18], o desarrollados, a la inversa, por los estudiosos

---

tungsgarantie", defendida especialmente por J. Burmeister, y recogida, sobre todo, por L. Parejo (recuérdese de este autor, en primer lugar, su libro *Garantía institucional y autonomías locales*, cit.). Sobre las diferencias de colocación del régimen local en los dos sistemas, subrayadas por el Tribunal Constitucional en las citadas sentencias de 28 de julio de 1981 y 23 de diciembre de 1982, *vid.*, particularmente, S. Muñoz Machado, *Derecho público*, cit., vol. II, págs. 183 y ss.; M. Sánchez Morón, *La distribución de competencias entre el Estado y las Comunidades Autónomas en materia de Administración local*, cit., especialmente, págs. 142 y ss. Los criterios de división vertical de los poderes y de plena reserva a los *Länder* de los poderes relativos a las autonomías locales (que son de este modo protegidas frente a la intervención federal directa) como elementos focales del federalismo alemán han sido subrayados por la Comisión de Estudios para la Reforma Constitucional: *vid.* R. Mayntz, "Decentramento político e governo locale nella Repubblica Federale Tedesca", en R. Mayntz, L. J. Sharpe, B. Dente, *Il governo locale*, cit., pág. 32.

[18] Son clásicos los estudios de B. Chapman sobre el sistema francés, en particular, *Introduction to french local government*, Londres, 1953 (trad. fr. *L'administration locale en France*, Paris, 1955), el cual comienza subrayando: "La tendencia a identificar determinadas instituciones de la Administración francesa con supuestos ingleses equivalentes constituye uno de los principales obstáculos que hay que superar en el curso de este estudio. No puede asimilarse, por ejemplo el departamento francés a un condado inglés trasplantado al continente... Ello puede conducir a una incomprensión total de la concepción que los franceses tienen de la administración local". La distancia viene, ante todo, marcada, por la uniformidad existente entre los municipios en Francia, uniformidad que "turba profundamente al lector

de este última área sobre el gobierno local inglés o americano[19], no parecen desarrollarse conforme a la misma perspectiva y a los mismos criterios que los indicados en este estudio.

4. Tendencias del sistema administrativo municipal y provincial: consideraciones finales

En su conjunto, los caracteres que se remontan en sus orígenes a los principios delineados hace dos siglos por la legislación revolucionario-napoleónica parecen haber dejado huellas importantes en la configuración de los sistemas locales en el área europea que se extiende desde la Península Ibérica hasta el Benelux.

Según nuestros análisis, estas huellas no pueden ser examinadas desde una perspectiva meramente formal. Deben ser, por el contrario, tomadas en consideración para poder captar en su plenitud los fundamentos históricos de nuestro régimen local y su peculiaridad en relación a otros sistemas de gobierno local.

Esto no significa, sin embargo, minusvalorar los aspectos evidentes de novedad que han concurrido, sobre todo en los últimos tiempos, en el referido ordenamiento, ni despreciar las mutaciones que el modelo municipal y provincial ha experimentado.

Estas mutaciones se refieren, fundamentalmente, a la aparición, en el escalón regional, de nuevos sujetos, si bien, por otro lado, se percibe un deslucimiento y una recesión, de distinto alcance, de los elementos clásicos de conexión (prefecto, mecanismos de tutela). Elementos que, en todo caso, no quedan al margen del sistema, sino más bien son recolocados, mostrando en alguna ocasión una nada desdeñable capacidad de resistencia a las reformas.

En cierto sentido, además, emerge en el debate y en la práctica alguna tendencia hacia la recuperación de algunos de los rasgos de los elementos clásicos.

---

inglés". Cfr. también J. Hayward, *The one and indivisible French Republic*, Londres, 1973; D. Ashford, *British dogmatism and french pragmatism. Central policy-making in the Welfare State*, Londres, 1982; P. Gourevitch, *Paris ad the provinces: the politics of local goverment reform in France*, Berkeley, Los Angeles, 1980.

[19] Aparte el estudio de M. Cuchillo Foix, *La reforma del régimen local en Inglaterra y Gales*, cit., cfr. R. A. Blanche, "Le gouvernement local en Grande-Bretagne depuis sa réorganisation", en *Administration*, 1982, núm. 116; J. de la Rochere, "Les compétences du pouvoir local en Grande-Bretagne", en *La décentralisation en Europe*, a cargo de Ch. Debbasch, Paris, 1981, pág. 137; E. Balboni, "Problemi attuali del governo locale negli Stati Uniti d'America", en *Problemi attuali del governo locale in alcuni Stati occidentali*, a cargo de P. Biscaretti di Ruffia, cit., pág. 463.

Así, en lo que hace a la Administración estatal, los sistemas administrativos de derivación revolucionaria y napoleónica se caracterizan por el mantenimiento del tradicional doble canal descentralización/desconcentración, sin que la creación de un poder regional termine por romper completamente el fundamental cordón umbilical que une al Estado con los entes locales. Ante la extraordinaria dificultad que el nivel regional encuentra para afirmarse frente al nivel provincial, la acción de la Administración del Estado sobre los entes locales no llega a concentrarse en el ámbito territorial más amplio (las regiones), sino que tiende a desarrollarse en dos planos paralelos (regiones y provincias), de modo que la nueva conexión región-representante del Gobierno establecida en la circunscripción regional no absorbe, sino que se añade a la conexión existente entre los entes menores y los prefectos.

Desde distintas perspectivas, por tanto, el aumento de los escalones de autonomía territorial, más que remover radicalmente la organización preexistente, mantiene rasgos propios de esta. En este sentido, ulteriores elementos que resultan de una nueva desconcentración por parte de las regiones se superponen al esquema del doble canal, dando lugar a una Administración articulada en aparatos periféricos, transferidos por el Estado o desarrollados por las regiones.

En este contexto, no nos puede sorprender que la disposición de los poderes regionales en relación al régimen local haya dado lugar a dificultades, problemas y ambigüedades.

Es un dato hoy extendido el de que los entes locales deben dialogar con dos distintos y fundamentales referentes institucionales, según un esquema que ha sido definido como "bifronte". Pero también son extensas las incertidumbres acerca de la definición de los papeles o funciones respectivas que tienen atribuidos estos interlocutores.

En ausencia de un cuadro preciso, las regiones parecen privilegiar el que los entes locales desempeñen una acción de administración activa y de directa gestión en funciones de gobierno, de programación, de apoyo y de colaboración, convocándoles a una participación efectiva en la definición de las políticas regionales y atribuyéndoles importantes responsabilidades en su actuación.

Sin embargo, precisamente es en este aspecto de las interconexiones entre entes territoriales donde el esquema administrativo de derivación revolucionaria y napoleónica ha mostrado los perfiles de mayor turbulencia.

Aun conservando, según la reconstrucción aquí desarrollada, un significativo grado de estabilidad, los elementos clásicos de conexión entre los diversos niveles y, en particular, los conocidos mecanismos de tutela y de supremacía, han sufrido alteraciones nada irrelevantes, abriéndose espacios desconocidos en el diseño tradicional, espacios en los cuales se ha forjado un esfuerzo de elaboración y de experimentación, dirigido a individualizar y definir nuevos canales institucionales, técnicas de relación, y fórmulas de colaboración y de coordinación.

La gama de tipologías utilizadas a este propósito resulta amplia. Los distintos ordenamientos parecen intentar vías paralelas de nuevos planteamientos en los modos que tienen de operar las instituciones locales, desde los procesos de programación y planificación, a los órganos de composición mixta; desde las distintas fórmulas de participación procedimental en la elaboración de decisiones correspondientes a escalones superiores, a los módulos de delegación de funciones; desde los acuerdos y convenios, a las distintas medidas dirigidas a facilitar una información recíproca (a menudo configurada como presupuesto imprescindible de las distintas formas de colaboración).

Estos intentos están encontrando obstáculos y, a menudo, resultados lejanos a las expectativas. En cuanto a las causas de estos resultados, habría que analizar si les es extraña una tradición administrativa fundamentalmente basada en el papel de único quicio del sistema reservado al Estado, o en los poderes de supremacía a este reconocidos o a la separación entre los órganos electivos, en los distintos niveles.

En conjunto, el Estado ha mantenido en vía legislativa y en vía administrativa una parte de su incidencia sobre el sistema local; pero, junto a cuanto queda del esquema de relaciones entre el Estado y los entes locales, se ha delineado una red de interrelación que encabezan directamente las regiones. Y si los contornos de esta red permanecen todavía, en buena medida, no definidos (o definidos en términos insatisfactorios), su misma existencia denota una vigorosa afirmación de exigencias, temáticas y técnicas desconocidas en los tradicionales modos de operar de los municipios y de las provincias.

Así, son precisamente los fenómenos de este tipo, la intervención de nuevos referentes institucionales, y los aspectos de conexión directa entre colectividades democráticamente legitimadas, los que parecen caracterizar, en esta fase, la fisonomía del sistema y condicionar, en la perspectiva, su evolución.

La Administración local que hunde sus raíces en la normativa revolucionaria y napoleónica no ha perdido con esto su peculiaridad propia, y los rasgos que constituyeron sus fundamentos han dejado una impronta que todavía mantiene su arquitectura. Pero, por otra parte, estos rasgos tienen ahora que convivir en contextos distintos, en los que las instituciones municipales y provinciales han de experimentar forzosas reestructuraciones, delineando un sistema de inspiración francesa "regionalizado" que, de diversa forma y modo, oscilando entre las características de la organización antigua y las demandas en rápida evolución, entre los poderes de supremacía y las exigencias de colaboración, entre el ordenamiento estatal y el ordenamiento regional, va fatigosamente buscando nuevos equilibrios y nuevas simetrías.

ÍNDICE DE AUTORES

ESTE LIBRO SE TERMINÓ DE IMPRIMIR EN LOS TALLERES DE EDITORIAL NOMOS, EL VEINTISIETE DE MAYO DE DOS MIL VEINTE, ANIVERSARIO DEL NACIMIENTO DE FRANCESCO D'ALESSIO (n. 27, V, 1886 y m. 2, IV, 1949).

LABORE ET CONSTANTIA

www.ingramcontent.com/pod-product-compliance
Lightning Source LLC
LaVergne TN
LVHW082030051026
849532LV00011B/3313
* 9 7 8 9 5 8 3 5 1 2 5 5 1 *